巴黎大学是“欧洲大学之母”。现在所说的巴黎大学，实际上是十三所巴黎大学的联合体。图为巴黎第一大学。

高耸的尖塔、翠绿的草坪、静谧的四方院，学院制背后贯穿着清教徒精神。作为英文世界最古老的大学，牛津大学的发展给人的印象是多侧面的。图为牛津大学圣休学院。

“先有哈佛，后有美国”。哈佛建校之初只有一名教师，九名学生。发展至今，它拥有十个研究生院和一个本科生院。图为哈佛大学。

柏林大学倡导“学术自由”和“教学与研究相统一”，被誉为“现代大学之母”。图为柏林洪堡大学。

麻省理工学院“行不更名，坐不改姓”，名称上还是一所“学院”，实际上却是世界一流的“理工主导型”大学。图为该校的标志性建筑——大圆顶礼堂。

大三巴牌坊是澳门的标志，其所在地圣保禄学院为中国乃至远东最早的西式大学之一。

燕京大学庙宇式的大门，宫殿式的屋顶，其间点缀中国建筑小品，主体结构则由钢筋水泥组成，这是多数中国早期教会大学建筑的特点。现为北大燕园。

中国早期大学徜徉在国际化与本土化之间，清华校园更多地以美国大学为借鉴。图为北京清华大学一景。

高等教育研究丛书

致知穷理

大学发展的多维探索

蓝劲松 著

人民教育出版社

·北京·

图书在版编目（CIP）数据

致知穷理：大学发展的多维探索/蓝劲松著.
—北京：人民教育出版社，2008
（高等教育研究丛书）
ISBN 978－7－107－20890－4

Ⅰ.致…
Ⅱ.蓝…
Ⅲ.高等学校－发展－研究
Ⅳ.G647

中国版本图书馆CIP数据核字（2008）第172065号

人民教育出版社出版发行
网址：http://www.pep.com.cn
北京人卫印刷厂印装　全国新华书店经销
2008年5月第1版　2008年11月第1次印刷
开本：890毫米×1 240毫米　1/32　印张：16.625　插页：2
字数：415千字　　印数：0 001～2 000册
ISBN 978－7－107－20890－4
G・14000
定价：29.00元

Exploration on Knowledge and Truth
Multidimensional Approach to Development of University

Lan Jinsong

People's Education Press
· Beijing ·

目录

第二篇 大学管理

第三篇　多元推进

第四篇 大学、大师与大作

Contents

Part Two　Management of University

Part Four The Remaining Proposition
——University and Great Master

The Remaining Proposition
—University and Great Master

导 言

一、研究视角

科学研究就是科学方法在问题解决中的系统应用过程，其目的有三：一是通过史实、案例、描述统计等说明事物“是什么”；二是通过分析、解释或推断统计等说明事物“为什么”；三是在回答前面两个问题基础上明确“怎么办”的问题，即得出结论或提出建议。本书大多也是围绕上述三个问题展开的。进而言之，本书试图以“行动哲学”为基础，从“国际战略分析”的角度探讨大学的历史—哲学基础及其多元发展问题。

如果说世界是一个运动场，那么哲学家扮演的角色既不是运动员，也不是教练员，更不是普通观众，而是审慎的观察者——他以理性的反思的态度审视场内外发生的一切，并从中抽取出基本的概念加以分析和解释，从而间接引导人们过一种智慧的生活。

怀特海（Alfred North Whitehead）指出：“建立哲学的正确方法是构成一套思想的框架，然后坚定不移地探求用那套框架来解释经验……哲学的重要性就在于它坚持不懈地努力把这种框架揭示出来，这样一来，我们才可能批评它，改进它。”①世界或宇宙的理性反思可以从不同的角度进行，由此就形成了不同的哲学思潮，行动哲学就是其中之一。行动哲学的思想框架并不复杂，其内涵也谈不上“新鲜”。在笔者看来，行动哲学的要旨有二：其一，人和世界、

① 转引自［美］E. 拉兹洛著，闵家胤译：《用系统论的观点看世界》，中国社会科学出版社 1985 年版，扉页。

理想与现实的关系问题是行动哲学的两大基本问题；其二，行动是架设人（自我及其组织）和世界、理想与现实的主要桥梁。

在这里，行动哲学有五个联系密切的关键词，即人、世界、理想、现实、行动。当然，行动哲学最关键的关键词自然还是“行动”。何谓行动？行动是人具有明确目的并有一定预计步骤的活动。换言之，行动是人的主观意志向客观现实过渡所必需的桥梁，是一种既定意向付诸实施的过程。它包括主客观两个方面，是知、情、意与行的统一。人的行动产生的最终原因是需要。人类通过自己的行动去创造社会条件、改造世界、变革现实，体现了自己的巨大能动作用。行动为人所独有，它与动作、行为、活动根本不同（后三者为人和动物所共有）。作为人，我们身不由己地来到这个世界。为了生存和发展，我们始终得立足现实，面向未来，进而通过行动去实现理想。虽然理想或泯没，或压缩，或超越，但或多或少都有所体会与收获，这就构成了人生。

从时间的一维性看，世界存在于过去、现在和未来，因此整个世界相应地可以分为历史世界、现实世界和未来世界。历史世界“往者不可鉴”，未来世界“来者尤可追”，但未来世界并不等于理想世界，人真正需要面对也能够把握的世界只有现实世界。在行动哲学看来，现实世界就是当前存在的主客观存在，体现为有关环境、条件、人物或事件的史料、数据、案例等各种事实；理想世界则是人（个人或群体）对有可能实现的未来的想象世界，它立足现实而又超乎现实之上。我们生活在现实世界，但无不向往理想世界。要把现实世界变为理想世界只有通过行动才能达成。行动哲学强调通过战略研究，即从历史、科学、艺术、哲学四重境界去认识世界。①

---

① 按照纽先钟的看法，战略研究存在历史境界、科学境界、艺术境界、哲学境界四种境界。参见纽先钟著：《战略研究入门》，台湾麦田出版股份有限公司 1998 年版，第 287～288 页。

由此可知，行动哲学既是一种寓世界于其中的人生哲学，也是一种寓人生于其中的世界哲学；既是一种以现实为基础的理想哲学，也是一种理想引导下的现实哲学。换言之，行动哲学是一种沟通人和世界、连接理想与现实的“战略哲学”。

大学是一种人类社会组织。作为行动哲学在大学发展领域的应用或延伸，一方面要客观呈现大学组织及其环境世界的过去与现实，另一方面则要坚持大学乃至人类的理想，也即“真、善、美”、“公平与效率（平等与卓越）”、“和平与发展”、“客观、公正与系统”等终极价值追求。大学教育或许越来越普及，越来越大众化，但大学之所以神圣，就是因为它与现实社会密切结合的同时，又始终与社会保持一定距离，高扬理想主义的旗帜。

“国际战略比较”就是立足全球社会的理想和现实展开的“知己知彼”过程。不同国家或地区的不同大学及其内外事务，很多情况下看似不可比较，但是这些“不可比较”的事物并非没有关联，它们在一定的历史条件下展开了有形无形的激烈竞争或密切合作并形成不同的竞争态势。立足国际竞争、冲突或合作的背景，本书不仅考察这些大学及其内外相关事务的“异同”，而且注意揭示各自的动态变迁，从而得出有根据的结论、启示或建议。文化或许没有优劣之分，竞争则必然存在高下之别，所以从国际战略的角度对东西方不同国家、地区、学校乃至其内外事务进行的“战略比较”就是必不可少的。由此可见，“国际战略比较”展现的思维模式与通常所见的“国际教育”或“比较教育”是有所不同的。

二、方法与内容

本书主要采用三种研究方法：理论、比较与案例研究。理论分析主要是借鉴战略研究的有关理论，在厘清历史真相与当前现实的基础上，检讨各国各地区大学发展的经验得失，明确自身的优势与不足及其环境存在的机遇与威胁，进而实现理论上升。比较研究就是通过对不同区域（国家或地区）的大学及其相关要项的比较，明确各自的异同或优劣，以求“知己知彼”。案例研究就是选取有代表性的个案进行深入分析，“解剖麻雀”。在采用这三种研究方法的过程中，都可能根据需要进行必要的统计分析，以便得出有数据支持的结论或建议。通常的研究程序表现为：在完成研究设计的基础上进行案例分析，再进行比较研究，最后完成理论归纳。当然写作进程则可能完全与之相反。概言之，本书多数研究是不同方法组合应用的结果。

与上述方法相呼应，本书按照所包含的内容大致分为四篇。第一篇“大学之道”集中探讨大学发展的历史—哲学—思想基础。具体说来就是在阐述中西方大学起源线索的基础上，探讨了大学的人学基础（学术与社会基础暂且不论），提出了大学办学理念及其操作的“星云说”与“魔方说”，并以理论或专题的方式考察了大学办学四大“要项”中的大学战略、大学政策与大学法制问题。笔者试图通过提供一个“大学办学的思维框架”，从而探求大学运作的“方圆之道”。在为人处世的性格方面，国人对“外圆内方”推崇有加，但对本书论及的“大学发展”而言，“方圆之道”意在“思无涯，行有矩”，即“思虑周密，行为方正”。

具体说来，本书第一章“别国的大学与我们的大学——中西大学起源线索纵横谈”结合大学本质与模式的探讨，从历史与比较的角度勾勒了中西方大学起源线索的差异。研究表明，西方大学尤其是欧洲大学属于“早发内生型”，包括中国大学在内的其他各国大学属于“后发外生型”，但中西方最早的大学几乎都是教会大学；中西方大学均没有一个明确的起源，也没有一个绝对明确的起源标志；中西方大学的起源线索是与其政治—经济—文化体制相一致的；世界科技中心的转移就意味着世界大学中心的转移。本章最后强调，把合理求是、学术自由、有序竞争等普遍规则与大学的具体实践相结合，走有各国特色的大学发展之路，这是世界各国大学发展的基本经验。

人与学术是大学的两大基础，其中“人”又是最基本的。正是“学术”或说“高深学问”，使得大学从层次上区别于中小学；正是“人”，使得大学从性质上区别于其他政治、经济和科技部门。为此，探讨大学的人学基础就是大学办学的前提。第二章就此展开了简要的分析。研究指出，人的结构体现为一种“天人合一”，即个体内在的身心圈层与外在的社会圈层，与整个宇宙系统呈现出结构的同一性。在人的特性方面，除了存在“社会性”这一根本特性，人还存在自己独有的非本质特性。这些特性主要包括可能性、唯一性、独特性、珍贵性、主动性、选择性、超越性等特性。与西方重视独立于环境的“个体人”不同，中国重视的是一定环境中的“社会人”。本章强调指出，正如人与学术的发展必须依据各自的规律，大学发展同样必须依据大学的本质和规律。

第三章“大学办学的思想框架——论研究型大学的办学理念及其操作”着重论述了研究型大学的办学理念及操作问题（世界一流大学并非都是研究型大学，但研究型大学是世界一流大学主体，故本书对两者并不作严格区分，而是混合使用）。该章首先具体考察了东西方大学办学理念的差异，提出了一个包括四个层面内外互动的大学办学理念圈层观——“星云说”，从而整合并明确了大学办学基本理念之间的关系。在此基础上，进而提出了一个包含三个维度的大学理念操作“魔方说”，由此共同形成了一个包括若干概念在内的大学办学的完整运作框架。该章最后从解决常规性问题与非常规性问题的角度入手，阐述了大学办学应该关注的四大“要项”的异同及其特征。该章附录“大学‘第四职能’述评”提出了评价大学“第四职能”的三个基本标准，即大学应该做什么？大学能做什么？大学“第四职能”不能损害前三个基本职能，进而据此对有关大学“第四职能”的若干论点进行了简要评价。

第二篇“大学管理”是对大学办学“要项”的专题研究（暂未

论及“大学伦理”）。大学办学的四大“要项”之一是大学战略。第四章“大学战略：理论与实践——大学战略管理若干问题探析”就是对大学战略管理中若干问题的探讨。研究指出，所谓战略是在市场经济竞争激烈的环境中，在总结历史经验、调查现状、预测未来的基础上，为谋求生存和发展而作出的带有长远性、全局性的谋划或方案。战略管理学派可以归结为主流学派、非主流派、整合学派三大类。大学战略管理之所以日渐重要，是由于大学面临着一系列的挑战，由此形成了不同的大学战略规划模式。本章进而借鉴发达国家建设世界一流大学的经验，着重从对立统一规律的辩证法角度阐述了研究型大学战略规划中应该注意的若干关系，最后就中国高校战略管理尤其是中国大学战略规划的基本情况进行了再分析。

第五章“大学政策：教学激励的历史反思——对中国高等教育国家级教学成果奖的综合考察与分析”是一个专题研究。本章通过对中国高等教育国家级教学成果奖评奖的宏观背景、评审政策及奖励内容的较为详细的分析，得到了六点结论：各届高等教育国家级教学成果奖评审目的强调重点略有差异，总体差异不大；教学成果奖有可能更利于教学管理者，而不是直接从事教学的教学人员即普通教师；各分等标准之间并没有一个明显具有可操作性的标准。我国高等教育教学的总体质量分布是：越是西部，高等教育的教学质量越低，但与此同时，无论东部还是西部，都有高等教育的几个制高点与最低点；五届国家级教学成果所获奖励的地区分布与人口关系不大密切，但与普通高等学校总量有较大的相关，而与是否拥有教育部（及其他部委）直属院校，尤其与是否拥有研究型大学——含研究生院及部分进入“211 工程”院校的数量存在显著相关；奖项层次越高，研究型大学获奖的比例越大，高等教育国家级教学成果奖励政策有利于研究型大学，而不利于非研究型大学。据此，笔者提出了三点改进建议。

大学战略与大学政策主要用于解决“非定型化问题”，大学法制则主要用于解决“定型化问题”。大致说来，大学法制大致分为宏观层面与微观层面两大方面。从大学法制的宏观层面看，大学发展主要涉及大学与政府、大学与大学、大学与企业的关系，具体包括国家在办学、管理、人事、经费、后勤等方面的系列法律规章及其具体运作。就此，本书第六章以“海峡两岸高等教育体制之宏观比较”为主题进行了若干比较分析，指出了海峡两岸高等教育办学体制、管理体制、筹资体制的趋同性和差异性，由此不难发现海峡两岸乃至东亚国家和地区大学发展的某些共同特点和未来趋势。

在大学法制的微观方面，主要涉及大学内部管理的诸多法制问题。大学内部管理从属于大学的宏观管理。第七章以“论中英两国大学学院制及导师制之异同”为题，在分析“学院”内涵与外延的基础上，从国际比较的角度考察了中英两国大学内部管理体制的若干差异和特点。研究指出，学院是一个多层面的概念，无论学院制还是导师制都有其具体含义；必须重视对包括学院制和导师制在内的国外大学内部制度的进一步考察；中国要建立的大学制度应该是一系列大学制度链、制度网基础上的制度体系。

第三篇“多元推进”在研究方法上接续了第二篇的案例研究和比较分析，主要围绕“内外因素制约下的大学发展”这一主题展开多方面的宏观考察与专题分析。第八章“国际政治与大学发展之关系——以海峡两岸大学尤其是民办大学发展为重点进行的初步探索”并不是一般性地考察常见的政治、经济或者文化与教育的关系，而是以海峡两岸大学尤其是民办大学的发展为考察对象，初步揭示了国际政治对大学发展（尤其是对大学体制）的制约，以及大学对国际政治的反作用。本章对由“公共知识分子”推演出的“公共大学”概念论证不够，离现实也还有相当大的距离，但笔者以为，在全球普遍价值遭遇挑战之时，“公共大学”对于“世界共同体”或者“全球伦理”的关注显然不是可有可无的。世事纷争部分是由于缺乏共识导致的，而其隐藏的深层原因则是缺乏求同存异的共同价值追求，“公共大学”恰好有可能在这些方面有所引领。

如果说第八章属于宏观层面的考察，那么第九章“大学的可持续发展”则是一个专题分析。该章试图通过对“北京清华”与“新竹清华”发展的比较研究，考察不同政治经济环境下大学的可持续发展问题。研究结果表明：（1）“北京清华”较“新竹清华”的发展更多地受到国际与国内政治波动的影响。“北京清华”的学科建设顺序是工科→理科→管理→文科（人文社会科学），较多重视实用学科；“新竹清华”的总体建设顺序是工科→理科→文科→管理，更多重视基础性学科。（2）“新竹清华”较早实行学院制及综合性学科布局；“北京清华”在院系设置方面取得了长足的进展，但还有进一步改进的空间。（3）在海峡两岸“清华”学生中，增长比例最高的是博士生，其次是硕士生，再次才是本科生，也即学位越高，增长越快。（4）“北京清华”教师的学历分布特点在于：离目前时间越近，高级学位比例增加越大，“新竹清华”教师具有“美国化”倾向。“北京清华”师资结构呈“棱形”分布，“新竹清华”的师资结构则呈“倒金字塔形”。最后就推进海峡两岸“清华大学”的可持续发展问题提出了几点建议。该章附录从中国传统文化的角度考察了“行胜于言”这一铭文（座右铭）的渊源与内涵。

第十章从教育生态学的视角，首先选取法美两国的两所巨型大学——巴黎大学与加州大学，以及两所小型精英学府——巴黎理工学校（EP）和加州理工学院（Caltech）为考察对象，在介绍各自的社会—经济背景基础上，既考察了这两种大学发展模式形成的历史背景差异，也分析了各自的现实不同，进而对这两种大学发展模式进行了简要比较。研究认为，由于两国大学的历史社会传统不同，从而催生出不同的大学发展模式，进而在组织结构、校园文化和国际声誉方面形成了各自特点。本章最后指出，大学发展既要遵循其自身的办学理念和运行规则，又要因地制宜，公私立大学同等重要，必须协调发展。这些结论为国家高等教育政策的制定提供了不同的参照系。

第十一章以“大学校长之学术背景”为题对中美两国研究型大学校长的教育背景与工作背景进行了详细的考察。该研究在界定学术背景内涵基础上，把历史与个案研究、内容与比较分析等研究方法融为一体，从教育背景与工作背景两方面对中美两国研究型大学校长的学术背景进行了系统的描述与分析。研究结果表明：(1) 美国著名私立“文理主导型”大学校长以文科学者为主，著名的私立“理工主导型”大学校长以出身理科为多，著名的公立综合大学校长出自文科与理科的校长人数大致相当。这与中国无论学校学科构成如何，其研究型大学校长均以理科学者出身为主的情况完全不同。(2) 美国研究型大学校长倾向于“外部选拔模式”，而中国研究型大学校长倾向于“内部选拔模式”。(3) 美国研究型大学校长几乎都有名校博士学位，而中国研究型大学校长具有博士学位的人数不到一半且博士学位来源参差不齐。(4) 美国公立顶尖大学校长几乎都有多个单位工作经历，私立顶尖大学校长则很难一概而论，而当前中国顶尖大学校长的职业经历显现单一化。据此，本章提出了改进中国研究型大学校长选拔政策的三点建议，从而为未来的大学校长“候选人”及选拔大学校长的高校或教育行政部门提供了若干历史经验与国际参照。

第十二章“大学评价之再评价”是对《美国新闻与世界报道》大学排行榜的简要考察。该章以近年《美国新闻与世界报道》所做有关大学排行榜为依据，结合我国实际对其排行方法、指导原则、指标体系、排行的原因与类目进行了较为详细的阐述，并进行了必要的再评价。研究指出，对任何大学排行而言，客观、公正、系统是基本的指导原则；对志在世界一流的大学而言，其最重要的评价标准是学术卓越程度；学生对母校的满意率是衡量一所大学质量的重要标准；大学排名只是决策的参考，不能代替对具体学科的考察；《美国新闻与世界报道》大学排行榜测查“学生保持率”与

“学生毕业率”的做法对中国缺乏借鉴意义。

大学发展固然建立在一定的科学理论基础上，但并非大学发展的每一个方面都存在理论。相反地，这在更大程度上是管理经验与艺术的问题。第四篇第十三章立足世界一流大学建设的历史经验与现实观察，简略探讨了世界一流大学建设的六个侧面。研究指出，世界一流大学的空间分布与是否建立在包括首都在内的中心城市无关，但不能与中心城市距离太远；世界一流大学的用人标准包括本校需要、面向现实、兼容并包、唯才是举、综合评估、研究优先；世界一流大学的筹资战略包括阐明捐款意义、制定筹款计划、总结筹款经验、权威重点抓管、机构专门负责、政府政策引导；世界一流大学的运作机制包括有序竞争、效法企业、宏观调控、进取精神、有所不为；世界一流大学的教学方法包括案例研究法、实地考察法、模拟训练法、观点烹调法、演习教学法、精品觅食法、综合考试法；世界一流大学的美中不足包括重研轻教、教师介入校外活动过多、学生目光短浅、基础学科研究受市场冲击大、身居首都不完全是福、顶尖人物不一定出自一流大学。显然以上这些概括并非全部，本章只是提供一些对世界一流大学的多角度认识。

第十四章“论大师与大作”是本书的最后一章。在大学建设中，无疑法制建设是第一位的，因为这是解决组织定型化问题或说常规性问题的基本要项。法制健全了，校长确定了，这时大师就是最主要的。该章首先把有关大师的见解总结为四种学说，在此基础上提出了大师的“超越说”，认为大师就是在理论与实践领域取得超越时代与区域性重大成就的人；大师的贡献主要体现为理论贡献、方法贡献与实践贡献三个方面；成就大师的外在条件包括自由、时空、宁静与信息；大师的内在精神支柱主要包括献身精神及其延伸——自我实现与社会实现。在此基础上，本文进而讨论了大作的本质特征及其“误区”，指出大作是在重大问题上取得突破并能够经受时空考验的作品，其特点有三，即在重大问题的解决上取得重大突破；突破空间限制；经受时代考验。与此相反，轰动、精密、合作、雅俗共赏、宏篇巨制等均非大作的根本特性。中国要为世人奉献自己的大师与大作，那么就有必要把握它们各自的特点，如此才能真正为世界作出贡献。这些认识为如何造就、培养与引进大师提供了一个多元的参照系。

第一篇

大学之道

第一章　别国的大学与我们的大学

——中西大学起源线索纵横谈

第一节　引言

每一所大学都有自身的起源，每一个国家的大学也有自身的起源。大学的起源有先有后，发展有快有慢，它们共同组成了动态的全球大学系统。中国正在建设自己的一流大学。一流大学的建设一方面需要通过国际比较明确自身的优势与不足；另一方面就是要从自身的历史与现状寻求新的发展道路与特色。大学发展的历程总是伴随着国家政治—经济—文化的变迁。无视大学自身的起源、发展特点及其环境变迁，就无从理解大学行为并建构大学未来。

有关大学起源的研究资料可谓汗牛充栋，那么为什么还要在这里来考察这样一个意义重大且内涵丰富的问题呢？道理很简单，人们需要了解以下三个问题：中国的大学是怎么来的？当前现实如何？未来的路又怎么走？一般人或许都知道，大学不是中国的“土特产”，而是“舶来品”，是“维新变法”的遗产。但要了解厘清中国大学的起源线索，就必须了解中外各国文化的发展背景尤其是世界大学的起源，了解其他国家的大学是怎么来的，存在哪些发展模式，由此才能在一种全球战略思维中确定中国大学的未来走向。

常识告诉我们，一所大学的历史越长，其培养的学生就越多，文化积淀也越深厚。因此，从校史专家到普通学生都有一种“寻古冲动”，试图从大学的起源上获得一种崇高的历史感。这也就不难理解，大学的起源通常往前推而不是往后撤。本文的目的就是在勾勒西方大学起源的历史线索基础上，简要考察中国大学的起源线索与发展模式，并进行两者之间的简要比较分析。

第二节　西方大学的起源线索

一般认为，除了如埃及开罗的爱资哈尔（Al-Azhar）大学等少数例外，现代大学来源于欧洲中世纪大学。① 在此之前，古代埃及、印度、中国等都是高等教育的发源地；古希腊、罗马、拜占廷及阿拉伯国家都建立了相当完善和发达的高等教育体制。虽然许多教育史学家把这些地方的高等教育机构也称为大学，但多数学者认为，它们不是真正意义上的大学，真正的大学还是来源于欧洲中世纪大学。中世纪在欧洲历史上是指其封建社会时代，时间从公元476年的西罗马帝国至文艺复兴前。无疑，西方各国大学的起源并非一致而是前后相继的。欧洲中世纪大学也并非在欧洲各国同时起步。

爱弥儿·涂尔干（Émile Durkheim）指出："主教座堂学校与修道院学校尽管都十分简陋，不事奢华，但却由此孕育了我们整个

① 由于对"大学"的理解不同，国际上对"最早的大学出现何方"的认识存在差异。即便在联合国教科文组织的名著——《学会生存》中也有些模棱两可。如一方面宣称："世界上最早的大学是印度婆罗门教的那些大学，它们为教育提出了一个完美的范例"。另一方面又指出："在中世纪欧洲，雄心勃勃称为大学的高等教育机构诞生了。"参见联合国教科文组织国际教育发展委员会编著，华东师范大学比较教育研究所译：《学会生存——教育世界的今天和明天》，教育科学出版社1996年版，第29～31页。一些中国学者（如熊明安，1983；杨渭生，2000）也强调"不宜以中世纪大学的出现作为全世界大学的起源。"

的教育体系。初等学校、大学、学院，这些都是从此发展出来的。”① 11世纪，西欧封建制度已经确立，农业生产缓步上升。随着剩余产品的增多，手工业得到发展并逐渐从农业生产中分离出来，商业活动也逐步展开。专职的工商业者聚居一处，从事生产和贸易，逐渐形成了中世纪的城市。城市的普遍兴起和发展，国际间贸易和交往的日益频繁，加上十字军东征使拜占廷文化迅速传遍整个欧洲，客观上促进了欧洲文化的发展。

这些社会条件的变化，使原有的僧侣学校和大主教学校再也不能满足社会发展的需要。在意大利、法国和英国的一些地方，师生们为了使自己的权利受法律保护，仿照手工艺人行会的方式，组成教师行会或学生行会：教师按所教的学科组成行会性质的“教授会”(facultas)，学生按籍贯组成“同乡会”（nation)。由于需要，这些学生团体和教师团本结合成学习和研究的“组合”（universitas)。

拉丁文“大学（universitas)”一词，原意就是包括各种行业的“行会”、“社团”、“公会”之意。其设立目的是为了保护市场、决定职业标准以及寻找其他有利的事，具有自发性、自治性和自卫性的特点。中世纪晚期，学生和学者逐渐发展为一个职业阶层，于是有了组成行会的需要。“universitas”也就专用于指称大学。

由于最早的大学等同于行会，所以它就获得了各种行会都多少具备的特权，其中大学最主要的特权是“法权自治、罢课和分离独立的权利及独揽大学学位授予的权利。”② 大学以这些特权为基础构建了大学自治的组织特性并形成了学术自由的传统。

---

①［法］爱弥儿·涂尔干著，李康译：《教育思想的演进》，上海人民出版社2003年版，第29～30页。

② 周谷平、张雁：《中国古代太学与欧洲中世纪大学之比较——兼论我国现代大学的起源》，《高等教育研究》2006年第5期。

在大学发展的早期，大学是逐渐形成的，并没有根据专门的法令创办的大学，因此不可能为任何一所早期大学指定一个确切的创建时间。12 世纪，在意大利、法国和英国开始出现了一些最早的大学。其中具有代表性且影响较大者是意大利北部的博洛尼亚大学、萨莱诺大学和巴黎大学。

这些大学按领导体制可分为两类：(1)“学生大学”。以博洛尼亚大学（University of Bologna。Bologna，又译为“波伦亚”或“波隆那”）为代表，由学生主持校务。教授的选聘、学费的数额、学期的时限和授课的时数，均由学生决定。欧洲南部的大学，如意大利、法国（巴黎除外）、西班牙、葡萄牙等地的大学多属此种类型。以后，这种形式逐渐被削弱，到 18 世纪末彻底消亡。(2)“教师大学”。以巴黎大学（Univergite De Paris）为代表，由教师掌管校务。“巴黎大学创建伊始，无非是各方面的教师所组成的一个法团。……巴黎大学的思想倾向根本上不是教士型的，不仅如此，甚至多少还容纳了一大批教外人士，具体数目还难以确定。”① 欧洲北部的大学，如英格兰、苏格兰、德国、瑞典和丹麦等地的大学，多属此种类型。中世纪大学主要从事纯理论研究，与社会保持一定的距离，因而被称为“象牙塔”②。

博洛尼亚大学是欧洲最古老的大学，以研究法学著称，1158 年经神圣罗马帝国皇帝弗雷德里克一世（l'empereur Frédéric）的敕令使之成为正式的大学。萨莱诺（Salerno）大学建立于11 世纪初，以研究医学著称，1231 年得到政府承认。巴黎大学系由巴黎圣母院大教堂学校发展而来，以研究神学著称。1198 年教皇西勒

---

① ［法］爱弥儿·涂尔干著，李康译：《教育思想的演进》，上海人民出版社 2003 年版，第 124～131 页。

② “象牙塔”（ivory tower）的英文解释是：the situation of someone in a place such a so university that protects them from the practical or unpleasant things that exist in most people's lives.

士丁三世（Celestine Ⅲ）赐给巴黎大学许多特权。1215 年正式称大学，1231 年罗马教皇肯定该大学的自决权。该校分文、法、医、神学四科，后来发展为西欧各大学“典范”，被誉为“世界（欧洲）大学之母”。

英国大学出现大约比法国巴黎大学晚 20 年。1167 年，英王亨利二世（Henry Ⅱ）和法国不和，下令召回在巴黎大学的全部学者。他们选中牛津，随后成立第一所大学（牛津大学并没有一个明确的创建日期，但 1096 年牛津即已存在教学活动）①，它是以巴黎大学为榜样的学校。1209 年，由于牛津学者与当地居民发生冲突，部分学者逃离牛津，到剑桥落脚，逐步出现剑桥大学。

美国的哈佛大学创建于 1636 年，是由移居美国的英国清教徒仿效剑桥大学的模式建立的，因此始称剑桥学院。1639 年更名为哈佛学院，目的是为了永久纪念学校的创办人之一和办学经费的主要捐赠者、英国剑桥大学伊曼纽尔学院文学硕士约翰·哈佛（John Harvard）。

1701 年，以詹姆士·皮尔庞特牧师为首的一群康涅狄格州（Connecticut）公理会牧师，说服该州法院投票赞成建立耶鲁大学，哈佛大学 1668 届毕业生亚伯拉罕·皮尔逊（Abraham Pierson）被推选为第一任校长。1718 年托管人将它命名为耶鲁学院，

① A Brief History of the University。http://www. ox. ac. uk/aboutoxford/history. shtml.

以感谢英国商人伊莱休·耶鲁（Elihu Yale）对学校的慷慨捐赠。①

由耶鲁大学校友担任第一任校长的美国大学有普林斯顿大学、哥伦比亚大学、威廉姆斯学院、康奈尔大学、霍普金斯大学、芝加哥大学、乔治亚大学、密西西比大学、密苏里大学、威斯康星大学和加利福尼亚大学，② 因此耶鲁大学享有“美国学院之母”的美誉。部分世界著名大学的传承线索简要图示如下（图 1-1，图中年代为一般认可的创校时间）：

巴黎大学→	牛津大学→	剑桥大学→	哈佛大学→	耶鲁大学→	普林斯顿大学等
(1150)	(1168)	(1209)	(1636)	(1701)	(1746)

图 1-1　部分世界著名大学的传承线索

虽说大学自 12 世纪以来创立已久，但直到 18 世纪末，大多数欧洲国家的研究工作还是在诸如英国皇家学会这类科学院的主持下进行的，大学只是进行教学与培训的机构，研究工作仅仅起着一种附带的作用。虽然日内瓦学院、莱顿大学、爱丁堡大学、哈勒大学和哥廷根大学等欧洲名校已经重视原创性研究与研究生培养，但直到 1810 年柏林大学的建立才达到近代大学发展史上的一个高峰。

由于政治分裂、经济落后，地理位置上又处于欧洲文明发源

---

① 世界大学的命名大致来自四个方面：位置（地点）、人名、经典、行业。由于目前中国大学多为公立大学，所以其命名除了少数例外（如中山大学以人名命名，河海大学以行业命名，复旦大学以经典命名），多数大学改名采取位置（地点）加行业“扩张”的方式来命名。有趣的是，大凡以经典命名的中国大学多为名牌大学。美国最著名的大学多为私立大学，所以一些老牌大学往往以其校史上有过重大贡献的人士来命名。例如，“常春藤联盟”八校中，除了普林斯顿大学以地点命名外，哈佛、耶鲁、布朗、康奈尔直接以人名命名，哥伦比亚大学与纪念哥伦布有关，“宾夕法尼亚”意为“宾的森林”，“达特茅斯”是英国伯爵威廉·赖格的封号，也与人名有关。

② [美] 理查德·雷文著，王芳等译：《大学工作》，外文出版社 2004 年版，第 9 页。

地——古希腊与古罗马的边缘，也远离当时宗教神学和文化传播中心——巴黎，直至14世纪，德国才创立大学。其第一所大学是建于1348年的布拉格大学。但到18世纪末，德国共有40所大学，是同期欧洲国家中最多的。新人文主义的大学改革导致了1810年柏林大学的创立①。

支配柏林大学的大学观念是以德国唯心主义哲学为基础的新人文主义教育观，它强调通过积极学习以发展个性，认为大学的任务是培养具有古希腊精神的个性充分发展的人。其代表人物是普鲁士内政部文化教育司司长——威廉·冯·洪堡（Wilhelm Von Humboldt）。"洪堡（柏林）式大学"观念的核心内容是：大学由国家举办，但享有广泛的内部自治权；大学由讲座教授即正教授负责管理；强调科学研究应超脱社会的种种实际利益；强调大学应进行陶冶教育，而不是一般的学校教育和实用的职业教育。

教学自由和学习自由、研究与教学统一是洪堡大学的原则，创立习明纳（Seminar）② 和研究所则是洪堡大学教育理念在教育实践中的具体体现，也是德国新大学区别于传统大学的根本所在。美国、日本、俄国、丹麦、中国等国均受其影响。史学家将柏林大学称为近代大学的开端，这标志世界高等教育历史进入了一个新

① 二战的结果导致柏林分裂，苏占区所在的东部原柏林大学取名为柏林洪堡大学（University of Humboldt in Berlin），退居西部柏林的学者和大学生则在美国的支持下于1948年创立柏林自由大学（Free University of Berlin），可见两校皆为嫡传。

② 习明纳（Seminar，也可译为"研讨班"）由教授个人举办，课程由教授个人讲授。经过挑选的学生，通常10余人，定期集中在一起，地点常常在教授家里，解释困难的课文，承担和报告独立研究的课题，并接受教授的指导和其他学生的鼓励和批评。1808年德国哈勒大学沃尔夫教授设立的语言学研讨班（Philologisches Seminar）是大学研讨班和研究所的结合。随后这种形式很快为柏林大学（1812）、波恩大学（1819）等大学仿效，成为新大学的显著特征之一。

阶段。

在各仿效国家中，美国大学尤其是其中部分私立大学尤为积极。1815 年到第一次世界大战爆发期间，大约有一万多名美国学生留学德国，其中又有一半的学生入读柏林大学。① 美国输入德国模式的决定性步骤是研究生院的建立。虽然确切地说，德国没有研究生院，它仍然只是初具雏形，但那些在美国发起建立研究生院的人还是认为他们是完全遵循德国模式行动的。②

科塞（Lewis Coser）指出，美国大学至少是从两个不同的起源演变而来：早期的学院与现在的专业学院和研究生院。③ 直到 19 世纪中叶，美国的大学主要是培养牧师、律师和绅士的学校。内战结束以后，当美国的工业化开始取得长足进展时，一种新型大学出现了。通过效法德国的重要大学，约翰·霍普金斯大学率先开办研究生院，芝加哥大学在行政管理上进行了系列创新，使得现代大学模式得以在美国真正确立。美国大学的主体模式体现在以英国式的本科学院为基础，再建德国式的研究生院于其上，其周围辅以职业学院及其他相对独立的附属机构，如国家实验室、医学中心、大学出版社、继续教育学院、博物馆等。

美国高等教育既吸收了欧洲大学的精华，更注入了本土的新鲜血液。乔治·凯勒（George Keller，2001）认为，美国加入的几种教育形式有："强调就业培训和面向劳动阶级子女的政府赠地公立学校的创建，夜校和成人教育的引入，新兴的有近一千个免试入学名额的两年制大学的建成，代替教学型大学的研究型大学的普及，

---

① John S. Brubacher，Willis Rudy. *Higher Education in Transition*，Harper & Row，publishers，Inc.，1976，p. 175。

② [以色列] 约瑟夫·本—戴维著，赵佳苓译：《科学家在社会中的角色》，四川人民出版社 1988 年版，第 271～272 页。

③ [美] 刘易斯·科塞著，郭方等译：《理念人——一项社会学的考察》，中央编译出版社 2004 年版，第 306 页。

不分种族的高校的出现，高校间运用电子等手段进行合作以及远程高等教育的兴起，以及兴起了为高等教育开辟新途径的营利性大学。”① 可见，美国高等教育的跨越式发展，显然并非简单照搬欧洲大学经验的结果，而是具有自己大量的制度和实践创新。其多样化的大学类型为差异悬殊的学生提供了层次不同但又相互补充的教育。

日本的大学虽然传承了德国柏林大学的传统，但抛弃了欧洲大学的自治制度。1886 年日本文部省颁布的《帝国大学令》明确规定：“帝国大学适应国家之需要，以教授学术、技术理论及研究学术、技术之奥秘为目的”，从中可见日本强调大学要适应国家需要，加强国家对大学的控制。

汤浅光朝曾于 1962 年提出“世界科学中心转移说”②，认为科学中心继意大利之后转向英国，英国之后转向法国，法国之后转向德国，德国之后则转向美国。由世界科学中心的转移与世界著名大学的传承关系可见，世界高等教育中心与科学中心的转移具有相当的互动性和一致性，显示了高等教育与科学研究两者的联动关系。

---

① ［美］理查德·鲁克著，于培文译：《高等教育公司》，北京大学出版社 2006 年版，“前言”。

② 1962 年，日本科技史专家汤浅光朝系统地提出了科学中心转移理论。他认为，衡量一个国家科学是否发达的主要标志是科技研究成果的多少，如果一个国家在某一个时期的科技研究成果超过全世界的四分之一，这个国家就是世界科技中心。通过对 1501～1950 年世界范围的科学成果的统计分析，汤浅光朝认为，在这 450 年间，世界科技中心发生了五次大转移，即从意大利（1540～1610 年）、英国（1660～1730 年）、法国（1770～1830 年）、德国（1840～1920 年）到美国（1920 年至现在），平均每次的时间是 80 年。在科技史研究领域，人们将汤浅光朝的这一发现称为“汤浅现象”。

第三节　西方大学的实践模式与理论基础

西方大学的实践特色可通过其发展模式与特征来体现。在阿特巴赫（Philip G. Altbach）看来，欧洲早期的“教师大学”与“学生大学”反映了两种最基本的大学模式——“巴黎模式”与“意大利模式”，并成为当今所有大学共有的模式。① 当然，今日西方大学的发展模式与特征可以展开具体分析。

一、西方大学的实践模式及其特征

伯顿·克拉克（Burton Clark）提出过五种类型的大学构想，即德国的“研究所型大学”、英国的“学院型大学”、法国的“研究院型大学”、美国的“研究生院型大学”和日本的“应用型大学”。② 此前托斯顿·胡森（Torsten Husen，1992）则认为欧洲和北美的高校大致有四种模式。③

1. 德国“研究型大学模式”。柏林大学的研究和教学工作从大学学习一开始就相互学习。学习是要从新知识领域中获得经验并学会如何扩大这些知识领域，以便把学生培养成各个专业知识领域中的开拓者。

2. 英国的寄宿学院模式，即牛津—剑桥模式。该模式是以学

---

① ［美］阿特巴赫等著，王久逵等译：《21世纪美国高等教育——社会、政治、经济的挑战》，高等教育文化事业有限公司2003年版，第17～18页。

② ［美］伯顿·克拉克著，王承绪译：《探究的场所》，浙江教育出版社2001年版，导言。

③ ［瑞典］托斯顿·胡森：《关于大学的观念：不断变化的作用，当前的危机和今后的挑战》，《教育展望》，第21卷第2期（总第78期），1992年2月中文版第20期。

生和教授之间保持密切而又不拘形式的接触为基础而建立起来的。其主要特色是学院制与导师制。

3. 法国的重点学院模式（即“大学校”模式——笔者注）。该模式集中体现了由国家掌管的实行精英统治的社会。在这个社会里，受过特殊教育的专业人员被认为是一批社会精英。法国的院校从学术水平和社会地位上看都是经过精选的。

4. 美国芝加哥大学模式。由赫钦斯（Robert Maynard Hutchins）制定的芝加哥模式是一项强烈侧重普遍文科教育的计划。其理想是要让学生熟悉人文科学、自然科学和社会科学中主要人物的思维方式，提高学生进一步学习的能力，并培养学生学习和思考过程中的独立性和批判性。

需要指出的是，上述四种模式只是欧美大学模式的代表。实际上，各国大学的模式有不同的亚型和变种。如英国的模式大致分为牛津—剑桥模式、伦敦大学模式、苏格兰模式、地区大学模式四种。① 法国的高等教育机构也大致可以分为四种：综合大学（Université）、大学校（Grande école）、短期高等教育机构及大型机构。当然，20 世纪 70 年代创立的开放大学模式或许也可以算为英国大学的一种模式，该模式的创立标志着英国高等教育开始普及。表 1-1 显示了英法两国大学的主要模式及其各自特征。

① 张泰金著：《英国的高等教育历史·现状》，上海外语教育出版社 1995 年版，第 139 页。

表 1-1 英法两国主要的大学模式及其特征

英国			法国		
模式	特征	代表机构	模式	特征	代表机构
牛津—剑桥模式	大学、学院（书院）两层办学体制，其目标主要是为宗教、政府培养上层统治人才	牛津大学、剑桥大学	大学校模式(Grande école)	公私立兼顾，其主要功能是从事应用科学的教学与研究，培养工、商、管等方面的专门人才和某些方面的国家官员	巴黎综合理工学校、巴黎高等师范学校、国立行政学校等
伦敦大学模式	教学与考试分头管理；实行联邦式管理体系。其创立标志着高等教育的社会化，即高等教育成为发展社会、政治、经济的工具	伦敦大学学院、帝国理工学院、伦敦政治经济学院	综合大学模式(Université)	大学的主要功能是培养国家的科学研究人才以及教师，着重理论及基础学科的知识传授与研究	巴黎大学、里昂大学

表 1-1 以对应的形式列出了英法两国高等教育机构的主要模式，但事实上各自差异巨大，并非一一对应。牛津—剑桥模式实行内部各学院的“联邦自治”，是英国高等教育的代表。伦敦大学则是英国规模最大的学府，也实行下属各学院行政独立的“联邦制”，但其下属各学院规模远非牛津—剑桥模式的学院可比拟。这所成立于 1836 年的大学联盟目前拥有六十多家相对独立的学院及科研机构，其中伦敦大学学院、伦敦国王学院、帝国理工学院、伦敦政治经济学院和伦敦商学院在世界上久负盛名。如果说牛津—剑桥模式是上层精英教育的代表，那么伦敦大学就是为“中产阶级”服务的

产物。

与英国不同，古老的巴黎大学或许是法国高等教育的代表，但法国高等教育的质量标志则是其“大学校”。法国高等教育实行大学与“大学校”并举的“双轨制”，“大学校”独立于大学之外且与之并存。巴黎大学虽然是世界上最古老的大学之一，但新兴的巴黎大学成立于 1971 年 1 月 1 日，由 13 所大学组成，其学生数量占全国大学生总数的三分之一，因此巴黎大学的规模远非牛津—剑桥模式中的“学院”规模可比。虽然巴黎大学属于综合性大学，但其教育取向则是“民主”的“大众教育”。法国的“大学校”实际上并不大，但通常比综合性大学档次更高，提供的是高水准、专业化的“精英教育”。

如果说英国社会对牛津—剑桥模式的批判催生了伦敦大学，那么法国社会对综合性大学模式的不满则催生了“大学校”——虽然两者创建的时间顺序正好颠倒过来。从这个意义上说，英国的高等教育发展是从精英到平民，法国的高等教育则是从平民到精英。

美国高等学校更是以多样化的模式而著称。卡内基教学促进基金会（Carnegie Foundation for Advancement of Teaching）所作《美国大学分类标准（2000 年版）》把其大学分为博士/研究型大学、硕士型大学、单科性大学/学院、本科型大学/学院、专科型学院五大类院校，其中博士/研究型大学、硕士型大学、本科型大学/学院各分为两个小类。总体说来，欧美大学的一种或多种大学模式已为世界各国所仿效。托斯顿·胡森进而把西方大学的特征概括如下：

1. 它在一定程度上将理论与实践明确区分开来；

2. 它鼓励自主和对外界事物完全采取冷漠态度；

3. 无论从社会地位上看还是从知识水平上看，它都是一个教育英才的机构；

4. 作为一个以“追求真理”为主要目的的教育机构，它力主成为一座象牙塔。

托斯顿·胡森的上述概括只是从历史传统的角度来总结西方大学特征的。实际上，演变至今，西方大学都发生了或大或小的转型。例如，美国高校在继承西方高等教育的传统基础上，又形成了自己的特征。

1. 彻底的分散管理。无论是联邦政府或各州当局实际上都不参与管理。美国高校在20世纪初即通过了全美大学教授协会（AAUP）所阐述的美国教育思想三大原则，即著名的“三A原则”：学术自由（Academic Freedom）、学术自治（Academic Autonomy）和学术中立（Academic Neutrality）。根据“三A原则”，教授作为学者和知识传授人有言论自由；大学有权利从学术角度出发，决定谁教书、教什么、如何教以及谁来学等问题；大学教授们的自由以校园和学术界为界，对外严守中立，不过问政治和社会敏感问题。彻底的分散管理从制度上保证了“三A原则”落到实处。由于美国高等教育机构采取“企业化管理”，所以也有研究者认为其高等教育不存在所谓的“自治”问题。

2. 服务的理念。与英国大学致力于培养绅士（gentleman），德国大学致力于学术研究（scholarly research）不同①，美国大学

① 郑晓沧（1936）对英德两国的人才培养目标有过精彩的论述。他说：英之大学理想，在养成 Gentlemen，此一字以我国“君子”一词译之，最为适当。……第二理想，即学者（Scholar）理想，德国虽特别着重于 Research Scholar，兹姑以一般 Scholar 为言，其在中国，今日通称为“学者”，求之旧籍，依个人意，相当于“士”。……大概“君子”尤重行谊，而“士”则必学问上有相当之造诣者，学足当之。前者尤重人格之修养，后者则重学问上之修养。今如不取古人之形式或意义，而取旨趣之所在，则今之大学学生，不可不勉为绩学之“士”，不可不勉为“君子”之风。郑晓沧：《大学教育的两种理想》，《浙大月刊》第26～27期，1936年9月30日至10月1日。参见王承绪、赵端瑛编：《郑晓沧教育论著选》，人民教育出版社1993年版，第223～226页。

着重在两者进行平衡，并致力于为美国生活的基本需求服务，由此形成了现代美国大学与社区保持最密切联系的特色。威斯康星思想（Wisconsin Idea）就是这种理念的最好体现，《莫雷尔法》（Morrill Act）等则从法律或政策上保证了大学更好地为当地社会服务。

3. 高等教育普及化。美国高等教育规模宏大，20 世纪 90 年代其高校学生总数即达到1 300万左右，约为同期挪威、丹麦和芬兰三国人口之和。美国的教学和研究人员约有 80 万人，这一数字接近于英国高校学生人数的总和。① 美国高校创造出庞大的国际高等教育市场。

4. 竞争激烈。这是与欧洲高等教育机构形成鲜明对照的主要特点之一。哈佛大学文理学院院长亨利·罗索夫斯基（Henry Rosovsky）指出："牛津大学不需要竞争，没有哪个挑战者敢于处心积虑地准备把牛津大学从其突出的位置上拉下来。……她的高高在上的地位被看作理所当然。而在美国，任何一所大学都要不断努力证明自己的强大与先进。"② 实际上，这也是构成美国大学与东亚乃至欧洲大陆高校体制的差异之一。

5. 大学体制极其多样化。美国有很多不同类型的公立和私立院校，并且形成了明显的地位等级。大学群落富有多样性、互补性。例如，多年来美国大学中私立院校多于公立院校，但三分之一的院校却招收了五分之三的学生。公司结构是院校管理的基本模式。

6. 企业家精神。因为激烈竞争和绝对分散的状况，促使大学教职员工具有一种企业家式的创业精神，鼓励主动进取。研究密集

① ［芬兰］奥斯莫·基维宁等：《变革中的高等教育政策：西方的三种模式》，《教育展望》（中文版），1992 年第 31 期。

② ［美］亨利·罗索夫斯基著，谢宗仙等译：《美国校园文化》，山东教育出版社 1996 年版，第 200～201 页。

型大学（research-intensive university）服务社会最直接的途径之一就是将新的思想和技术商业化，从而创造财富和就业机会。1997年的一项研究表明，麻省理工学院的毕业生创办或合作创办了4 000多家公司，雇佣110多万名员工，全球年销售额达2 320亿美元。①

7. 实验性。美国院校没有统一的入学标准。只要统考中一门拿满分，不管另一门分数高低，自动进入大学；中学辩论队员往往进入最好的大学。

8. 开放性。美国大学不仅向本国开放，而且向世界各国开放，“得天下英才而教育之”，也得天下英才而用之。②

当然，对美国大学特色及其优缺点的看法并不完全相同。田长霖认为，美国大学的特色是开放性、多渠道性（多面性）、实验性、竞争性。③ 哈佛大学前校长德里克·博克（Derek Curtis Bok）认为美国大学制度的显著特点在于自治、竞争与反应能力。④ 康奈尔大学校长亨特·罗林斯（Hunter R. Rawlings）则认为美国大学最显著的特征：一是它没有什么体系（没有中央计划，大学种类多

---

① Charles M. Vest. *Pursuing the Endless Frontier*, The MIT Press, 2005, p. 203.

② 在国际人才市场中，世界上接受留学生最多的国家首推美国。1992年各国留美学生达438 600人，占世界留学生总数的三分之一弱（UNESCO, 1994）。同年，中国出国留学生总数约为13万，为世界第一大留学生派出国，中国在美访问学者也居各国之首。1993～1994学年度，中国留学美国的人数为97 500（其中内地44 380人，台湾37 580人），占当年留美学生人数45万的四分之一弱。参见范德清、方惠坚主编：《科教兴国——中国现代化的战略抉策》，人民教育出版社2002年版，第279～281页。

③ 田长霖：《关于高等教育的几点看法》，参见张劲夫主编：《海外学者论中国》，华夏出版社1994年版，第165～170页。

④ [美] 德里克·博克著，乔佳义编译：《美国高等教育》，北京师范学院出版社1991年版，第3～11页。

样）；二是研究范围极为广泛；三是知识学习与发展批判性思维能力并重。① 而在笔者看来，这些大多反映了美国“科学”而灵活的实用主义传统。

美国高等教育之所以卓越超群，其原因显然是多方面的。在麻省理工学院院长查尔斯·M. 维斯特（Charles M. Vest）看来，这主要有七个原因：美国高等院校广泛多样；为新聘助理教授提供了广阔开放的空间，使他们能够自由选择教学内容并从事自己热衷的研究和学术问题；在研究型大学内部积极推进教学和研究的合作，从而带来了生机、活力和持续的创新；向各国学生、学者和教师开放；把对大学前沿研究的支持作为联邦政府的重要职责；拥有独特的博爱主义传统，使得来自贫困家庭的天才学生也能进入最昂贵的高等学府；建立了一种师生自由竞争的体制。② 微软全球副总裁李开复（2006）则认为，美国大学的成功有五大理由：（1）英明的政策与官员；（2）灵活自由的教学方式；（3）严格的教师录取、晋升、管理制度；（4）在进步中求稳定的思维；（5）私立大学奇迹般地崛起。③ 这些看法可谓见仁见智。

李开复在认可今日美国大学成功的同时，同时指出美国大学存在五大弊端：（1）“终身职”造成教授不思进取；（2）学费经费失衡导致“大学行销竞争”和“营利型大学”泛滥；（3）院系贫富悬殊、校方大权旁落；（4）研究型教授身价暴涨、优秀教师饭碗不保；（5）一流学府垄断格局日趋僵化。在美国，从“国防教育”到“国

---

① ［美］亨利·罗林斯：《现代研究型大学：知识创新者与文化桥梁》，《北京大学学报》，（哲学社会科学版），2006 年第 1 期。

② Charles M. Vest. *Moving On*，MASSACHUSETTS INSTITUTE OF TECHNOLOGY，Report of the President For the Academic Years 2002～2004，March，2004.

③ 李开复著：《与未来同行》，人民出版社 2006 年版，第 274～283 页。

家在危急中——教育改革势在必行"① 之类的警醒之声总是不绝于耳。无疑，有备无患、未雨绸缪显然是一个成熟社会所必需的。

二、西方大学实践背后的理论依据

作为一种人为事物，大学同样是人类精神的物化。无论欧洲还是美国，其精神生活实际上都是同质的，都可以追溯到三个起源：(1) 希腊文化；(2) 犹太宗教与伦理；(3) 现代科学的产物——现代工业主义。② 这些无疑也影响了各自的大学，但各国大学之所以形成各自的模式与特色，往往还有一些特定的思想根源与理论依据，尤其是与一些著名学者——教育家对大学本质的理论解读与实践经验有关。表 1-2 显示了不同历史时期西方学者对大学本质的解读情况及实践其大学思想的典型大学或研究机构。

表 1-2 大学本质：多样化解读

代表人物（生卒年）	主要观点	典型大学/研究机构
1. 洪堡（Wilhelm Von Humboldt，1767—1835）	大学是学者的社团；是受国家保护但又享有完全自主地位的学术机构	德国柏林大学

① 20 世纪 70 年代末 80 年代初，随着冷战局势的缓和，国际竞争由军事竞争和意识形态竞争转向经济竞争和综合国力竞争。教育发展水平逐渐成为衡量综合国力和影响国家国际竞争能力的一个重要指标。1981 年 8 月，美国联邦教育部成立了由 18 位专家和教师组成的"国家教育优异委员会"，负责调查美国中小学的教育质量。该委员会经过了一年多的调查，提出了《国家处于危急之中：教育改革势在必行》的报告。参见国家教育发展研究中心编：《发达国家教育改革的动向和趋势》，人民教育出版社 1986 年版，第 4～5 页。

② ［英］罗素著，秦悦译：《中国问题》，学林出版社 1996 年版，第 147 页。

续表

代表人物（生卒年）	主要观点	典型大学/研究机构
2. 纽曼（John Henry Newman，1801—1890）	大学是一个传授普遍知识的场所；是由来自世界各地的教师和学生组成的、探索各种知识的场所；是教学的场所	英国牛津大学、剑桥大学
3. 弗莱克斯纳（Abraham Flexner，1866—1959）	大学是一个有机体，是学问的中心	美国普林斯顿高等研究院
4. 赫钦斯（Robert Maynard Hutchins，1899—1977）	大学是人格完整的象征、保存文明的机构和探求学术的社会；是独立思想与批评的中心	美国芝加哥大学
5. 科尔（Clark Kerr，1911—2003）	现代大学是“多元化巨型大学”	美国加州大学
小　结	对大学本质的理解不同，相应的目标追求、组织结构与运作机制也不同	各国大学相互学习，并依据国情形成了各具特色的大学

伟大的思想引导着具体的实践，而具体的实践又启发着伟大的思想。大学的模式及其培养目标往往以其背后起指导作用的教育哲学有关。表 1-2 显示，英国“牛津—剑桥模式”体现了纽曼的大学理想，德国大学模式是洪堡大学思想的现实化，多样化的美国大学则自由融合了更多思想家的智慧，在吸收欧洲思想的基础上又贯彻

了自己的实用主义精神。

世纪之交前后，世界高等教育出现了不少新的变化，其中一个做法就是加强国际合作，成立区域战略联盟。如为了应对美国及其他国家大学的激烈竞争，欧洲大学先后成立了由欧洲大学联合会(European University Association，简称 EUA，1991 年创立)、欧洲研究型大学联盟（League of European Research Universities，简称 LERU，2002 年创立)① 等协作机构和组织，就其成员各国或各大学的高等教育和科学研究政策进行协调。

总之，西方大学起源于中世纪意大利与法国的教师行会和学生行会所结合而成的学习和研究“组合”。世界多数大学具体来源于巴黎大学模式。基于这种模式，英国建立了牛津与剑桥大学，德国于 19 世纪创立了自己的大学，美国创立了哈佛大学、耶鲁大学、普林斯顿大学等私立大学。各国大学之间相互影响，并不断扩散到全世界。

第四节　中国大学源流概观

现代大学起源于西方。在很多情况下，世界范围内从一国到另一国的学术迁移是殖民地带来的结果——美国建立的大学直接受到英国的影响就是例子。非洲和亚洲的大学深受英国和法国学术模式的影响也是由于殖民主义。此外，19 世纪德国新出现的学术模式对美国有重大的影响，而美国的“赠地学院”模式则影响了印度、拉美及部分非洲国家（乃至中国）的大学。多数东欧大学采取了德

① 欧洲研究型大学联盟（LERU）创立于 2002 年夏，包括 20 所（2006 年）注重研究的欧洲顶尖大学，其成立动机在于重建欧洲“基础研究”（fundamental research）的地位。参见 http://www.leru.org/。

国模式，同时也吸纳了法国模式的某些特征。① 虽然学术模式的传播整体上很少是单向的，而更多的是一种相互影响，但就大学的起源来说，大学学术模式的传导主要体现为单向传播。

中国高等教育由来已久。中国古代没有近代意义上的大学并不是说没有自己的高等教育。在上古时代，中国高等教育属于“官办”性质，即所谓“学在官府”。迨乎春秋之末，封建制度开始崩溃之时，私学乃兴。孔子是开这个风气之先河的第一人。其后诸子蜂起，百家争鸣，战国时期成为中国古代私学的黄金时期。② 大学是由具有独立人格的知识分子群体遵循自治原则进行学术生活的社团。中国古代尽管有“太学”这样的高等教育机构，但与欧洲中世纪大学不可同日而语。前者主要培养国家官员，后者则是未来职业人员的学习场所。两者的教学内容、教学方法也差异颇大，所培养的知识分子人格也各有特点。③ 尽管如此，这并不意味着中国大学就完全弃绝了中国古代合理的教育和学术传统。换言之，中国大学并非只有一个源头，而是至少有两个源头。

中国大学的来源具体表现在两个方面。一方面是“西学东渐”，这是主要的。解放前中国大学主要师法欧美及日本，教育层次低，高校数量少，公私立院校并存，高等教育普及率很低。新中国的大学主要学习苏联模式，大学与科学院分设，前者侧重教学，后者偏向研究。高校的特点是：（1）除少数综合性大学外，其他都按学科（甚至按专业）建设大学或学院，如航空学院、钢铁学院、石油学院等；（2）专业划分细，专业口径窄，针对性强，同时学制较长

① P. G. Altbach. *Higher Education: Comparative Studies*. See: Torsten Husen. *The International Encyclopedia of Education: Research and Studies*. Volume 4. F—H. 1985, p. 2195.

② 唐德刚著：《晚清七十年》，岳麓书社 1999 年版，第 269 页。

③ 周谷平、张雁：《中国古代太学与欧洲中世纪大学之比较——兼论我国现代大学的起源》，《高等教育研究》，2006 年第 5 期。

(本科一般为5年)；(3) 层次类别明确清晰，分类指导。随着形势的发展，改革开放以后中国大学的改革主流又转为欧美取向，强调教学与科研相结合，同时中国的科学院系统也大量招收研究生（此外，中央部委直属研究生部、社会科学院、党校、军校也招收一定数量的研究生），向大学靠拢，从而在人才培养、科学研究、社会服务等方面形成相互联系、多元竞争的发展格局。

另一方面是中国传统官学和私学合理成分（自然也伴随着不合理的成分）的延续和再造。中国大学总体上属于所谓“后发外生型”，即发展较晚，且由外来因素所引发，但官学和私学的某些传统（尤其是学术传统）在现代中国大学建立与发展的不同历史时期实际上从未断绝，这在人文、艺术、医药、建筑等具有鲜明中华文化特色的学术领域尤其如此。如1925年清华学校开办的国学研究院，其学制就既强调模仿英国大学的“导师制”，也明确效法中国传统的书院精神。书院历史上著名的“朱张会讲”、“鹅湖之会”所体现的学术精神至今仍为学界所传诵。①

中国现代化进程表明，在一种有意无意的全球现代化进程中，任何一国都不能置身事外，其大学发展更不可能“独善其身”。相反地，中国的现代化必须建立“世界中心的文化观”，即“一方面，尽量理性地‘选择’、‘借取’、‘吸收’西方文化的质素……另一方面就是使中国业已堕失或衰微的传统，经过理性的批判重建的过程，重新产生文化动力”。② 中国大学源流与其现代化进程是一脉相承的，这意味着未来中国大学必须继续从这两个源头汲取文化力量，同时又站在“全球战略”的高度进行新的“定位”和“再造”。

① 胡青著：《书院的社会功能及其文化特色》，湖北教育出版社1996年版，第110～116页。

② 金耀基：《中国的现代化》，参见金耀基著：《金耀基自选集》，上海教育出版社2002年版，第27页。

只要每一个学生、每一个教师乃至每一个共和国的公民都致力于推进中国及其大学的现代化进程，那么中国大学完全有可能孕育具有中国文化特色的“文艺复兴”与知识“工业革命”，进而成为世界高等教育的中心之一。

第五节　中国大学发展个案

有关“西学东渐”及其对中国高等教育的影响，学者们已多有论述，这里不再赘述。一个有趣而且有争议的问题是：“哪所大学是中国的第一所大学?”。撇开“千年学府”不谈，天津大学认为，其前身北洋大学是近代中国第一所大学；① 北京大学则认为自己是第一所国立综合性大学；②潘懋元（1998）先生指出：福建船政学堂至少是堪与天津中西学堂（即后来的北洋大学）比肩的中国近代第一所高等学校（高等实业学堂）。③ 近年有学者则论证说，1594年天主教耶稣会在澳门创办的“圣保禄学院”才是中国第一所近代

① 天津大学指出：“天津大学是教育部直属国家重点大学，有着悠久的历史和优良的传统，前身为北洋大学，创办于 1895 年 10 月 2 日，是中国近代第一所大学。”参见天大简介 http://www.tju.edu.cn/13.66.2/index.htm。

② 北京大学指出：“北京大学创于 1898 年，初名京师大学堂，是第一所国立综合性大学，也是当时中国的最高教育行政机关。”参见 http://www.pku.edu.cn/about/about.htm。

③ 潘懋元：《船政学堂的历史地位及其影响》，《教育研究》，1998 年第 8 期；《福建船政学堂的历史地位与中西文化交流》，《东南学术》，1998 年第 4 期。在福建船政学堂（1866）创建前后，“洋务派”建立的“洋学堂”还包括：京师同文馆（1862）、上海广方言馆（1863）、广州同文馆（1864）、天津水师学堂（1881）、湖北自强学堂（1893）、南京陆军学堂（1896）等学校。参见王德滋主编：《南京大学百年史》，南京大学出版社 2002 年版，第 3 页。

意义上的大学。① 甚至有学者认为，从大学的结构与特点来看，圣约翰大学可谓中国第一所名实相符的“真正”大学。

一、中国大学发展：个案回顾

为了对中国大学起源有一个具体的了解，我们各选择五所公私立大学作为早期中国大学的代表，且来看看中国最早的一些大学的起源与演变概况。

（一）澳门圣保禄学院

澳门是西方文化进入中国最早的基地和桥梁，16 世纪被葡萄牙强占。根据一些学者的研究，证明中国土地上第一所近代意义上的大学可以上溯到 1594 年天主教耶稣会在澳门创办的“圣保禄学院”。

16～18 世纪，天主教大力向远东和南亚地区传播。天主教修道会之一的耶稣会在传教的同时，兴办教育，传播文化，于 1594 年在澳门开办了远东第一所西式大学——澳门圣保禄学院（俗称三巴寺）。该学院至 1762 年关闭，历时 168 年。

澳门圣保禄学院是一所传教士学校，但又不是一所普通意义上的修士学校，而是一所西式大学，原因在于它的课程结构、考试方法、学校建筑、设施条件、人才培养等各方面已经具备了大学性

① 这方面的主要文献包括胡兆量：《我国第一所西式大学——论澳门圣保禄学院的历史地位》，《深圳大学学报》（人文社会科学版），1999 年第 4 期；杨林生：《远东第一所大学——澳门圣保禄学院》，《百科知识》，1999 年第 9 期；李向玉：《中国历史上的第一所西式大学——澳门圣保禄学院》，《中国大学教学》，2002 年第 2 期；等等。

质。《辞海》中收录的圣保禄学院师生包括汤若望、毕方济、艾儒略①等十余人。中国著名学者吴渔山、陆希言也是该校毕业生。马拉特斯在《圣保禄学院：宗教与文化的研究院》一文中指出，该校学生“在经过初步培训之后，开始同为数众多的来亚洲之前尚未完成资格培训的欧洲会友一道开展哲学、神学、科学和艺术的研究。正是在圣保禄学院，中国人和日本人研读拉丁文和葡萄牙文，而欧洲人则学习汉文和中、日文化”。② 可见，圣保禄学院在东西文化交流方面起到了实质性的、有着重大历史价值的作用。

（二）私立之江大学

1845 年，该校由美国基督教北长老会创办于浙江宁波，初名崇信义塾，当时规模很小，学校只有小学制度。1867 年迁至杭州，改名育英义塾，学生程度由小学提高到中学，并制定创设高等学校的计划，将育英义塾改组为育英书院，分正、预两科。1890 年设英文科。1907 年开始，实行大规模的扩充计划，在六和塔西二龙

---

① 汤若望（Johann Adam Schall von Bell），1592 年生于德国科隆，1618 年从里斯本起程，于 1619 年到达澳门，用了一段时间学习汉文化之后，他于 1623 年抵达北京，历明清两朝，致力于传教与科学事业，为东西方交流开辟了道路，并对当时的皇室乃至整个国家产生了有益的影响。毕方济（Francois Sambiasi，1582—1648），意大利耶稣会传教士，字今梁。明万历三十八年（1610 年）抵澳门，教授数学一年，明万历四十一年到北京，后在上海、南京等地传教。他精通天文数理，曾奉旨测量北极高度，观察日食，改良历法。崇祯六年（1633 年）上疏崇祯，条陈救国之策四条，其中“辨矿脉以裕军需”，为中国首言采矿者。其名著《灵言蠡勺》上下二卷详述西方灵魂之说，亦是最早传入中国的欧洲大学讲义之一。艾儒略（Julio Aleni，1582—1649），字思及，意大利人。明朝末年来华传教士。他 1600 年加入耶稣会，1610 年到达澳门开始传教。1613 年进入中国内地。1620 年艾儒略与其他传教士以及一些中国教徒合作，编译出版了一系列西方学术著作，如《职方外记》、《西凡学》等。

② 李向玉：《中国历史上的第一所西式大学——澳门圣保禄学院》，《中国大学教学》，2002 年第 2 期。

头建立校舍。1910 年美国南长老差会与北长老差会合作，组成新的校董会。1911 年迁至新校址改名为之江学堂。1914 年又改名为之江大学，分本、预两科，附设高中部。1920 年在美国哥伦比亚州立案，分文、理两科。1926 年正式分系。1928 年停办。1929 年秋复校，1930 年在国民政府立案，并按大学组织法改组为之江文理学院。1940 年学院扩充为之江大学。1952 年院系调整时合并撤销，其校址现为浙江大学之江校区。

（三）私立圣约翰大学

1879 年，美国圣公会主教施雷许斯基在上海梵皇渡创办圣约翰书院，分国文、神学两部，第二年增设医科，改用中文上课。1881 年开设英文部，1883 年添设科学部，1890 年成立文理学院。1896 年改组为圣约翰学校，同时同仁医院附属的医科并入，成立医学院。1900 年夏暂时停办，9 月重新开学。1905 年改名为圣约翰大学，并在美国注册。1913 年开设研究院。1923 年开设土木工程学院。1944 年成立农业学院。1949 年下学期共设有文、理、工、医 4 个学院、13 个系和医预科。1952 年院系调整时合并撤销，其校址现为华东政法大学。

（四）私立金陵大学

金陵大学是美国基督教会美以美会（卫斯理会，Methodist Church）在中国创办的教会大学，前身是 1888 年在南京成立的汇文书院。1907 年，美国基督会于 1891 年创立的基督书院和美国长老会于 1894 年创立的益智书院合并为宏育书院；1910 年，宏育书院并入汇文书院，成立私立金陵大学。1937 年因抗战迁至四川成都华西坝，1946 年返宁。福开森（J. C. Ferguson）、师图尔（G. A. Stuart）、包文（A. J. Bowen）、陈裕光、李方训先后担任校长。1951 年 9 月，私立金陵大学与私立金陵女子文理学院（原金陵女子大学）合并为公立金陵大学。1952 年院系调整，金陵大学和南京大学合并为新的南京大学，南京大学由四牌楼旧址迁至金大天津路校址。

（五）私立岭南大学

1888 年，美国基督教人士在广州沙基创设格致书院。1900 年迁澳门，更名岭南学堂。之后，在广州河南康乐购地兴建校舍，1904 年由澳门迁回。1916 年，文理科大学完成，1922 年成立农科大学。1927 年收归中国人士办理后，成立董事会，改名为私立岭南大学。同时改文理科大学为文理学院，农科大学为农学院。1928 年增设商学院。1930 年增设工学院。1936 年增设医学院，定名为孙逸仙博士医学院。1949 学年设文、理工、农、医 4 个学院，还设有 4 个研究所。1952 年院系调整时合并撤销。该校址即今中山大学。

（六）国立武汉大学

1893 年，自强学堂设立于武昌，1902 年改名为方言学堂，1912 年改为武昌军官学校。1913 年国立武昌高等师范学校成立，以原方言学堂为校舍，11 月开始授课。1923 年改名为国立武昌师范大学。1924 年秋又改为国立武昌大学。1926 年秋国民革命军进抵武汉，将武汉 7 校合并为国立武昌中山大学。① 1927 年冬停办。1928 年 10 月又改建为国立武汉大学，设社会科学院、理工学院及文学院 3 学院，并设预科，分文理两组。1929 年 3 月理工学院分为工学院和理学院，5 月改社会科学院为法学院。1936 年设农学院。抗战时内迁四川嘉定（乐山）。1947 年年底学校设文、法、理、工、农、医 6 个学院，分设 20 个系、8 个研究所。1952 年院系调整为文理科大学。2000 年 8 月 2 日，武汉大学、武汉水利电

① 为了纪念孙中山先生，1927 年国民政府实行“大学区制”，除了广东设立的中山大学，一度在武汉设第二中山大学（武汉大学），在杭州设第三中山大学（浙江大学），在南京设第四中山大学（南京中央大学）。但因同名不易辨别，旋即取消。

力大学、武汉测绘科技大学、湖北医科大学合并组建新的武汉大学。

（七）国立北洋大学

1895 年，该校由天津海关道盛宣怀呈准创办。创校初校名为天津北洋西学学堂。1896 年改名为北洋大学堂，分头等、二等学堂（即本科、预科），二等学堂四年毕业后升入头等学堂。1912 年改称为北洋大学校。1914 年更名为国立北洋大学。1928 年国民政府试行大学区制后，更名为北平大学第二工学院，1929 年又改名为北洋工学院。到 1949 学年第二学期共设有 12 个系（理学院 2 个系，工学院 10 个系）。1951 年与津沽大学工学院、南开大学工学院等合并，成立天津大学，原校名撤销。

（八）国立交通大学

1896 年，南洋公学创办于上海，先设师范院，继设外院。1898 年设中院及高等预科，作为开办大学的基础。1904 年改称为商部高等实业学堂。1906 年又改称邮传部上海实业学堂。1911 年改称南洋大学堂，1912 年又改名为交通部上海工业专门学校。1921 年与唐山工业专门学校、北京邮电学校和交通传习所合并，总称为交通大学。上海部分称交通部南洋大学；1927 年又改称第一交通大学。1928 年又将唐山、北京、上海三校合并为交通大学。到抗战前夕，学校有 3 个学院、8 个系、1 个训练班和 1 个研究所。1949 年全校共有理、工、管理 3 个学院 19 个系。1952 年院系调整为多科性工科大学。1957 年，学校迁往西安，后又根据实际独立设校。时至今日，来自同一母体的五所“交大”分布海峡两岸，可谓盛极一时。

（九）国立浙江大学

1897 年，求是书院在杭州成立。1901 年改名为浙江求是大学堂，翌年又改称浙江大学堂，1903 年更名为浙江高等学堂。1912 年，学堂改称学校，遂易名为浙江高等学校，后因学制改革停止招生。1914 年正科全部学生毕业后停办。1927 年国立第三中山大学在浙江省组建，设工、农两个学院。1928 年改名为国立浙江大学，并创设文理学院。学校初创时设 10 个本科学门和医学预科，直到 1937 年无大发展。1938 年增设师范学院。1939 年文理学院扩大分为文、理两个学院。1945 年增设法学院。至解放前夕，浙大已有 7 个学院、24 个系、10 个研究所，以及规模宏大的工厂、农场、林场、医院等附属实习单位。20 世纪 50 年代初期院系调整为多所单科性学校，其中在杭四校，即浙江大学、杭州大学、浙江农业大学、浙江医科大学于 1998 年 9 月重新合并，组建为今日浙江大学。

（十）国立北京大学

国立北京大学的前身是京师大学堂，1898 年 12 月正式开学。1900 年八国联军侵占北京，校舍被占，一度停办。1902 年恢复后设速成、预备两科，速成科分仕学、师范两馆，预备科分政、艺两科。1903 年增设医学馆、译学馆和进士馆，同时分科，设有经、法、文、格致、农、工、商 7 科，各科下设门。1912 年京师大学堂改名为北京大学。到 1919 年，学校设有数学、物理、化学、地质、哲学、中文、史学、英文、法文、德文、俄文、经济、政治、法律 14 个系，是当时全国规模最大的一所高等学府。1927 年7 月，北京大学取消，北京国立 9 所高等学校合并，成立京师大学校，1929 年 9 月北京大学恢复原校名。抗战爆发后与清华、南开合组西南联合大学。1946 年 10 月在北平正式复学。1949 年 9 月农学院分出。同年年底北京大学设有文、理、法、工、医 5 个学院，22 个学系，16 个专修科，17 个研究所。1952 年 9 月学校从城内迁至西郊原燕京大学校址，调整为文理科大学。2000 年 4 月 3 日，北京大学与原北京医科大学合并，组建了新的北京大学。

在了解上述 10 校的基础上，这里可以把相关概况总结如下（见表 1-3）。

表 1-3 中国早期 10 所大学发展概要

校名	创建（结束）时间	创建者（性质）	演变
1. 澳门圣保禄学院	1594～1762 年	天主教耶稣会	澳门圣保禄学院是一所西式大学，其课程结构、考试方法、学校建筑、设施条件、人才培养等各方面已经具备了大学性质。1762 年关闭
2. 之江大学	1845～1952 年	美国基督教北长老会	崇信义塾—育英义塾—育英书院—之江学堂—之江大学—之江文理学院
3. 圣约翰大学	1879～1952 年	美国圣公会	圣约翰书院—圣约翰学校—圣约翰大学
4. 金陵大学	1888～1952 年	美国基督教会美以美会	汇文书院、宏育书院—私立金陵大学
5. 岭南大学	1888～1952 年	美国基督教	格致书院—岭南学堂—私立岭南大学
6. 武汉大学	1893 年	国立	自强学堂—方言学堂—武昌军官学校—国立武昌高等师范学校—国立武昌师范大学—国立武昌大学—国立武昌中山大学—国立武汉大学
7. 北洋大学	1895～1951 年	国立	天津北洋西学学堂—北洋大学堂—北洋大学校—国立北洋大学—北平大学第二工学院—北洋工学院—天津大学
8. 交通大学	1896 年	国立	南洋公学—商部高等实业学堂—邮传部上海实业学堂—南洋大学—交通部上海工业专门学校—交通大学

续表

校名	创建（结束）时间	创建者（性质）	演变
9. 浙江大学	1897 年	国立	求是书院—浙江求是大学堂—浙江大学堂—浙江高等学堂—浙江高等学校—国立第三中山大学—国立浙江大学
10. 北京大学	1898 年	国立	京师大学堂—北京大学—京师大学校—西南联合大学
小结	伴随西方到东方殖民，最先到中国澳门进行统治的葡萄牙首先在该地建立大学，但教会大学主要受到美国影响	教会大学是中国最早的大学，但国立大学越来越占主导地位，中国自办私立大学兴起较晚	中国早期大学大多经历了一个复杂的演变过程。其间贯穿了改名、停办、分流、合并、重组等多重变革。这与教育体制变革有关，也与国内外环境变迁有关，其中国内外政治因素影响尤甚

二、中国大学发展个案之简要分析

作为"后发外生型"大学，中国等后发国家的大学鲜有学术自由、大学自治的历史传统。相反，其大学创立之初就肩负着振兴国家与民族的重任，从而也更容易更多地受到政治、经济的影响，而不是立足人才培养与学术研究的自身逻辑推进大学发展。虽然不少杰出的教育家提出了很多真知灼见，但严格说来，由于其大学大多是推广或模仿的产物，所以真正属于自己的具有鲜明特色的思想贡献并不多见（如果不是没有的话）。从世界大学中心的转移可以看出，固然这种转移往往与经济政治中心的转移具有联动性，但这种转移之前往往还伴随思想家的长期酝酿与实践家的大力推行。可以说，如果没有一批思想家与行动家的密切合作，要实现中国大学的腾飞或超越是难以想象的。换言之，中国大学要发展，首先必须实现大学思想的发展与相应体制的创新，舍此别无他途。

对中国大学源流的分析包括多方面的内容，以下的简要分析仅涉及办学体制、起源时间、国内外背景因素三个方面。

从办学体制上看，早期中国大学办学有“四驾马车”，即教会大学、国立大学、省立大学与私立大学（自办）。其中，教会大学是中国高等教育近代化的示范，① 国立大学在中国高等教育中起了主导作用，私立大学（自办）与省立大学则起了重要的辅助作用（本章没有举例）。由于教会大学在中国大学中成立最早，因此可以断言，中国的大学起源于教会大学，从而中国的第一所大学也当属教会大学。我们不能因为教会大学成为历史就否定其在中国曾经起过的先导作用。

正如西方中世纪大学没有明确的起源一样，中国大学的起源也没有一个绝对明确的年代标志。其中一个重要原因是中国最早的大学往往与中等教育——甚至初等教育界线不清。为了切合中国国民的心理，最初的教会大学往往以中国传统书院或“义塾”的名义出现，而后改名为“学堂”，进而提升为“大学”，其间并不存在一个清楚明确的分界。

中国大学起源的“大背景”（国际背景）是一样的，总体上都属于所谓的“后发外生型”。因此，国际政治关系深刻地影响了中国大学的各个方面。换言之，哪个国家的综合国力越强，其对中国

---

① 教会大学不仅是中国教育近代化的示范，而且还是中国建筑近代化过程的关键点。参见董黎：《中国教会大学建筑——中西文化交汇的案例》，《二十一世纪》（香港），1996 年 6 月号。

的影响越大，那么该国的大学办学模式就有可能在中国改造复制。如果说 20 世纪前半期主要体现了美国教育的影响，那么后半期则主要体现了苏联教育的影响。只有伴随中国实力的提升与思维的转换，这种情况才能逐步改变。鉴于葡萄牙最早在中国土地上开展统治，因此中国最早的大学出现于澳门是可以理解的。

中国大学建立的“小环境”（国内环境）是不一样的。中国大学从起源上大致可以分为三大类：一是“推广型”，此型以外国人在中国办的教会学校（属于私立大学）为代表。二是“应对型”，此型以中国人自办的国立大学与私立大学为代表。它们又分为“主动应对型”与“被动应对型”两种亚型，且同一大学在不同的历史阶段交织着“主动应对”与“被动应对”的成分（至今如此）。另外在这两种类型之间还存在少量的第三种类型——“双方协调型”，如清华学堂的建立就是中美双方“协调”的结果。

第六节　基本结论

通过以上对中西方大学起源线索的简要描述，我们可以得到有关中西方大学起源的如下结论。

结论 1：在起源类型方面，西方大学尤其是欧洲大学属于“早发内生型”，包括中国大学在内的其他各国大学属于“后发外生型”，但无论中国还是西方，最早的大学几乎都是教会大学。中国大学有两个来源，即总体上是“西学东渐”的产物，但又延续了中国古代官学和私学的某些合理成分。

结论 2：在起源时间方面，中西方大学都没有一个明确的起源，最早的大学的起源也没有一个绝对明确的年代标志。原因在于最早的大学往往与中等教育——甚至初等教育界线不清。至于各个具体大学，其起源则可能存在一个相对明确的标志。

结论 3：在发展模式方面，西方国家的大学模式大多具有各国自身的特点，并不存在各国通用的大学模式。各国大学发展往往公立与私立兼顾，但这两种类型存在性质与层次的不同。

结论 4：在大学与科技中心的互动方面，科技中心的转移就意味着大学中心的转移，反之也成立。“汤浅现象”反映了科技中心的转移规律，同时也意味着大学中心的转移规律。科技中心自意大利—英国—法国—德国—美国转移的脉络与世界顶尖大学的历史变迁基本一致。

结论 5：在大学的未来走向方面，中国大学要实现崛起并领先于世界，必须在把握大学实质及其传统基础上，确立全球战略思维，提出有自身特色的大学发展思想并加以实施。

第二章　大学的人学基础

——论人的本质、结构与特征

第一节　引言

社会或国家的改造大致有三方面的途径：改良、改革与革命。改革（包括革命）大多暴风骤雨，改良重在滴水穿石。国家繁荣必须建立在大批思想家与实践家的智慧基础上，这样社会在面对各种问题时才能应付自如。就一个相对落后的社会而言，至少也要有一批独立的头脑不为社会的短期功利所动，而完全以学术志趣潜心思考各种基本理论问题，从而以理性指引社会前进的方向。如果说保证义务教育是国家的义务，那么办好高等教育就是社会的责任。在任何社会中，教育必须从高等教育抓起，因为正是高等教育引领着整个教育的方向和水准。按照美国工业教育倡导者乔纳桑·特纳（Jonathan B. Turner）的说法，对其他各类教育而言，高等教育“就像水永远从高处流向低处一样”。

大学，尤其是研究型大学，在整个高等教育体系中发挥着领军作用。尽管中国的科学院、社科院、党校乃至各部委所属研究生部也在培养研究生，但是它们都不是大学，更不能取代大学。主要的原因不在于它们缺乏经费，不在于生源，甚至也不在于师资，而在于它们缺乏大学那种包容一切的学术（宇宙）情怀，从而不能对学生进行根本的通识与专业相结合的教育。

大学的基础当然不止“人”与“学术”二者，① 但“人”与“学术”是大学的基础当无疑义。因为正是“人”的不同，使大学从性质上区别于政府、企业、军队等其他部门；正是由于“学术”（或“高深学问”）的差异，使大学从层次上区别于同是教育系统的中小学；也正是“大学人”与“大学学术”的结合构成了大学。反之，任何违背了“人”与“学术”任一方面的本质属性，大学都将不成其为大学。

大学的人学基础与学术基础都涉及多方面的内容，但是我们在这里集中探讨前一方面。首先从文化比较的角度探讨人的本质与结构，进而主要从哲学的角度分析人的特性——尤其是论述人的“非本质特性”。或许人的本质、结构与特性探讨均属于古老的问题，但我们关注的不仅在于人学的学理，更在于它们与大学教育的联系。我们的信念在于：大学事项虽然千头万绪，但只要抓住了“人”、“学术”与“社会”这三大基础，大学的大厦就能巍然屹立。

第二节　人的本质与结构

人这一“斯芬克斯之谜”总是在不同的时代引起人对自身的一再反思。作为以培养人的研究为基本任务的教育科学群，一方面具有社会科学的属性，所以需要通过大量事实来探讨其规律（规则）或论证其发展；另一方面又具有人文学科的属性，所以需要人文想象，进行必要的思辨（当然，教育研究还存在技术或者说工程等其他视角）。人的教育必须依据人的本质与属性，那么人的本质何在？结构如何？其特性又表现在哪里？以往人们注意较多的是人的社会

---

① “人”、“学术”与“社会”三足鼎立，共同奠定大学存在的三大基础。笔者在后期研究中将补充大学的学术基础与社会基础部分。

性，这固然是必要的。但人之为人，就在于人是多样而变化的。鉴于我国长期以来把社会性作为人的本质属性，所以本章首先简要分析人的本质及其结构问题，然后着重探讨人的非本质特征。对于大学而言，这是首先必须把握的基本理论问题之一。

虽然杰出人物在社会发展中起着领军作用，但我们所关注的“人”，既不是“天才”，也不是“傻子”，而是你我经常见到的“普通人”，因为正是他们才是这个世界的“大多数”，正是他们创造了我们的生活世界，也正是有赖他们素质的整体提高才能实现民族的复兴并创造美好未来。因此，我们首先从文化类型比较的角度简要分析人的本质与结构问题。

一、文化比较研究：人的研究的一种方法

一般地，比较研究可以有多种向度，既可以是横向比较，也可以是纵向比较。文化研究也分为两种：书斋工作（理论研究）与田野工作（实证研究）。从文化学角度研究人自己通常采取一种“层面”范式。一个社会的文化既可以看成是一个类似社会学家帕森斯（Talcott Parsons）所说的“AGIL”四层面系统①，也可以简明地看成是一种双层文化：高层文化和基层文化。高层文化指史籍、经典、哲学、伦理、发展战略与策略构想以及理想中由高深文字与思想意识所代表的文化。它实质上是一种文化人的文化、一种理念的文化、文字的文化、官方的文化或说雅文化。基层文化则是中国人口的大多数“负荷”的文化，是诸多地方社区（城镇乡村）人们日常生活的观念和行为，它显现或隐藏于阶层、职业、团体之中，也

① 帕森斯认为，任何社会体系存在延续的功能要件，包括对环境的适应（adaptation 的 A）、目标的实现（qualattainment 的 G）、内部整合（integration 的 I）、价值的继续（Latency 的 L）四项。分别相当于经济体系、政治体系、社会控制体系、教育—社会化体系。参见［日］青井和夫著，刘振英译：《社会学原理》，华夏出版社 2002 年版，第 107 页。

反映在民众习俗、乡土意识甚至格言、谚语等活生生的形态之中，所以也可称之为俗文化、言语的文化、市民文化或民间文化，其特点是地方性、分散性、潜意识性。研究可以侧重于前者，也可以侧重于后者，还可以是两者的结合。

(一) 书斋工作：人的本质的追问

书斋工作（理论研究）的目的是进行雅文化中的“自我”反思，其典型表现就是哲学的追问。追问是哲学的天性。追问的结果，就表现为哲学家答案的不尽相同。艾伦·布卢姆（Allan Bloom）的说法不完全准确，但有一定的道理。他指出：“自然科学的研究在人面前止步不前，人是一个超出它视野之外的存在，或者确切地说，自然科学在人的那个非物理实体的部分，那个无论我们称它为什么都行的部分面前终止了、沉默了。”① 的确，“人是谁”之类问题是无法借助实证科学的标准和方法来解决的，只有哲学等人文学才能够在理性的层次找到相对充足而彻底的答案。这里我们且来看看西方哲学家是如何回答这一问题的（见表 2-1）。

表 2-1 “人是谁”：西方哲学家的回答

序号	代表人物或学派	观　点
1	柏拉图	人的本质是灵魂，是精神性的、不朽的灵魂。
2	亚里士多德	人本质上是由灵魂和肉体构成的。
3	奥古斯丁	“人是指……每一个个别的人。” 人首先是一个个别的、独一无二的、不可重复的事实。
4	波埃修斯	“人是一个具有理性本性的个别实体。”

① [美] 艾伦·布卢姆著，缪青、宋丽娜译：《走向封闭的美国精神》，中国社会科学出版社 1994 年版，第 382 页。

续表

序号	代表人物或学派	观　点
5	瓜尔蒂尼	“人意味着我的存在肯定被任何其他人占据，在与‘我’的关系中，我只与我自己有关。任何他人都不能代表我，我只被允诺给我自己；我不能被任何人所代替，我是唯一的——甚至当我的保留领域被入侵和外在化严重地破坏了，它也仍然关闭着。”
6	现象学	人是一个具体化了的精神；人是一个开放的、未完成的、朝向无限的谋划。
7	加罗迪	人不仅是它现在之所是，而且是它现在所不是的一切。
8	马克斯·舍勒	“人是某个趋向的承载者，这个趋向超越了所有可能的重要价值，它以神为自己的目标，或者简言之，人就是一个寻找天主的存在。”
9	加布里尔·马塞尔	人首先是一个精神性的存在，一个“肉身化的精神”。
10	尼采、黑格尔等	人是自己的创造者；人是他自己生活的主人。
11	萨特	人不是他现有一切的总和，而是他还没有的东西的总体，是他可能有的东西的总体。
12	巴蒂斯塔·莫埃恩	人是一个包含着截然相反的对立面于一身的奇迹：人是一个“不可能的可能”；“人只是一种可能的可能性”。 人是一个有自我意识、可以与他人进行沟通和能够不断超越自己的存在。

续表

序号	代表人物或学派	观　　点
13	其他	人是有自我意识的、有生命的、具体化的、社会性的、有限的、自由的、有条件的、某种程度是异化的存在者。

资料来源：整理自意大利哲学家巴蒂斯塔·莫迪恩所著，李树琴等译：《哲学人类学》（黑龙江人民出版社 2005 年版），笔者有所补充。

与西方哲学重视人的自我审视相呼应，西方心理学家对自我的研究也层出不穷。这尤其体现在人格心理学、异常心理学、社会心理学、发展心理学的发展历史中。在弗洛伊德的理论体系中，自我（ego）是其人格结构的表层，由“本我”（id）发展而来，并调节“本我”与外界的关系。被称为“现代自我心理学之父”的个体心理学家阿德勒扩充了弗洛伊德的自我学说，强调通过“向上意志（权力意志）”克服器官的缺陷与自卑感。而在荣格的分析心理学体系中，自我是意识的核心，是最重要的原型，包括了潜意识的一切方面，起着将整个人格结构加以整合并使之稳定的作用。艾里克森强调自我的独立性，其自我概念构成了他与弗洛伊德学说的重要区别之一。艾里克森认为，自我不仅能保证个人适应环境，健康成长，而且是个人的自我意识和同一性的源泉。人格特质理论创始人阿尔波特（G. W. Allport）把自我发展的八个方面综合称为统我。卡特尔认为人格的中心是自我，根源特质包围着自我，表面特质则是在最外面的一层。罗杰斯的理论常被称为“自我理论”。自我概念是其人格学说的理论基础，患者是否形成清晰、积极和一致的自我概念是判断“患者中心治疗”效果的五个主要表现之一。马斯洛则具体探讨了“自我实现的人”。从上述西方哲学家、心理学家对自我的论述中，我们可以得到有关西方人“自我”的如下结论：

1. 自我是独立的个体（或其中的一部分）；

2. 自我是一个统一的整体，具有历史继承性与层次性；

3. 自我的尊严、完整、成就与满足是极为重要的。

迈克·彭在其《中国人的心理》“自我”标题下评论道：“在西方，大量的研究是围绕自我这个题目来进行的。然而在中国历来都缺少对自我的研究，也许是在中国人心目中自我与个人主义有不良好的联系。”① 中国文化对自我的描述的确与西方差异很大，但由于它具有极大的包容性与灵活性，因而就不完全像迈克·彭所说的那么简单，至少在雅文化中是如此。

众所周知，中国文化的多流并进是以儒家文化为主导的——国家统治儒法并用，日常生活儒道（释）互补。儒家文化对自我重视由来已久且影响深远。中国文化典籍《易经》中说：“天行健，君子以自强不息”，“地势坤，君子以厚德载物”。强调自我言行之重要：“言行，君子之枢机，枢机之发，荣辱之主也。言行，君子之所以动天地也，可不慎乎？”中华民族最伟大的上古文化传承者和中古文化开拓者孔子也说“君子求诸己，小人求诸人”。后期的儒学思想家更把自我的理想追求概括为“格物、致知、诚意、正心、修身、齐家、治国、平天下”八条目，要求“穷则独善其身，达则兼济天下”。在这种思想指导下，中国人重视凡事“从我做起”（天下兴亡，匹夫有责），“从小事做起”（一屋不扫，何以扫天下）。由近到远，由己及人，把自我微小的言行与外部博大的世界（天下）联系起来，以达到“天人合一”的理想境界。

（二）田野工作：人的结构的“天人合一论”

田野工作（实证研究）的目的是进行俗文化中的“自我”描

① ［英］彭等著，邹海燕等译：《中国人的心理》，新华出版社 1990 年版，第 177 页。

述。就作为个体的“人的结构”，笔者曾提出过“一种人学的分析构架”①，但它更多体现的是作为个体的“人”的心理—生理结构内在要素及其与外在世界的联系。文化比较分析则从另一角度揭示了人的心理—社会—自然结构的整体性与一致性，从而对前者作出进一步的补充和说明。

社会心理学家勒温（Kurt Lewin）认为，作为一个整体的人，其内部包含着相互依存的各个部分。个人的心理活动可以分为两大部分，一部分是与外界环境接触的知觉运动领域，一部分是内部的人格领域；而人格领域内又可进一步分为比较表面的外层和中心深层，这个中心深层又可以进一步分为与各部机能相联系的不同区域。从上述观点出发，勒温比较了美国人与德国人的国民性。② 结果表明，德国人人格的外围领域与中心领域的界线在较表面的部分，因此德国人不大能直率地与人交往；相反，美国人人格的外围领域与中心领域的界线在相当深的位置，所以他们比较开放，交往的范围也广泛。德国人因为界线处于较表层的地方，比较脆弱，容易打破界线，看透其内心，因此表现为相互之间产生敌意或成为知己。美国人的内心深层处于最中心，防守得很牢固，一般可以相处得很好，但他们不会轻易暴露出自己内心深处的东西，不大可能与他人成为朋友。

心理学侧重人的内在结构的分析，社会学则注重描述人的外在结构。如果说中国雅文化中的“修身、齐家、治国、平天下”蕴涵着一种自我不断超越放大的价值取向，那么中国俗文化与之可谓遥相呼应。由于中国社会长期以来以自给自足的自然经济为主要经济

① 蓝劲松著：《高等教育与人才市场——理论探讨与实证分析》，清华大学出版社 1999 年版，第 25～29 页。

② 时蓉华编著：《社会心理学》，上海人民出版社 1986 年版，第 46～47 页。

形态，其相应的文化形态就表现为一种“五谷文化”。在这种文化气氛内，中国人与西方人的自我表现是不一样的。费孝通把中国俗文化中的自我表现概括为“差序格局”：“乡土社会的结构有个特点，就是以一己为中心，社会关系层层外推。我称之为‘差序格局’。差序就是把石子投入水中引起的波纹，一圈圈推出去，愈推愈远，愈推愈薄：我，我的父亲，母亲，我的兄弟，兄弟的老婆，嫂子家的弟兄，我孩子的舅舅等，构成一个由生育和婚姻所造成的关系网。”① 多方面的田野工作与现实观察也证实了“差序格局”的存在，且这种“差序格局”具有极大的变通性，即在一种情形下，中国“人”可以表现博大宽容，重视他人与自己的“脸面”，体现为典型的从众或集体主义。大而言之，就是表现为爱国主义、国际主义乃至宇宙情怀。而在另一种情形下，则可能表现为不顾情面，撕破脸皮，只顾一己之私，使自我表现得非常渺小。所谓“拔一毛利天下，不为也”就是其极端表现。由于雅文化倡导的是前者而不是后者，也由于对后者的简单抑制而不是利用引导，于是中国的雅文化与俗文化之间在互相贯通的同时，又相距遥远，甚至表里不一，互相矛盾。

费孝通描述的是中国人外在的社会结构。与中国人相似，日本人也有类似的社会结构。研究表明，日本人的“内”与“外”有其特定的含义：日本人的“内”指的是家庭、学校、企业以及自己所处的集体；“外”则是指与自己没有关系的其他集体。不过，日本人的“内”与“外”不是固定不变的，它们在某些特定的场合可以不断地向外扩大或向内缩小。对“内”，日本人笑容可掬，积极协

① 费孝通著：《费孝通选集》，天津人民出版社 1992 年版，第 161～163 页。

助；对“外”，则冷若冰霜，予以排斥和敌视。① 这种“内外”差别待遇或许与自身利益有关，即与自己利益越密切，关系就越近；反之则越远。进而言之，“天下大同”、“天下一家”实际上就是一种“利益共同体”意识，在这种意识下，组织之间的矛盾转化为组织内部的问题。换言之，“升高一层观察”，那么很多矛盾的处理方式至少可以变得更为平和与恬淡。

按照中国“内病外治，外病内治”的中医理论，人的身体同样也存在一种内外层次，于是个体身心的内在圈层与人类社会的外在圈层就既相互联系又相互独立地构成为一个整体。不仅如此，由于地球呈现为圈层结构，太阳系也呈现为圈层结构，于是人的身心系统、社会系统与整个自然—宇宙系统就呈现了结构的完整的同一。南宋思想家陆九渊指出：“宇宙便是吾心，吾心便是宇宙”；“宇宙内事是己分内事，己分内事是宇宙内事”。撇开其主观唯心主义不谈，从结构的观点看，人的身心系统、社会系统与自然—宇宙系统在结构上确实具有一定的对应关系，颇为切合中国先贤有关“天人合一”的人生宇宙构想。当然，这种关系不是简单的线性关系，而是复杂的动态平衡关系。

就中国人“自我”的田野研究，这里再举一个例子。与西方文化重视独立于环境的“个体人”不同，中国文化强调的人是“社会人”（也可说“环境人”或“关系人”）。人对自己的表述一定意义上体现了其长期以来的思想与行为方式。传统中国人对“自我”的表述非常之多，不同地区的人对自我的描述还存在差异。这里笔者把人们日常语言中的“自我”描述进行了概括，从中可以窥见中国人日常生活中的自我特点（见表 2-2）。

---

① 罗东耀：《试论日本人的‘内’与‘外’及其产生的原因》，参见同济大学日本学研究所编：《日本学》，同济大学出版社 1990 年版，第 12～24 页。

表 2-2 传统中国人的"自我"表述

位次	自我表述
上位	老子、乃公
中位	我等、我、我们、我辈、我曹、吾、吾们、吾侪、吾辈、吾曹、咱
下位	俺、余、予、某、仆、老朽、俺们、本人、鄙人、敝人、不肖、不才、人家、小生、小人、小子、小可、小的、在下、奴才
特指	朕、孤、臣、寡人、洒家

与中国人多样化的自我表述不同，中国人对"你"的表述则要简单得多。大致有"您、汝、尔（尔等）、大人、皇上（万岁爷）、老爷"等可数的几个。中国人的"我"大致有三个特点：

1. 不同的场合用不同的"我"；
2. 不同的身份用不同的"我"；
3. 除了"吾皇"与"老爷"，中国的"我"居下位为多，相互平等的中位其次，居高临下的上位用语最少。

可见，自我在不同历史阶段，在不同国家与地区都是存在差异的，不同国家的人在结构上存在相似之处，但在雅文化和俗文化方面又有各自的文化特点。在类似中国这样的大国，不同区域、不同民族的人显然也还有不同的结构特点。

第三节 人的特性

长期以来，中国社会是一个典型的农耕社会，这种农耕社会从家庭到国家均呈现明显的"社会金字塔"结构，其中的"社会人"至少有上千年的历史，因此把"社会性"作为人的本质特点也就不难理解了，因为这确是事实。人天生就是一个社会人，其长达十余年的生长期则强化了这种社会性。一个人无论多么"孤独"或"独立”，社会性也深深溶入其血液中。问题在于：如果说不承认人的社会性是无视事实，那么只承认人的社会性同样一叶障目。“人”的特性如此复杂多样，又岂能以单一的概括来加以限定？明智的做法或许就是立足各自不同现实，在各种极端之间强调一端时不要忘记另一端，并在必要时及时作出调整。对中国而言，任何小问题乘以其人口数就是大问题；任何小成绩乘以其人口数就是大成绩。因此，中国人文社会科学的理论与实践都要做好“人”这篇文章。这就意味着除了社会性，人的其他特性也不能忽视，教育理论与实践尤需如此。西田几多郎（1870—1945）说：“意志只有服从客观的自然才能得到实现。要想使水流动，必须顺从水的本性；要想支配人，必须顺从人的本性；要想支配自己，也必须顺从自己的本性。”① 如果说要办好大学，关键就在于依据大学的本质和特性，那么，试图“支配人”、“支配自己”的教育、人力资源乃至整个社会也必须依据各自的本质与特性。相对“社会性”而言，以下人的特性主要指人的非本质属性。

一、人的可能性

人的可能性，也即人的潜在可能性，又称做非终极性（nonfinality），指自我成长过程中具有无限可能的特征。实验性、不确定性、偶然性、不定性、模糊性、变化性、开放性、未完成性、探索性、未决性、冒险性等都是无限可能性的代名词。与无限可能性相反的是永恒性、必然性、终极性、清晰性、稳定性、封闭性、定型性、决定性、不变性、安全性等特征。

人的无限可能性的内涵有以下几个方面。

① ［日］西田几多郎著，何倩译：《善的研究》，商务印书馆 1989 年版，第 71 页。

（一）大多数人（尤其是青少年）都蕴藏着巨大的潜能

就人的潜能而言，詹姆斯（Williams James）指出："每个人在任一确定的日子里都知道在他的身上沉睡着各种能量，只是这一天各种刺激物没有激发这些能量，但是，假如那些刺激物的刺激更大一些，他就会展示出这些沉睡的能量……与我们应当做到的相比，我们只是半醒半睡而已。"① 为什么人具有无限可能性？原因在于人存在与外在世界同样丰富多彩的内心世界（脑力），而内心世界的发展能力是无限而不可预测的。美籍犹太教哲学家和神学家赫舍尔（Abraham J. Heschel）说："人的存在之谜不在于他现在是什么，而在于他能够成为什么。我们对人所能了解的，不过是人身上潜在要素中的一小部分。描述人类现在是什么，是很容易做到的，但是我们无法设想人类能够成为什么。"②

人具有无限可能性不是一个理论假设，而是一个具有充分科学依据的事实。心理学家斯皮尔曼（C. Spearman）提出过智力的二因素理论，瑟斯通（L. Thurstone）提出过群因素理论，吉尔福德（J. Guilford）还提出了智慧结构理论，认为人存在 120 种能力因素。加德纳（Howard Gardener）提出的"多元智力理论"则认为人有七种智慧，③ 而这七种智慧显然不是一般的考试都能够轻易考查出来的。事实上，人的发展不仅是智力潜能的发展，更是非智力潜能的发展。因为人除了智力潜能，人的非智力潜能同样巨大并能

---

① [美] 詹姆斯：《人的能量》，参见万俊人、陈亚军编选：《詹姆斯集》，上海远东出版社 2004 年版，第 256 页。

② [美] 赫舍尔著，隗仁莲译：《人是谁》，贵州人民出版社 1994 年版，第 36 页。

③ 哈佛心理学家霍华德·加德纳 1983 年出版了《心理结构》一书，向传统的智慧定义提出了挑战。加德纳认为，人的智慧可以分为七大类，它们分别是：语言的智慧、数理逻辑智慧、感觉空间的智慧、音乐的智慧、身体动作的智慧、人际交往智慧、认识自我的智慧。

与智力潜能交互作用。

有一个实验是这样的：主试要求三组被试用右手食指拉动测力计上悬挂的重 3.4 公斤的砝码。对第一组被试不说明任何理由；对第二组被试，要求他们在完成作业时应表现出自己最大的能力；对第三组被试则说明完成任务的重要社会意义（例如告诉他们这项作业关系到往工厂送电）。结果表明，三种不同的目的所激起的意志力量是不同的，其中社会性的目的激起了最大的意志力量。① 这一实验实际上表明人存在多方面的潜能，且这些潜能通过教育或人力资源开发与管理是可以发掘出来的。盖洛普测验及相关访谈表明，推动一个人成功的最重大力量是意志力，遇到艰巨的任务能坚持到底是成功的关键。② 不少研究均表明人不仅存在巨大的智力潜能，更存在难以实测的非智力潜能。

（二）没有永恒的和终极形式的人

泰戈尔说："人是初生的孩子，他的力量就是生长的力量。"③ "人"这一术语就意味着可能，就意味着变动的存在。自我认识与自我行为都是变化不定的，不能一劳永逸地保持原来的样子。每天的世界看起来都是日升日落，昨天和今天表面上也没有什么两样，但是世界是变化的，我们自己也在变化，世界上唯一不变的就是变。在德国古典哲学家费希特看来，人是一个能动的创造性的主体，而它的本质就是行动。所以他说："只有你的行动，才决定你

① 杨善堂主编：《心理学导论》，天津人民出版社 1993 年版，第 197～198页。

② ［美］小乔治·盖洛普等著，魏钧译：《他们何以出类拔萃》，北京大学出版社 1990 年版，第 60、143 页。

③ ［印］泰戈尔著，郑振铎译：《飞鸟集》，香港中流出版社 1974 年版，第 4 页。

的价值”。① 另一位哲学家萨特（Jean Paul Sartre）指出：“性质被确定为一种潜能，潜能在不同作用的影响下能够过渡到现实性中。性质的现实性恰恰就是状态（或行动）”。② 这里萨特同样强调通过行动去实现人的潜能。

（三）“人”这一概念本身就意味着图谋、决策与挑战

如何看待人与世界的关系将决定一个人的人生。一种游戏规则下的失败者，在另一种游戏规则下则未必是失败者。一次选择也并非意味着终身的选择。世界充满机遇，也充满风险，因此自我面临考验，需要冒险，这就意味着可能成功，也可能失败。为此，人要有坚强的决心、多维的视野与灵活的思维。当然，也要识别并抓住机遇。那么，如何抓住机遇呢？这要求人要随时作好准备，从小事做起，一旦出现机遇就要全力以赴，并善于在复杂的情况下发现机遇。同时，还要会创造机遇，找那种适合自己且机遇多的岗位与地方，善于与人相处和交流，具有良好的心理素质并诚实守信。③

怀特海指出：“我们必须记住，自我发展才是有价值的智力发展，而这种发展往往发生在 16 岁至 30 岁之间。”他举例说：一个曾经在拉格比公学读书时成绩平平的男孩，长大后取得了很大成绩，这不禁使人感到惊讶④。这种事例或许在各国都不是个别现象。然而相反的现象同样令人担忧：众多中小学时期的成绩佼佼者犹如仲永，在后来的生活与事业发展中远远没有达到他们应该达到的境界。如果说前者尚令人惊讶，后者就是令人悲哀了。因为从人

---

① ［美］费希特著，梁志学、沈真译：《人的使命》，商务印书馆 1982 年版，第 79 页。

② ［法］让·保尔·萨特著，杜小真译：《自我的超越性——一种现象学描述初探》，商务印书馆 2001 年版，第 25 页。

③ 朱清时：《机遇与一个人的成功》，《光明日报》，2002 年 9 月 6 日。

④ ［英］怀特海著，徐汝舟译：《教育的目的》，生活·读书·新知三联书店 2002 年版，第 1～2 页。

的非本质特性角度看，这不仅是他们人生“小我”的悲剧，也是国家或人类“大我”的不幸。

可见，人在现在如何并不十分重要（尤其当人年轻的时候），因为人的显著特点在于他的存在的可能性总是超过他的存在的现实性。正如赫舍尔所说，我们必须超越事实的限制，以便正确地看待人。人不仅应当被理解为一连串的事实，还应当被理解为一连串的机会。

二、人的唯一性

无论一个人是身在繁华都市，还是地处偏僻乡村；无论他是在北美淘金，还是在非洲耕作，证明人的唯一性的一个基本事实是：作为一个人，他（她）来到天地间本身就是一个奇迹。因为无论何时何地，没有任何人——也不可能有任何人——会和他（她）相同，更没有任何人会和他（她）重复。每一个“自我”都是真正的“前无古人，后无来者”。即便孪生兄弟相像，即便有人同名，亦即便我被克隆，然而所有这些其他“我”都不是真正的我——他们最多也仅是某一方面与我相同或相似。他们不是我——既不可能是我，更代替不了我。

赫舍尔强调人的唯一性：“我的实存作为一个事件，是原作，而不是摹本。没有哪两个人是相同的……在千百张面孔中，没有哪两个人的面孔是一样的……我们能把一张面孔当做寻常事物来看待吗？”① 弗洛姆（Erich Fromm）则断言：“个人反映着这个人类种族，他是人类种族的特殊一员。他是‘他’，同时也是‘大家’。他具有自己的种种独特性，在此意义上说，他是独一无二的。同时，

① ［美］赫舍尔著，隗仁莲译：《人是谁》，贵州人民出版社 1994 年版，第 34 页。

他又表现了人类种族的一切特征”。① 这里弗洛姆在肯定自我的唯一性这样一个事实的同时，也指出了自我具有人类种族的一切特性。

可见，人的唯一性意味着，人是唯一的，这种唯一性不仅是一个人间奇迹，也是一个世界奇迹，因为“我”与众不同，众也与“我”不同。推而广之，“你”也是唯一的，“他（她）”也是唯一的，世界上其他人也是唯一的。这也正是因材施教原则的学理依据。人的唯一性是一个奇迹，但是也正是人类本身最容易忘记人的唯一性。不少人终其一生也认为自己和其他人，甚至和其他动植物没有什么两样，这表明他们不知道或者忽视了人的唯一性。而在教育领域，由于这样或者那样的原因，因材施教的教育原则并没有得到很好的执行。不少著名大学反映，大学入学时多数学生是很有个性的，但是四年以后反而以一个“模子”出去。可见，忽视人的唯一性是一个普遍的社会现象，这样，民族的创造力就很难发挥出来，人口资源的数量优势也不能转化为人力资源的质量优势。

三、人的独特性

人是唯一的，故必然是独特的。独特性对应于普遍性。每个具体的“我”都是一个人，一个活生生的具体的人——不是植物，也不是动物；不是你，也不是他。换言之，“我就是我”。正如马克思所说的要“走你的路”，或如《国际歌》所倡导的“要做天下的主人”。赫舍尔反复强调自我的独特性，他说：“从社会的角度来看我自己，或者用比较的方法进行思考，我是个普通的人。但从内心深处直接地面对我自己时，我认为自己是独特的、极为宝贵的，是任何别的东西都不可代替的。我不希望我的实存是完全无用的、全然

① ［德］弗洛姆：《人的境遇》，转引自林方主编：《人的潜能和价值》，华夏出版社 1987 年版，第 103 页。

荒唐可笑的。任何人都不能代替我活着，任何人也不能代替我思考，或梦到我的梦。我自己的存在尽管被置于诸多存在物当中，但它并不简单地存在于此，存在于周围，并不单纯是环境的一部分。正是在我意识的深处，我是独特的”；“没有哪两个人是相同的，做人的主要方式是独特性”；“人有创造事件的能力。每个人都是独特性的展现和实例”。①

恰好是那样一个时间，一个地点，无可选择地选择了自己的父母和家庭（社会），从而导致了自我的诞生，这很难通过科学来解释。可能的解释在于：人的独特性来自自然演化与上天恩赐双重作用的结果。丘吉尔曾经指出：丧失金钱是小事，丧失名誉是大事，但如果丧失勇气，我们便一无所有。的确，上天给了人灵巧的手，这是用来创造美好世界的；上天给了人双脚，这是用来行走天下的；更主要的，上天给了人聪颖的头脑，这是用来思考宇宙人生的。不是他人的说教，而是人自己的行动将加以证明：人是独特的，大写的“人”就意味着顶天立地。正如杜威（John Dewey）所说：“我既然（和别人）不同，自有我应做的事，自然要堂堂正正地做一个人，要独自表异，要表出个人的个性……要是怕人嘲骂，就改变信仰，还能算堂堂丈夫吗？”②

四、人的珍贵性

人是唯一的、独特的，自然也是珍贵的。人的珍贵性对应于卑下性，指自我具有“价值大、意义深刻、宝贵”这样的特征。物以稀为贵，而人不仅是“稀”，更是世界上唯一独特的存在，这就决

---

①［美］赫舍尔著，隗仁莲译：《人是谁》，贵州人民出版社 1994 年版，第 31～34 页。

②［美］杜威著，胡适口译：《杜威五大演讲》，安徽教育出版社 1995 年版，第 289 页。

定了人的珍贵性。中西方传统思想存在差异：西方传统思想与现实更多强调人与动物之间本质的连续性（其典型表现是进化论），而中国传统思想则认为人与动物存在根本差别，“人贵论”思想在中国思想史上有多方面的论述。①

就人的珍贵性，赫舍尔反复强调：“在苦恼和焦虑的背后，是自我反思的最重要因素——我自身的实存的珍贵性。就我自己的内心而言，我的实存是独特的、无先例的、无价的、极其重要的，我反对任何抛弃其意义的念头”；“在世俗的眼里，我是一个普通人，但在我内心深处，我不是一个普通人。我内心认为，我是个十分重要的人物。我面临的挑战是，如何使我的存在的隐蔽的重要性得以实现，得以具体化”。②

“我”或者是一个进城谋职的打工者，或者是一位乡村学生、一个普通工人、一个基层职员，因此高官、厚禄与盛名均与我无涉，也因此在一些人看来，“我”无关紧要，不值得重视，得不到关心。在统计局的报表中，“我”甚至仅是一个数字，一个符号（有时甚至符号也不是）。可见从外部、从社会的角度、从普遍化的观点来进行观察时，“人”的重要性并不像所说的那么重要——不仅不重要，从统计学或人力资源管理的角度看，“人”的宝贵性与重要性即使不是荒唐的，也是含糊不清的。

---

① 潘菽认为，中国古代的科学心理学思想已表现出好几个很值得注意的特征：（1）人贵论；（2）形神论；（3）性习论；（4）六情论；（5）唯物认识论等。而“人贵论”是一个具有伟大意义的科学论断。参见潘菽著：《心理学简札》（上册），人民教育出版社 1984 年版，自序第 2 页；《心理学简札》（下册），人民教育出版社 1984 年版，第 373 页。毛泽东也指出：“世间一切生物中，人是第一个可宝贵的。”参见毛泽东著：《毛泽东选集》（合订一卷本），人民出版社 1964 年版，第 1401 页。

② ［美］赫舍尔著，隗仁莲译：《人是谁》，贵州人民出版社 1994 年版，第 31～32 页。

现实的“残酷性”并不意味着我们可以忘记这样一个事实：人的世界是人的，没有人就没有人的世界。换言之，人的世界是人所创造的。因此，“我”的世界也只能由“我”去建立、去拓展、去完善，而他（或她）的世界是他的，是由他建立的世界。这两个世界即便外表相同或相似，但本质上是完全不一样的，因为“我”不是他，他也不是“我”。当然，他的世界也一样。别人不能代替我们吃饭，代替我们走路，代替我们生活；反过来，我们也一样不能代替别人生活——即使我们想那样做。或许他还幼稚、还不成熟，但我们应该清楚，他迟早必须学会自己走路，走自己的路。这样说并非放弃我们的引导职责。①

总之，人的唯一性意味着人是唯一的、独特的、珍贵的，因而是不可重复、不可替代、不可藐视的。因此，从理论上说，培养人的教育事业必然也是崇高的、神圣的、庄严的。反之，如果教育走向其反面，这不是人的唯一性的改变，而是正好相反，是教育及其社会违背了人的唯一性特性。相应地，无论政府还是学校，在教育与人力资源开发中如果没有对人的“唯一性”深入而切实的理解，不可能实现真正的“以人为本”。

五、人的主动性

人的主动性也即人的能动性，它表现为人的积极性、灵活性、

① 理性是民主的前提。青少年（尤其是幼小的孩子）多以感性生活，即便意识到应该如何如何做，他也往往控制不了自己，所以在笔者看来，无论家庭教育还是学校教育，民主都有一个逐步扩大与放开的过程。良好的习惯必须伴以适当的民主与必要的严格。一旦理性成为主流，民主就必须且必然到来。大学是理性的代表，其组成人员几乎都是成年人（即便在法律的意义上也负有责任），理性已经成为各自的习惯与现实要求，此时民主（学术自治与管理民主）就应该成为大学的“必需品”，而不是“营养品”、“调味品”或者“装饰品”。这就要求必要的信息公开，接受大众或大众委托的专门委员会的监督。

选择性、创造性等。人的主动性的意义是毋庸置疑的。梁漱溟指出："用兵要归于主动，同样地，整个人生亦正是要归于争取主动而已。"①面对环境变迁或社会现实，人们的选择方式大致有三种：（1）接受；（2）拒绝；（3）接受并尝试利用。第一种方式有利于生存；第二种方式给人烦恼与痛苦；第三种方式不仅有利于生存，而且有利于发展。困难与挫折既可以是前进的绊脚石，也可以是前进的踏脚板。这取决人的态度是否积极主动。

若想欣赏远山的美景，至少得爬上山顶。如果说目标在于登顶，那么规划就是蓝图。潘菽认为："一个好的教师的一项最重要的工作就是在于能设法发挥或激发学生的学习主动性，诱导他们的学习主动性的发展。凡是可以称为好的教学方法的一个首要条件也在于能尽到发挥或激发学生的学习主动性的作用。"② 一个人是否采取主动需要遵循必要的程序或步骤。大致说来，这种主动性主要体现在行动的四个步骤上：（1）明确目标；（2）确立实现目标的种种方略；（3）不断尝试最佳方略；（4）评价与原定目标不同的结果并调整下一步行动。积极性提升中的助人或自助都可以从这四个方面加以评价或改进。

相反地，被动的人生就是让自己的头脑成为别人的跑马地，把自己的手脚绑捆在他人的战车上。人生当然不是完全由自己决定的，但任何他人的意见只能作为自己决策的参考。《国际歌》早已明确宣示："从来就没有什么救世主，也不靠神仙皇帝。要创造人类的幸福，全靠我们自己。"实际上这就是号召我们自主沉浮，导演自己的人生。人生就像打牌，拿到手里的牌是命运的安排，打牌的结果还取决于自己的努力。

---

① 梁漱溟著：《人心与人生》，上海人民出版社 2005 年版，第 26 页。

② 潘菽著：《心理学简札》（上册），人民教育出版社 1984 年版，第 308 页。

六、人的选择性

作为人的主动性的一个特例，人的选择性是指一个人成为什么样的人，固然是时代的产物，但更是人自身选择的产物。一方面，时势造英雄；另一方面，英雄也在造时势。人是人选择的产物。换言之，决断构成人生，“自我”在于选择。这里的“我”既可以是社会群体的“大我”，也可以是个体自身的“小我”。

就人的选择性，萨特指出，“自我”就是他自己创造的。真正占首要地位的是各种意识，状态通过这些意识被建立起来，然后，“自我”通过这些状态被建立。① 赫舍尔则从另一个角度论述了自我的选择性。他指出，作为自然的存在，自我受到自然规律的支配；作为一个人，他必须经常进行选择。就自我的存在来说，他是受限制的；就自我的意志而言，则是不受约束的。当自我处在三叉路口，他就必须一次又一次地决定应当选择什么方向。因此，自我的生命旅程是不可预料的；没有人能够事先写出自传来。②

选择是主体的选择，人生在世就是决断。以哲学家的选择为例，叔本华选择了柏拉图、康德、奥义书，形成了唯意志主义学说；波普尔选择了爱因斯坦、马克思、弗洛伊德和荣格，形成了证伪主义；弗洛伊德选择了精神病理学、唯意志主义和物理学中的能量理论，从而建立了精神分析学说；马克思批判地选择了德国古典哲学、英国古典经济学和法国空想社会主义，形成了马克思主义。③ 选择的依据或许很多，但“爱我所爱，做我所能”应该是最

---

① [法] 让·保尔·萨特著，杜小真译：《自我的超越性——一种现象学描述初探》，商务印书馆 2001 年版，第 31 页。

② [美] 赫舍尔著，隗仁莲译：《人是谁》，贵州人民出版社 1994 年版，第 36 页。

③ 俞吾金著：《思考与超越》，上海人民出版社 1986 年版，第 261～262 页。

基本的选择原则。“When you have doubt，side with quality.”（当你难以决策的时候，选择品质。）①

作为“大我”，国家也面临选择。以制度选择为例，我们过去选择了计划经济，那么我们就形成布票与粮票等计划标志；我们选择了市场经济，我们就得到超市与股票等市场产物。人才市场运作的过程就是一种“双向选择”过程。对中国高校学生就业的历史考察表明：没有经济体制的转型，就没有人才市场的发展；没有人才市场的发展，高校学生就业就不可能以人才市场为基本的资源配置方式。② 国家的选择制约人（个人或群体）的选择，但国家的选择并非超人的选择。人的选择性研究表明，个人的选择预示着个人的前途，国家的选择则预示着国家的前途。推而广之，人类的前途同样取决于人类自身的选择。在这里，教育的功用就是教育学生“学会选择”。

由欧盟委员会前主席雅克·德洛尔（Jacques Delors）任主席的国际 21 世纪教育委员会向联合国教科文组织提交的报告——《教育——财富蕴藏其中》提出教育的四个支柱：（1）学会认知（learning to know）；（2）学会做事（learning to do）；（3）学会共同生活（learning to live together）；（4）学会生存（learning to be）。③ 这些固然是重要的，但是从人的选择性看，无论是认知、做事、生存，还是共同生活，其共同的核心要求是“学会选择”并为自己的“伟大”选择而奋斗。这就是人的选择性所蕴藏的教育意义。

---

① 孔宪铎著：《我的科大十年》，北京大学出版社 2004 年版，第 33 页。

② 蓝劲松著：《高等教育与人才市场——理论探讨与实证分析》，清华大学出版社 1999 年版，第 62～63 页。

③ 国际 21 世纪教育委员会著，联合国教科文组织总部中文科译：《教育——财富蕴藏其中》，教育科学出版社 1996 年版，第 75～88 页。

七、人的超越性

什么是人的超越性？就此，哲学家的解答各不相同。不少哲学家都对人的超越性关注有加。在他们看来，自我超越是人特有的行动，通过它，人不断超越自身（超越他所是、他所期盼、他所有）。"这样的自我超越是所有生命和进化的最非凡的、最重要的事实，对人尤其如此。"①专门论及人的超越性的思想家是萨特。正是从《自我的超越性》一书开始，萨特开始了通向《存在与虚无》的探索。在《自我的超越性》一书中，萨特把自我分为"我"（Je）和我"（Moi）"。前者是作为行动统一的自我，后者则是作为状态和性质统一的自我。他关于人的超越性的论述相当晦涩难懂，这里不妨简单列举。

1. "我"（Je）是一个存在者。这个存在者的存在类型是具体的，无疑"我"的存在类型与数学、意义或时空的存在类型迥然相异，但这种存在类型却是真实的，他表现为超越物。

2. "我"投身特殊种类的直观之中，直观总是以不均等的方式在被反思的意识后面把握"我"。

3. "我"若没有反思行为存在，就永远不会显现出来。

4. 超越的"我"应该受制于现象学还原。②

在这里，萨特强调作为一个存在者，"我"具有"具体"和"真实"的差别性，是一种超越物。而这种超越以对自我的反思为前提，否则我就不会显现。萨特进而探讨了自我的构成问题，认为自我是性质的状态和行动的统一，是各种超越的单位的统一，而且这种统一超越自身。同时，自我也是主动性和被动性的非理性的综

---

①［意］巴蒂斯塔·莫迪恩著，李树琴、段素革译：《哲学人类学》，黑龙江人民出版社 2005 年版，第 159 页。

②［法］让·保尔·萨特著，杜小真译：《自我的超越性——一种现象学描述初探》，商务印书馆 2001 年版，第 15 页。

合，是内在性和超越性的综合。可见，在萨特心目中，人的超越性可以说是人的一个重要特性。

人的超越性首先表现在超越已有的成就。人生是一个不断超越的历程。由于人存在神圣的超越性，所以，人完全可以做出连自己都可能大吃一惊的事情。许多儿时不可想象的事情，到了成年以后则视为平常。精英学府——加州理工学院的研究使命自从建校以来从未变过："需要有一些高瞻远瞩且敢于完成人类能够完成的最宏大事业的地方——加州理工学院就有这个抱负和胆识"。①由人构成的社会组织可以完成"人类能够完成的最宏大事业"，其前提就是人可以完成人的"最宏大事业"。

人的超越性还表现在人的"向善性"。经世治国的经济学、政治学、法学等学科大多以人的不变的"理性"即"自利性"——在给定的约束条件下追求自身利益的最大化——作为立论依据（也不得不如此），而教育学的人性假说则与之完全不同。后者是且必须是建立在人的可变的"善性（向善性）"基础上，即不管一个人（尤其是青少年）是否"理性"，也不管其原来的品质如何，仍然假定人是可以教育的，即人是可以通过教育而改变的，或说可以向教育者心目中"好（理想）"的一面转化的。反之，如果教育者认定人是难以改变或固定不变的，那么也就没有教育的必要了。由此，人的"向善性"假设就成为教育学的人性基础。作为一种理论预设，"人之初，性本善"就教育学来说是完全正确的，但用于经世

---

① Caltech: Historical Sketch. http: //www. caltech. edu/catalog/geninfo/history. html.

治国则只会带来虚伪与荒谬。①

人的超越性也表现在对人自身欲望的控制。人的需要的一个特点就是“连续扩散性”。一个需求的满足往往引发更多的需求。人人“欲壑难填”则必然导致资源紧缩，因而全球陷入激烈竞争之中。即便科技进步越来越有利于满足人类需求，但科技进步并不必然带来人的“幸福指数”的同步增长，也不能带来人的“自我认可”的水涨船高。因此，人一方面必须自强不息，另一方面又要适可而止，更不要贪得无厌。

最后，人的超越性表现在超越功利与生死。人生的起点是成长，归宿是死亡，这是人的宿命。人若不死不仅不切实际，而且荒唐可笑，所以人的宿命本身无所谓好坏。人的超越就是立足人的宿命的现实而又超越死生之境。换言之，人的超越性就是指人来到世界或回归世界都是一种献身：前者把自我展现于世界，后者把自我返回于世界。罗素认为：“太强的自我是一座牢狱，倘若你想在这个世界上充分地享受人生，就得从这牢狱中逃出来。”② 我们的先哲老子更是告诫我们：“既以为人己愈有，既以与人愈多。”这种“尽量帮助别人，自己反而更充足；尽量给予别人，自己反而更丰富”可谓真正的超越。

需要指出的是，本章强调了人的唯一性、可能性、主动性、选

① 事实证明，无法假设管理层负责人具有某种道德底线，无论他曾经拥有何种光辉形象；事实也证明，如果没有强制性的制约，很难保证他对“委托人”即社会公众负责。在许多案例中，当事人根本不将自己放在“委托代理人”的位置上，他们本质上是“理性经济人”：卧薪尝胆、忍辱负重、费尽心机获得了相应的权势，务期借以赚取最大的收益。而社会公众在他们心目中，不过是一群需要与之博弈的对手。所谓德治，作为对官、商、学界权势人物的道德诉求，恐怕也多出于美好愿望。参见王中宇：《当权力遇到社会公众》，《科学时报》，2006 年 6 月 20 日 A4 版。

② ［英］罗素著，王正平主编：《罗素文集》，改革出版社 1996 年版，第 368～369 页。

择性、超越性并非无视人的共同性、现实性、受制性、单一性、平凡性，也并非忘记人的其他特性，如能动性、灵活性、实体性等。任何一个现实的人的特性都体现于两极连续体之间，绝对的或此或彼往往是不切实际的。偏见是人性的弱点，但我们应该尽量少以单一的维度看人识事，相反地，多维的视野与变通的思维才是必不可少的，这样才可以少看走眼。

由于对“人”——尤其是对“人”的认识不同，使得大学有别于政府、企业、军队等部门。大学的人学基础首先体现为人的本质、结构与特征。当然，这仅是大学人学基础的最基本部分。虽然这里的探讨只是开启了大学之为大学的一道门缝，但我们仍然由此可以窥识大学的无限天空。

第四节　简要结论

宇宙的浩瀚映衬人类的渺小，时间的往复彰显人生的短促。俗世的追求使我们亢奋，有时甚至构成我们的全部，构成我们的人生。我们是人，所以我们不能也不应该排斥俗世的生活，但在我们灵魂的深处，我们知道不能仅止于此。如果说金钱、权利、名声是值得我们追求的，那么真理、正义、仁爱与美德至少具有同样的价值，因为只有后者才能使我们的世俗生活多一份清醒和远见。作为一种社会组织，大学虽然难以免俗，但至少相对于其他社会组织，大学更有可能存留一颗反思的头脑，去对整个世界进行独立的终极审视。① 无论对中国还是对世界而言，贫穷、疾

① 社会通常关注科学研究的最终成果，但这种关怀是间接的、非个人的。这与“学人”（Academic Man）的情况完全不同。参见 Logan Wilson, *The Academic Man*, Transaction Publishers, 1995, p. 7.

病、灾难……或许都需要外界的支持与帮助，但真正的拯救乃在于他们对自身本质与特性的认识——当然这种认识必须与对外在世界的认识相同步。人与学术的发展必须依据各自的规律，大学发展同样必须依据大学的本质和规律。但就大学而言，人与学术的规律构成其规律的核心部分，而“人”又是核心的核心。没有学术的大学或许还可以称为大学，但若没有“人”，大学则必然不成其为“大学”。

第三章　大学办学的思想框架

——论研究型大学的办学理念及其操作

第一节　问题的提出

所谓“理念”（idea）就是合理的思想信念，是理想对现实的哲学观照。换言之，理念乃远景与方向的指导原则，或者说是组织的最高领导原则，它行诸于外在环境及内部优势所建构宏远、正确及前瞻之目标。① 相应地，大学的理念就是大学发展远景与方向的指导原则，或者说大学的最高领导原则。大学（高等教育）的精神、使命、宗旨、功能与价值观等大学发展基本思想与大学理念密切相关，而大学办学的具体目标、任务、体制、机制、方法乃至校训、校歌、校旗、校徽及校园布局与建筑则是大学办学理念的延伸或受理念的无形制约。由于“理念”具有浓厚的哲学气息，因此，大学的办学理念很大程度上属于哲学探索的范畴。这种看似无用的哲学思想及由此形成的大学传统总是有意无意地左右着大学的发展。德国哲学家卡尔·雅斯贝尔斯（Karl Jaspers）在《大学之理念》一书中开宗明义地写道：“大学的任务是在研究者和学生的共

---

① 张光正：《“教授治校”的迷思与“理念治校”思维——中原大学教育宗旨与理念之分享》，参见杨国枢等编：《新世纪大学教育》，前卫出版社 2001 年版，第 169～170 页。

同体中探求真理。”①罗素（Bertrand Russell）则认为：“大学的正当任务应该是引导学生养成批判地审察的习惯，使他们懂得那些与一切问题有关的准则和标准”。② 无论国家宏观层面的办学，还是学校具体层面的治理，首先要有明确的办学思想，也就是办学的基本理念，同时还要有一系列的程序措施来保证把学校的办学理念落到实处。办大学的理论或许很多，但这是最基本的；在成千上万所大学中，研究型大学又是最重要的，因此探讨研究型大学办学理念的重要意义显而易见。

近十多年来，大学理念的研究已经成为高等教育研究的热点话题。③ 举凡大学理念的各个方面学术界都有所涉及。然而，中国大学的办学理念应该往何处去？换言之，中国大学除了学习西方大学办学理念的智慧之外，如何确立自己的办学理念？大学理念或许是多方面的，但最基本的办学理念有哪些？其间存在什么关系？如何处理这些关系？落实大学理念又应该从哪些方面入手？显然，一个

① Kenneth Wilson. The Pattern, Range and Purpose of Higher Education: A Moral Perspective. *Higher Education into the* 1990*s*: *New Dimensions*. Edited by Sir Cyhristopher Ball and Heather Eggins. The Society for Research into Higher Education and Open University Press , 1989, p. 39.

② ［英］伯特兰·罗素著，马家驹、贺霖译：《西方的智慧》，世界知识出版社 1992 年版，第 66 页。

③ 截至 2003 年，中国大陆直接论述有关“大学理念”的博士论文主要包括：韩延明《大学理念探析》（厦门大学，2000）、眭依凡《大学校长的教育理念与治校》（华东师范大学，2001）、卢晓中《当代世界高等教育理念及对中国的影响》（厦门大学，2001）、刘宝存《大学理念研究：人才培养的视角》（北京师范大学，2002）、陈廷柱《学习社会的高等教育理念》（华中科技大学，2002）、高晓清《自由：大学理念的回归与重构》（华东师范大学，2003）、林杰《西方知识论传统与学术自由》（北京大学，2003）等。还有多篇论文虽然没有以“大学理念”为题，但实际上也以探讨大学理念为主。而在专家的论著中，金耀基所著《大学之理念》（1983）可能是海峡两岸相关论著中影响最大的一本。

基本的思路就是在研究国内外大学办学理念的基础上，融合各国大学办学理念之优点，在此基础上推陈出新，方能创造出有自身特色的符合时代需要的大学办学理念。有鉴于此，本章首先把关注的焦点集中在研究型大学的办学理念方面，在概括以西方大学为代表的研究型大学办学理念的基础上，着重从中国传统文化转换的角度探讨具有自身文化特色的大学办学理念。在此基础上，提出一个研究型大学办学的概念框架，进而探讨其办学理念的操作问题。需要说明的是，大学办学理念可以分为两种：共性理念与个性理念。我们在这里主要关注的是前者，重在探讨大学办学理念的共性方面，这是高等教育哲学探讨的基本问题；后者则是各个大学领导者更关注的"个性问题"，属于教育行政与政策、组织管理与战略、教育法学等学科关注的话题。

第二节 西方一流大学的办学理念

世界一流大学（这里主要指研究型大学）的办学理念既有不同的表现，也有共同的特征。正如高等教育哲学家约翰·S. 布鲁贝克（John S. Brubacher）所指出的："在这里，关键的哲学问题并不是寻求各种答案的共同基点，而是寻求各种问题的共同基点。"① 当大学面临着种种问题的时候，往往也就是反思大学理念的时刻。

一、合理求是

哈佛大学的校训是众所周知的，通常汉译为："以柏拉图为友，以亚里士多德为友，更需要以真理为友（Let Plato be Your

① ［美］约翰·S. 布鲁贝克著，王承绪等译：《高等教育哲学》，浙江教育出版社 1987 年版，第 10 页。

Friend，and Aristotle，but More Let Your Friend be Truth)。”[1]哈佛大学校徽与校训的文字都昭示着该校立校兴学的宗旨——求是崇真。[2] 该校第二十四任校长普西（Nathan Marsh Pusey）指出：“虽然学校生来就免不了要为社会做各种杂差琐事，但我们一刻也别忘记，大学最根本的任务是追求真理，追求真理本身——而不是去追随任何派别、时代或局部的利益。”另一任校长德里克·博克也指出：“无论是什么原因，我们必须非常清楚大学一直完成得很好的职责和履行这些职责所需的条件。尤其是，我们需要说服公众并时时提醒我们自己，大学不是营业性公司，不是国家安全的工具，不是急于在世界上用强力推行自己的社会公正观点的军事机关。许多组织可以提供咨询服务或帮助解决社会问题，或开发新的产品，或推行军事目的，但只有大学或类似的学术机构能够发现为提出创造性解决办法作基础的知识，只有大学能够教育出永远作出批判性决定的人。许多人可以成为企业家、律师或有影响的顾问，但是只有具有安全和自由保证的学者才能去探求科学真理”。[3] 由此可见，无论哈佛大学的校训，还是普西或者博克的论说，其主旨都把追求真理作为大学发展的基本理念。

要“求是”就必须“合理”，也就是要从实际出发，理性地寻求事物内在的规律或规则，所以“求是”与“合理”是同一事物的

---

① 哈佛大学的校训有多种说法，其他还包括：“为增长智慧走进来，为服务祖国和同胞走出去”、“成功与失败的区别不在于知识和经验，而在于思维方式”、“从这里走出的学生应该是骄傲的，因为这里赋予了他们如下品质：最大限度地不为金钱所动，不被权利所害，尽可能地讲真话并善于思考，担责任，重气节，珍视荣誉且勇敢无畏”。

② 在中国大学中，至少有三所大学以“求是”或“实事求是”作为校训：天津大学与中国人民大学的校训都是“实事求是”，浙江大学的校训为“求是”。此外，中共中央党校的校训也是“实事求是”。

③ 姜文闵编著：《哈佛大学》，湖南教育出版社 1988 年版，第 1～13 页。

两个方面。与哈佛齐名的麻省理工学院的是非观的核心就是“合理”。麻省理工学院各级领导都乐于就任何问题进行合理的讨论，同时强调“手脑合一”。① 杰罗姆·B. 维斯纳（Jerome Bert Wiesner）认为大学师生走到一起的目的“是为了扩展人类对宇宙的认识。因此，不能允许任何主义、任何正统观念、任何清规戒律和政治狂热使我们离开这个目标”。他为安静的学术空气的呼吁表明了自己对一所大学基本宗旨的信念，即“追求知识，获得知识，传授知识，使用知识”。② 由此可见，作为世界知名学府，哈佛与麻省理工学院虽然在学科构成等各方面都有很大差异，但在探求真理方面则表现出完全的一致性。

二、学术自由

欧洲大学的核心价值观就是自治和学术自由。③ 所谓“学术自由”就是“学者不受雇用学校的控制，他们的研究、教学和出版的权利不受限制”。④ 亦即“不受妨碍地追求真理的权利”。证明学术自由正确的理由基于这样的假设：知识对于社会是宝贵的，而且不受干预的教学自由、研究自由、出版自由等，乃是追求知识的必由之路。在布鲁贝克看来，学术自由的依据“至少基于三个支点：认

---

① 哈佛大学的校训（Motto，即座右铭）为“真理”（Veritas）。麻省理工学院的校训为“心与手”（Mens et Manus 或 Mind and Hand，也可译为“手脑并用”、“心手合一”或“既动脑又动手”）。对照清华大学的箴言——“行胜于言”，可见各自的妙处。

② 郜承远、刘玲编著：《麻省理工学院》，湖南教育出版社 1992 年版，第 146 页。

③ 许美德、潘乃容主编：《东西方文化交流与高等教育》，南京师范大学出版社 2003 年版，第 380 页。

④ 世界银行、联合国教科文组织高等教育与社会特别工作组编著，蒋凯主译：《发展中国家的高等教育：危机与出路》，教育科学出版社 2001 年版，第 51 页。

识的、政治的、道德的，大致最重要的是认识方面的。为了保证认识的准确和正确，学者的活动必须只服从真理的标准，而不受任何外界压力，如教会、国家或经济利益的影响”，因为“大概没有任何打击比压制学术自由更直接指向高等教育的要害了”。① 真理是时间的女儿，不是权威的奴隶，因为强权并不代表真理；真理也不能投票决定，因为人多势众也不是真理，因此真理不能“民主化”。② 真理犹如宝剑，需要时间的自由打磨，真理之光才能逐步显现。

学术自由的解释与限制在不同国家不尽相同。在英国，学术自由指在不受外力干涉的情况下，教师有权依自己的意愿选择教学、研究的方式，自行决定教学与研究的内容，以及发表其研究成果；在日本，学术自由指研究、发表、讲学的自由；在德国，学术自由有五大内涵：（1）学术是有计划的、有方法的，不受驾驭，严谨地对知识之探究及传播。学术自由在逻辑条理、因果关系及经验下得以运作。（2）学术自由是共同联络的而非孤独的自由。学者可以对思想、行为及环境产生影响。然而只有在对其他人的自由同样尊重时，学术自由始能受到尊重。（3）学术自由是自主的，而非闭关自守式的自由。学者的行为可以自我决定并且对其行为自我负责。然而，它基本上仍受到其所处的政治、文化及地缘的环境发展条件之影响。（4）学术自由是防御性及可请求给付的自由。（5）学术自由不但要防止国家之侵害，同时，又要求学术享有国家提供财力机构支持之自由，研究内容决定之自由，然而研究要依必要拟好的计划及现行之规范来进行。

不同大学对学术自由的理解也有差异。加拿大多伦多大学的办学指导思想是：“学校是追求真理，探讨学问和传播知识的地方”，

① ［美］约翰·S. 布鲁贝克著，王承绪等译：《高等教育哲学》，浙江教育出版社 1987 年版，第 28～29 页。

② 学术有“自由”而无“民主”，因此“学术民主”一说应慎用或不用。

强调"学术自由"。其所谓"学术自由"是指在以下的各种学术活动中，个人不受任何外在力量（包括政治、宗教、学术组织、学校当局、学校同僚或师长）的干扰与阻止：（1）决定研究项目；（2）决定研究方向；（3）收集、阅读以及取舍研究材料；（4）对研究对象进行分析调查；（5）用口述或出版的方式发表研究成果，提出个人观点，批评他人的研究成果。当然，学术自由也并非不受任何限制，例如，不可作人身攻击，只能从学术的观点作理性的批评驳难；不可倡导用武力颠覆政府以及用暴力扰乱社会秩序；在战争期间，任何人不得利用学术自由从事通敌叛国的非法活动。而在德国哥廷根大学，学术自由的表现有所不同。这首先体现在神、法、医、哲四个学院的平等关系上，也即神学不再凌驾于其他学科上；其次还体现在学生享有充分的"学"的自由上。总之，学术自由虽然在各国各校表现有所不同，但已经成为发达国家大学发展的基本理念之一。

三、大学自治（大学自主）

各国对"大学自治"的认识也不尽一致。在英国，所谓大学自治（university autonomy）指的是由大学自己决定其各项事务之自由。在日本，大学自治乃不外乎大学教师团之自治，是"对一个研究者集团之权利主体所保障之主观性公权"。而在中国，大学自主是大学自治的同义语。世界高等教育会议指出："促进学术自由和学校自治，这是高等教育永远不变的两条准则"，高等院校及其师生应当"享有作为自己的权利与义务的充分的学术自由和自主权，同时对社会尽职尽责"①。

---

① 世界高等教育会议：《关于高等教育的变革与发展的政策性文件》第ⅩⅩⅡ条；《21世纪的高等教育：展望与行动》世界宣言第二条，http：//www. unesco. org/general/eng/util/search. shtml.

大学是进行学术研究和人才培养的场所，为确保学术自由，就必须建立保障制度，而学术自由的制度保障就是大学自治。虽然19世纪时，自主的牛津与剑桥拒绝给予教师学术自由，而非自主的柏林大学却以学术自由闻名，但一个享有实质与程序自主的大学，通常就比较有可能保护校内教师的学术自由。可见，大学自治与学术自由联系密切，但又不是一回事。“学术自由的概念是普遍的、绝对的；反之，自主必然是地区性与相对性的。”①作为“研究高深学问的大学最悠久的传统之一”，大学自主无疑具有全球性意义。②什么是大学自主权？朱清时认为，第一个就是国家经费分配应该制度化，不应该人治而应该法治，应该从制度层面压缩“跑步（部）前（钱）进”的生存空间。第二个就是经费使用的自主权。③ 当然，我们一刻也不应该忘记，正如学术自由伴随着学术责任，大学自治也伴随着绩效责任。太多的社会要求可能扭曲大学的学术精神，而太多的自主也可能使得大学对社会不负责任。何况由于财政原因，现代大学也不可能完全脱离国家和社会。

---

① ［美］阿特巴赫等著，王久逵等译：《21世纪美国高等教育——社会、政治、经济的挑战》，台北高等教育文化事业有限公司2003年版，第7、71页。

② 1979年12月，复旦大学校长苏步青、同济大学校长李国豪、华东师范大学校长刘佛年、交通大学党委书记邓旭初等于《人民日报》发表文章，呼吁“给高等学校一点自主权”。时至今日，虽然高校办学自主权有所扩大，但与整个教育体制改革相比，自主权的落实仍未尽如人意。参见王修娥、熊庆年：《高等学校办学自主权问题研究的综述》，《江苏高教》，2001年第2期。另有研究指出，根据行使管理权的不同主体，大学的内部自治大体可分为如下几个层次：（1）校长治校；（2）教授治校；（3）全体教师治校；（4）全体师生治校。参见郭丽：《日本的国立大学法人化与大学自治》，载中国高教学会高等教育专业委员会2005年学术年会论文集《全球化背景下的高教改革与发展》（上海交通大学，2005）。

③ 教育部中外大学校长论坛领导小组编：《中外大学校长论坛文集》（第二辑），中国人民大学出版社2004年版，第294～295页。

四、教授治校

前已述及，早期西方大学按领导体制可分为两类——“学生大学”和“教师大学”。“学生大学”到18世纪末彻底消亡，以巴黎大学为代表的“教师大学”则影响至今。研究表明，“教授治校”源自中世纪巴黎大学的传统。中世纪巴黎大学基于“学者社团”性质，形成了“教授治校”制度。大学内部事务由学者们共同负责管理，学者们既是管理决策的主体，又承担决策的执行与监督任务。换言之，“教授治校”就是由大学中的学术人员来参与决定大学大多数事务。

然而，无论学生数量还是机构本身，现代大学都变得规模庞大，需要专门的行政人员进行管理，使教授自治成为不可能。① 因此，“教授治校”逐步发生了不少变化，其主要表现有：(1) 以教授为主体的教授会或学术委员会拥有大学学术领域的决策权；(2) 教授作为大学最高权力机构——大学校务会的主体之一，参与事关大学发展的重大方针政策的制定，发挥大学内部管理的主体作用；(3) 由教授为主体组成的各种专门委员会，作为大学内部专门事务决策的咨询机构，直接以决策建议等影响大学发展。时至今日，中国高校已经形成了党政、教师、学生（后勤部分则走向有条件的社会化）三大组成部分。“教授治校”的“治”，主要指对学校工作基本方针和重要安排进行决策（主要是学术事务）。至于这些决策的实施和学校的日常管理，原则上应当交给专门的管理人员。鉴于大学的主要目标和基本职责在于人才培养与学术研究，因此通常情况下，党政部门也服务于教学科研。

---

① ［美］刘易斯·科塞著，郭方等译：《理念人》，中央编译出版社2004年版，第309页。

五、积极应变

如果说前述“合理求是”等四个方面是大学发展的“不变”理念，那么，积极应变就是大学发展中“变”的理念。杜威指出：“学校的宗旨是使学生适应现实生活。”法国教育家吉尔·惠里甚至认为，教育和教学的目的都应该确定为发展每一个人的应变能力。这样，主要的就不再为获得知识，甚至也不再是学会学习，而是学会应变。学会应变，就是要能够在变化着的世界中不断地站住和重新站住。这就得使自己善于感知变化，善于发明新的行为方式，善于重新构设自己的视角。① 在今天这样一个社会环境不断变化的社会里，无论是个人还是学校，如果不改变思想方法就无法适应这种变化而难以生存下去。所谓“适应变化”，在系川英夫看来，就是要不拘泥于先例、陈旧的常识以及固定观念的“灵活性”。② 这就意味着在前进时要冲破各种束缚。对个人而言，“积极应变”还包括主动寻求环境的改变。在从事研究的情况下，不是在一处环境一直干下去，而是最长十年左右变动一次场所，改变一次环境或改变研究主题，这大概是很有刺激性的。国外学者的流动，固然有其制度设计的考量，实际上也是学者自愿的结果。其流动可能带来辛劳，但也丰富了个人的生活与人生，激发了大学的活力与创造力。就大学而言，基础研究应该“以不变应万变”，应用研究必须“以变应变”，从而维系大学的动态平衡。

上述五种办学理念在大学办学理念系统中并不是完全平行的。其中，“合理求是”是大学办学理念的核心层级，“学术自由”、“大学自治”、“教授治校”是大学办学理念的中间层级，而“积极应

① 转自洪丕熙编著：《巴黎理工学校》，湖南教育出版社 1986 年版，前言。

② ［日］系川英夫（王大生译）：《变不可能为可能》，参见《世界博览》，1985 年第 3 期。

变”则是大学办学理念的外围层级。这五种理念构成了西方大学办学的理念系统，维系着大学在社会中的地位与尊严。

第三节　中国大学的办学理念

长期以来，中国主要追随西方大学的办学理念办学。无疑，现代大学诞生并兴起于西方，因此，学习并吸收西方国家一流大学的办学理念对当前中国大学而言，可以说是别无选择的选择。但是，这并不意味着中国大学只是一味追随西方的模式而不能探索并建立具有东方韵味的办学特色。曾任国际教育学会会长的瑞典教育家托斯顿·胡森就曾指出：“从发展中国家来到‘中心国家’求学的学生们可以进入受市场经济支配的这些国家的科学技术基础设施。构成这一切的基础是西方国家面向研究的认识论和哲学的基础以及反映一种高度发达和富裕的经济社会对待教学及课程的态度。各国仿效‘中心国家’专业模式的做法并非总是有助于提高本国的创造力和自力更生”，而“大学教育的这种‘欧洲中心式’的体制一直阻碍了上述国家的大学发挥自身的创造性，阻碍了它们寻找自己的文化根源”。① 对发达国家大学办学理念的断章取义只能延缓对自身大学办学理念的综合创新（如简单搬用“教授治校”理念而没有具体而系统的实施程序就有可能导致大学行政效率的降低）。作为世界上最古老的文明古国之一，以中国为代表的东方社会对世界的最大贡献就在于它提供了一整套完全不同于西方的思想与文化模式。虽然这一文化模式在西方文明冲击下一度显示出它的种种不足，但其中包含的合理成分则永远不会过时。

---

① ［瑞典］托斯顿·胡森：《关于大学的观念：不断变化的作用，当前的危机和今后的挑战》，《教育展望》，1992 年 2 月中文版第 20 期。

在大学办学理念的探索中，东方传统文化同样可以提供由现实达至理想的独特行动理念，因此，下文就把关注的焦点集中在从中国文化为代表的东方文化视角对21世纪大学的办学理念作一分析。这一分析将表明，东方文化视角的大学办学理念不是西方办学理念的对立物，而是其办学理念的极好补充。在一定意义上也可以说，东方文化的大学办学理念完全可与西方大学之办学理念并驾齐驱，世界学人不难从中沐浴到智慧的光泽。

站在与西方大学传统办学理念比较的角度，东方大学的办学理念更多倾向以下几个共同的思想与行动取向。这些取向在西方大学办学理念中无疑也有体现，但比较而言，东方传统文化中的下述办学理念更加源远流长。（当然，中国传统集权与大一统观念使得这些思想理念在历史长河中不占主流地位，21世纪应该是重现中华文化光华的重要时期，而大学尤其是研究型大学则需在其中起领军作用。）

一、各美其美

“各美其美”是指大学及其内部各组织基于现实与可能的分析，各自认为自己的价值取向与行动追求是最佳选择。丁肇中认为要做好的科学家，最重要的条件是：“你要相信你所做的事，是一生之中唯一最重要的事情。”这实际上代表了科学家探索世界过程中“各美其美”的思想理念。“各美其美”的思想不仅可以为个人发展提供参照，更在于为处理各种组织、民族甚至各个国家之间的关系提供了极好的借鉴。由于费孝通的倡导①，这一思想在中国学术界已广为人知。

众所周知，“兼容并包，思想自由”是蔡元培在北京大学当校

① 费孝通：《百年中国社会变迁与全球化过程中的‘文化自觉’——在‘21世纪人类生存与发展国际人类学学术研讨会’上的讲话》，《厦门大学学报》（哲学社会科学版），2000年第4期。

长时的基本宗旨，“自强不息，厚德载物”则是清华大学的校训。这里，“兼容并包”或“厚德载物”都强调对合理思想秉承宽容与开明态度，并制定相关的政策措施加以保证。显然，这都是“大学自治”与“学术自由”办学理念的具体表现。但其前提在于存在“各美其美”的多样化大学，同时大学内部也存在“各美其美”的多样化学术思想、流派甚至组织。反过来说，正因为大学各不相同，且其各自内部又存在众多各不相同的学术思想与流派，它们在大学自治、学术自由的文化环境下相互补充、相互竞争，大学及其组织才能在不断超越他人的同时，也超越自身的局限而进入新的境界。

“各美其美”的理念实际上隐含着一种基本竞争战略——目标集聚战略（集中化战略）。“通过为其目标市场进行战略优化，集聚战略的企业致力于寻求其目标市场上的竞争优势，尽管它并不拥有在全面市场上的竞争优势。”① 大学秉承“各美其美”的理念办学，即意味着大学秉承自己的目标而调节系统内外的各种资源，从而为达到既定的高等教育系统目标而努力。显然，这也意味着大学坚持“走自己的路”，同时承担由此带来的成功与风险。

二、和而不同

如果说“各美其美”是组织的内在价值追求，那么，“和而不同”就是组织的外在行动结果。来自中国经典《论语》中的“和而不同”思想近年已经引起了我国教育家的注意。《论语·子路》引用孔子的话说“君子和而不同，小人同而不和”。意思是说，君子（有德行的人）追求思想和谐却不肯盲从附和，小人（品德低下的人）无原则地附和内心却不是真正团结和谐。其进一步的含义在

① ［美］迈克尔·波特著，陈小悦译：《竞争优势》，华夏出版社 1997 年版，第 12～16 页。

于：各个组织单位虽然各不相同，但能够和谐相处。

众所周知，如果自然界的万事万物都是一样的物种，则必然由于它们的趋同而导致互相排斥，从而导致整个物种的毁灭；相反地，按照自然界本身的多样性，诸物种则必然互相促进，共同繁荣。从大学发展的外部环境看，一国的大学系统犹如大学森林，其大学“物种”的多样性同样意味着互相补充，互相竞争，互相促进。唯如此，大学的外部竞争气氛才能转化为大学全体成员发展的内部动力。大学的“和而不同”就是指大学之间相互补充，相互竞争，相互促进的多元化追求。

不仅如此，“和而不同”的深层含义还在于它意味着一种获取竞争优势的基本战略思想——标歧立异战略（差别化战略）。迈克尔·波特（Michael E. Porter）指出：“‘事事领先，人人满意’的想法只会导致平庸战略和低于平均水平的经营业绩，因为它常常意味着企业根本没有任何竞争优势”，而“歧异战略的逻辑要求企业选择那些有利于竞争对手并使自己的经营独具特色的那些特质”。大学战略发展何尝不是如此？事实上，一所大学要真正不同凡响，赢得自己存在的意义，也不得不追求独具特色的那些特质——大学的人才培养、科学研究、社会服务、引领世界诸项莫不如此；否则这所大学存在的价值将大打折扣。

三、学术责任

“学术责任”即学术的社会责任，是指学者本着事实、真理、逻辑、无私或合理的角度对社会负责的学术理念。随着到西方留学的学人大量回流，作为西方大学的传统办学理念，“学术自由”、“大学自治”也逐步引入东方大学体系之中。然而，正如早稻田大学校长奥岛孝康在北京清华大学 90 周年校庆“大学校长论坛”所作学术演讲时所说的：“在‘大学自治’或‘学术自由’的名义下，不夸大地讲，给予教授们的自由过多，其结果是出现不能原谅的情况，即教育者对他们的学生漠不关心，学者对他人的评价无动于衷。”① 显然，这意味着“学术责任”未能得到应有的尊重，而“学术责任”在东方文化中常常得到更多的强调。

心理学的研究表明，中西方文化对“个人”与“社会”关系的构想差异极大。西方“个人取向”社会结构着重个人的自由、权利及成就，着重个人独立、自主的培养，“小我”幸福是社会幸福的基础；中国“社会取向”社会结构则着重个人对社会的责任和义务，着重“大我”概念的培养，“大我”幸福是“小我”幸福的先决条件。② 对中国人与美国人生活方式的文化人类学研究也表明：“美国方式强调个人，即一种我们称之为个人中心的特征，这与中国强调个人在其同伴中的适当地位及行为的情景特征适成对照。”③ 中国人这种思想与行为方式使得中国人在处理个人与集体、国家利益方面，认为“天下兴亡，匹夫有责”，要“养天地正气，法古今完人”。作为一种文化传承，这里强调的“法”、“责”在学术上就体现为学术责任。这是大学办学道德与法制的双重要求。

不难发现，中国大学的责任意识在文本上的理想与现实中的运作之间差异极大。这很可能与中国文化对君子道德责任上“无止境”的要求却无制度上的约束有关。世界银行、联合国教科文组织高等教育与社会特别工作组的研究报告（2000）指出：“不论是公立的还是私立的高等院校，必须要对它的资助者负责。责任并不意味着无制约的干预，但是有必要以一种透明的方式就自己的行动定

---

① ［日］奥岛孝康：《大学的管理》，参见清华大学国际合作与交流处、港澳台事务办公室主办：《面向世界》（特刊），清华大学，2001 年第 2 期。

② 杨中芳：《试论中国人的“自己”：理论与研究方向》，参见杨中芳、高尚仁主编：《中国人·中国心》（人格与社会篇），远流出版公司 1991 年版，第 16～145 页。

③ ［美］许烺光著，彭凯平等译：《美国人与中国人：两种生活方式比较》，华夏出版社 1989 年版，第 12 页。

期地向资助者作出解释，检查成功或失败的原因。”① 因此，这一理念的落实有赖于加强伦理道德及进一步的法制建设，并融入所有大学运作的血脉之中去。这是时代摆在我们面前的现实问题。这方面西方大学的办学传统提供了可行的借鉴。②

四、与时俱进

“与时俱进”的思想理念在中国文化经典如《易经》、《大学》中多有阐述。《周易·上经》云：“君子进德修业，欲及时也，故无咎。”意思是说，君子进德修业，都要把握时机，随着时代的趋势而动，所以就没有什么过患了。《系辞下传》也说：“易穷则变，变则通，通则久”（易学的道理是穷极则变化，变化则能通达，能通达，则能持久），强调随着时代的变化而变化。

《大学》引用更古老的“经典”阐明了“与时俱进”的思想理念：“汤之《盘铭》曰：‘苟日新，日日新，又日新’。《康诰》曰：‘作新民’。《诗》曰：‘周虽旧邦，其命惟新。’是故君子无所不用其极。”这里的意思是说，商汤时的铜器“盘”上的铭文说：“假如能一日自新，就要始终如一，永远保持，做到每天新，天天新。”《康诰》讲：“造就一代新人。”《诗经》上说：“周虽然是一个古老的邦国，但终能自我更新秉承天命。”所以君子总是时时处处为达到至善至美的境界而不懈努力。

“时”者，时代、时机、时间之谓也。相应地，“与时俱进”至

---

① 世界银行、联合国教科文组织高等教育与社会特别工作组编著，蒋凯主译：《发展中国家的高等教育：危机与出路》，教育科学出版社 2001 年版，第 52 页。

② 在中西方大学理念的研究中，“学术责任”相对较少研究。斯坦福大学校长唐纳德·肯尼迪（Donald Kennedy）所著《学术责任》（闫凤桥等译，新华出版社 2002 年版）是一个例外。该书在台湾也有中译本，但书名改为《学术这一行》（杨振富译，天下远见出版公司 2000 年版）。

少包括四个方面的含义：（1）把握时代趋势；（2）抓住发展时机；（3）重视时间价值；（4）进行时间管理。“与时俱进”的意义不仅在于把握其字面含义，更在于树立一种时间有价的观念。薛天祥先生指出：“任何可以被计量的价值最终都是用劳动的节省来表达的，而劳动的节省其核心就在于时间的节省。不过，自人类用金钱作为货币来计算各种东西的价值以后，时间的重要性便被世人淡忘了，只有少数哲人才能深刻地认识到时间的本质、价值和意义。”① 笔者所作的实证研究也表明，有效地安排时间是建立科学的生活方式的一个重要方面。②“大学的任务是创造未来”，重视时间价值就意味着大学管理同样必须包括时间管理。当然，重视时间管理并不意味着急功近利。对于大多数基础学科与人文学科而言，行政当局的过分计划往往是有害无益的。就此，华人学者陈省身等前辈学人已多有告诫。

五、止于至善

“大学之道，在明明德，在亲民，在止于至善。”这是《大学》开篇之语。对此，有论者解释为：“大学的根本宗旨，在于阐明完美、光明的德性；在于使人民受到感化，成为新民；在于达到道德上完美无缺的理想境界。”③ 显然，这里的“大学”并非指现代意义上的大学，而是指“伟大”的学问。

如果说“合理求是”是发源于西方的现代大学最基本的理念，那么，“止于至善”则是中国数千年教育的基本指南。前者反映了人类对自然奥秘的不懈探索，后者更多显示的却是人类对自身与外

---

① 薛天祥著：《高等教育管理学导论》，教育科学出版社 1990 年版，第 296 页。

② 蓝劲松：《大学生畸形自我意识的形成与矫正》，参见胡启先等著：《当代大学生社会心理问题与对策》，江西人民出版社 1999 年版，第 97 页。

③ 黄朴民注译：《白话四书》，三秦出版社 1990 年版，第 4 页。

在社会的理想追求。有论者认为“伦理中心”是中国文化的特质之一：“由氏族社会遗留下来，又在文明时代得到发展的宗法传统，使中国一向高度重视伦理规范和道德教化，从而形成以‘求善’为旨趣的‘伦理型文化’，同希腊以‘求真’为目标的‘科学型文化’各成一格。”① 但是，我们对经典的解读不宜拘泥于前人的“道德”界说。“止于至善”的意义固然包括道德意义上“善”的含义，更包含“追求完美（好）”的现代意义。换言之，这是一种“双赢”乃至“多赢”的理想境界，这才是真正的完美。如果说“各美其美”是行动的价值观念，“和而不同”是行动的必要选择，“学术责任”是行动的制度约束，“与时俱进”是行动的管理标准，那么，“止于至善”则是行动的最终理想或归宿。

第四节　大学办学理念系统及其操作

在加入 WTO 的背景下，中国大学要在国际大学竞争中赢得比较竞争优势与绝对竞争优势，就有必要吸取包括国外一流大学在内的所有大学的办学智慧，同时，世界大学发展也有必要从包括中华优秀传统文化在内的东方文化中汲取营养。如果说 20 世纪东方主要从西方引进智慧，那么，21 世纪“东方的复兴”就意味着东方向世界输出自己的智慧。具体到办学理念的共性方面，就是要在吸收东西方大学办学理念智慧的基础上推陈出新，形成新的大学办学理念。综合前文的论述，本研究把研究型大学的办学理念归纳为一个内外互动的圈层观——“星云说”。

① 冯天瑜著：《中国文化史纲》，北京语言学院出版社 1994 年版，第 11 页。

一、大学办学理念系统:“星云说”

大学办学理念的系统结构可以分为不同层级，核心层级与外围层级功能不同，但对于一所大学尤其是研究型大学而言，把握大学办学理念系统各层级的关系是极为重要的。综合上述研究，本节把大学（这里主要指研究型大学）的办学理念概括为四个层级。

（一）大学办学理念的第一层级

这是大学办学理念的核心层级，主要指“合理求是”、“止于至善”、“各美其美”三者。这一层级的大学办学理念实际上就是人们通常论及的“求真”、“至善”与“尚美”三者。作为认识论、伦理学和美学的探讨对象，真、善、美是行动中内在“知、情、意”的外向投射。一般地，大学办学理念的核心主要有两个：“求真”与“至善”。前已述及，西方“合理求是”体现了人对自然事物的“真”的探索，东方“止于至善”体现了人对理想社会的“善”的追求，而“美”则是在“真”与“善”基础上人类的心灵自得，它们都是大学办学理念的重要组成部分。如果把学科建设与办学理念联系起来，那么我们可以发现，大学的办学理念与学科建设是同构的：自然科学体现人类对“真”的规律的探索，人文社会学科显示人类对“善”的规则的向往，艺术主要满足人类对“美”的心灵追寻。至于工学、医学、管理、法律等其他学科，则是上述三者的展开和交叉，更多体现了人的实用性追求。① 大学的人才培养，所要

---

① 大学之所以成为最古老的社会组织之一，其原因固然可以有多方面的解释，但在笔者看来，这或许与大学自身学科结构的完善有关，即“宇宙间事即大学事”：大学一方面通过包括人文、自然、社会三大学科构成的“文理学院”来解决世界的基本原理（理论）问题，另一方面又通过组建法、工、农、医等“职业学院”解决各方面面临的实际（应用）问题。在大学的学院设置及学科配置中，通常基础理论与实际应用两者兼顾，相互支持，从而能够以内在的稳定应对外在的变化，适应了社会不同层面的需要，因而大学也就成为时代的“不倒翁”。

赋予学生的知识、能力、素质无非也是上述三者的综合与完善而已。“和而不同”是大学办学理念第一层级的不同组合，“和”居于大学理念的核心而又无所不在。前北大校长蔡元培论及大学是“探求高深学问”一说，主要是针对大学办学理念的第一层级而言的。

（二）大学办学理念的第二层级

这一层级的大学办学理念包括两大方面：“学术自由”与“学术责任”（社会责任）。这是大学办学理念中的实现条件。“真”、“善”与“美”可能存在矛盾，但其总体趋向是一致的。“科学活动的结果，即科学工作的实际结尾部分，都有一种美学价值。……寻求真理的愿望本身就是一种道德冲动，至少是包含着道德冲动。”① 实现三者共同的前提就是学术自由。当然，在人类社会中，从来就没有单方面无条件的自由，自由就意味着责任。处理两者关系的基本原则是：凡是“学术自由”有利办学的时候或领域，尽可能通过“学术自由”来办理；只有“学术自由”不能解决的时候与领域，“学术责任”才加以纠偏与补充，即“尽可能‘学术自由’，必要时‘学术责任’”。

（三）大学办学理念的第三层级

大学办学理念的第三层级包括“大学自治”与“教授治校”两方面。这一层级的办学理念又是前一层级办学理念的实现条件。“学术自由”与“学术责任”如何落到实处？答案是必须依赖“大学自治”与“教授治校”。前者是组织层面（国家与大学）的落实，后者是个体层面的落实。如果说“学术自由”与“学术责任”是求真、至善、尚美目标实现的前提条件，那么“大学自治”与“教授治校”则是“学术自由”与“学术责任”落实的前提条件。大学是以培养人才、探求学术为目标的单位，因此只有作为组织的大学及

① ［英］C. P. 斯诺著，纪树立译：《两种文化》，生活·读书·新知三联书店 1994 年版，第 208～212 页。

作为大学使命承担人的教授才能制定出满足“学术自由”与“学术责任”的法制、伦理、政策与战略。前清华大学校长梅贻琦说“大学者，非大楼之谓也，有大师之谓也”，这主要是针对第三层面的大学办学理念而言的。

（四）大学办学理念的第四层级

大学办学理念的第四层级包括“积极应变”与“与时俱进”两者。这是大学办学理念的外围层级。“积极应变”与“与时俱进”的区别在于：“积极应变”主要应对空间（自我与环境）事物的变化，而“与时俱进”主要应对时间或者说时代带来的变迁。一所大学要办成世界一流，办得不同凡响，它就需要以前述逐层展开的大学办学理念为核心，同时积极应对时代与环境的双重挑战。唯有如此，一所大学才能真正立于不败之地。

综上所述，研究型大学的办学理念大致可以表示如下图（图 3-1）。

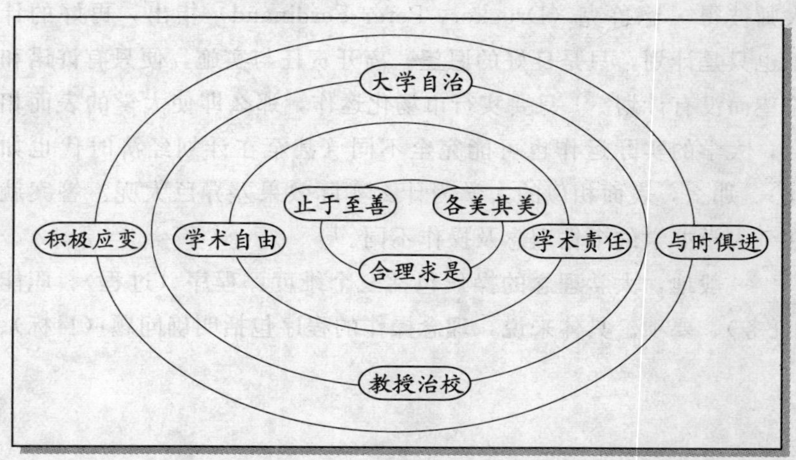

图 3-1 大学办学理念：星云说

图 3-1 显示，大学办学理念的圈层观犹如内外互动的宇宙“星云”。它以内部“中和”的核心理念为目标，以中层理念为条件，

进而积极应对环境与时代的挑战。大学（university）是宇宙（universe）的代名词。宇宙有多大，大学的星空就有多大。凡是宇宙存在的事物，都应该纳入大学思考与探索的星空。这就是大学之为大学的应有之义。

二、大学办学理念之操作："魔方说"

当然，前述大学办学理念的"星云说"是对研究型大学办学共性理念的概括性论述。全球性思维模式体现为"思维全球化，行为当地化"，"做什么"是全世界管理面临的主要挑战。国家要注意形成具有自身特色的大学办学理念，大学更需要关注其办学的个性理念问题。不仅如此，无论国家还是具体大学都要把办学的共性理念与个性理念结合起来，并进一步操作化。大学办学理念仅仅是大学办学的指导原则，它没有也不可能代替理念的具体操作。著名管理大师彼得·德鲁克（Drucker，Peter Ferdinand）指出，再好的计划也只是计划，只是良好的愿望。离开责任与实施，便只有许诺和希望而没有计划。① 只要实行市场化运作，那么即使大学的表面相似，大学的实际运作也可能完全不同（甚至在计划经济时代也如此）。那么，表面相似的大学为什么实际效果差异巨大呢？答案就在于大学办学的个性理念及操作不同。

一般地，大学理念的操作包括三个维度：程序（过程）、职能（任务）、要项。具体来说，理念操作的程序包括明确问题（目标）、

① 转引自［美］弗雷德·R. 戴维著，李克宁译：《战略管理》，经济科学出版社 1998 年版，第 276 页。

事实分析、决策处理、总结评价四个阶段①；大学理念操作的基本职能包括人才培养（与人才培养相关的师资、生源、学科、职员等)②、科学研究（包括经费、图书、信息、设备等）、服务社会（包括校园建设、科技产业、技术创新等）、引领世界（如批判世界不足、引导世界方向）四个方面③；理念操作的要项包括大学伦理、大学法制、大学政策与大学战略四个领域。④ 由于上述三个维度的存在，大学办学理念的实际操作可以在理论上分成 4×4×4＝64 种可能策略（见图 3-2)。

由图 3-2 可以看出，大学办学理念的操作犹如魔方。大学办学理念之“星云”及其操作之“魔方”就是一个由“圆”变“方”，又由“方”而“圆”的互动过程。⑤ 无论中国大学系统的整体发

---

① 大多数美国历史学家认为，罗纳德·里根——迄今为止美国历史上年龄最大的总统——缺乏担任总统职务所必需的聪明才智，但他在用人方面却聪明绝顶，其内阁成员几乎都是性格坚强的杰出政治家。据说他在处理问题时喜欢由助手提供一份“微型备忘录”，内容包括四部分：问题、事实、情况分析和处理意见。他往往依据这种“备忘录”作出决策。

② 这里括号内的项目显然是为了分类的方便，而并非严格的归属。例如，“师资”对大学职能的各个方面都是重要的，但最主要的是由于“人才培养”的需要而存在。

③ 大学存在“人才培养、科学研究、服务社会”三大职能的观点基本得到了学术界的确认，但是大学的第四职能则争议颇大。就此，学术界提出了“国际交往”、“技术创新”、“引领社会”等多种说法。鉴于目前的全球一体化趋势，本文倾向于采用“引领世界说”。详见本章附录“大学第四职能述评”。

④ 蓝劲松：《大学经营要抓住四个要点》，《科学时报》，2003 年 4 月 1 日。另见《新华文摘》，2003 年第 7 期。

⑤ 魔方是一种儿童智力玩具，为一个可以变换拼装的正方体，由若干块小正方体组成，六个平面色彩不同。游戏时使六个面颜色混杂，经过转换，以换成原状。本文之“星系”与“魔方”都是取其形似而已。另外，心理学家吉尔福德的“智力三维结构学说”与此类似，本文借鉴了其思维框架。中国传统文化通常推崇一个人性格的“外圆内方”，但本节强调的是思维的严密周详（圆）与行动的明确具体（方），两者强调重点并不相同。

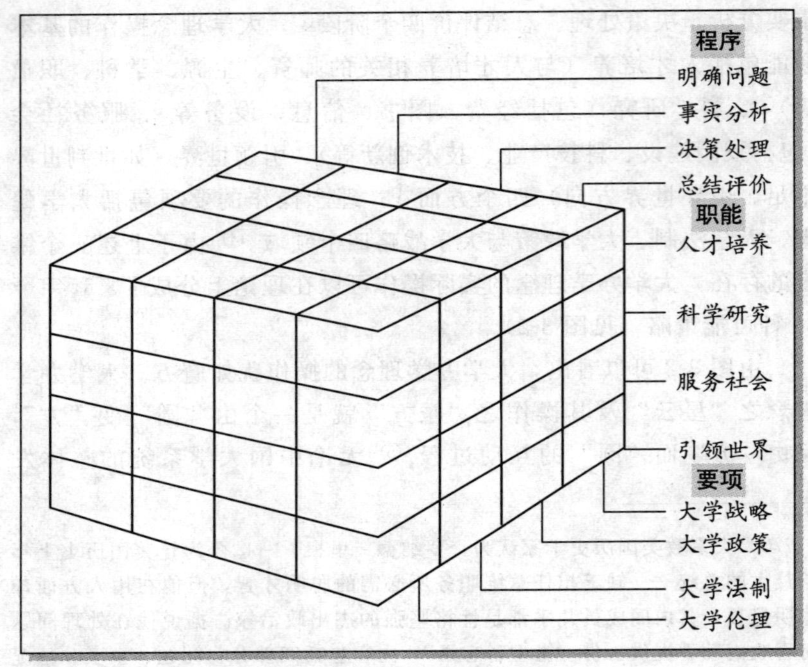

图 3-2　大学理念操作：魔方说

展，还是一流大学的具体建设，都要首先实现大学指导思想或办学理念的创新，同时又要围绕大学的基本职能，通过大学四大“要项”具体贯彻大学办学的思想理念。当然，大学进一步的操作还涉及操作“要素”，即人力、经费、信息等“物质”层面，这将在后文进行讨论。

大学理念操作“魔方”的三个维度通过交叉可以“变幻”出大学办学的诸多具体对策。以操作“职能”中的“学科”为例，任何一所大学都必须重视学科建设。“学科”与“程序”交叉，那么，就意味着形成学科建设问题、学科建设状况分析、学科问题决策处理、学科建设总结反馈四个步骤；与“要项”交叉，则形成学科伦理、学科法制（学科制度建设）、学科发展政策、学科发展策略等学科建设需要考虑的四个具体“要项”。虽然实际的操作不会像理论上那么简单，但操作背后的基本原理就是如此。以此类推，大学办学形成了多样的具体操作模式或策略。这恰如儿童手中的魔方，通过操作可以变化出多样化的色彩。

相对于理论的简单划一，生活实践是丰富多样的。需要指出的是，魔方之所以称为“魔方”，其自身必须具有“魔力”，即能够灵活变幻，以满足生活实践需求。魔方三个维度包含的内在要素完全可以根据实际需要进行增减。上述三个维度只是提供一种思维框架，其中的任何一个维度均可以压缩或增减。例如，理念操作程序的4个阶段可以压缩为3个阶段，或扩展为7个步骤，理念操作的4个要项同样可以实施3个要项，或采取6个要项，如此不一而足。

组织的形象识别系统（CIS）① 的三大系统——理念识别（MI）、行为识别（BI）、视觉设计（VI）与其三大文化——精神文化、行为文化、物质文化对接。从大学组织文化的角度看，我们在这里更多注意的是前两者而不是后者，显然一所大学的文化建构也可以按照上述思路具体展开。总之，大学发展需要依据大学办学程序，围绕大学的基本职能，更新办学理念，完善操作要项，把握操作元素（如人力、物力、财力等），从而稳步推进大学的发展历程。

---

① CIS是“Corporate Identity System”的缩写，它由理念识别（Mind Identity，简称MI）、行为识别（Bahavior Identity，简称BI）和视觉识别（Visual Identity，简称VI）三个子系统构成，三者关系类似于人的心、手、脸的关系。其中，MI是CIS的灵魂，包括组织的定位、使命、目标、方针、精神、口号、价值观、座右铭、标语等。BI是CIS的一种动态的识别形式，它包括内部行为识别（教育、环境、设备等）和外部行为识别的一切行为准则。VI是组织建立CIS的中心环节和关键，它包括基本设计系统（如组织名称、标志、字体、标准色、造型、象征图等）和应用设计系统（如办公用品、旗帜、服装、招牌标志、专用车辆等）两部分。CIS运作的根本，就是要把组织富有个性的独特的MI，通过BI和VI表现出来。

第五节　大学办学的四大要项

鉴于大学办学的操作“职能“与“程序”他处论及较多，因此这里不作详细论述。我们主要分析目前大学办学中尤其应该关注的四大“要项”。从解决问题的程序看，人类社会面临的问题主要有两大类：定型化问题与非定型化问题。定型化问题即常规性问题，它常常通过设定一定的程序，制定标准化的解决方法来解决；非定型化问题又称作非常规性问题，它属于新出现的未被理解的问题（包括非常重要问题），其解决通常需要采取特别的应对之道。

大学发展同样涉及常规性问题与非常规性问题，其发展要抓住的四个要项是：一是针对非常规性问题以开拓未来的大学战略与大学政策；二是针对定型化问题以维持大学“秩序”的大学法制与大学伦理。

一、大学战略与大学政策

大学战略与大学政策主要用于解决非常规性问题。两者的界线并非总是十分清楚的，因为某一层级的战略可能是另一层级的政策；反之，某一层级的政策也可能是另一层级的战略。换言之，战略与政策之间同多于异。它们的共同点有以下几个方面。

1.“面向全局”。无论大学战略还是大学政策，它们需要解决的问题都是事关全局的重大问题，即需要在国际、国家、所在地区三大层面为自己“量身定做”。从伦敦大学、哥伦比亚大学到汉城大学、香港大学，都从这三大层面为自己定位。一所大学的公共性越强，越注意从全球视野为自己定位。

2.“立足现实”。按照纵向与横向的角度可以把“现实”分为两方面：一是自身的“现实”与环境的“现实”。对自身情况的判析乃是一种内视练习（inward-looking），对环境的判析则是一种外视练习（outwarding-looking）。战略与政策的研究均以两者的结合分析为确立使命（mission）、愿景（vision）或者目标（objective）的基础。二是过去的现实与当前的现实。无论理想有多么崇高，其脚下的大地才是起步的起点。无历史综述的政策研究很可能是重复研究，不审视现实的战略“创新”将可能是回归原位（甚至历史倒退）。

3. “开拓未来”。欲穷千里目，更上一层楼。现实就是这样的“一层楼”：立足现实不是局限于现实；当前的现实也不决定未来的现实。无论历史分析，还是现实检讨，其本身是且仅是手段——其眼光是指向未来的理想的。

大学战略与大学政策存在共同点并不等于它们是完全一样，其差别体现在如下几方面。

1. 就发展目标论，战略追求竞争优势，政策维系社会公平（国际之内的国家政策也追求国家竞争优势）。相对地，前者带有竞争味道，“有效”为其基本标准；后者具有和平色彩，“公正”为其首要准则。

2. 就行动准则言，战略制定的准则在于：凡是组织面临机遇或威胁的重大问题，组织就必须制定、实施并评估战略；政策的准则却在于：凡是社会（大学）组织之间无法解决的问题，都有必要制定政策。

3. 就信息传播看，大学政策主要属于组织内部的上下（或内外）博弈①，而大学战略则主要体现为组织内外的信息互动。“上有政策，下有对策”表明政策具有上下博弈的特性；战略制定中的

① 所有的政策按其作用方向都可以分为两大类：上下政策与内外政策。无论哪种政策，都需要自上而下（或自内向外）的推行，也需要自下而上（或自外向内）的反馈。

SWOT 分析法①则体现了组织内外互动的特点，恰如乔治·凯勒（George Keller）所言："战略是聚焦于外部的，要求运用一种环境考察的方式。"②

那么，大学战略应该如何展开？战略管理来自西方学术，战略思想则在中国源远流长，经过"传统文化的现代转化"（如直接采用中国传统学术术语又灌之以近现代科学思想与方法，形成儒学、道学、兵学、释学等），传统文化仍然可以为今日大学发展提供多方面的启迪。《大学》不是"大学"，而是伟大而高深的学问——"战略学"。

分析表明，"格物、致知、诚意、正心"正好构成战略管理的几个阶段：(1)"格物"。所谓"格物"，就是把握客观物质世界的过程，也就是前面提及的"立足现实"。这包括对历史与现实的分析。(2)"致知"。所谓"致知"，就是在内视练习与外视练习结合分析基础上形成"概念"和"判断"，进而上升到"理念"的过程。换言之，战略分析与选择涉及大量基于客观信息的主观决策，这一过程就是"致知"。(3)"诚意"。所谓"诚意"，就是确立目标并付之行动，所以它是个人与组织意志力体现的过程，也就是"操作"。亨利·明茨伯格（Henry Mintzberg）认为，"战略家的绝大多数时

---

① SWOT 分析是战略规划核心概念。SWOT 分析就是分析组织的优势（strength）、劣势（weakness）及其环境的机会（opportunity）和威胁（threats）。因此，SWOT 分析实际上是将对组织内外部条件各方面内容进行综合和概括，进而分析组织的优劣势、面临的机会和威胁的一种方法。其中，优劣势分析主要是着眼于组织自身的实力及其与竞争对手的比较，而机会和威胁分析将注意力放在外部环境的变化及对组织的可能影响上。但是，外部环境的同一变化给具有不同资源和能力的组织带来的机会与威胁却可能完全不同，因此，两者之间又有紧密的联系。在 SWOT 中经常会采用交叉影响分析（cross impact analysis），即以组织所处的内、外部环境为纬度，对传统的 SWOT 的四个关键因素进行了二维划分，以更好地体现矩阵交互作用的理念。

② [美] 乔治·凯勒著，别敦荣译：《大学战略与规划》，中国海洋大学出版社 2005 年版，中译本序第 1 页。

间不应该花费在制定战略上，而应该花费在实施既定战略上”。由此可见，“诚意”在战略管理中的地位与作用。（4）“正心”。所谓“正心”，就是“用心”的评价过程。战略评价标准有四项：一致（consistency）、协调（consonance）、可行（feasibility）和优越（advantage）。① 前两者主要用于外部评价，后两者主要用于内部评价。所有的评价，最后都归结为“心的评价”——满意与否的评价。可见，《大学》实际上隐含着一种“内圣外王”的战略思想。

如果与战略管理过程相映照，那么可以看出，“格物”对应于战略分析阶段，“致知”对应于战略规划阶段，“诚意”对应于战略实施阶段，而“正心”则属于战略评价阶段。这四个阶段正是战略管理的“四部曲”。这一“四部曲”又对应于自内（自我）而外（世界）的四重境界——“修身、齐家、治国、平天下”，人生家国的理想由此达成（见图 3-3）。由此可见，此《大学》非彼“大学”，而是一种大学哲学，也就是行动哲学。当然，前人之微言大义与今日之演绎解说并不完全等同，这正说明“传统文化的现代转化”的必要与重要。

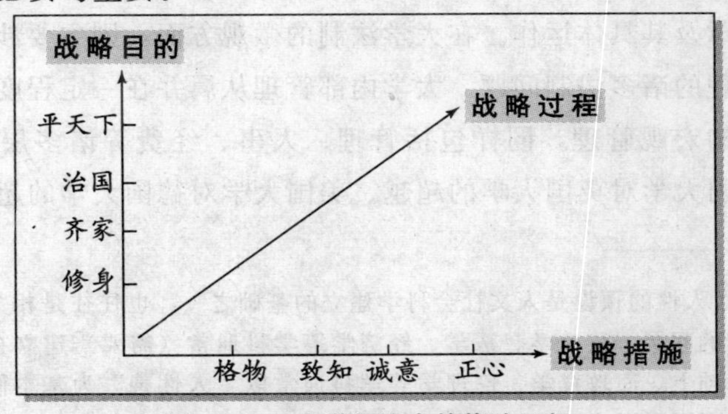

图 3-3　《大学》隐含的战略思想

---

① Richard Rumelt. *The Evaluation of Business Strategy*, *Business Policy and Strategic Management*. New York：McGraw Hill，1980，pp. 359-367.

二、大学法制与大学伦理

如果说大学战略与政策围绕事关未来的重大问题而展开行动，那么，大学法制与大学伦理则围绕“日常事务”而完善自身。

大学法制包括大学法律与大学制度（体制）两个方面，其中，法律是一种“防患未然”的强制性制度，制度则包括除此之外范围更广的多方面约束。从基本法到专门法，法律是一个就国际或国家（地区）层面的问题制定规范的分层的庞大体系，制度也覆盖组织上下与内外关系。如果说法律与制度（政治与经济制度）是基于“人性本恶”的理论预设，那么伦理与教育就是基于“人性向善”的良心假定①。前者是一系列硬约束（环境控制），后者是一系列软控制（心理控制）。国家治理必须“依法治国”与“以德治国”相结合，对一个具体的组织同样如此。

大学法制在各国各地区或许都有所不同。总体来说，大学法制大致分为宏观层面与微观层面两大方面。从大学法制的宏观层面看，大学发展主要涉及大学与政府、大学与大学、大学与企业的关系，具体包括国家在办学、管理、人事、经费、后勤等方面的系列法律规章及其具体运作。在大学法制的微观方面，则主要涉及大学内部管理的诸多法制问题。大学内部管理从属并在一定程度上对应于大学的宏观管理，同样包括管理、人事、经费等诸多层面的问题。德国大学对英国大学的超越、美国大学对德国大学的超越均表

① 对人性的预设是人文社会科学建立的基础之一，也往往是相关学科建设最基本的问题。政治学、法学、经济学等学科通常（需要）建立在“人性恶”的基础上，而教育学、伦理学等学科通常以“人性善”为基本假设。后者是否需要同时考虑“人性恶”的问题值得讨论。人性有“向善”的天性并不意味着教育只是灌输“好”的一面，而不需要认识人之为人的种种“劣性”。认识不到人性“恶”的一面，那么，在面临一个“恶社会”时，人们就有可能不能保持“中立”的姿态，而以反社会的损人举措去看待社会，从而衍生出一系列社会问题。

明，后发国家的超越之路很大程度上取决于包括法制建设在内的制度创新。

大学伦理是大学办学的另一要项。可以说，大学各职能领域均存在伦理问题，如管理伦理、教学伦理、学术伦理等。其中学术不端行为一直受到各国社会的广泛关注①。管理伦理、教学伦理虽然不如学术伦理那样引人注目，但其重要性也是毫无疑义的。同时，伦理问题也与大学法制建设，尤其是与大学运行机制有关。至少，法制的完善有利于尽可能保证大学伦理的“底线”。

由于政策多变，因此有研究认为，应对“入世”的良方在于“少制定点儿政策，多制定点儿法律”。② 的确，大学政策与战略的研究固然重要，但是，把行之有效的经验上升到制度甚至法律层面是教育变革需要同步进行的重要工作。

可见，无论国家，还是大学自身，大学办学都必须考虑两大方面：通过大学法制及大学伦理，设定一定的程序，制定标准化的解决方法解决常规性问题（定型化问题），同时以大学政策与发展战略应对非定型化问题，即对新出现的尚未被理解的问题（包括非常重要问题）采取特别的应对之道。这就是大学发展需要抓住的四大要项。

上述观点可以图示如下（见图 3-4）：

① 如哈佛大学的达西丑闻、耶鲁医学院的剽窃案、MIT 闻名遐迩的“巴尔的摩事件”、首尔大学“韩国第一科学家”黄禹锡干细胞造假案、日本产业技术综合研究所及日本理化研究所论文造假案等在社会上都引起了巨大的波澜。

② 这是刘光溪在 2001 年和 2002 年的“中外管理官产学恳谈会”上说的。参见《中外管理》，2003 年第 1 期。

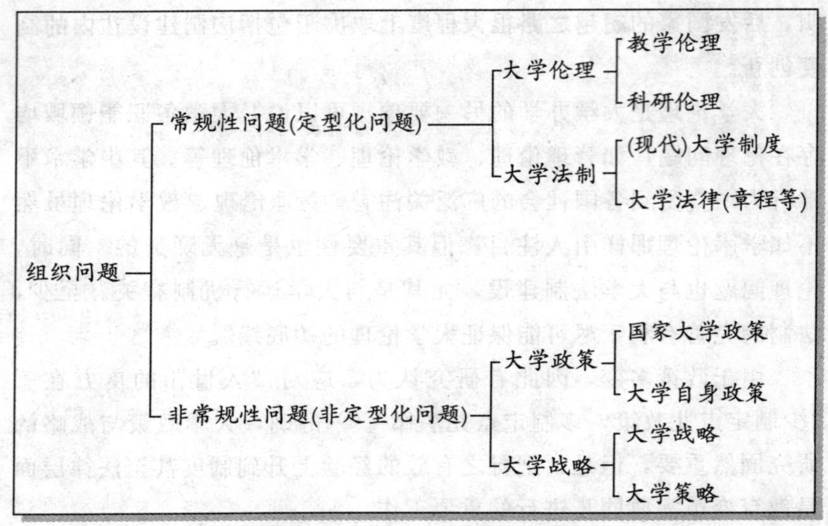

图 3-4　问题解决的逻辑思路（以大学为例）

三、大学办学四大要项的特征

这里提及大学办学四大要项的特征，不是试图探讨它们与其他要项的特殊之处，而是为了比较这四大要项之间的异同。所谓特征是相对的，因此可以在“两极连续体”上找到它们的位置（见图 3-5）。

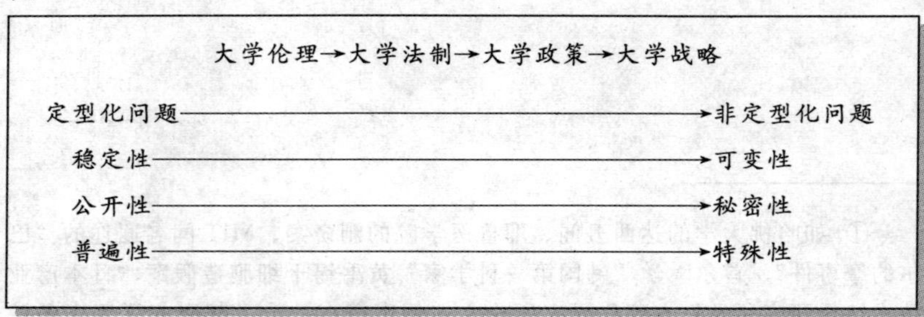

图 3-5　大学办学四大要项的特征

图 3-5 表明，大学办学四大要项的特征是从大学伦理、大学法

制、大学政策到大学战略依次推进的，即越是偏向法律一边，那么越具有稳定性、公开性、普遍性；越是靠近战略一边，越是呈现出可变性、秘密性、特殊性。如大学伦理、法制乃至政策几乎都需要不时的大力宣传，但战略的情况略有不同。目前发达国家与港台地区的大学战略规划很容易查到，因为它们的大学办学经费来自社会（公众税款），因此必须接受整个社会的监督。与此不同，中国大学虽然每隔五年左右就要制定自己的发展战略（所谓“五年规划”、“十年规划”等），但它们似乎很少把自己的战略规划公之于众，其主要原因或许是中国大学的办学质量主要来自政府评价而非社会监督，① 同时也与大学自身的战略定位模糊有关（见本书后文有关章节）。当然，战略框架可以甚至必须公开，但也不能走向另一极端，即把战略规划中的具体策略也公开化。若如此，就演变为政策宣传甚至制度宣传了，违背了战略竞争也存在秘密性的特征，所以是不妥当的。

第六节　余论

聂华桐指出：“不应将东西文化对应看待。严格说来，在‘世界文化’普及全球的今天，很难再有中西文化之截然划分。其区别最多只能说在‘农业文化’与‘工业文化’上”，“在今天中国正在向工业社会猛进之际，我们要有勇气往前看，要去正面迎接‘工业

① 无数案例告诉公众，要让权势者谨守“代理人”的分际，信息公开、透明是基本前提。而信息公开如果只能依赖“揭弊”，绝不能有效规范权势者的行为。因为“揭弊”所能涉及的往往只是冰山一角，更重要的，它只能是在损失发生后亡羊补牢。参见王中宇：《当权力遇到社会公众》，《科学时报》，2006 年 6 月 20 日 A4 版。

文化'、'世界文化'。"① 中西方大学的表象确实已经没有明显的差别，但在思想文化源头及其现实影响来说，这种差异仍然是存在的，有时候甚至是显著的。本章就是从传统文化的角度考察大学办学理念的中西方差异的，而且这种差异主要是针对研究型大学而言的。因为正是在研究型大学这一层级，中国大学与世界一流大学仍然存在很大的差距。通过中西方大学办学理念的比较与整合，本研究提出了大学办学理念的"星云说"，把大学办学的主要理念纳入到一个完整的系统结构之中，从而厘清了各种不同办学理念之间的关系。在此基础上，本章进而提出了把大学办学理念如何转化为现实的"魔方说"，认为大学办学理念转化为现实要抓住法制、伦理、战略、政策四大要项，同时考察了这四大要项之间的异同与特点。一流大学的建设过程固然需要一定的资金投入，但更是办学理念的创新过程，也是大学战略、大学政策、大学法制、大学伦理的实施与完善过程。这些，我们在下面各章将进一步加以论述。

附录

大学"第四职能"述评②

有关高等教育与高等学校、功能与职能两对概念在20世纪有过多方面的讨论，张应强等学者早已进行过评析。③ 就概念论争，本文搁置不议。在本文中，我们认为所谓组织的"职能"，其直接含义是"职责"与"能力"的综合，也即组织"应该做"与"能够

① 聂华桐：《科技工作的出发点：实事求是》。参见张劲夫主编：《海外学者论中国》，华夏出版社1994年版，第486～488页。

② 本附录是笔者与薛秀珍合作完成的。原文发表于《清华大学教育研究》，2005年第3期，发表时未署笔者名。

③ 张应强：《高等学校社会职能及相关问题研究评析》，《汕头大学学报》(人文科学版)，1997年第3期。

做”的有机结合。作为高等教育研究的一个基本问题，高等学校的三大职能（人才培养、科学研究、直接为社会服务）已经得到高教界的普遍认可。那么。高等学校是否还存在第四职能？如果存在，第四职能是什么？高等学校似乎“无所不能”，但其实际职能是有限而不是“无穷”的，否则其他职能的扩张就会冲击高等学校最基本职能。鉴于高等学校职能的每一次拓展都在英国、德国、美国等国的高等教育发展史上有特别重要的意义，因此，对高等学校第四职能的研究就不能不给予特别的关注，毕竟在各国高等教育发展中，先人一步就有可能抓住新的发展机遇。根据这种认识，我国学者 20 世纪末期积极开展了高等学校第四职能的讨论。如今讨论高潮已过，但余波未息。本文试图按照我们提出的高等学校第四职能的评价标准对此作一简要述评，以推进讨论的进一步深化。

一、当前高等学校第四职能的若干认识

当前有关高等学校第四职能的见解主要有如下四种。

（一）国际合作（国际化）说

国际合作，是指跨国界、跨民族、跨文化的高等教育交流和合作，它主要包括师生互换、学位等值、学者互访、国际联合办学、国际合作研究、参加和举办国际学术会议、国际间教育资源的互补和援助等。1996 年由雅克·德洛尔任主席的国际 21 世纪教育委员会向联合国教科文组织提交的报告《教育——财富蕴藏其中》在论及“高等教育的功能”时指出：“大学聚集了与知识的发展和传播相结合的所有传统职能：研究、革新、教学和培训以及继续教育。最近几年变得越来越重要的另一项职能即国际合作。”“大学被赋予四种社会职能：（1）培养学生从事研究和教学工作；（2）提供适合于经济生活和社会需要的高度专业化的培训；（3）全民开放，以满足最广义的终身教育各个方向的需要；（4）国际合作。”联合国教科文组织 1995 年提交的《关于高等教育的变革与发展的政策性文

件》中提出："高等教育日益国际化，这首先是教学和科研的全球性的一种反映。现行的经济和政策一体化进程、文化间了解的日益需要以及现代交流、消费市场的全球性质等，正使这种世界环境得到加强"。"国际合作是世界学术界的共同目标，而且还确保高等教育在知识的发展、转让和分享方面发挥了主要作用，因而学术上的国际合作应为全面开发人类的潜力作出贡献。"

除了这些国际官方文件以外，在我国也有多位学者把国际合作视为第四职能。在《国际合作：高等学校的第四职能》一文中，① 陈昌贵明确指出：其一，开展国际合作既是新世纪社会经济、科技和文化发展对高等学校提出的新要求，也是高等学校在世界各国经济和科技日趋国际化的历史潮流中应当和能够扮演的角色。其二，高等学校承担"国际合作"的社会职能，在促进社会经济、科技国际化的同时，自身也有一个国际化的过程。其三，国际化对高等学校的改革与发展将起重要的推动作用，但也可能给高等教育发展带来一些消极影响。吴启迪、章仁彪在《"全球化"时代的现代大学理念和制度创新》一文中也认为，现代大学的第四功能正在显现并强化中，这就是人类不同文明之间的沟通与"交往"功能。确立"交往"作为现代大学的第四功能实在是十分必要而意义深远的，因为人类需要更多的和更深入的沟通与理解。② 与此观点相类似的还有唐玉光的《国际化——知识经济时代大学的新职能》、冯振业、杨鹤的《对大学的第四职能：国际文化交流与合作的一些理解》等。他们认为国际化是知识经济时代大学的新职能，国际化职能通过国际间的文化交流、科技合作、国际理解教育担当起增进理解、

① 陈昌贵：《国际合作：高等学校的第四职能》，《高等教育研究》，1998年第5期。

② 吴启迪、章仁彪：《"全球化"时代的现代大学理念和制度创新》，《教育发展研究》，2001年第7期。

促进和平、共同发展的使命。①

（二）改造社会说

眭依凡在《改造社会：未来大学新职能》一文中，提出了大学在新时代下的崭新定位并阐述了其原因。在他看来，大学以其传播和创造知识的角色而处于社会的中心位置，经历了培养人才、科学研究、社会服务三个阶段。随着人类进入以信息、知识为主要生产手段的文化时代，知识作为一种权力，滋生了支配财富力、政治力行使方向和质量的功能，使大学具有理直气壮地干预社会生活和为文明进步担负更大责任的作用。引导社会变革、建立社会规范、参与社会决策——这就是未来大学改造社会的崭新定位。② 具体表现在：（1）引导社会变革。随着社会向高成熟的趋近，更多的社会变革都将会由自在的过程向自为的过程过渡，并会从过去的无意识活动或部分意识活动变为在知识指导下的有高度意识和有明确目的的活动。在这种变化中，在新思想、新观念为社会变革率先开路的文化时代，以孕育新思想、新观念及培育具有新思想、新观念的人才为己任的大学，最有资格担负起引导和发动社会变革的重任。（2）建立社会规范。社会的稳定依赖于自身的规范及应有的秩序。在以知识为基础的时代，高新科学技术及其产业的发展产生了各种社会问题。在这种复杂的社会环境中，只有大学才能扮演解决两难悖论的角色：它既以知识的权威给予社会发展的动力，也必须以知识的权威承担起保证社会稳定的责任。因为长期以来大学不仅培养学生成为专业人才，同时还把他们改造成有教养的人。（3）参与社会决策。任何一项社会决策都要对一群人发生影响并关系到一项事

① 唐玉光：《国际化——知识经济时代大学的新职能》，《高等师范教育研究》，2000 年第 5 期。

② 眭依凡：《改造社会：未来大学新职能》，《上海高教研究》，1995 年第 3 期。

业的成败。在社会决策活动日益复杂化、知识化、专业化甚至国际化的时代，为了确保各种重大社会决策的正确性、科学性、有效性，作为拥有不同学科、具有不同经验的专家的大学应该也能够以知识权威的身份更多、更积极、更主动地参与社会决策，以便使自己在社会发展中产生最大影响。与“改造社会”内涵类似，还有一些学者把“引领社会”作为大学的第四职能。

（三）创造新产业（参与社会生产）说

朱国仁在《经济形态的转变与高等学校职能的演变》等文中认为，经济形态是高等学校的职能存在与演变的主要社会基础和动力；知识的发展及其价值的变化是高等学校职能演变的直接动因。其一，进入21世纪以来，新的经济形态——知识经济萌发并得到快速发展，正是因为知识经济的发展使知识的创造、传播与应用成为一个有机连续的过程，知识与生产紧密相关，高等学校知识中心的优势也正在或将要使其成为社会生产特别是发展高科技产业的主力。现实世界范围内的高等学校科技园区的建设与发展及其催生的众多高科技产业，在知识经济的发展中日益发挥着导向性的作用，日益成为当今世界最具活力的经济增长点。其二，“创造新产业”职能的内涵在于：催生新产业、创造新职业、提供就业服务等。有学者指出，从只侧重生产和传播知识，转向技术转让和组建公司，大学的中心发生变化，并与生产部门形成了一种新的组合。有学者则认为，大学与生产部门的密切关系，使大学“消除了产品和最终用户之间的中介”，“大学成了最终用户需要的产品和服务的直接生产者”。还有学者认为：高等学校第四职能是创新职能，在创新职能中重要的一个方面就是新职业的创新，等等。

（四）技术创新说

在《高等教育“第四职能”：技术创新》一文中，① 方展画指出：高等教育在自身的历史进程中逐渐演变出来的教学、科研、服务三大基本职能为世人所认同，但这三大职能并没有在真正意义上得到有机的统一，成为一种整体性的办学理念。高等教育的传统职能，随着知识经济社会的逐步显现而遇到了挑战，在企业和高校合作方式上要求建立一种将高校的科技开发与企业的实际需要紧密联系在一起的“一体化”运行机制，在（企业）经营资本、市场意识、营销渠道和（高校）科技力量、科学知识、科研设备诸要素之间建立起互为因果的实质性联系，从而使高等教育的科学研究、社会服务以及人才培养能直接介入社会经济发展的主流中去，满足知识经济社会对高层次、可持续发展的技术创新的迫切需要。

在高等教育内在职能中开发并强化技术创新职能，是时代对高等教育的要求。这种新的职能是在知识经济的背景下充分利用市场杠杆的作用，打破高校历史上形成的相对封闭性，通过现代企业的实质性参与和一体化合作，将高等教育的教学、科研、服务职能在技术创新的现实导向下进行全面的协调和有机的重组，从而有助于解决高等教育中传统与创新、理性与感性、所学与所用、学校与社会等未解决的问题。

二、对当前高等学校第四职能研究的评价

综观高等学校第四职能的种种说法，可以看到尽管各个研究者对于高等学校职能的理解不一，表述各异，但都有一个共同的特点，即认定随着社会经济的变革，高等学校新的职能一定会出现。这一观念表明一方面我们正处于急剧变革的时期，由后工业时代转

① 方展画：《高等教育“第四职能”：技术创新》，《教育研究》，2000 年第 11 期。

变为知识经济时代，社会对高等学校提出了新的要求，这是高等学校第四职能出现的必备条件；另一方面在理论界高等学校第四职能的研究已经突破了有没有的问题，而是更多地关注它的内涵、外延及其作用。

要对高等学校第四职能进行研究和评价，必须明确评价的标准。而评价标准只能是一个，就如张应强在《高等学校社会职能及相关问题研究评析》一文中指出的：高校社会职能是有一个客观的概括角度的。因为“高等学校的社会职能”表征着或预示着一个基本的事实或概括角度，这就是高等学校所具有的作用和社会对高等学校的客观要求的结合。① 我们认为高等学校“第四职能”的评价标准并不复杂，基本标准有三：一是高等学校应该做什么？二是高等学校能做什么？三是“第四职能”不能损害前三个基本职能的有效实施。这里把相关观点与我们的评论一并列出（见表 3-1）。

表 3-1　高等学校第四职能：观点与评论

第四职能	主要代表	评价 1：是否应该	评价 2：是否能够	评价 3：是否损害前三大职能实施
国际合作（国际化）	联合国教科文组织（1995）、陈昌贵（1998）、	国际合作（国际化）已经成为全球高校发展的重要手段，但其本身主要	既然国际合作（国际化）已经成为全球高校发展的重要手段，那就不是	国际合作（国际化）是大学前三大职能的自然延伸，因而有利于实现

① 张应强：《高等学校社会职能及相关问题研究评析》，《汕头大学学报》，1997 年第 3 期。

续表

第四职能	主要代表	评价1：是否应该	评价2：是否能够	评价3：是否损害前三大职能实施
国际合作（国际化）	唐玉光（2000）、吴启迪，章仁彪（2001）等	不是目的而是手段，而手段则不是非如此不可的。	能不能的问题，而是该不该的问题。	大学的前三大职能。
改造社会	眭依凡（1995）	高校有“引领”社会的职责，但通常不是直接去“改造”社会，故用“改造”一词似乎要求过高。当然，“引领”与“改造”可以作相似的解说。	大学或许也可以改造社会，但更多的事实不是“改造”而是“被改造”。至少中国的大学如此。当然，大学“明知不可为而为之”永远是需要的。	大学通常不能直接“改造”社会，但是对于社会永远有“引领”的责任。“引领”而不是“改造”社会也不会损害大学的前三大职能。
技术创新	方展画（2000）	高校尤其是工科院校确实应该为技术创新作出贡献，但不是所有的高校都应该往此方向努力，因为其学科设	技术创新对于工程院校比较有利，但除非对“技术”本身作出新的解释；否则文理基础类高校在这方面通常	技术创新同样可以成为大学前三大职能的延伸，但只有工科等应用性强的高校容易推广。人文主导院校难以

续表

第四职能	主要代表	评价1：是否应该	评价2：是否能够	评价3：是否损害前三大职能实施
技术创新	方展画(2000)	置使得它们“先天不足”。	能力有限，尤其是人文类高校如何“技术创新”呢？	甚至无法实施此职能。
创造新产业	朱国仁(1999)	很多高校确实为创造新产业（参与社会生产）作出了贡献，高校也应该为此努力。	高校应该为创造新产业作出努力，但多数高校没有这个能力，故其推广性不足。	创造新产业可以成为大学前三大职能的延伸，但多数高校在此方面能力有限，难以推广。勉强推行则会损害前三大职能的实现。

综合上述评论，我们可以就高校第四职能的讨论提出如下看法。

其一，在高校三大职能基本确定的前提下，首先应该允许高等学校探索自己的“第四职能”。换言之，上述四种代表性观点均有存在的合理性。事实上，有关高校第四职能的观点并不止上述四种。如珍妮·巴兰坦教授在其所著《教育社会学》中，就把“国家保障（National Security State）”列为仅次于研究、教学、服务的高等教育系统的第四职能。① 按照我们提出的三个标准，显然这一说法也有相当的存在价值。所以，无论如何评价这些观点，只要有相当的道理，就应该允许适合发展这些职能的高校进行实践与理论的探索——即便多数学校短期内无法实现这一职能。在目前的形势下，在相关理论探讨难以有定论时不妨先行动起来。不管怎样，实践才是检验高校第四职能是否合理的最基本标准。

其二，允许高校探索与发展自己的第四职能并不意味着我们对所有已经提出的"第四职能"观点一视同仁。在上述四种观点中，按照我们提出的高校"第四职能"的三个标准，我们觉得"引领社会"、"国际合作"较之"创造新产业"、"技术创新"具有更多的普适性。在社会问题迭出之时，大学——也只有大学及"公共知识分子"最应该也能够保持相对清醒的头脑，把科学精神与人文精神结合起来，客观公正地分析各种问题，为社会提供多维的思考空间。所以，大学与知识分子在教学科研及服务社会之余，应该"引领社会"，做全球社会发展的"良心"与"灯塔"——没有其他任何组织及其成员更适合做到这一点。过去的年代里，大学已经与国际社会不可分离，在今日"地球村"的时代，任何国家的大学更难以"独善其身"。"引领社会"中的"社会"有其特定的内涵（如"威斯康星思想"就是服务社会的一个典型表现），其"社会"通常不超出一国范围。在新的历史条件下，尤其是美国发生"9·11 事件"以后，维护国家利益同时又具有世界眼光或"全球共同体意识"、"人类理解意识"等正日益成为人类社会发展的当务之急。相对于其他社会组织存在固有的利益局限与惰性而言，大学具备相对客观、公正、自治与理性的传统优势，因此大学在"服务社会"的基础上，还要"引领世界"发展。因此，比较而言，我们倾向于认

---

① Jeanne H. Ballantine, *The Sociology of Education: A Systematic Analysis*, Prentice Hall, 1997, pp. 258-259.

为，“引领世界”可以视为大学的“第四职能”。

其三，高校“第四职能”可以有多种提法，但并不意味着所有高校对待大学的各种职能等量齐观。尽管我们倾向于认为“引领世界”可以视为大学的“第四职能”，但我们仍然认为大学“第四职能”的其他观点在不同高校有其存在价值。由于大学存在不同的层次与类型，每个国家或地区的大学面临的机遇与威胁也不相同，这就要求高校必须结合自身与环境的情况准确定位，而不是追随其他大学亦步亦趋。因此，大学在处理各种职能方面应该根据情况有所侧重，没有哪所大学在大学职能的各个方面齐头并进，即便是研究型大学，也应该围绕大学的前两个职能兼顾其他职能。

总之，无论大学的“第四职能”如何，提法的多元好于单一。只要言之成理，持之有故，就应该支持，应该允许其存在。只有多样化的高校“第四职能”才能更好地适应不同国家不同高校的需要。高校的前三大职能各校实施时尚各有侧重，那么，对高校的“第四职能”又怎能强求一律呢？

第二篇

大学管理

第四章　大学战略：理论与实践

——大学战略管理若干问题探析

管理是管理者通过计划、组织、指挥、控制去协调他人的活动并达成组织目标的过程。作为旨在使组织行动合理化（to rationalize actions）的社会技术，管理是比劳动力和技术手段更为重要的生产力要素。所有的资源都是要通过管理来发挥最大效用的，管理水平的高下直接决定着组织发展的命运。战略管理是后起的组织战略概念，其起源可以追溯到 20 世纪 60 年代早期，它是由哈佛商学院的教师开发的。在此后的 70 年代逐渐演进成一门新兴的管理学分支，集中研究有关组织未来发展方向的战略决策的制定和实施问题。战略管理是基于这样一种认识，即组织应持续不断地注视内部及外部的事件与发展趋势，以便及时作出调整，从而使组织持续而有效地适应变化。战略规划是战略管理的一个重要环节，它包括确定组织使命，认定组织的外部机会与威胁，把握组织内部优势与不足，建立长期目标，制定可供选择战略，以及选择特定的实施战略。本章的目的就是在对战略理论进展进行概括的基础上，明确大学战略管理的必要性，分析大学战略规划模式及其问题，最后对中国大学战略规划存在的若干问题进行探讨。

第一节 战略管理理论的再认识①

一、战略

“战略”一词，英文为“strategy”，可译成战略或策略。至于什么是战略，对此则众说纷纭。归纳起来，大致有以下五种解释。

（1）用战略的构成要素（或内容）来解释。如最早研究公司战略的安索夫（H. I. Ansoff）认为，战略包括四个要素，即产品与市场范围、增长向量（发展方向）、竞争优势、协同作用（整体效应）。② 波特（Michael E. Porter）则指出：“战略是公司为之奋斗的一些终点（目标）与公司为达到它们而寻求的途径（政策）的结合物。”③

（2）将战略定义为决策。如拜亚斯（Lloyd L. Byars）认为：“战略包括对实现组织目标和使命的各种方案的拟定和评价，以及最终选定将要实行的方案。”④

（3）将战略定义为计划。如格鲁克（William F. Glueck）认为：“战略就是企业发挥战略优势、迎接环境挑战而制定的统一的、内容广泛的、一体化的计划（plan）。”⑤ 其目的在于保证实现企业的基本目标。

---

① 本节直接参考和引用了蓝伟国的研究生毕业论文《江西钨工业发展战略研究》（江西省委党校，2004）的相关资料。

② 解培才著：《工业企业经营战略》，华夏出版社 1997 年版，第 10～13 页。

③［美］迈克尔·波特著，陈小悦译：《竞争战略》，华夏出版社 1997 年版，第 4 页。

④［美］拜亚斯著，王德中等译：《战略管理》，机械工业出版社 1988 年版，第 19 页。

⑤ W. F. Glueck, *Strategic Management and Business Policy*, McGraw Hill, 1980, p. 9.

（4）将战略解释为指导思想。如贝茨（Donald L. Bates）和艾德雷奇（David L. Eldredge）二人认为，战略可以定义为组织投入其资源、实现其目标的指导哲学，它为组织作出必要的行动决策提供约束和限制。①

综合这些观点，本研究把战略定义为：在市场经济竞争激烈的环境中，在总结历史经验、调查现状、预测未来的基础上，为谋求生存和发展而作出的带长远性、全局性的谋划或方案。它是经营思想的体现，是一系列战略性决策的结果，又是制定中长期计划的依据。

这个定义说明了下列问题。

（1）战略出现于市场经济体制下，适应激烈竞争的环境。如我国过去实行计划经济体制，排斥竞争，企业就不需制定战略。西方国家一直实行市场经济，但只是在第二次世界大战之后市场竞争日趋激烈的形势下，企业才研究战略问题，正式制定和实施战略。

（2）战略建立在总结历史经验、调查研究现状和顶测未来发展的基础之上，并非主观设想，也不是单凭经验或照搬照抄。马克思主义的辩证唯物论以及西方管理理论中的系统观，是战略研究的科学的方法论。

（3）战略是为求生存和发展而作出的带长远性、全局性的谋划或方案。谋划即谋略、计策，求生存谋发展的谋划显然是关系兴衰成败的大政方针。长远即非短期，全局即非局部，短期的或局部的打算只能称为战术。

（4）战略同经营思想、决策、计划等概念都有密切联系，但不可把它们混同起来。

一个成功的战略，通常有以下四个共同因素构成：简单、一致

---

① D. L. Bates and D. L. Eldredge, *Strayegy and Policy*, WCB Publlishers, 1984, p. 11.

和长期性的目标；对竞争环境的深刻理解；客观评价各种资源；有效的战略实施。四者缺一不可。

二、发展战略及其特性

（一）发展战略的含义

大学战略管理，有时又称作大学发展战略或院校战略规划，它们有时完全一致，有时侧重点有所不同。把“发展”和“战略”合起来，即形成“发展战略”一词。而它成为一个规范化的科学术语，则是四十多年前的事。第二次世界大战后，随着国际竞争的全面化和长期化，特别是随着一系列新兴国家的出现，对经济社会发展的长期谋划问题，便成了理论研究的对象。较早使用“发展战略”一词的是美国发展经济学家阿尔伯特·赫希曼（A. P. Hirschman)，1958 年他在耶鲁大学出版社出版了一本名为《经济发展战略》的著作。此后，发展经济学中逐渐开始使用“发展战略”这一术语。例如，一位美国经济学家 1975 年出版的一本著作，书名就是《经济增长、收入分配与争取平等的发展战略》。联合国从 20 世纪 60 年代开始，先后制定了 60 年代、70 年代、80 年代三个十年的“国际发展战略”，更是使“发展战略”这一概念权威化、规范化，成为国际上普遍认同的概念。

发展战略是对长期发展的全局谋划和自主控制。它包括确定发展的价值取向和目标选择、发展道路和发展模式，制定发展的总方针和基本原则等。

（二）发展战略的特征

发展战略作为人类认识世界、改造世界的最高形式，具有一系列重要特征。①

---

① 王德中著：《企业战略管理》，西南财经大学出版社 1999 年版，第 7～9 页。

1. 竞争性。发展战略是适应市场竞争的需要而产生的，是为了增强竞争能力、适应能力和赢得竞争优势而制定的，竞争性因此成为战略的首要特征。其具体表现是：密切注视市场竞争态势和自身的相对竞争地位，抓住机遇，迎接挑战，发挥优势，克服不足，以求在商战中克敌制胜，保障生存和发展。不考虑竞争和挑战的方案不能称为战略。

2. 创新性。也就是 G. 哈默尔（Gary Hamel）所说的革命性。要在竞争中获胜，必须赢得持久的竞争优势，而要使竞争优势能长久不衰，就必须坚持不断地创新，所以发展战略的竞争性就要求创新性。战略的制定要敢于标新立异，出乎竞争对手预料，而不能墨守成规或盲目跟随他人；战略要致力于技术、组织、管理等领域的创新，并充分利用这些创新成果，增强竞争优势，巩固竞争地位。

3. 全局性。发展战略以全局为对象，规定总体行动，追求总体效果。全局是由若干局部所组成，但局部必须服从全局，那种从局部出发、只顾局部利益的打算是不能列入战略的。不过，全局和局部的划分是相对的。在系统制定出其战略之后，如把子系统视为一个全局，也可以制定比系统战略低一个层次的、适用于该子系统的战略。这就是战略的层次性。当然，低层次战略要服从于高层次战略，各个低层次的战略之间要相互协调配合。

4. 长远性。发展战略所寻求和确定的目标，是战略主体发展进程中的阶段性质变，其战略结果是发展的一次历史性飞跃。因此，它是对战略主体发展长期行为的谋划，充分体现了战略主体对未来的设想和选择。短期打算或权宜之计不能称为战略。

5. 阶段性。由于发展战略是战略主体通过长期行动贯彻实施的，因此，发展战略又有循序渐进的阶段性或时序性。它要求把发展战略的实施看做一个动态的发展过程，依据不同发展阶段确定相应的具体任务、方针和策略，自觉组织战略阶段转换，从而实现循序渐进发展。

6. 灵活性。发展战略是在总结历史经验、调查现状、预测未来的基础上制定和实施的。无论外部环境还是自身条件，都是发展变化的，未来又存在许多不确定性，很难预测准确。因此，战略应当有较强的灵活性，能随机应变地指导自己的总体行为。当然，战略又必须相对稳定，如变动频繁，就会失去指导作用，使人们无所适从。

7. 实用性。发展战略虽然是理论色彩很浓的决策行为，但是它又不同于一般的理论研究，它是对未来实践的谋划。它必须具有强烈的实践性和实用性，能直接指导和规范战略实践。

8. 主客观结合性。战略应有客观依据，遵循事物发展的客观规律，决不能超越客观条件许可的范围企图“战争”的胜利。但是战略的制定又应充分发挥主观能动性，主动地、先人一着地寻找机遇，避开威胁，改善自身条件，在客观条件许可的范围内去争取“战争”的胜利。主客观的完美结合，尊重客观实际又充分发挥主观能动性，是战略成功的重要因素。

可见，发展战略是理论与实践相统一的直接的结合和最高形式。它既不同于不具有直接实践性和操作性的理论和理论研究，又不同于一般的具体工作计划。理论侧重于认识世界，回答是什么，为什么是这样。理论研究的成果是提出一系列理论原理，这些原理为发展战略提供了世界观和方法论基础。具体的工作计划侧重于直接行动，回答具体怎样干，它需要决策的定量化、具体化，并且需要有一份具体的日程表。发展战略则是直接从改造世界出发，回答战略主体是怎样的，发展趋势是什么，可以选择什么目标，如何达到这一目标，要采取什么相应的原则和对策等，它侧重于对发展及主观行为进行趋势化定性分析，决策较为原则化。

三、战略管理理论及学派

（一）战略管理

国内外学者对战略的解释不一，但对战略管理的理解却大体一致，主要有以下几种说法。

1. 战略管理是对有关组织未来方向作出和实施决策，它包括两个方面：战略规划与战略实施。①

2. 战略管理是一整套决策和行动，旨在制定和实施有效的战略，以有助于完成公司的目标。②

3. 战略管理是一系列决定公司长期绩效的管理决策和行动，包括战略的形成、实施、评价和控制。③

4. 战略管理可以被定义为制定、实施和评价使组织能够达到其目标的、跨功能决策的艺术与科学。④

上述几种说法的共同点在于战略管理是一个过程，可以大体上划分为两个阶段：一为战略制定（或称规划、形成）；一为战略实施（包括评价和控制）。可见，战略建立在总结历史经验、调查研究现状、预测未来发展的基础之上，战略的制定和实施必须以对外部环境和内部状况的调查（可称为战略调研）为依据。因此，战略管理可定义为战略制定和战略实施的过程，它以战略调研为基础。

（二）战略管理理论学派

战略管理学科历史不长，但发展很快，学者们提出许多不同的观点，形成了战略管理理论的不同流派。

第一类：主流学派或理性学派

这类学派的特征是强调理性思维与分析论证，形成战略管理理

---

① ［美］拜亚斯著，王德中等译：《战略管理》，机械工业出版社 1988 年版，第 20 页。

② W. F. Glueck，*Strategic Management and Business Policy*，McGraw Hill，1980，p. 6.

③ T. L. Wheelen and J. D. Hunger，*Stratgegic Management and Business Policy*，Addison —Wesley，1983，pp. 3-4.

④ ［美］弗雷德 · R. 戴维著，李克宁译：《战略管理》，经济科学出版社 2001 年版，第 18 页。

论的主流，居于主导地位。下属四个学派，基本上以时间先后为序列出。

1. 设计学派。出现于20世纪60年代，以安德鲁斯为代表，其基本观点包括：组织战略是由高层管理者设计出来的，它应当是清晰的、易于理解和传达的；战略分为制定和实施两个明显的阶段；设计战略需要对外部和内部因素进行认真调研，理性分析，发现机会、威胁、优势、劣势，建立SWOT分析模型。

2. 计划学派。20世纪70年代盛行，以安索夫为代表。其基本观点与设计学派相近，特点是强调战略制定是一个计划过程，要求充分发挥计划人员的作用，将战略制定和战略实施明确划分为若干工作步骤，追求过程的正规化（formaliation），并提出战略选择的若干模型和定量分析法。

3. 定位学派。又称结构学派，20世纪80年代盛行，以波特为代表。其基本观点是：产业结构和竞争形势的分析非常重要，组织制定战略就是要找出最具吸引力的产业，并在这个产业中找准自己的竞争地位，发挥竞争优势，以克敌制胜。其主要贡献是引导组织进行产业环境和竞争态势的调研。

4. 资源和能力学派。20世纪90年代盛行，以哈默尔（G. Hamel）和普拉哈拉德（C. K. Prahalad）、科里斯和蒙哥马利等人为代表。与定位学派强调外部环境相反，这个学派强调组织自身的资源和能力，认为组织独有的、他人难于模仿的资源和能力才是组织战略的基础。他们提出了"核心竞争力"、"基于资源的战略"、"基于能力的战略"等重要概念。

上述四个学派的理论对战略管理理论和实践产生了巨大影响，故称主流派；它们都推崇理性分析，故称理性派；它们相互之间并不排斥，而是可以互补，使战略管理理论日益充实和完善。

第二类：非主流派

这类学派较多，出现在20世纪30年代之后，受到组织文化理论非理性化倾向的影响。

1. **创业学派**或称自由企业家学派。此派强调创业者和高层管理者个人的作用，战略制定不但靠理性思维，也靠经验和直觉。战略只能是方向性指导，不能规定得那么具体。有些组织并无系统的和文字上的战略，却经营得很成功，就是高层管理者发挥了其影响力。

2. **认知学派**。此派强调非理性思维（如知觉、感觉等）在战略决策中的作用，"认知是作为创造性的解释用来构筑战略的"。它们以"战略意图"为例，超出组织当时的资源和能力，异想天开，却将组织一步步地引向成功。

3. **学习学派**或称知识学派。以奎因（J. B. Qninn）为代表。它们认为很难依靠理性分析来制定有效的战略，主要应依靠个人或集体学习了解环境变化，学习如何使组织应变。今后的管理者不是去管理"变化"，而是依靠变化进行管理，所以需强调权变观念、权变计划、战略制定和战略实施的交织（Intertwine）。

4. **权力学派**（或动力学派）。此派从政治学观点看问题，认为战略制定实际是权力和与权力有关的政治斗争的结果，是组织内部各种正式和非正式的利益团体运用权力施加影响和不断谈判的过程。因此，战略制定过程本质上是政治性的，管理者应同时注意经济和政治因素。

5. **文化学派**。此派突出强调组织文化对战略管理的巨大影响，要求所选战略能得到组织文化的支持，仅需最少的文化变革。例如，采用并购战略或国际化经营战略时就会遇到不同文化的整合问题，可能要相当长的时间才能解决。

6. **环境学派**。战略研究者常把外部环境看成影响因素，此学派认为环境不应是影响因素，而是战略制定的核心。组织与环境是互动的，并在此互动过程中寻求自身的生存和发展。

上述六种理论基本上都是从非理性观点来观察战略及其制定过

程，各自的角度不同，丰富了对战略管理的认识。有学者试图将主流和非主流学派的观点综合起来，于是出现整合学派。该学派以明茨伯格（Henry Mintzberg）为代表。他提出“战略的5个P”，即战略是计划、手段、模式、定位和观点，并说我们需要在不同的定义中采取折中主义（eclecticism）。

上述11个学派的观点可以相互补充。“兼收并蓄，为我所用”，应是我们对待西方战略管理理论的态度。

第二节　国际大学战略管理进展①

战略规划是20世纪50年代在美国院校变革中被移用到高等教育管理中来的。院校变革前的20世纪五六十年代是美国高等教育的大发展时期，而到了70年代中期美国高等教育从“黄金时代”步入“生存时期”，生存境况大变。科学技术的发展、人口结构的变动、办学经费的短缺、入学人数的下降、学术课程的陈旧过时、政府经费投入的削减及加强影响等使高等教育的发展陷入了前所未遇的困境。其中政府对高等教育微妙的态度在1996年1月的西方管理联合会议（Western Governor's Association Conference）报告中表现得淋漓尽致。报告指出了各州和国家的健康而有力的发展要倚重于高等教育对经济社会发展转型需要的适应，但各州回应挑战的能力则受限于有限的资源、僵化的高等教育体制、传统教育运行的高费用及过时了的院校公共政策。政府一方面要倚重高校，另一方面要缩减对高校的经费投入。这与以往足量的经费投入形成很大的反差，使高校一时难以适应。此外，社会各界对美国高等教育的质疑与批评铺天盖地而来，有人质疑大学研究的价值，有人质疑学

① 本节及下面两节由笔者与张曙光合作完成。

生质量及大学教育对其未来的适应性，有人质疑大学在全球化进程中应扮演的角色，有人批评院校通识教育课程过于专断、散布偏见甚至有迂阔无用之嫌等，由此大学的社会形象大受影响，公众的信任度也有所下降。更为糟糕的是原来构成重要资金来源的公司也釜底抽薪，转而将资金投向自认为可信赖且有潜力的学术工程和科学研究。政府缩减拨款与社会各界资助力度下降恶化了院校的生存境况。为此，院校曾试图提高教育收费，但惮于众议，也不敢大幅度提高。院校为寻求出路，变革迫在眉睫，而最后选择进行战略规划就是基于变革实践的需要。自此，战略规划就成了美国各院校应对挑战的行动取向。

世界是变动不居的，大学的生存境况也是变化着的。各国高等教育的发展水平及发展进程存有差异，这一方面与其历史起点及所处文化生态有关，另一方面也与社会经济发展水平有关。但可以肯定的是其发展的历史逻辑是相同的，在发展过程中会在不同的历史、文化、社会的脉络（不同的文化生态、不同社会制度、不同历史阶段）下遇到相近的境况。大学进行战略规划以寻求变革并不只发生于美国，它已经成为各国大学的共识。1995 年，在非洲马塞卢（Maseru）（莱索托首都）举行的有关 20 世纪 90 年代非洲大学及其跨越式发展（The University in Africa in the 1990s and Beyond）的讨论会建议“应比以往更多强调战略规划”。“不景气的经济状况、毕业生的大批失业、扩招所导致的对办学经费的需求与事实上经费削减的矛盾、学生与大学管理者及大学与政府之间日益激增的对峙等”迫切要求大学进行战略规划以寻求出路。英国高等教育基金会（HEFCE）在 1993 年发布文件，要求高等院校向基金会提交其战略规划。其主要部分是学校的学术目的和目标、人力战略、物质资源战略、财政战略、质量等，要求战略规划与学校的“使命陈述”具有一致性。1993 年该基金会颁布了《建立资产战略指南》，要求学校把积极主动的资产管理战略放在优先地位。加拉特

(Jarratt) 委员会对大学效率的调查报告，建议英国高等院校做好以下几方面工作：(1) 构建更类似商业界的组织机构；(2) 一个负责战略规划的中央执行部门；(3) 大学校长更应像总执行官，接受管理培训；(4) 负责规划和资源的高级委员会；(5) 工作绩效指标的运用；(6) 教师的评估和发展；(7) 下放财政管理权给系一级。高等院校管理改革中，已经实施三项政策：(1) 全面的资源规划；(2) 经费自我管理部门的责任和提高研究经费后教师的工作责任；(3) 一系列评估机构对高等教育产出的评价。

荷兰在高等教育政策和规划法律发布后，要求每个大学提交一个计划文件给教育部讨论。其中包括一个为期三年的教育政策、预算和评估报告，报告能引起政策改革，而政策和评估能改变预算。其主要内容是全体教师根据他们在教学和科研目标上的分析，拟订一个战略计划：起草一个全国所有大学的下一个四年计划。此外，2000 年的日本研究型大学本科与研究生教育的战略规划也是其中的一个案例。2000 年，日本大学委员会的统计显示，依马丁·特罗 (Martin Trow) 1973 年提出的标准看，日本的高等教育已从精英教育转型到大众化教育阶段。近 50%的年轻人进入了高等院校学习，其中包括四年制大学和两年制的专科学校（短期大学），此外另有 21%进入到了各类职业培训机构。随着高等教育入学率的提高，各研究型大学学生惯有的精英意识也慢慢淡化了，而开始根据个人接受高等教育的支出来评价大学教育质量的高下。由此，人们普遍持有的自由市场意识开始影响私立及国立高等院校的发展。但日本高等院校，尤其是名牌国立大学，对此反应平淡。学术委员会 (academic meetings) 作为大学的主要决策机构耗费大量时间去获取教师群体的共识，而教师对科研的热情胜于教学任务，仍保持陈旧观念，认为学生已成熟且具备基本技能，无须教师刻意指导就能发现自己的学术兴趣所在。因此，很多研究型大学的教授长时间疏于改进教学方法，提高教学技能。此外，过度的专业化，尤其是在人文学科、自然学科及技术学科领域，使得学生难以理解本科教育与自己兴趣及未来职业之间的关系。因此，学生对此怀有的不满情绪经常会流露在通识教育的课堂上。面对社会的不满，大学委员呼吁各大学在其1998年的报告中将本科通识教育改革提到议事日程。于是，2000年日本各研究型大学对其沿袭了四十余年的本科通识教育及现行的研究生教育体制进行革新，希望通过新一轮的战略规划，使本科及研究生教育更好地适应社会的发展。

第三节　大学战略管理的必要性

大学（包括独立建制的学院）自诞生起就在人类历史中生生不息地发展着，由游离于社会的边缘走到了社会发展的中心。随着人才培养、科学研究与社会服务三大职能的渐次衍生，大学不断地卷入到社会发展的各个领域及不同层面。大学的发展实质是其作为社会组织在矛盾冲突中不断寻求变革的过程。罗瑟（Rosser）与佩罗德（Penrod）基于加利福尼亚州立大学所进行的战略规划的经验指出，高等教育变革的动力主要源自三个方面：重大危机（major crisis）、外在压力（outside pressure）、稳健而富有远见卓识的领导者（a vigorous and farsighted leader）。简而言之，美国20世纪80年代以来的院校变革的动力主要是源自一种外在压力，即社会对大学的期望——大学应然与大学实然之间出现沟壑并愈来愈大所导致的生存境况的恶化。大学以其创造、传播与保存知识的使命推动社会的发展，同时又作为社会认可型组织有着不可小觑的惰性，它就很容易固守传统而无视环境的变化。在社会变革节奏舒缓的时段，大学尚能做一些细枝末节的变革以适应社会的变化。而一旦进入社会急剧变革的快车道，已经成为社会发展轴心的大学便有些力不从心了。传统规划的那种“自我中心”地确定过去所设某一具体目标予以程式化操作的管理模式已经无力应对现今大学所遭遇的诸多挑战。大学所面临的挑战有以下几个方面。

一、大学要应对外部环境的变化

院校外部环境的变化主要有三：一是为满足人口的变化及适应社会需求的增长，高等教育入学人数迅猛膨胀；二是20世纪80年代以来，公共资源缺乏持续的增长；三是政府调控政策的变化。在增强国民经济的国际竞争力的背景下，关注教育与研究质量已经成为高等教育优先考虑的一项政策目标。为了提高教育与研究质量，政府对高等教育的管理模式由以往的机械控制转为院校自主管理、政府导向的模式。挑战往往与机遇相伴而行。外在环境的变化一方面向院校传统的运作模式提出挑战，逼迫院校进行战略变革；另一方面政府对院校管理模式的转变为院校变革辟出了自主空间，有助于院校充分发挥自身潜力，更好地适应社会需求，使院校最终能走出传统的僵化、低效的运作模式。

二、大学的学术要变革

大学自中世纪创建起就被作为研习高深学问的圣地为世人所景仰，社会也认同大学所持守的大学自治、学术自由的理念。但随着时代的发展，国家意志慢慢渗入这一社会组织，尤其是赠地法案的颁行，直接推进了大学与社区经济发展的互动关系。鉴于大学在社会发展中的轴心地位，国家对大学的控制与影响与日俱增。大学自治、学术自由的理念渐渐受到挑战。社会由工业时代转型到信息时代，大学对知识的垄断受到了前所未有的挑战。学生获取信息的渠道趋于多样化，学习的自我导向性也有所增强，不再是被动接受知识的容器。此外，大学的学术研究纵横分割，不相沟通。加之独立建制院系的松散结合，阻碍了跨学科及交叉学科的研究，难以适应社会的发展。而对于接受大学教育的个人而言，过度的专业化使其难以应对生活或工作中所出现的日益综合化的问题。再者，从后现代主义的观点看，知识是由社会建构生成的，并不是少数精英经营的结果。而传统大学的学术研究更多是个体化的活动。总之，大学的学术传统要革新，唯其如此才能适应社会的发展。

三、大学要直面生存竞争

现今的大学不再是远离生存竞争的象牙塔，它已被社会发展的大潮裹挟进了激烈的生存竞争中。接受高等教育的学生群体越来越不同质，对高等教育的需求也越来越趋于多元化，而且缴费上学、“自由经济意识”高涨。与此同时，院校之间在为有限的资源（包括生源、教师、管理者等在内的人力资源）而相互竞争，为追求卓越而相互比拼。在传统院校之间激烈竞争的同时，诸如虚拟大学（virtual universities）、公司大学（company universities）及自由院校（alternative colleges and universities）等应运而生，成为一支极具潜力的生力军。它们以其市场导向性、办学形式的灵活多样、教育技术的现代化很好地承担起职业教育、回归教育及终身教育的任务。这些院校正以其独具的优势侵入传统高等教育的市场，迫使传统院校不得不进行战略变革，由以“供应者”为导向（provider-oriented）转向以“消费者”为导向（customer-oriented），立足社会，合理定位，优化资源配置，培养并发挥自身的核心竞争力，以求在激烈的竞争中立于不败之地。

四、大学治理中“话语权”散落，难以整合

直到最近，各院校在组织结构方面具有控制二重性，即大学同时存在两种结构：一种是传统的管理科层结构，重要的管理权限集中于董事会、校长以及少数上层管理者。另一种是教师在其权力范围内有话语权，可对学校有关事务作出决策的结构。两种控制系统不但在结构上相互分离，而且是建立在不同的权力系统之上。管理

权力的基础是上级对下级活动的控制与协调，而学术权力（专业权力）则是建立自主性和个人知识上。两种权力的来源不同，而且相互对立，时常会发生冲突。随着信息社会的到来，越来越多的风险承担者正力争在大学的发展方向及活动中的话语权。终身教授因担心自己在院校变革中会被去职，而力争在院校如何应对环境变化的决策中拥有更大的话语权。其中许多人也热心于探索高等教育的发展，至少愿意为之进行尝试。越来越多的学生看到高等教育并不像自己所期待的那样能给自己的生涯发展助力，他们也希求在自己所接受的高等教育上有更大的话语权及控制力。此外，越来越多的技术人员和文书随着自己通过远程教育、计算机实验室或各种多媒体应用卷入到大学教育中来，并在其中扮演重要角色，也试图凭借作用的凸显寻求话语权。当每个利益群体都力图寻求更多话语权时，问题就出现了。院校如何能听从诸多如此驳杂不一的话语，将它们整合为能达成共识的规划？院校需要新的途径建构制度，以使得处在制度结构中的个体肩负起组织需要的责任。

五、大学需要建构学习与创新型文化

在急剧变革的时代，组织生存与繁荣的关键是其适应能力。事实上，一个对战略管理的定义就是持久地使组织与变动不居的环境相一致，由此可见学习与适应能力建设的必要性。建构学习与创新型文化是使组织获得学习与适应能力的一个重要途径。适应外在环境的变化意味着：觉察与确认变化；知悉他人（组织）是如何应对变化的；选择、学习和实施新的行为与方法以及持续修正方法与活动。其实质就是标准的学习模式，同时也是标准的战略决策模式。建构勤而不辍的学习文化，是一个组织适应社会的根基。大学寻求战略变革以应对诸多挑战的核心是建构学习与创新型文化，而建构学习与创新型文化则意味着要突破旧有大学文化的惰性，重构一种开放性的，又不断自我提升的新文化。这对大学来说，是一种严峻

的挑战。

由此可见，反映在信息技术领域及科学发现中的变化，以及公共资源的萎缩与社会期望的纷繁复杂的冲突与矛盾向院校表明不能再固守传统的运作模式，而要进行战略变革。院校战略变革最终选择了战略规划。

第四节　大学战略规划的模式

战略管理是大学办学的基本要项之一。各院校战略管理研究及具体操作实践不尽相同，战略规划的模式也不同。基本的战略规划模型通常需要回答三个方面的问题：我们现在哪里？我们去哪里？我们怎样从这里到那里？由此通过实施重要计划（行动）解决当前状态与需求状态（蓝图）之间的矛盾。① 大学战略规划的模式众多，研究成果也不少。下面介绍几种影响比较大的大学战略规划模式。

一、菲利普·柯特勒与帕特里克·E. 墨菲："五阶段模式"

柯特勒（Philip Kotler）与墨菲（Patrick E. Murphy）指出，院校目标、战略及组织系统的变革常是出于应对危机事件的需要，而非先于危机之前的基于适应的充分思考。院校战略规划应与一般性的规划相区分，院校战略规划旨在从全局上把握院校的可持续发展，更强调一种谋略。战略规划应由上至下分层相衔进行。首先在院校层面作出整体战略规划，而后由各学院结合自身实际制定学院层面的战略规划，再后由作为基层单位的系作出适切的战略规划。

① Words about Strategic Planning. Http：//www. library. yale. edu. /strategicplanning/wordsabout. html.

若院校有多个分支设置，那么各分支采用同样的战略技术。战略规划实际上是一个上下沟通协商的过程。校方管理层设定相关参数，提出组织设想。这将作为指针而影响院系层面的战略规划，此间在管理的层级结构中会有一个反复下传上呈的过程。大体目标及宽泛的设想自上而下，而详尽的规划则自下而上。他们由此而提出了院校战略规划流程模式，将院校战略规划分为以下诸阶段①。

（一）环境分析（environmental analysis）

战略规划首要是分析组织运作的环境，因为环境是变化的，需要进行新的战略规划。院校组织环境可以划分成内部环境（董事会、管理者、教职工）、市场环境（传统学生、非传统学生、校友、资金来源、雇主及研究所）、公共环境（财政、媒体、政府、活动家、社区及一般公众）、竞争环境及宏观环境（人口统计学、经济、技术、政治及文化）。环境分析的目的在于获得一个组织所要以此为依据提出将来目标、战略及结构，进行系统设计并由关键性环境因素勾勒的图景。要使环境分析的有效性最大化，必须将其转化为机会——威胁分析。在威胁分析中，管理者要基于以下两个维度评估外在威胁（已显现或潜在的）：(1) 度量经济上及名誉上损失的潜在的严重程度；(2) 发生的概率。机会分析比威胁分析更重要，因为机会的把握能使组织获得长足的发展，而即使是成功地应对了威胁，也只是保全了组织。柯特勒及墨菲强调院校对市场机会的把握。他们将市场机会界定为"特定组织能于其中发挥竞争优势的诱人的相关行动领域"。对外在机会的评估要基于以下两个维度：(1) 相应收入及组织所看重价值的获取度量的潜在的吸引力；(2) 能成功把握机会的可能性。在环境分析中他们对威胁与机会运用了矩阵交叉影响分析。

---

① Philip Kotler & Patrick E. Murphy, Strategic Planning for Higher Education. *Journal of Higher Education*, 1981, Vol. 52, No. 5.

（二）资源分析（resource analysis）

资源分析即院校检视自身内部的优势及弱势。一个组织应追求与自身优势相适合且能规避自身弱势的目标、机会及战略。柯特勒及墨菲认为主要资源有人、财、物。院校在进行资源分析时应充分全面地罗列出内在有形或无形的优势与弱势。作为制定目标的线索，院校要密切关注自身的特色竞争力。但仅有特色竞争力是不够的，因为其他院校也可能具备相差无几的特色竞争力。因此，院校更要关注自身的差异化竞争力，即自身的强势领域为其他院校所不具备，或虽具备但实力单薄而不能与之相抗衡。

（三）形成目标（goal formation）

基于已做的环境分析及资源分析提出一组清晰可行的组织目标意在防止组织漂入一个不确定的未来。形成目标可分为两步：(1) 何谓现时目标；(2) 目标应是什么。组织内每一成员对现时组织目标的心理表征是不尽相同的，因为他们所处的岗位不同，担当的职责不同，他们选择的视角就不同。为了界定组织的现时目标，有必要就此访谈个人及团体，结果将会显示院校实质是数个与组织有着不同关系的群体的组合。柯特勒及墨菲在谈到构建组织应然目标时，强调群体的参与。一方面是他们的洞见非常宝贵，值得吸取；另一方面是能借机调动他们的主体意识，提高自我的参与程度，有力于发展出他们对目标的认同感及追求目标的执著。在谈到形成目标时，他们区分了三个概念，即使命、目的、目标。使命是组织的基本意图，即组织所要竭力达成的制度化的许诺，一个有效的使命陈述应具备市场导向性、可操作性、激励性及明确性的特点。目的则是组织着力强调的一个主要变量，它随组织的自我认知变化而变化。目标即目的的可操作化及可度量化。使命、目的及目标三者存在由抽象向具体逻辑递进的关系。

（四）制定战略（strategy formulation）

柯特勒及墨菲指出院校在制定战略时要做好两项任务。其一是制定学术组合战略，即确定如何对待现时主要的产品（专业课程），是稳步提高、保持巩固，还是削减弃置；其二是成品/市场机会战略，即推出什么新的产品与开拓什么新的市场。他们实质上是把由波士顿咨询集团开发的产品组合战略引入到了院校的战略规划中来，主张根据市场的需求来设置专业课程。柯特勒与墨菲将成品/市场机会战略又细分为市场渗入、地域扩张、市场分散化、开拓新市场、产品创新、区域创新（诸如远程教育）、总体创新（诸如企业大学）等战略。

（五）组织设计（organization design）

组织设计是基于人、结构及文化必须相互配合才能使战略实施取得最佳效果的理论假设。柯特勒与墨菲强调院校战略规划最终要落脚于组织设计。这根据战略实施的需要合理安排人事，建立与组织战略相匹配的组织结构，培育支持院校战略的文化。

（六）系统设计（systems design）

为制定和实施战略以达成其在新环境的诸目标，院校还需构建或更新三大主要系统：市场信息系统、市场规划系统及市场控制系统。首先负责信息的收集、加工，而后依据所获有效信息制定战略规划，再后是对战略实施状况进行监控、评估。

柯特勒与墨菲所提出的院校战略规划流程设计效仿商业战略规划，强调院校要以市场为导向，组合自身资源，培养自己的核心竞争力，同时也强调进行能够支撑战略实施的组织与系统设计。

二、乔治·凯勒："十阶段模式"

另一较有影响的院校战略规划流程模式是乔治·凯勒基于北科罗拉多州大学战略规划实践的案例。他以企业战略规划为基本架构，结合大学自身的实际提出共由十阶段组成的操作流程。

1. 组建初期规划委员会

2. 介绍战略规划

3. 确定适切的关键绩效指标（KPIs）① 及发展的主导领域

4. 审视环境

（1）评估外在威胁及机会

（2）评估内在优势及弱势

（3）进行交叉影响分析

5. 与参与者分享结果

6. 提出定义及量度标准

7. 量度现时表现

8. 确立五年及十年计划

9. 在各关键绩效指标领域运用 SWOT 分析以确定战略

10. 建立广泛支持系统

（1）为各关键绩效指标领域制定适切的政策

（2）开始实施战略

（3）勤而不辍地量度业绩

（4）对为期一年的战略实施进行回顾并进行必要修订

凯勒在其院校战略规划流程中强调关键绩效指标在战略规划中的重要作用，将关键绩效指标界定为直接关系到组织能否健康、可持续地发展的具体组织活动结果的量度，或是一个能真切地反映组织健康状况的指标。对关键业绩指标的强调似乎与以上所提及的战略规划只关注组织总体发展方向的取向相悖。凯勒在其战略规划一般流程模式中借用企业战略规划的 SWOT 分析，对内部的优势与劣势、外部的机会与威胁以及两者对关键绩效指标的相关影响进行了交叉分析。在《院校战略变革》一书中，凯勒也指出院校的政治

① 关键绩效指标（Key Performance Indicators，简称 KPIs）是结合正式战略规划当中建立的方向和目标，监控组织健康、效益和效率的关键指标。参见：William P. Cordeiro and Ashish Vaidya，Lessons Learned from Strategic Planning，*Planning for Higher Education*，30 n04 24-31 Summ 2002.

问题、复杂相关利益群体间的疏于沟通以及未加以澄清规划目的都不利于有效的战略规划，这对指导院校战略规划具有一定的信息价值。总之，凯勒有关院校战略规划的研究详尽地阐述了战略规划的性质、合理战略规划的构想、一步一步的操作流程与规划所存在的问题及应对方式，对院校战略规划具有重要的指导意义。

同柯特勒与墨菲一样，凯勒的战略规划流程也要形成院校目标体系及相应的发展战略。院校目标包括使命、目的及目标。对一院校而言，战略规划的直接产品就是战略规划文件。它具有简洁而灵活的特点，因为它随院校发展情况的变化而不断进行动态建构，而不是一成不变、一蹴而就。战略规划文件主要由院校简介、精细的环境分析、重点发展领域以及相应的发展战略四部分组成。其中院校使命陈述是院校简介的核心。凯勒认为院校进行战略规划应关注的不是制定使命陈述有无必要，而是何时制定使命陈述以及怎样将其与战略规划合为整体。正如柯林斯（Collins）与鲍瑞斯（Porras）指出的，有效的使命陈述所传达的愿景，如若不是组织成功的虚幻的组成部分，那么它就是重要的。朗格勒（Langeler）也指出愿景要实在，如若虚夸或抽象化，那它将是无效的。因此，院校在制定高度聚焦的使命陈述之前，应深切地理解自身文化内蕴、能力及局限。直至能清晰且全面地把握自身在环境中所处的真实位置及其与已确认的内外环境中重要相关利益群体之间的联系，并从中权衡利害轻重，明了哪种环境影响力是自身必须应对的。凯勒对前人的研究进行了归纳，认为“使命陈述”有助于战略规划与组织文化相契合，使战略规划的实施获得坚实的组织文化支撑。同时，合理建构的使命陈述具有重要的外部影响力。因为使命陈述表述相关利益群体的利益，甚至是能施加影响的边缘群体的利益。同时，使命陈述也表述了存在于组织与受众之间的“契约”。

凯勒对院校战略规划理论模式的建构相当完备，并具有一定的可操作性，但其对院校发展战略的制定的阐述还欠深入。柯特勒及墨菲在其院校战略规划中也只是粗略地列举了数种院校发展战略。在诸多院校战略规划研究中值得一提的是，罗利（Daniel James Rowley）与谢尔曼（Herbert Sherman）在其著述 *From Strategy to Change*：*Implementing the Plan in Higher Education* 中提出了美国现行高等教育的分层分类及相应的院校发展战略分化。①

传统院校是美国高等教育发展的历史选择，它们构成了现行美国高等教育系统的基本框架。而一批新生院校则是在大学教育由“精英教育”向“大众教育”转型，终身教育的观念深入人心，信息技术在教育领域的广泛应用等背景下应时而生的。它们作为传统高等教育制度下的衍生院校以其新的组织形式、技术手段及其市场导向性区别于传统院校。罗利与谢尔曼以院校发展导向性与资源底数的大小两维度为参照分析了各层各类院校的结构特征，并据之进行了战略定位。他们在对院校战略定位中引入了两个概念，即竞争优势与战略取向。竞争优势是一院校相对于对手所特有的足以使其在市场中处于显要位置的竞争力。院校竞争优势又可细分为低成本领先、差异化、多元化竞争。此外，战略取向作为一战略维度对于组织（其中包括院校）的战略态势也至关重要。其重要性在于它决定着组织如何在其利基市场②中胜出。再者，特定的战略取向能区分组织行为及态度取向以及其对竞争的一般倾向。院校战略取向可分为探索型、防御型、分析型、反应型。他们把高等教育的竞争区分为利基市场内与利基市场间的竞争。罗利与谢尔曼院校研究的创

---

① Daniel James Rowley & Herbert Sherman, *From Strategy to Change*, Jossey-Bass Inc., 2001.

② 利基市场是指企业作为一个营销者，为了避免在市场上与强大的竞争对手发生正面冲突而受其攻击，而采取的一种利用营销者自身特有的条件，选择竞争对手获利甚微或力量薄弱的小块市场（称为利基市场或补缺基点）作为其专门服务的对象，全力予以满足该市场的各种实际需求，以达到牢固地占领该市场的目的。（http：//www.oursmarket.com/22-109.htm）。

新之处就是整合了波特（Porter）的院校一般战略以及米尔（Mile）和斯诺（Snow）的院校战略取向，提出了一个信息时代院校战略定位的三维模式图。其中三个维度分别是资源底数、发展导向性及战略取向。同时，罗利与谢尔曼也提出院校制定战略的一般流程：（1）院校分析；（2）市场位置分析；（3）竞争分析；（4）重新进行市场定位。

罗利与谢尔曼研究的贡献在于其真正把院校作为一个竞争主体，放在竞争激烈的高等教育市场中去研究，并创造性整合前人的研究成果，提出了院校战略定位的理论模式。这对指导新兴院校战略定位以及传统院校战略变革具有重要意义。同时，也对中国高等教育的分层与院校定位具有一定的借鉴意义。柯特勒及墨菲曾对院校发展战略进行粗略划分，只是一种试图将企业行之有效的发展战略移用于高等教育领域中的院校竞争的努力。但院校不同于企业，发展战略不具普适性。院校进行战略定位必须基于对自身实际的分析，以及对市场态势的把握。相比之下，罗利与谢尔曼研究的价值就在于其是基于院校的分层分类提出了院校发展战略的分化，更重要的是他们提出了院校制定发展战略的一般流程。由上可见，为一所院校制定整体战略并非易事。

三、霍华德·戴维斯："六步骤模式"

战略管理及其规划必须建立在了解大学环境变迁的基础上。伦敦政治经济学院院长戴维斯（Howard Davies）曾在第二届中外大学校长论坛的报告中，全面而详细地分析了大学环境的变化趋势，并在此基础上提出了大学应对其生存环境的变化，制定战略规划所应遵循的六步骤模式。笔者将其主要观点摘录如下，希望它能与以上两种大学战略规划模式形成对照，从而揭示出大学战略规划实践中最为核心的本质。戴维斯认为，大学环境的变化有五大趋势。

1. 高等教育市场需求持续增长。

2. 高等教育竞争性增强。大学所处环境的竞争在逐渐加剧，部分原因是新院校在逐渐增多。这种情况也出现在发展中国家。学生和教师的流动性在逐渐增强，这也是竞争更加激烈的一个原因。这种现象表明学术研究者在全球范围寻求合作的趋势在不断加强。

3. 高等教育多样性的发展。尽管全球化影响着高等教育，但这并不意味全世界的大学变得越来越趋同。高等教育市场需求的整体增长为各个学院在不同层面上的专业化、差别化提供了空间。

4. 多元化集资渠道。大学直接从政府得到的资金在递减，但大学其他的收入渠道增多了。这在某种程度上给大学创造了更多的自由，而不再完全听命于政府。但另一方面，资助多样化意味着要考虑更多的不同集团利益。

5. 大学处在更广泛的经济背景下。人们普遍认为大学是地方经济的重要贡献者，社会对大学抱有极高期望。因此，如今大学必须在一个透明度更高的环境中工作。

戴维斯指出，以上五种变化带来的结果，大学要在竞争更强、更有活力的环境中运作。大学不是公司，大学更多地是从事非经济事务——从某种意义上说，这也是大学存在的理由。并非大学从事的每件事都会转化成某种商业利益。戴维斯认为当代大学有五大利益相关者：一为政府，它制定很多领域的规则，影响学校的决策；二为学生，他们对大学经历的期望、兴趣，与他们未来事业相关的课程等都必须是任何一所院校战略规划的核心；三为教职工，他们在实施大学战略的过程中是至关重要的，如果他们的追求与战略意旨相左的话，甚至可以百分之百地阻碍战略的实施；四为其他资助者，无论他们是私人机构的筹资委员会，还是基金会，或者公司都是要考虑的对象；五为校友，他们是捐资人，也是一所院校对社会贡献的标志。

戴维斯提出了制定战略规划的六个步骤。

第一步，决策体系。管理者有责任平衡各方面对有限资源的竞争需求。只有整个学校都认为决策体系正确地代表并反映了各方的要求，他们才会接受这种决定。

第二步，在核心价值观上达成共识。这是大学发展战略的核心，伦敦政治经济学院在它的战略性宣言中说："希望成为达到国际领先水平的社会科学研究中心。"

第三步，必须实事求是地理解院校本身的优势和弱点。其中既包括学术优势，也包括环境优势。评估了自身的优势和弱点，可能就要将它们再细分为需要保持的优势和易受攻击的优势，能够被纠正的弱点和只能缓和的弱点。

第四步，明确自由度。在优势和弱点分析的基础上，就能确定院校未来所面临的选择能够有多大的自由度。必须设立一些评价自由度的原则，这涉及法律上的灵活性、校园结构与分布、学术范围、学生类型、财政状况、管理能力等。

第五步，明确表述和沟通。明确表述战略对战略的成功实施影响极大，而在院校内认真交流与沟通是制定战略过程中的一项特别挑战。

第六步，实施和监督。规划的实施和监督是学校一项长期的工作，必须一直坚持做好这项工作。

戴维斯分析了当前高等教育环境的变化及院校战略规划的复杂性，并提出了制定战略规划的六个步骤。其对战略规划制定流程的表述与凯勒及柯特勒等有所不同。柯特勒照搬了企业战略规划的流程，有院校企业化的偏向。凯勒的战略规划的确蕴涵一种战略思维，但它过于强调指标量度，仍留有早期院校定量技术管理的印痕。凯勒与柯特勒的一个共同点是院校目标体系（包含核心价值观）的形成是基于院校对自身与环境互动博弈的认知。而戴维斯则不同，他把确立核心价值观置于院校进行自身与环境审视的前面，其中核心价值观的确立是各相关利益群体协调各方利益冲突，寻求妥协的建构过程。核心价值观既蕴涵了院校在其历史发展过程中沉淀下来的价值取向，也体现各利益群体基于自身立场对院校发展的期许。凯勒与柯特勒试图使院校目标体系的制定客观化，力主院校对自身与环境的审视先于院校目标体系的制定，而戴维斯则试图先建构起院校的核心价值观，然后基于院校对自身及环境的审视，制定发展战略，优化资源配置。这是两种不同的战略思维。但三者共通的地方是，院校战略规划是院校组织与环境互动博弈的过程，要求院校在明确自身组织利益的同时，积极顺应外在环境的变化。此外，三者均强调相关利益群体间及组织内沟通的重要性，还有院校战略规划最终要落实在实施与监督上。

院校战略变革重在将传统的目标管理思维转换到战略管理思维，即以一种系统的眼光，从整体上审视院校的长远发展。在战略管理中，具有一定历史的院校可循着戴维斯所提出战略规划流程模式进行战略规划。新生的尚未形成核心价值的院校（如民办院校）则可依循凯勒或柯特勒的规划思路，在进行自身及环境审视的基础上形成自己的目标体系。两类规划思路最后交汇的一点，就是年度计划与五（四）年战略规划的结合。

年度计划要根据战略规划来制定。一般进行战略规划的院校，会制定四年战略规划。年度计划要根据第一年的战略规划来制定。这样一方面可以保证年度计划按着一个正确的方向制定，另一方面也使战略规划切实地指导了院校工作，保证院校做正确的事情。

对四年战略规划作滚动调整。调整的目的是为了院校对环境的变化迅速地作出反应，保证院校战略的实时性；同时保证院校战略的长期性，引导院校健康地可持续发展。为进行有效的战略管理，院校应建立优化的组织结构及有效的资源配置系统，培育支撑院校战略的学习及创造型文化。另外，利用网络等信息技术构建院校战略的知识系统，负责搜集、整合与处理院校内外的相关信息。它的作用在于一方面为院校进行战略规划提供信息支持，另一方面可以此对战略实施过程进行监控。

第五节 研究型大学战略规划的辩证法

“辩证法”这个术语，在哲学史上曾在不同意义上被使用，在不同历史时期和不同的哲学家那里，有不同的含义。那么，研究型大学的管理者如何在相互矛盾的事项中作出自己必要的选择？高校管理与决策部门往往面临着一些经常性的战略选择问题，而战略问题的选择与解决往往首先体现在其战略规划中。与一般操作性问题不同，高校战略规划特别有赖于对实际情况的整体把握与理论判析。理论判析可以从多个角度进行，大学发展战略的辩证法角度就是其中之一。本节试图借鉴发达国家建设世界一流大学的经验，着重从对立统一规律的辩证法角度谈谈研究型大学战略规划中应该注意的若干辩证关系。

一、科学研究与人才培养：在注重人才培养的同时，应该把科学研究放在第一位

大学职能演变是一个由培养人才到科学研究，再到直接为社会服务的转变过程。其中，一流大学往往是教学与科研两个中心。一流大学的教学与科研同样是一对矛盾的对立统一。那么，一流大学如何处理这对矛盾呢？事实表明，国内外在这一问题的处理上也不时存在问题。以世界高等教育最发达的美国为例①，据 2000 年美国卡内基基金会调查，美国3 856所高等院校中，125 所属于研究型大学，约占高校总数的 3%，却培养了全美 32%的本科生。美国研究型大学人才济济，拥有良好的师资条件与实验设备，生源质量也高于一般院校。但是，自 20 世纪 80 年代初以来，美国各界频频

---

① 中国驻纽约总领事馆教育组：《美国加速高等教育改革》，参见《教育参考资料》，2001 年第 8 期。

指责研究型大学本科教育质量下滑。其中的主要原因也存在于科学研究与人才培养关系方面，即长期存在重科研、轻教学，且教学与科研活动泾渭分明，互不贯通，学生难以了解学科前沿和发展方向的现象。为此，1997 年卡内基基金会发表了题为“重塑本科教育”的报告，对美国本科教育存在的问题及其对策提出了独特的见解。通过改革本科教学模式，培养复合型人才，大力发展现代远程教育，加速高技术成果转化等举措，近年来美国研究型大学在本科教育改革方面取得了可喜的进步。

但是，我们不能仅由上述事例就得出教学比科研重要的结论。事实上，对致力于建设一流大学的高校而言，学术成就可以说是一流大学最本质的特征，因为只有一流的学术才能带来一流的教学。因此，《美国新闻与世界报道》等国内外大学排行榜上往往也给学术声誉赋予最大权重：学术声誉的得分在整个权重体系中的得分高达 25%，是所有评价大学指标中得分比例最高的。①

如何处理大学尤其是国家主要大学教学与科研的关系甚至影响到国家及其大学的整体实力。众所周知，以色列本是一个中东小国，然而就是这个小国，却傲立于整个阿拉伯世界。以色列的中东政策虽未必佳，其提升国家与大学实力的做法则可圈可点。以色列开国元勋戴维·本—古里安曾说：“科学研究其成就已不再只是一种抽象的知识追求，而是每个文明民族生活的一个中心因素。”在以色列的主要大学——希伯来大学建校之初，人们对大学的性质和办学方向存在分歧。一方面是以犹太复国主义运动领导人基布廷斯津（Jabotinsky）为首，主张大学首先应成为培养未来管理、统治国家栋梁之才的工具。这样 那些在异国他乡求学不成、备受排挤

① 如果说企业追求的是经济回报，那么大学追求的则是声誉。参见 Dominic J. Brower，Susan M. Gates，and Charles A. Goldman，*In Pursuit of Prestige*，Transaction Publishers，2005.

的犹太青年可以在希伯来大学深造。因此，大学的教学与研究应处于同等的重要地位。而以魏兹曼为首的则主张研究先于教学，希伯来大学首先应成为先进的科研中心。他们认为，先抓科研至关重要，教学工作则应随着学校的发展及其各领域的研究水平的提高逐步进行。正是这一主张决定了希伯来大学最初的方向并对它在后来的几十年中形成重视科研的传统产生了重要的影响①。美国的一流大学也无不把科研放在最重要位置，这样即便出现如前所述的教学一时滑坡，由于存在科研的活水源头，教学质量提高就比较容易。

把研究放在第一位，并不是不重视教学。而是表明这样一种思想与行动：在教师的工作负荷与时间安排、学校的资源收入、学校的社会声誉等诸多方面，一流大学的研究比教学有更重要的地位。因此，在我国一流大学建设过程中，把科研放在第一位就要树立科研立校的主旨，把高水平代表国家利益的学术研究作为吸引各种人力物力资源、评价教师工作绩效的主要依据。同时，国家的教育与科研政策也要向一流大学建设中的研究尤其是原创性研究倾斜。

近现代国内外的无数事实告诉我们，仅仅传授知识只能培养一般人才，而且其主要目的不在于出成果，这也就是大学低年级以下的教育目的和方法，而对于大学高年级以上的教学，包括研究生、青年教师和研究人员的成长，必须以造就创造性的高水平人才和出优秀成果为目标，这种人才只能通过参与或独立进行科学研究的途径才能培养出来。对卡文迪什实验室成功经验的研究结果表明，② 上述研究型教学的经验不但由 F. 纽曼（Franz Neumann）和雅可比（C. G. Jacoby）于 1834 年在德国柯尼斯大学

---

① 刘向华编著：《希伯来大学》，湖南教育出版社 1994 年版，第 2～13 页。

② 阎康年：《卡文迪什实验室科研与教学结合的经验和启示》，《科学学研究》，1995 年第 3 期；《卡文迪什实验室成功经验的启示》，《中国社会科学》，1995 年第 4 期。

首创的研究班（Seminar）所证明（其经验是使优秀的高年级大学生从事研究并在研究班中报告和讨论），而且也为120年来卡文迪什实验室培养了众多诺贝尔奖获得者和大量优秀人才的经验所证明。

二、全面发展与重点突破：在重视全面发展的同时，应该把重点突破作为一流大学建设的立足点

一所大学由一般大学转变为世界一流大学的过程，必然是一个长期奋斗的过程。在这个奋斗过程中，大学的决策层是要求大学的各个学科全面发展，都要求一流呢？还是有选择地着重发展最可能突破的学科从而带动整个学校的发展呢？加州大学伯克利分校前校长田长霖的看法是①，一所大学要真正成功，第一要有品牌，要制造自己特别的品牌，时时考虑哪几个领域可以是全国、全世界真正的第一位。加州大学伯克利分校的口号是“每一个领域都争取全美前三名”，后来发现这不可能，于是就采取了这样的办法：哪个到前五名之后，大学就通过“半饥饿疗法”把这个系拆散，取消掉，这样大学永远维持每个科系都在前五名。这里实际上涉及两个方面，一是推进包括激励与淘汰机制在内的精神建设（制度建设），二是通过重点突破促使大学整体水平的提高。

以上是一流大学在系科发展上所采取的重点突破方法，在人才培养与师资建设上同样应该如此。一流大学在创建与发展中的最大困惑是缺乏一流的师资。面对美国东部早已声名远扬的哈佛、耶鲁等老牌学府，比哈佛大学（1636年建校）晚255年创立的斯坦福大学（1891年建校）如何改变对名牌教授没有吸引力的不利局面？该校副校长——“硅谷之父”特曼（Fladerick Terman）提出的对

---

① 田长霖：《21世纪高等教育的趋势与展望》，《高教研究与探索》，2000年第3期。

策之一是其“学术顶尖”构想①：一是吸引冒尖人才；二是把有条件的系所办成学术顶尖。② 这一构想使学院摆脱了那种事事都想做好，但不冒尖的办学思想，而是将人力和物力集中投入到有限的重要领域，使每个领域的水平得到最大限度的发展提高。

我国在建设一流大学过程中，也要正确处理好全面发展与重点突破的关系，在着眼学校全面发展的同时，有必要通过建立竞争机制上的重点突破方式打破集体平庸、不能冒尖的被动局面，使得整个学校树品牌，有特色。

三、物质建设与精神建设：在加大物质投入的同时，应该注重包括机制完善在内的精神建设

物质与意识是相互作用的。如何处理大学发展中物质建设（投入）与精神建设的关系呢？大学是一个具有精神内核与物质外壳的综合体，或者说是一个具有精神层面、制度层面、物质层面的社会圈层体。大学发展中物质建设与精神建设存在对立统一的关系：没有一定的物质投入，大学的精神建设无从谈起；缺乏精神建设，仅仅加大物质投入，那么物质投入也不能发挥其应有的作用。换言之，只有有丰富精神内核的物质实体才能生生不息。众所周知，

① 周少南编著：《斯坦福大学》，湖南教育出版社 1991 年版，第 115 页。

② 特曼提出的“学术顶尖”构想包含两层意思：一是吸引顶尖人才。对此，特曼曾有形象的解释：“一个运动队里与其个个都能跳 6 英尺高，不如有一个能跳 7 英尺高。”同理，如果有 9 万美元在手，与其平均分给 5 个教授，每人得 1.8 万美元，还不如把 3 万美元支付给其中一名佼佼者，而让其他人各得 1.5 万美元。“只要有好的教授，他们就会吸引政府的投资，也会吸引研究生和有发展潜力的年轻人，使学校兴旺发达。”“学术顶尖”构想的另一层意思是树立若干学术上的顶尖科系。他认为，首先的突破口有 3 个：化学、物理和电子工程。事实上，物理和电子工程直到今天还是使斯坦福大学享誉海内外的两大优势学科。如果说 1920 年斯坦福大学还只是一所乡村大学，但到了 1960 年它便名列前茅，到 1985 年已被评为全美大学的第一名。

《美国新闻与世界报道》与国内一些大学排行榜往往把人力、财力等各种投入与“学术声誉”等“产出”作为大学评估的重要标准。或许与此有关，近年我国政府与大学在发展过程中也往往注重这些有形或无形的“投入与产出”，而对影响这些“投入与产出”的因素则重视不够，甚至有意无意地加以回避。或许人们以为，各种有形无形的“投入”多，相应的“产出”一般总要增大。对照国外大学的发展情况，尤其显示出我国大学的“贫穷”，因此人们希望加大投入是情有可原的，也很有必要。实际上，近年来我国被确定为向世界水平冲击的大学为此受益良多。我国大学的主体部分是国立大学，因此国家对大学的有力支持是必要的，而且这种对大学的投入应该“可持续发展”。不过，在一定的物质投入基础上，包括大学办学理念与运作机制在内的“精神建设”甚至更为重要。

世界一流大学的办学理念包括合理求是、学术自由、大学自治、积极应变等理念，而运作机制则包括有序竞争、宏观调控、追求卓越、有所不为等方面。① 笔者认为，只有把对大学的相关物质投入与建构理念、完善机制等精神建设密切结合，这些投入才能发挥其应有的作用或效益。换言之，即便物质投入有所不足，如果有坚定的办学理念，良好的运作机制，形成了大学发展的良好势头与氛围，那么，从国家教育发展的大趋势来说，大学的“才”与“财”等“物质投入”将不是主要问题（对美国大学校长而言，“才”与“财”的增长是大学校长的两大任务）。相反地，如果大学内部缺乏坚定的办学理念，外部又缺乏良性的运作机制，那么仅仅加大政府投入，投入的边际效益将递减甚至于事无补。② 所以，我

① 蓝劲松：《办学理念与运作机制：世界一流大学建设的关键》，《高等教育研究》，2001 年第 5 期。

② 在极端艰苦条件下，西南联大为国家培养了一代国内外知名学者和众多建国所需的优秀人才，其事迹已经载入史册。参见“国立西南联合大学网站”有关内容。http：//www.luobinghui.com/ld/.

们建设一流大学在处理物质投入与精神投入的关系时，不应该忽视完善机制、建构理念等精神建设，否则就违反了物质建设与精神建设的辩证统一关系。

四、本科教育与研究生教育：在保证本科生教育质量的同时，应该把研究生教育质量尤其是博士生教育质量作为一流大学的重点

本科教育与研究生教育是高等教育层次结构的不同部分。大学本科教育与研究生教育的对立统一表现在：有了良好的本科教育，研究生教育才能有优秀的生源；反之，大学研究生教育的质量高，也有利于引导本科教育的发展。

世界一流大学的发展历史与现状表明，一流大学的建设可以有多种模式。从规模看，既有巴黎综合理工学校（师生合计约1 300人）、加州理工学院（师生合计约3 000人）、普林斯顿大学（在校学生人数约6 610人）等“小而精”的著名学府，也有加州大学（拥有 10 所分校，3 所法学院，5 所医学院和教学医院，并管理 3 个国家实验室）、巴黎大学（由 13 所巴黎大学组成的联合体）、伦敦大学（由 53 个学院及研究院组成）等“大而全”的联邦制大学。从层次看，即使在美国，其大学既有以本科生为主的普林斯顿大学，也有以研究生教育为重心的哈佛大学、耶鲁大学、斯坦福大学等名校，还有本科教育与研究生教育都很发达的加州大学伯克利分校。

近年来，我国高等教育扩招的势头很猛。应该说，高等教育扩招适应了高等教育大众化的潮流，更大程度上满足了人们上大学的需求。但就中国研究型大学发展而言，由于研究生规模扩展比本科生快得多，而以往的历史积淀却相当缺乏，因此不是本科生而是研究生教育往往面临更为严峻的挑战。研究型大学必须清楚自己永远是培养为大众服务的精英的。正因为如此，所以有研究指出，① 研究型大学在扩招中应注意三点：稳定高质量的本科教育，不因扩招压力而降低录取标准；利用扩招政策发展研究生教育；放弃专科生、成人高考生及自考生的招收。

不过，已有研究表明，即使研究生数量也不宜太大。一流大学应该更为关注的是研究生尤其是博士生的培养质量。因为一流大学的评价标准主要在于学术，这包括大学的科研水平和博士生质量。要建设一流大学，固然研究生数量要达到一定的规模，但更根本的还不在研究生数量，而在于研究生的质量。因此，对于清华大学这样研究生规模已经相当大的学校而言，② 就不是简单扩大规模而是把提高研究生整体质量（包括生源质量、教学质量、管理质量等等），尤其是博士生水平作为主要考量。

五、激励全体教师与选用骨干人才：在重视发挥全体教师作用的同时，以骨干人才的选拔与应用为重点

师资建设是我国一流大学建设的重要方面。调动全体教师积极性与选拔应用骨干教师是其中的一对矛盾：过分重视骨干人才，有可能激化教师之间的人际关系；对所有教师采取平均主义政策，又必然压制骨干人才的积极性。中国的人际关系有时比较复杂，其中

① 沈红：《研究型大学发展战略的三个问题》，《高等教育研究》，2001 年第 3 期。

② 截至 2006 年 4 月 19 日，清华大学在学学生人数32 152人，其中本科生13 709人（含第二学士学位生 30 人），研究生 18 443 人（硕士生 13 446 人，博士生 4 997 人）。同期（2005～2006 学年）哈佛大学有学生 19 779 人，其中本科生 6 613 人，研究生或专业学位生 12 243 人，其他学生 988 人。加州大学伯克利分校有学生 33 558 人，其中本科生 23 482 人，研究生 10 076 人。作为公立重点大学，学生多些是可以理解的，但又必须有控制地发展，尤其与教师质量的提高相一致。

原因不在于是否重用骨干人才，而是人才绩效评价的不确定性（受人际关系尤其是上下级关系影响大）以及权责不清、不良的传统习惯等因素。对传统势力与习惯本身进行改革是困难的，根本的办法是通过制度创新营造人才成长“万马奔腾”而又“一马当先”的局面。这里的“万马奔腾”是指成熟的市场机制下大众竞争精神的高涨与创造能力的发挥，而“一马当先”则是指骨干人才的带头示范作用。那么应该如何做到“一马当先”而又“万马奔腾”呢？

作为世界上最成功的研究机构，卡文迪什实验室和贝尔实验室持续兴盛的经验为上述问题的解决提供了借鉴。① 这两个实验室的持续成功与选择最有能力的负责人和优秀的研究人才关系重大。其选用负责人的共同特点是：把握一个时期的科技发展动态与趋势，根据自己机构的基础、条件和知识结构，选好下一步的主要研究方向，然后再按主要研究方向选择最杰出的科技专家任负责人。卡文迪什实验室负责人由剑桥大学评选委员会在全国甚至世界范围内物色，选择标准是主研究方向上最杰出的物理权威、能沿着正确的道路运转实验室、在学校和政府决策上有重要影响和崇高的国内外威望。虽然这样的负责人很少，但是这是根本的，因此坚持高标准严要求选择负责人，在换届时一时选不出，宁肯等待，而暂由临时负责人管理。（资料显示，清华大学历史上对校长的选拔十分严格，政府任命的不合格校长甚至无法到校任职。最终选出的梅贻琦校长果然不负众望，开辟了清华大学建校史上的中兴时代。而之所以能够这样与当时教授会、评议会权力很大有关，其背后的理念则是大学自治与学术自由等西方大学传统。）

贝尔实验室选人目标是按研究工作层次的需要，以优秀的博士和硕士为对象，他们或者是有关专业名教授推荐的，或者是在学术

---

① 阎康年：《卡文迪什实验室和贝尔实验室持续兴盛原因剖析》，《科学对社会的影响》，2000 年第 1 期。

交流过程中发现的。两者都以具有出色的原创性或创造性为条件，按成果论人才，不讲后门和种种关系，并在工作期间有选择地实行继续教育和更替，保持精干的研究队伍。上述选择负责人和研究人员的标准和方法，经过长期的实践证明是很成功的。

我国的高等教育体制以集权制为主要特征，当前情况下如何在这一体制框架范围内发挥集权制的优势而避免其不足是整个教育体制改革的关键。借鉴上述国外研究机构的成功经验，我国人才选拔与使用的目标机制，就是要通过市场机制来选拔人才，在发挥全体教师积极性的基础上，以骨干人才的选拔与应用为重点，即上文说的“万马奔腾”与“一马当先”。这里“万马奔腾”是前提，“一马当先”是关键。强调“一马当先”丝毫不否定大众的创造力，而是强调最大限度地发挥现有体制的优越性，同时又通过“万马奔腾”保持人才体系的动态发展。上述卡文迪什实验室和贝尔实验室的人才选拔与应用经验为此提供了极好借鉴。

六、学习国外先进经验与立足本国发展特色：在学习国外先进经验的同时，应把建立本国大学的特色与优势放在核心位置

学习国外经验与立足本国特色的辩证关系要求一流大学建设既要遵循大学发展的一般规律，又要把发展本国大学的特色优势作为基本追求。后发国家要建设一流大学，往往面对的竞争对手是发达国家的一流知名学府。要在发展中国家建设一流大学，这在世界上也没有成功的先例。但是对于中国这样问题不少潜力又很大的国家来说，政府与社会有责任、也有潜力这样做。那么，在与世界顶尖大学发展水平相差很大的情况下，如何正确认识学习国外经验与立足本国特色的辩证关系呢?

学习国外先进经验与追求本国特色可以按照其各自在一流大学发展中所占比例分成三个阶段：(1) 追随阶段：后发国家大学水平较低的时候，一般以学习国外先进经验为主。这时后发国家的大学

谈不上什么特色与优势，发达国家的学者与学生很少前来学习交流。(2) 平行阶段：随着大学发展水平的提高，后发国家的大学将日益形成与国外一流大学的对等交流。这时大学逐步开始构筑自己的品牌与特色。(3) 超越阶段：当后发国家的大学发展水平逐步体现出自己的特色与优势时，虽然仍然重视其他国家大学发展的动态，但发展与强化自身特色与优势已经成为这些一流大学的一致选择和追求。由此对照，我国一流大学大多处在第一阶段与第二阶段的过渡地带，只有少数大学的部分学科门类处在第三阶段。不过上述发展阶段的划分表明，此时有必要立足长远，形成大学的个性与特色。

日本大学发展的历史可以提供某些参照。有研究指出①，日本政府在确立了“科学技术创造立国”新战略后，要求日本的大学由输入学问向输出学问转变，也就是所谓的“发信型大学”。在日本学术取得很大进步的背景下，为了促进日本大学向发信型目标迈进，日本文部省和一流大学采取了一系列措施加强国际交流与合作，如招收外国人进入日本的大学本科阶段和研究生院留学，邀请外国学者到日本讲学或合作开展共同研究，邀请外国学者对日本的某一学科状况进行考查并提出评估报告等。

或许中国的大学发展总体上与日本仍有较大差距，但这并不意味着中国大学不能建构自己的优势与特色。需要注意的是，即使当前的特色与优势在国际上还不太多，我们也要为这种个性特色与品牌优势的建立打下基础。换言之，中国一流大学在消化吸收国外一切先进经验的同时，应该时时不忘超越别国与超越自身。相反的做法则意味着跟在别人后面亦步亦趋——这显然不应该是中国大学之所为。

---

① 袁自煌：《科学技术创造立国战略下的日本一流大学建设》，《教育研究》，2000 年第 5 期。

有必要指出的是，学习国外经验与立足本国特色的关系实际上也就是教育的国际化与本土化的关系。所以本节的主题也可以表述为：一流大学必须走国际化的道路，但这要立足本土化。借用朱光潜先生的话说，即是“移西方之花，接中国之木”。

一流大学建设中的辩证法问题当然不止上述六个方面，例如，教师主导与学生主体是对立统一的，在发挥学生主体作用基础上，应该发挥导师的主导作用；教育规模与教育质量是对立统一的，在稳定规模的同时，应该把教育质量的提高放到重要位置；等等。需要说明的是，笔者的观点主要是针对致力于建设一流的大学而言的，不同类型的大学在处理上述问题时作出的选择应该有所不同。盲目追随一流大学，最终损害的只能是学校本身，对此，学校领导不能不有清醒的认识。总之，建设一流大学是一个长期奋斗的过程，在这一过程中，必然会遇到这样那样的两难问题。辩证法在处理类似问题上仍然不失其独特的功用。

第六节　中国高校战略管理现状

——中国40所重点大学战略规划的基本情况及再分析

战略管理过程通常包括战略规划（战略制定）、战略实施、战略评价等不同阶段。作为帮助组织应对变化环境的持续过程，战略规划需要回答三个基本问题：(1) 当前状况：我们现在哪里？这是一幅“当前地图”；(2) 向往的状态：我们要去哪里？这是一幅“应该地图”，是一幅成功的“蓝天”愿景；(3) 标志性计划：我们怎样从这里到那里？这里的关键是行动，因此需要确立完成时间、特别标志、基本步骤及相关政策或法律条件。前已述及，行动哲学认为，行动是架设现实与理想、自我与世界的桥梁。这就意味着对现实、理想、自我、世界都有一个清晰的认识，也即只有“知己知彼”，方可“百战百胜”。凡事预则立，不预则废。为了与国家社会经济发展规划相对应，中国（本节仅限于中国大陆高校的情况）各大学通常经过4～5年左右即需对自己的未来发展进行新一轮规划与设计。那么，中国大学的战略规划现状如何呢？

李红波在对我国40所重点大学的战略规划进行总结概括后，认为中国大学在制定战略规划过程中，主要针对学校内部情况进行战略分析，查找自身的优势与不足。它们没有重视外部环境尤其是周围的微观环境对于学校发展的影响以及带给学校的相对优势与劣势。同时，它们也忽略了大学组织中的一些“软资源”，如大学文化和精神在大学发展中的作用。①

李红波虽然列出了40所重点大学战略规划的情况并作了总结，但她没有对这些资料进行进一步的统计分析。对此，笔者对这40所大学战略规划的信息作了进一步的处理，结果相当有趣且发人深省。

第一，40所重点大学中有34所大学（占85%）的战略规划框架是全面的。在现状分析方面，有30所大学（占75%）进行了优劣势分析，但只有14所大学（占35%）进行了环境分析。按照战略规划中常见的SWOT分析法，如果没有进行组织内部的优劣势分析与外部环境的机遇—威胁分析，那么，该组织难以确定其发展的具体策略。换言之，没有进行充分的现状分析的战略对策是缺乏足够依据的，因而也难以有效执行或执行不力。显然，中国大学对现实的分析是远远不够的。

第二，40所大学中有10所（占25%）的目标锁定在“世界一流大学”（这里不包括北大与清华两校），21所（占53%）确定为“国际知名”，12所（占30%）要达到“国内一流”（这些大学目标

① 李红波：《试论遵循比较优势原则来制定大学的战略规划》，清华大学人文学院教育研究所，2005年5月。

之间存在部分重叠)。由于“世界一流”、“国际知名”、“国内一流”均无公认的操作化定义，且基础研究只有“一流”，没有“二流”，因此，提出建设“世界一流”的学科建设目标不仅可以，而且必须。但是，一旦进行整体实力的评估（无论统计考察还是声誉评估），那么真正能够进入世界前沿的大学却又屈指可数。如此说来，部分重点大学在提出自己的总体发展目标时不仅趋同严重，也过分乐观。

第三，40所重点大学均提出了自己的总体战略目标，其中25所（占63%）大学除制定总体目标之外还制定了具体的阶段目标。同时，这40所大学中有31所（占78%）大学的战略举措全面。一般地，总体目标是指长期目标，时间跨度为2～5年。它与具体的阶段目标相辅相成，后者通常以年度目标体现，而年度目标对于战略实施非常重要。但正是在后一个方面，40所重点大学中却有26%没有体现。这可能是出于保密原因不便公开，但也不能否认这种可能，即战略规划中没有阶段目标的大学之所以制定所谓的“战略规划”，与其说出于“发展”的需要，不如说出于“应付”或“从众”的可能。

第四，如果把各校战略分析的领域（角度）与相应的战略举措进行对照，结果更加令人吃惊。这40所重点大学中只有8所大学（占20%）的所有战略举措是建立在现状分析基础上的。换言之，有多达32所大学（占80%）的战略举措或多或少不是建立在现实分析而是建立在主观臆断上。

由此可见，相对于计划经济时代的战略真空，中国大学虽然已经普遍具备了战略意识，但是这种战略意识又是相当浅薄的，在具体战略中更存在相当多的问题。战略管理的基本思想表明，一个成功的战略，通常由以下四个共同因素构成，即简单、一致和长期性的目标；对竞争环境深刻理解；客观评价各种资源；有效的战略实施。四者缺一不可。大学战略是军事战略向企业延伸，进而向教育领域拓展的结果。回到战略原点，以战略的本质特征观照今日中国大学战略规划的现实，那么我们可以发现中国大学战略规划存在问题很可能与下面三个方面有关。

其一是大学之间分级、分类、公平而必要的市场竞争环境还有待完善。没有竞争，大学就没有必要制定战略；竞争没有达到一定程度，也没有必要制定良好的战略。一些大学之所以没有制定合理的战略，其原因固然在于缺乏内部动力，还在于缺乏公平而必要的外部竞争环境。或者说，即使有竞争环境，这种竞争也是不充分的。竞争不公平，就会导致“劣币淘汰良币”；竞争不充分，则不会触及大学（尤其是大学领导）的根本利益，与大学战略规划者也没有什么关系。于是，“规划”变成“鬼画”也就无关宏旨了。这表明，提高大学办学自主权，推动大学法人化，走依法治校道路在我国具有重要意义。

其二是当前指导大学战略管理的思想与现实需要存在相当大的距离。如前所述，40 所大学至少有四分之一的大学试图建设成为“世界一流大学”，在其战略规划的“现状分析”中，虽说有 76％的大学规划进行了优劣势分析，但只有 36％的大学进行了环境分析。与此同时，多达 80％的大学并未经过现实分析而提出“战略举措”，显示战略制定者相当“大胆”，也显示我国大学战略规划可能缺乏明确的战略理论指导。

其三是中国大学校长有可能缺乏足够的战略思维训练。大学校长在大学战略规划中起着特殊的作用，他们不仅是计划的首要规划者，也是规划的主要执行者。因此对于包括大学校长在内的教育行政工作者而言，掌握大学战略的主流思想是十分迫切的。很难想象一所大学的主要领导忙于日常事务，对重大战略问题却可以视而不见。美国两千多所可以授予大学学位的大学中每年产生 300～400

名大学校长①，中国每年的新科校长数目未见统计，但数目显然也不会少。他们战略管理的素质直接影响了中国大学的未来。正是认识到这一点，中国教育部已经三次发起“中外大学校长论坛”，请国外著名大学校长传经送宝。这些显然是必要而有益的，但更重要的是在 21 世纪推进制度变革，使得大学校长们具备必要的战略思维与管理能力。为了保证具有战略思想的大学校长的产生，或许更主要的是通过大学校长遴选的制度创新来实现。这也正是本研究后面章节进行“大学校长之学术背景”研究的基本原因。

① Judith Block Mclaughlin and David Riesman. *Choosing a College President*. Princeton University Press，1990.

第五章　大学政策：教学激励的历史反思

——对中国高等教育国家级教学成果奖的综合考察与分析

第一节　引言

大学的基本职能有二：一是人才培养，二是科学研究。虽然大多数教育家都承认，培养人才是大学之为大学的关键之所在，也是所有大学唯一的共同点。但相对而言，无论大学、政府还是整个社会都更加重视科学研究，这从社会对"国家三大奖"① 的重视程度可见一斑。由于人才培养主要是通过教学进行，那么如何激励教师从事教学，提高教学质量？设立教学成果奖就是激励政策之一。有鉴于此，中国政府设立了高等教育国家级教学成果奖。该奖自1989年首次颁发以来，至今已经17年了，并已经颁发过五届。正如温家宝同志在1997年普通高等学校国家级教学成果奖励大会上的讲话中指出的："这些获奖成果是工作在教学和教学管理第一线的教师、教学辅助人员和教学管理干部辛勤劳动的结晶，反映了我

---

① 这里的"国家三大奖"是指中国政府设立的国家自然科学奖、国家科技进步奖、国家技术发明奖三大奖项。学术成果奖的评价固然不易，但教学成果奖的评价或许更难。因此，包括美国国家年度教授奖（U. S. Professors of the Year Program)、澳大利亚 Carrick 大学教学奖（Carrick Awards for Australian University Teaching，CAAUT）在内的各国高校教学成果奖通常并不为常人所知。参见：http://www.carnegiefoundation.org/POY/index.htm.

国高等学校教育教学的最高水平。”①作为我国高等教育领域中唯一的一项国家级奖励，高等教育教学成果奖是根据国务院有关条例设立的国家级奖项，每四年评一次。这项工作由于对推动高等教育教学改革和提高教育质量起到了积极的促进作用，已成为高等教育战线的一个品牌。那么，历年来高等教育国家级教学成果奖的评奖背景是怎样的？实际状况如何？评奖重点何在？奖项分布结构与特点怎样？有何优点或缺失？如何改进？文献分析表明，这些问题虽有涉及，但至今对历年来“高等教育国家级教学成果奖”的奖励情况一直没有进行过系统的专题研究。② 而这对于提高我国大学教育质

① 温家宝：在 1997 年普通高等学校国家级教学成果奖励大会上的讲话（1997 年 12 月 26 日）。http://www.jxcg.edu.cn/RelatedFiles.nsf/FileFrameset?OpenFrameSet.

② 没有对“国家级教学成果奖”进行过系统的专题研究并不意味着完全没有对“国家级教学成果奖”的一般研究。这方面的相关文献实际上并不少，主要包括李祖超：《高等学校教学成果的奖励与推广》，《云南高教研究》，1995 年第 4 期；叶望：《高校教学成果奖评审工作中若干问题的探讨》，《青岛科技大学学报》（社会科学版），1997 年第 4 期；杜小平、杨红：《完善教学成果评审 促进高等教育发展》，《中国高教研究》，1998 年第2 期；王明志：《关于高校教学成果的研究与评审工作的思考》，《黑龙江高教研究》，1998 年第 2 期；荆宇：《重视开展教学研究，努力提高教育质量——参加教学成果奖评审工作的启示》，《高等农业教育》，1998 年第 3 期；邹国良：《教学成果申报、评审、奖励工作中若干问题的分析与探讨》，《重庆工业高等专科学校学报》，1998 年第 3 期；杨琪、萧泰：《普通高校教学成果项目建设及奖励工作的认识与实践》，《黑龙江高教研究》，1998 年第 4 期；郑家泰等：《进一步完善教学成果奖励的建议（笔谈）》，《高等工程教育研究》，1998 年第 4 期；李德平等：《论教学成果评奖制度的意义和作用》，《许昌师专学报》，1999 年第 2 期；海向梅：《略论高等学校教学成果的界定和评价》，《社科纵横》，2000 年第 5 期；叶先宝：《关于教学成果奖励几个问题的探讨》，《福州大学学报》（哲学社会科学版），2001 年第 3 期；吴红、杜严勇：《从国家教学成果奖的评选看高校创新教育的走向》，《煤炭高等教育》，2002 年第 2 期；倪宏娟、云武：《高校教学奖励制度建设与创新》，《江苏高教》，2002 年第 2 期。

量，改进高等教育结构，乃至于增进国家实力都是非做不可的工作。

政策研究即是以社会学、经济学、法学等多学科的思想方法，研究政策的制定、执行、评价的方法，分析影响教育政策制定的因素，并权衡教育政策实行的社会经济效果。已有研究表明，中国公共政策的决策体制，主要由来自行使公共权力的各级国家机关和执政党的各级组织构成。在多数情况下，党的有关组织拥有政策的实质性决定权。中国政策问题的提出，主要不是来源于公民的政策诉求，而是来源于决策机关内部建立的制度性信息收集系统。政策问题界定的准确性差、公民参与政策选择的渠道少、政策选择的随意性较大，是制约政策选择的主要因素。① 具体到本研究涉及的“高等教育国家级教学成果”奖励政策而言，其决策并非来自党的有关组织，但政策问题的存在是确定无疑的。这也正是本研究得以确立的必要依据。

一般地，政策分析的步骤包括界定问题、确定评估标准、确认备选方案、评估备选方案、比较备选方案以及评估结果。② 本研究参考了这一步骤，但并不完全依据此一程序进行研究，而是一方面对相关政策文本进行解读，另一方面对政策实施状况进行分析，从而得出有事实依据的政策建议。研究的政策文本主要来自官方的“教育部高等教育国家级教学成果奖励网站”，该网站主要内容包括“相关文件法规”与“相关项目奖项”等四个组成部分，并分类整理了历年“高等教育国家级教学成果奖励专栏”。③ 本研究即试图

---

① 白钢、王君：《简论中国公共政策的决策过程》，参见香港城市大学亚洲管治中心、中国社会科学院公共政策研究中心合编：《中国公共政策分析》(2003 年卷)，香港城市大学出版社 2003 年版，第 359～392 页。

② [美] 卡尔·帕顿、大卫·沙维奇著，孙兰芝等译：《政策分析和规划的初步方法》，华夏出版社 2001 年版，第 43～53 页。

③ “教育部高等教育国家级教学成果奖”，http://www.jxcg.edu.cn.

依据中国高等教育国家级教学成果奖历年的政策文献与统计资料，对上述问题作一初步探讨。

第二节　高等教育国家级教学成果奖励政策出台的宏观背景

到目前（2006 年）为止，17 年间我国高等教育国家级教学成果奖分别于 1989 年、1993 年、1997 年、2001 年、2005 年五次颁发。17 年时间虽然不算长，但相对中国的国家现代化建设而言则是极为关键的 17 年。前已述及，中国大学起源的大背景（国际背景）是一样的，总体上都属于“后发外生型”。因此，国际政治关系深刻地影响了中国大学的各个方面。换言之，哪个国家的综合国力越强，其对中国的影响就越大，那么该国的大学办学模式就会在中国改造复制。如果说 20 世纪前半期主要体现了美国教育的影响，那么后半期则主要体现了苏联教育的影响。只有伴随中国实力的提升与思维的转换，这种情况才能逐步改变。这里的提升与转换，实际上就是中国大学在学习吸收东西方精华的基础上逐渐形成自己的特色与优势。透过国内外政治、经济、文化、社会的背景演化能够更清楚地认识高等教育的影响因素与宏观背景（表 5-1）。

表 5-1 五十多年来中国国家级教学成果奖颁发的相关背景

年份	中国高等教育大事记	相关的全国大事记	相关的世界大事记
1950—1976	高等学校院系调整（1952）； 反右派斗争严重扩大化（1957）； “文化大革命”（1966～1976）； 恢复高考（1977）； 《中华人民共和国学位条例》颁布（1981）； 《中共中央关于教育体制改革的决定》颁布（1985）； 《高等教育自学考试暂行条例》颁布（1988）。	抗美援朝（1950）；“大跃进”和“人民公社化”运动（1958）；三年自然灾害（1959～1962）；对印自卫反击战（1962）；第一颗原子弹爆炸（1964）；“文革”开始（1966）；恢复联合国一切合法权利（1971）；毛泽东逝世，“文革”结束（1976）；中美建交（1978）；开展真理标准大讨论；十一届三中全会召开（1978）；设立经济特区（1980）；“863 计划”提出（1986）；台湾当局开放大陆探亲（1987）。	美国试爆第一颗氢弹；DNA 双螺旋结构发现（1953）；“硅谷”兴起（1959）；苏联加加林太空飞行；越战爆发（1961）；麻省理工学院发明世界上第一个现代机器人（1962）；世界第一个试管婴儿在英国诞生（1978）；苏联入侵阿富汗（1979）；洛杉矶加州大学医院诊断首例艾滋病（1981）；“星球大战计划”实施（1983）；世界 50 亿人口日（1987）。
1989—	国家级教学成果奖首次颁奖 国家重点学科首次评审。	首次通货膨胀；经济体制转型（1989）；浦东开发（1990）；秦山核电站并网发电（1991）；邓小平南巡讲话（1992）；	柏林墙倒塌，德国结束分裂（1989）；伊拉克出兵科威特（1990）；海湾战争；“独联体”成立；欧盟成立；南斯拉夫内战（1991）；洛杉矶种族冲突；日本通过海外派兵法案；北美自由贸易区协定达成（1992）。

续表

年份	中国高等教育大事记	相关的全国大事记	相关的世界大事记
1993—	国家级教学成果奖第二次颁奖 《中国教育改革和发展纲要》颁布。 《中华人民共和国教育法》通过；国家教委发布“高等教育面向21世纪教学内容和课程体系改革计划”；实施科教兴国战略，“211工程”开始实施（1995）；高校合并（1996）。	汪辜会谈；《中共中央关于建立社会主义市场经济体制若干问题的决定》通过（1993）；三峡工程开工（1994）；《关于加速科学技术进步的决定》颁布；京九铁路全线铺通（1995）；严厉打击严重刑事犯罪活动；减轻农民负担（1996）。	苏丹饥荒；卢旺达部族大仇杀（1994）；各国纷纷提出“信息高速公路计划”（1994）；克隆羊“多利”诞生（1996）。
1997—	国家级教学成果奖第三次颁奖	邓小平逝世；香港回归。	东南亚金融风暴。
	《中华人民共和国高等教育法》颁布；北大百年校庆；《面向21世纪中国教育振兴行动计划》颁布，实施“985工程”，启动“高层次创造性人才工程”（1998）；高校扩招。第三次全国教育工作会议召开（1999）；江泽民发表《关于教育问题的谈话》（2000）。	中美元首互访；长江及嫩江、松花江特大洪灾（1998）；北约导弹袭击中国驻南大使馆；澳门回归（1999）；西部大开发（2000）。	印巴核试验（1998）；科索沃战争；欧元区正式形成（1999）；人类基因图绘制完成；悉尼奥运会（2000）。

续表

年份	中国高等教育大事记	相关的全国大事记	相关的世界大事记
2001—	国家级教学成果奖第四次颁奖 清华大学 90 周年校庆；教育部发布《关于加强高等学校本科教学工作提高教学质量的若干意见》。 《中华人民共和国民办教育促进法》通过；“中外大学校长论坛”举办（2002）；《国务院关于进一步加强农村教育工作的决定》颁发；教育部正式启动高层次创造性人才计划；《民办教育促进法实施条例》颁布；高校社科学术规范发布（2004）。	申奥成功；上海合作组织诞生；台湾地区政坛重新洗牌；中国成功入世（2001）；社会群体收入悬殊（2002）；“非典”防治；“神舟”五号发射成功；北京六方会谈（2003）。	“9·11”恐怖袭击；美打击阿富汗恐怖主义；欧元正式流通；小泉纯一郎参拜靖国神社；“硅谷神话”和新经济泡沫的破灭（2001）；恐怖阴影扩大；欧洲一体化加速；非洲联盟成立；非典型肺炎爆发（2002）；哥伦比亚号航天飞机爆炸；伊拉克战争；全球联手打击恐怖主义（2003）；飓风袭击加勒比海附近地区；欧盟扩张（2004）。
2005—	国家级教学成果奖第五次颁奖	连战、宋楚瑜访问大陆；中国第二次载人航天飞行；青藏铁路全线贯通；高致病性禽流感爆发。	印度洋地震海啸；飓风“卡特里娜”入侵美国；南亚大地震；俄罗斯纪念卫国战争胜利 60 周年。
结论	中国高等教育发展受政治影响极大，如何在大学的自治与服务之间维持平衡向来是需要决策者与教育者思考与处理的两难问题。国家级教学成果奖五次颁奖也可能受此影响。	近百年来，中国科技经济取得了长足进步，但在健康维护、贫富分化、环境保护、灾害防治、打击犯罪、国家统一等方面问题不少。	人类的历史就是战争与和平、竞争与合作、进步与灾难、欢乐与痛苦交织互动的历史。

表 5-1 简要显示了五十多年来中国国家级教学成果奖颁发的国内外背景因素。从中可以看出，人类的历史就是战争与和平、竞争与合作、进步与灾难、欢乐与痛苦交织互动的历史。在历史长河中，古老的中国在科技经济社会等领域取得了长足进步，但在健康维护、贫富分化、环境保护、灾害防治、打击犯罪、国家统一等方面仍然面临大量的问题。其中，中国高等教育发展受政治影响极大，如何在大学的自治与服务之间维持平衡向来是决策者与教育者需要思考与处理的两难问题。即使在近五十多年来，高等教育国家级教学成果奖也是后来之事。这样一个并不十分显著的奖项，仍然深刻反映着中国及其人民关注重心的变迁。通过设立正式的国家级教学成果奖来彰显对教育教学重要性的认识无疑是历史的进步，但随着岁月的变迁，随着国家级教学成果奖已经在我们身边不知不觉走过了 17 年，无论作为政府还是作为教育政策制定者都有必要对这五届成果奖进行历史的反思与初步的总结。

第三节　高等教育国家级教学成果奖评审政策的定性分析

公共政策是政府依据特定时期的目标，在对全社会公共利益进行选择、综合、分配和落实的过程中所制定的行为准则。公共政策研究涉及政策问题、政策制定、政策实施、政策评价、政策监控、政策周期等领域。作为一种具体的教育政策，高等教育国家级教学成果奖的相关公共政策本质上仍然是社会利益的集中反映。就此，公共政策的分析模式，如制度主义、渐进主义、精英理论、利益团体理论、公共选择理论、博弈理论、系统理论、理性模式提供了不同的分析视角。

1989 年第一次评审国家级教学成果奖励的时候，是把“文化大革命”之后所有的成果放在一起评选，以后才是每四年评一次。因此，教学成果奖是从 1993 年以后才逐步走上正轨的。直接涉及高等教育国家级教学成果奖评审政策背景的政策文献出现在 1994 年国务院发布的《教学成果奖励条例》以后。在《教学成果奖励条例》基础上，国家教育委员会于 1996 年发布《1997 年普通高等学校国家级教学成果奖励办法》，教育部于 2000 年发布《2001 年高等教育国家级教学成果奖励办法》和 2004 年发布《2005 年高等教育国家级教学成果奖励办法》。其中，1994 年国务院发布的《教学成果奖励条例》具有最高的权威性，但仅列出提纲或指南，具体的实施细则体现在此后三次教学成果奖评审的相关政策中。下面我们就以上述政策文献为基础，着重就高等教育国家级教学成果奖评审目的、教学成果内涵的演变、奖励分等标准三个方面进行具体分析。

一、高等教育国家级教学成果奖评审目的分析

1994 年国务院发布的《教学成果奖励条例》第一条明确指出，教学成果奖励是“奖励取得教学成果的集体和个人，鼓励教育工作者从事教育教学研究，提高教学水平和教育质量”。从理论上说，此后各次教学成果奖均以此为基础制定具体实施办法。各次教学成果奖励的目的说明见表 5-2。

表 5-2 高等教育国家级教学成果奖评审目的

年份	目 的
2005	全面贯彻党的教育方针，调动教育工作者的积极性和创造性，积极开展教育教学研究和实践，深化教学改革，加强教学基本建设，不断提高教学水平和教育质量，更好地适应国家经济建设和社会发展的需要。

续表

年份	目 的
2001	调动教育工作者的积极性和创造性，全面贯彻党的教育方针，积极开展教育教学研究，深化教学改革，加强教学基本建设，不断提高教学水平和教育质量。
1997	全面贯彻国家的教育方针，积极开展教育教学研究，深化教学改革，提高教学水平和教育质量；充分肯定教育工作者的教学成果，确立教学工作在学校的中心地位。
1994	奖励取得教学成果的集体和个人，鼓励教育工作者从事教育教学研究，提高教学水平和教育质量。
小结	各年高等教育国家级教学成果奖评审目的强调重点略有差异，但总体差异不大。

说明：本表的“年份”是指高等教育国家级教学成果奖发布当年的时间。如 1996 年发布的“1997 年普通高等学校国家级教学成果奖励办法”的年份即为“1997”。

由表 5-2 可见，1997 年后三次普通高等学校国家级教学成果奖励办法所论及的目的没有显著变化，仅作微量调整。具体说来，1997 年的“办法”强调了“充分肯定教育工作者的教学成果，确立教学工作在学校的中心地位”。2005 年的“办法”强调了“实践”与“更好地适应国家经济建设和社会发展的需要”，但总体变化不大。需要指出的是，高等教育中的教学成果奖与科研也是不可分离的，因为没有好的科研，教学通常也不可能有水平与内容上的真正提高。因此，强调“实践”或“更好地适应国家经济建设和社会发展的需要”固然重要，但通过教学促进科研、促进人才培养，以便在人、社会、学术三者之间有一个适当的平衡是决策者与政策研究人员不可忽视的。全国各所高校或许很难都做到这一点，但对重点院校、高水平院校，尤其是对于建设世界一流大学的院校而言，三者都要做好这一要求并非过高。这方面在高等教育国家级教学成果奖中或许可以有所体现。

二、高等教育国家级教学成果奖中“教学成果”内涵的演变分析

什么样的成果属于“教学成果”，这不是没有争议的。例如，1997 年以前还有国家级教材奖，且已进行过两次评奖，这是由于历史的原因，教材奖先于教学成果奖，两奖前后并行。实际上教学成果的内涵应包含教材，因此，两奖合并既提高了教材奖的等级，也规范了教育的奖励种类。即使是“教学成果”奖励的重点，不同时期也有所不同。1997 年奖励工作的重点就是在改革方面迈出重大步伐并取得显著成绩的教学成果。为此，我们列出了高等教育国家级教学成果奖奖励范围“教学成果”内涵的演变情况（见表 5-3）。

表 5-3　高等教育国家级教学成果奖“教学成果”内涵的演变

年份	“教学成果”内涵的演变
2005	(1) 在转变教育思想和教育观念，调整专业结构，改革人才培养模式、课程体系、教学内容及其相关的教材，改进教学方法和教育技术，全面推进素质教育，促进学生德智体美等全面发展，提高教育质量等方面的成果。 (2) 在组织教学工作、推动教学及教学管理改革，加强教学基本建设，开展质量保证与监控工作，建立自我约束、自我发展的机制，实现教学管理现代化等方面的成果。
2001	(1) 针对教育对象的特点和人才培养的要求，在转变教育思想，优化培养方案，改革课程体系，更新教学内容，改进教学方法、实验技术，全面推进素质教育，培养学生的创新精神和实践能力，促进学生知识、能力、素质综合提高、德智体美等全面发展，提高教学水平和教育质量等方面的成果。

续表

年份	“教学成果”内涵的演变
	(2) 根据教育目的和教育教学规律，在组织教学工作，推动教学改革，加强专业（学科）、教师队伍、教材、实验实习基地、学风建设和现代教育技术应用，促进产学研相结合与各种合作办学，开展评估，建立自我约束自我发展的机制，实现教学管理现代化等方面的成果。 (3) 结合自身特点，推广、应用已有的教学成果，并在实践中进一步创新和发展，显著提高办学效益和人才培养质量等方面的成果。
1997	(1) 针对教育对象的特点和人才培养的要求，运用现代教育和教学手段，在加强思想政治教育，开展课程、教材、实验实习基地建设等方面，坚持教书育人，探索教学规律，更新教学内容，改进教学方法，提高教学水平和教育质量的成果； (2) 根据教育目的、教育环境和教育教学规律，在组织教学工作，推动教学改革，开展教学评估，加强专业（学科）、教师队伍和学风建设，促进产学研相结合，实现教学管理现代化等方面的成果； (3) 结合自身特点，推广、应用已有的教学成果，并在实践中进一步创新和发展，对提高教学水平和教育质量有显著效果的成果。
1994	反映教育教学规律，具有独创性、新颖性、实用性，对提高教学水平和教育质量、实现培养目标产生明显效果的教育教学方案。
小结	1997 年后对“教学成果”的内涵不断深化，但其内涵与目的存在一些区别。

说明：本表的“年份”是指高等教育国家级教学成果奖发布当年的时间。如 1996 年发布的“1997 年普通高等学校国家级教学成果奖励办法”的年份即为“1997”。表 5-4、表 5-5、表 5-6 同，故说明从略。

由表5-3可见，1994年国务院发布的《教学成果奖励条例》对“教学成果”内涵的理解比较简略，到1997年与2001年则具体分为三条并略有差异。与1997年相比，2001年的重点增加了“合作办学”、“建立自我约束自我发展的机制”。但2005年的“高等教育国家级教学成果奖励办法”则没有把第三条直接列入教学成果范围。这不是放松了这一方面的成果和要求，而是第三条是前两条的延伸，因而在其他地方再提出相关要求。显然，这样的表述更加简明。

此外，从高等教育国家级教学成果奖“教学成果”内涵的演变可以看出，教学成果奖有可能更利于教学管理者，而不是直接从事教学的教学人员即普通教师。以2005年为例，该年度提出“教学成果主要包括：（1）在转变教育思想和教育观念，调整专业结构，改革人才培养模式、课程体系、教学内容及其相关的教材，改进教学方法和教育技术，全面推进素质教育，促进学生德智体美等全面发展，提高教育质量等方面的成果；（2）在组织教学工作、推动教学及教学管理改革，加强教学基本建设，开展质量保证与监控工作，建立自我约束、自我发展的机制，实现教学管理现代化等方面的成果。”在这里，第一个方面是教学管理者与教学人员两者都可以努力的，但第二个方面则可能更利于教学管理者，而不是直接从事教学的教学人员。这一分析假设有可能在具体的获奖者即“主要完成人”和“主要完成单位”上有所体现。

如前所述，作为一种具体的教育政策，高等教育国家级教学成果奖的相关公共政策本质上仍然是社会利益的集中反映。若对照《2005年高等教育国家级教学成果奖励办法》提出的教学成果奖主要目的：“全面贯彻党的教育方针，调动教育工作者的积极性和创造性，积极开展教育教学研究和实践，深化教学改革，加强教学基本建设，不断提高教学水平和教育质量，更好地适应国家经济建设和社会发展的需要”，那么可以推断，高等教育国家级教学成果奖在调动教育管理工作者方面比较有效，但对于调动直接从事教学的人员即教师的积极性方面效果相对逊色。此点应当引起相关政策与行政人员的注意。

三、高等教育国家级教学成果奖奖励分等标准分析

1994 年国务院发布的《教学成果奖励条例》未对奖励分等提出具体标准，仅提出三点申报奖励的条件，即“（1）国内首创的；（2）经过 2 年以上教育教学实践检验的；（3）在全国产生一定影响的”。1997 年则在“反映教育教学规律，具有独创性、新颖性、实用性，对提高教学水平和教育质量、实现培养目标产生明显效果的教育教学方案”基础上提出了各奖励等级的具体标准。特等奖要求“需对提高教学水平和教育质量、实现培养目标有特殊贡献”；一等奖要求“达到国内领先水平”；二等奖要求“达到国内先进水平”。

需要注意的是，1997 年后一等奖与二等奖不再要求“国内首创”，或许是因为一般的教学成果很难达到这一点，这实际上表明 1994 年国务院发布的《教学成果奖励条例》对申报条件要求太高，因此，除了 2001 年在特等奖中提出“国内首创”要求，2005 年还提出要达到“国际先进水平”外，对一等奖与二等奖不再提出这一要求。需要注意的是，“国内首创”或许比较容易判断，但“国内先进水平”与“国内领先水平”如何拿捏并无具体操作标准，有可能主要取决于评审专家的各自理解。当然，通过“排除法”也可自然排出这两种奖励结果。1997 年的评审顺序为：先评审产生二等奖，再由二等奖中评审产生一等奖，最后由一等奖中评审产生特等奖。获一等奖的项目不再列入二等奖项目，获特等奖项目不再列入一、二等奖项目。这样自然就把各奖励等级划分开来。

各年度高等教育国家级教学成果奖奖励分等标准的具体情况可见表 5-4。

表 5-4　高等教育国家级教学成果奖奖励分等标准变迁

年份	获奖等级	分等标准
2005	特等奖	国内首创，达到国际先进水平，在教育教学改革方面取得重大突破，对提高教学质量、实现培养目标有突出贡献。
	一等奖	在教育教学改革方面迈出重大步伐，达到国内领先水平，并取得重大的人才培养效益。
	二等奖	达到国内先进水平，并取得较大的人才培养效益。
2001	特等奖	国内首创，在教育教学改革方面取得重大突破，对提高教学水平和教育质量、实现培养目标有特殊贡献。
	一等奖	在教育教学改革方面迈出重大步伐，达到国内领先水平，并取得重大的人才培养效益。
	二等奖	达到国内先进水平，并取得较大的人才培养效益。
1997	特等奖	前提与二等奖相同，但需对提高教学水平和教育质量、实现培养目标有特殊贡献。
	一等奖	前提与二等奖相同，但需达到国内领先水平。
	二等奖	反映教育教学规律，具有独创性、新颖性、实用性，对提高教学水平和教育质量、实现培养目标产生明显效果的教育教学方案。在此基础上达到国内先进水平。
		此年评审顺序为：先评审产生二等奖，再由二等奖中评审产生一等奖，最后由一等奖中评审产生特等奖。获一等奖的项目不再列入二等奖项目，获特等奖项目不再列入一、二等奖项目。

续表

年份	获奖等级	分等标准
1994	未提出各等级标准	具备下列条件的，可以申请国家级教学成果奖：(1) 国内首创的；(2) 经过2年以上教育教学实践检验的；(3) 在全国产生一定影响的。
小结	从仅提出申请条件到分为三等基本定型。	高等教育国家级教学成果奖奖励分为三等，三等的具体标准越来越明确，但一等奖与二等奖不再提“国内首创”这一要求，且“国内先进水平”与“国内领先水平”也无具体操作标准。

四、高等教育国家级教学成果奖对“主要完成人”的理解情况分析

高等教育国家级教学成果奖的获得者可以是“主要完成单位”，也可以是“主要完成人”。那么，对“主要完成人”作何理解？有何要求呢？表5-5显示了高等教育国家级教学成果奖对“主要完成人”的理解情况。

表5-5　高等教育国家级教学成果奖对“主要完成人”的理解情况

年份	对“主要完成人”的理解
2005	(1) 直接参加成果的方案设计、论证、研究和实施全过程，并作出主要贡献。 (2) 坚持邓小平理论和“三个代表”重要思想，遵纪守法，具有良好的思想品德和学风，忠诚于人民的教育事业，为人师表。
2001	(1) 直接参加成果的方案设计、论证、研究和实施全过程，并作出主要贡献。 (2) 坚持四项基本原则，忠诚于人民的教育事业，具有良好的思想品德，为人师表。 (3) 直接承担高等教育教学工作（含教学管理、教学研究和教学辅助工作），一般要有连续三年以上从事高等教育教学工作经历。

续表

年份	对“主要完成人”的理解
1997	直接参加成果的方案设计、论证和实施，并作出主要贡献的个人，符合下列条件，可作为成果的主要完成人：(1) 坚持四项基本原则，忠诚人民的教育事业，具有良好的思想品德，为人师表；(2) 直接承担普通高等学校的教学工作，含教学管理和教学辅助工作。申请国家级奖时，每项成果的主要完成人不得超过5人。
1994	未提出对“主要完成人”的要求。
小结	高等教育国家级教学成果奖对“主要完成人”的理解存在继承，也存在变革。

从表5-5可见，高等教育国家级教学成果奖对“主要完成人”的理解存在继承，也存在变革。继承方面，1997年后历年对“主要完成人”的共同要求是“直接参加成果的方案设计、论证、研究和实施全过程，并作出主要贡献”，要求“忠诚人民的教育事业，具有良好的思想品德，为人师表”。但2001年以前还提出要“直接承担高等教育教学工作（含教学管理、教学研究和教学辅助工作)”，2005年则取消了相应要求。这就是说“不直接”承担高等教育教学工作的人员也可获奖。另外，部分变革是受政治形势影响的结果，如1997年与2001年都提出“主要完成人”要“坚持四项基本原则”。但到了2005年，相应的要求则改为“坚持邓小平理论和‘三个代表’重要思想，遵纪守法”，一定意义上证实了“背景分析”部分提出的“中国高等教育发展受政治影响极大，如何在大学的自治与服务之间维持平衡向来是需要决策者与教育者思考与处理的两难问题。国家级教学成果奖五次颁奖也可能受此影响”这一结论。

五、高等教育国家级教学成果奖的倾斜政策分析

中国是一个幅员辽阔、人口众多并且内部差异极大的发展中国家。同时，作为后发国家，中国的社会政治体制采取了中央集权体制（体制本身无所谓好坏，关键是要有完善的体制。如法国、日本、俄国实际上也以集权制为主）。这种体制有利于集中力量办大事，但也可能不易顾及各地区各单位的利益，以一刀切的方式处理问题。中国政府显然意识到这一点，因此针对各地实际采取了倾斜政策，以保证政策的公开、公平和公正原则落到实处。这在高等教育国家级教学成果奖的相关政策领域也有所体现。表 5-6 显示了这方面的倾斜政策。

表 5-6　高等教育国家级教学成果奖倾斜政策情况

年份	倾斜政策
2005	在同等水平时，西部地区取得的成果和长期从事公共课、基础课教学工作的教师取得的成果可优先获奖。 实行公开、公平和公正的原则，接受社会监督。
2001	在同等水平时，老、少、边、穷地区取得的成果和长期从事公共课、基础课教学工作教师取得的成果可优先获奖。 实行公开、公平和公正原则，接受社会监督。
1997	老、少、边、穷地区普通高等学校中取得的或有特色的教学成果，在同等水平时可优先获得奖励。
1994	未提及采取相关的倾斜政策
小结	已经采取了一些倾斜政策，但可进一步完善。

由表 5-6 可见，1994 年颁布的《教学成果奖励条例》未提及采取相关的倾斜政策，1997 年提出“老、少、边、穷地区普通高等学校中取得的或有特色的教学成果，在同等水平时可优先获得奖

励”。到了 2001 年，则提出“实行公开、公平和公正原则，接受社会监督”，同时对“长期从事公共课、基础课教学工作教师”采取了政策倾斜。到 2005 年，“老、少、边、穷地区”改为“西部地区”，显示倾斜政策作了微调。在笔者看来，“实行公开、公平和公正原则，接受社会监督”无须列出，因为既然是政策，就应该“公开、公平和公正”。即使国内民众无暇顾及此点，只要能够获取相关资料和信息，海外读者甚至有可能比国内研究者还了解中国的情况。其中，外国“汉学家”与海外中国学人的“中国研究（汉学研究）”及国内学术界对外文（目前主要是英文）发表的推崇心态及相关政策都有可能加剧这一点。① 另外，除了兼顾民族、地区、学科差异，教学成果奖或许也要兼顾性别、年龄等差异；否则，获奖者可能向高龄的男性倾斜。当然，倾斜是建立在一定的标准或条件基础上的。达不到基本标准或条件，则必然在貌似“公平”的同时，而给“效率”带来损害。换言之，放弃“效率”的“公平”本身就不公平。

第四节　高等教育国家级教学成果奖励政策实施结果的定量考察

第二部分的“定性分析”得出了一些结论，提出了部分假设。这些结论是否正确，假设可否成立，都需要进一步的数据支持。为此，本部分从定量的角度对高等教育国家级教学成果奖励进行内容

① 例如，英国《中国季刊》（*The China Quarterly*）对中国科学精英与政治领导人的社会背景都作过相当详细的分析。参见 Cong Cao，Social Origins of the Chinese Scientific Elite，*The China Quarterly*，1999，pp. 993-1018；Li Cheng，Jiang Zemin's Successors：The Rise of the Fourth Generation of Leaders in the PRC，*The China Quarterly*，2000，pp. 1-40.

分析。我们主要考察了国家级教学成果奖励的年度差异、地区差异、单位分布（具有研究生院的大学在前五届国家级教学成果所获奖励的比较）、类型分布（一等奖的类型分布、特等奖主题分布状况、特等奖和一等奖的学科分布），最后简要考察了前四届国家级教学成果特等奖第一获奖者的状况。下面就具体展示这些方面的研究结果。

一、五届国家级教学成果奖励的年度差异

高等教育国家级教学成果奖至今颁发过 5 次，一共授出了 2 316 个奖项。其中，1989 年授出了 433 个奖项，占全部 2 316 个奖项的 18.70％；1993 年授出了 368 个奖项，占全部奖项的 15.89％；1997 年授出了 421 个奖项，占全部奖项的 18.18％；2001 年授出了个 495 奖项，占全部奖项的 21.37％；2005 年授出了 599 个奖项，占全部奖项 25.86％。撇开 1989 年的情况，1993 年后四届共授予了 10 个国家级特等奖，每届年度授奖平均为 2.5 个；共授予了 222 个国家级一等奖，每届年度授奖平均为 55.5 个；共授予了 1 651 个国家级二等奖，每届年度授奖平均为 412.75 个；同时，10 个国家级特等奖占四届 1 883 个奖项的 0.005％，一等奖占 11.79％，二等奖占 87.68％。五届国家级教学成果奖励的年度差异可见表 5-7。

表 5-7　五届国家级教学成果奖励的年度差异（年度比例：％）

	1989		1993	1997	2001	2005	合计
国家级特等奖	52 (12.0)	国家级特等奖	4 (1.00)	1 (0.20)	2 (0.40)	3 (0.50)	62
		国家级一等奖	51 (13.9)	53 (12.6)	59 (11.9)	59 (9.80)	222

续表

	1989		1993	1997	2001	2005	合计
		国家级二等奖	313 (85.01)	367 (87.20)	434 (87.70)	537 (89.60)	1 651
国家级优秀奖	381 (88.0)						381
合计	433		368	421	495	599	2 316

说明：1989 年国家级教学成果奖励等级分为“国家级特等奖”与“国家级优秀奖”，此后分为三类：国家级特等奖、国家级一等奖、国家级二等奖。1989 年的评审是评选出的国家级特等奖相当于后来的一等奖，优秀奖相当于后来的二等奖。但为尊重历史，本专题研究下面各表中并没有把 1989 年“国家级特等奖”与“国家级优秀奖”调整为国家级一等奖与国家级二等奖。至于具体统计情况则分别作出说明。

二、五届国家级教学成果奖励的地区差异

关于获奖单位的区域分布，我们统计的原则是按照获奖者的排序取排名第一的获奖者所在单位进行分析，不重复计算。关于区域划分的问题，目前中国有各种分类方法，在这里我们按照政府年度统计的办法，把中国分为三大地带：东部、中部、西部。其中，东部地区包括：北京、天津、河北、辽宁、上海、江苏、浙江、福建、山东、广东和海南 11 个省市；中部地区包括：山西、吉林、黑龙江、安徽、江西、河南、湖北、湖南 8 个省；西部地区包括：重庆、四川、贵州、云南、西藏、陕西、甘肃、青海、宁夏、新疆、广西、内蒙古 12 个省、市、自治区。五届国家级教学成果奖励的地区分布总体差异见表 5-8。

表 5-8　五届国家级教学成果奖励的地区差异（N=2 316）

序号	省（市/区）	1989	1993	1997	2001	2005	合计	获奖比例（%）
1	北　京	39	41	76	91	126	373	16.11%
2	上　海	31	28	46	46	46	197	8.51%
3	天　津	12	11	19	18	30	90	3.89%
4	辽　宁	24	21	18	23	30	116	5.01%
5	河　北	13	6	5	3	9	36	1.55%
6	山　东	20	20	13	14	16	83	3.58%
7	江　苏	14	28	43	36	52	173	7.47%
8	浙　江	14	6	20	15	25	80	3.45%
9	福　建	11	8	7	11	10	47	2.03%
10	广　东	19	15	13	21	25	93	4.02%
11	海　南	1	—	—	2	—	3	0.13%
12	黑龙江	12	14	14	14	16	70	3.02%
13	吉　林	20	14	15	17	18	84	3.63%
14	山　西	5	7	7	1	2	22	0.95%
15	河　南	13	9	7	7	17	53	2.29%
16	安　徽	11	5	7	7	8	38	1.64%
17	湖　北	26	12	24	29	32	123	5.31%
18	湖　南	15	12	7	19	26	79	3.41%
19	江　西	8	4	3	4	3	22	0.95%

续表

序号	省（市/区）	1989	1993	1997	2001	2005	合计	获奖比例（%）
20	重　庆	—	—	—	15	10	25	1.08%
21	四　川	31	30	36	21	30	148	6.39%
22	陕　西	21	22	24	20	42	129	5.57%
23	广　西	9	4	3	4	7	27	1.17%
24	云　南	—	3	2	5	6	16	0.69%
25	贵　州	12	3	—	3	1	19	0.82%
26	内蒙古	6	3	2	5	1	17	0.73%
27	甘　肃	7	6	8	5	4	30	1.30%
28	宁　夏	4	2	—	4	1	11	0.48%
29	青　海	3	1	—	1	—	5	0.22%
30	新　疆	6	4	1	4	3	18	0.78%
31	西　藏	2	1	1	1	—	5	0.22%
32	解放军	18	21	22	29	(32)	122	5.27%

说明：1. 同一获奖项目由多个单位合作完成时，只计第一完成单位（即单独计算1次）。由于教育部高等教育国家级教学成果奖励网站中存在一些错误，本表数据与各地区获奖数略有出入。

2. 1989年上海获奖名单中把18所江苏大学也列入其中了，本统计已剔除。参见 http://www.jxcg.edu.cn/90jxcg.nsf/MasterProductFrameset?OpenFrameSet.

3. 1989年浙江获奖名单中把2所安徽大学也列入其中了，本统计已剔除。参见 http://www.jxcg.edu.cn/90jxcg.nsf/MasterProductFrameset?OpenFrameSet.

4. 1993年河南获奖名单中把14所湖北大学也列入其中了，本统计已剔除。参见 http://www.jxcg.edu.cn/90jxcg.nsf/MasterProductFrameset?OpenFrameSet.

5. 2001 年起重庆的获奖开始单独统计，此前的三次获奖情况计入四川。

6. 2001 年以前四川的统计中包括了重庆的获奖数据。

7. 为统计方便，把 2001 年"总参"的获奖数据列入此前的"解放军"。另外，2005 年解放军的获奖数据（32）已经列入各省（自治区或直辖市）。

由表 5-8 可见，五届国家级教学成果奖励的地区差异是非常大的。获奖比例最高的十个省（市）依次为：北京（16.11%）、上海（8.51%）、江苏（7.47%）、四川（6.39%）、陕西（5.57%）、湖北（5.31%）、辽宁（5.01%）、广东（4.02%）、天津（3.89%）、吉林（3.63%）。这表明这些地区是我国高等教育教学成果最为卓越的地区。

与此同时，获奖比例最低的十个省（自治区）依次为：海南（0.13%）、西藏与青海（0.22%）、宁夏（0.48%）、云南（0.69%）、内蒙古（0.73%）、新疆（0.78%）、贵州（0.82%）、山西和江西（0.95%）。这 10 个省（自治区）的得奖比例均不到 1%，显示这些地区为我国高等教育教学成果最少的地区。

就大的地区分布而言，我国高等教育教学的总体质量分布与自东向西海拔高度西高东低正好相反，即越是西部，高等教育的教学质量越低，反之亦然。但与此同时，无论东部还是西部，都有几个高等教育的制高点与最低点，如东部的北京获奖比例高达 16.11%，但同为东部的海南则为最低的 0.13%；中部的湖北获奖比例为 5.31%，但同为中部的江西则为 0.95%；西部的四川获奖比例为 6.39%，这甚至超过中部的湖北，也远远超过中东部的多数省份。

上述结果与高等教育的区域分布、历史因素、经济原因及国家对各地区大学的政策几乎完全一致，当然也与人们的印象基本一致。如果把这一获奖情况与各地高校及人口分布对应起来，可见我国高等教育的地区差异是非常显著的（见表 5-9）。

表 5-9　五届国家级教学成果奖励的地区分布与各地高校及人口分布之关系

序号	省（市/区）	得奖合计	普高总量（其中：本科）	教育部直属（其他部委）	研究生院（“211 工程”）	人口（万人）
1	北　京	373	76（56）	22（11）	12（19）	1 382
2	上　海	197	56（24）	8（1）	6（11）	1 674
3	天　津	90	40（18）	2（1）	2（3）	1 001
4	辽　宁	116	70（38）	2（2）	2（4）	4 238
5	河　北	36	83（26）	（2）	（1）	6 744
6	山　东	83	87（37）	2	2（3）	9 079
7	江　苏	173	94（42）	7（3）	7（11）	7 438
8	浙　江	80	64（23）	1	1（1）	4 677
9	福　建	47	53（17）	1（1）	1（2）	3 471
10	广　东	93	77（31）	2（2）	2（4）	8 642
11	海　南	3	9（4）	—	—	787
12	黑龙江	70	53（22）	1（2）	2（3）	3 689
13	吉　林	84	40（22）	2	2（3）	2 728
14	山　西	22	44（14）	—	（1）	3 297
15	河　南	53	69（24）	—	（1）	9 256
16	安　徽	38	62（24）	1（1）	1（2）	5 986
17	湖　北	123	75（31）	7（1）	3（4）	6 028
18	湖　南	79	68（22）	2（1）	3（4）	6 440
19	江　西	22	57（18）	—	（1）	4 140

续表

序号	省（市/区）	得奖合计	普高总量（其中：本科）	教育部直属（其他部委）	研究生院（“211 工程”）	人口（万人）
20	重　庆	25	34（16）	2（1）	1（1）	3 090
21	四　川	148	62（27）	4（2）	3（5）	8 329
22	陕　西	129	57（30）	5（1）	5（6）	3 605
23	广　西	27	38（14）	—	（1）	4 489
24	云　南	16	34（16）	—	（1）	4 288
25	贵　州	19	34（10）	—	—	3 525
26	内蒙古	17	27（10）		（1）	2 376
27	甘　肃	30	31（13）	1（1）	1（1）	2 562
28	宁　夏	11	12（3）	（1）		562
29	青　海	5	12（4）	—	—	518
30	新　疆	18	25（11）	（3）	（1）	1 925
31	西　藏	5	4（3）	—	—	262
32	解放军（说明 7）	122	—	—	—	250
	合计		1 548（650）	72（37）	56（95）	约 13 亿

数据来源：全国普通高校名单（截至 2003 年 7 月 1 日。其中北京、天津、福建、江西、山东五省市数据截至 2004 年 6 月 28 日）http://www.edu.cn。

说明：1.“教育部直属”指直属教育部的数量；“其他部委”指国家民委、公安部、卫生部、国家体育总局、国防科工委、中央办公厅、外交部、中华全国总工会、共青团中央、中华妇女联合会、民用航空总局、中国地震局、海关总署、国家林业局、中国科学院、国务院侨办、总装备部、石油天然气集团公司、新疆生产建设兵团等。2. 表中“人口数量”是 2000 年 11 月 1 日 0 时第五次全国人口普查数据。参见：约占世界人口五分之一的中国人口（未包括香港特别行政区、澳门特别行政区和台湾省）http://www.chinapop.

gov.cn/rkzh/rk/tjzlzg/t20040616_13700.htm。福建省人口数未含金门、马祖等岛屿。

由表 5-9 可见，五届国家级教学成果所获奖励的地区分布与人口关系不大，但与普通高等学校总量有较大的相关，而与是否拥有教育部（及其他部委）直属院校，尤其与是否拥有研究型大学——含研究生院及部分进入“211 工程”院校的数量存在显著相关（相关系数因故未计算）。

三、五届国家级教学成果在研究型大学的分布比较

所谓“研究型大学”,① 就是以创新性的知识传播、生产和应用为中心，以产出高水平的科技成果和培养高层次精英人才为目

① “研究型大学”当属发轫于 1810 年成立的德国柏林大学，它开大学“研究与教学相结合”的先河；后由留德学者将其模式引入美国，1876 年创建的约翰·霍普金斯大学成为现代意义上研究型大学诞生的里程碑。在世界各国的高等教育体系中，美国最早明确地划分出研究型大学（research university）这一类型。1900 年美国大学协会（AAU）的诞生，成为研究型大学正式被认可的标志。美国卡内基教学促进基金会 1970 年首次提出、后来又多次修订的《高等教育机构分类》成为美国各类大学和学院的分类标准。在 1994 年修订的《高等教育机构分类》中，研究型大学要达到两个标准：第一，提供从学士学位直到博士学位的教育，每年至少授予 50 个博士学位；第二，置研究于优先地位，每年至少得到 1 550 万美元（研究型大学Ⅱ类）和 4 000 万美元（研究型大学Ⅰ类）的来自联邦政府委托的科学研究经费支持。该基金会对研究型大学的分类标准 2000 年版比 1994 年版有明显变化，前者已不再以联邦政府投入科研经费的多少作为分类标准，而提出在 15 个学科有 50 个以上的博士学位授予权和 3 个学科有 10 个以上的博士学位授予权的两种分类。据调查，2000 年美国有高等院校 3 856 所，其中 125 所属于研究型大学，约占高校总数的 3%，却培养了全美 32%的本科生。这里的定义参见王战军著：《中国研究型大学建设与发展》，高等教育出版社 2003 年版，第 2 页。

标，在社会发展、经济建设、科技进步、文化繁荣、国家安全中发挥重要作用的大学。在我国，目前尚未对“研究型大学”作出明确划分。为了考察的方便，笔者把设立有研究生院的大学暂列为研究型大学。五届国家级教学成果在具有研究生院的大学的分布比较可见表 5-10。

表 5-10　五届国家级教学成果在研究型大学的分布比较

序号	完成单位	国家级特等奖	国家级优秀奖	国家级一等奖	国家级二等奖	合计
1	北京大学	4	4	20	54	82
2	中国人民大学	—	3	3	33	39
3	清华大学	5	5	12	44	66
4	北京航空航天大学	—	3	2	13	18
5	北京理工大学	1	1	2	8	12
6	北京科技大学	—	1	1	6	8
7	中国农业大学	1	—	1	6	8
8	中国协和医科大学	—	—	—	2	2
9	北京师范大学	1	2	4	24	31
10	北方交通大学	1	—	—	12	13
11	北京邮电大学	—	1	—	4	5
12	北京林业大学	—	1	3	—	4
13	南开大学	—	4	7	15	26
14	天津大学	1	3	3	25	33
15	大连理工大学	1	2	3	11	17
16	东北大学	1	2	3	11	17

续表

序号	完成单位	国家级特等奖	国家级优秀奖	国家级一等奖	国家级二等奖	合计
17	吉林大学	1	5	3	21	30
18	东北师范大学	—	1	1	6	8
19	哈尔滨工业大学	1	2	2	15	20
20	哈尔滨工程大学	—	1	—	2	3
21	山东大学	—	7	1	19	27
22	石油大学	—	3	—	5	8
23	复旦大学	2	4	7	37	50
24	同济大学	1	2	2	20	25
25	上海交通大学	1	5	6	25	37
26	华东师范大学	1	3	1	20	25
27	华东理工大学	—	3	1	7	11
28	第二军医大学	—	—	—	2	2
29	南京大学	2	5	4	37	48
30	东南大学	1	4	1	22	28
31	南京航空航天大学	1	2	—	11	14
32	南京理工大学	—	—	2	10	12
33	中国矿业大学	—	1	3	8	12
34	南京农业大学	—	—	2	5	7
35	河海大学	—	1	1	3	5
36	浙江大学	—	8	5	37	50
37	中国科技大学	—	1	2	11	14

续表

序号	完成单位	国家级特等奖	国家级优秀奖	国家级一等奖	国家级二等奖	合计
38	厦门大学	—	3	4	15	22
39	武汉大学	1	6	5	23	35
40	华中科技大学	1	4	5	25	35
41	中国地质大学	—	2	1	6	9
42	湖南大学	1	1	2	3	7
43	中南大学	—	3	—	14	17
44	国防科技大学	1	—	3	6	10
45	中山大学	1	3	1	15	20
46	华南理工大学	1	5		14	20
47	四川大学	2	4	4	21	31
48	西南交通大学	1	1	4	11	17
49	电子科技大学	1	1	1	14	17
50	重庆大学	—	4	3	20	27
51	西安交通大学	2	7	6	35	50
52	西北工业大学	—	6	3	13	22
53	西安电子科技大学	—	—	2	8	10
54	西北农林科技大学	—	—	1	3	4
55	第四军医大学	1	1	1	4	7
56	兰州大学	1	4	1	6	12
合计		41	140	154	836	1 171

说明：1. 同一获奖项目由多个单位合作完成时，只计第一完成单位（即单独计算1次）。

2. 完成单位包括合并或改名前高校的获奖数据。如前北京医科大学的获奖数据计入北京大学，成都科技大学的获奖数据计入四川大学。其余依此类推。由于高等教育国家级教学成果奖励网页提供的资料存在个别错误，相应地可能带来本表数据略有出入。

3. 中国地质大学、中国石油大学、中国矿业大学未计算北京部分获奖情况。

由表5-10可见，前五届国家级教学成果在研究型大学的分布中，获得国家级奖项最多的10所大学为：北京大学（82项）、清华大学（66项）、复旦大学、浙江大学、西安交通大学（各50项）、南京大学（48项）、中国人民大学（39项）、武汉大学、华中科技大学（各35项）、天津大学（33项）。特等奖最多的大学为：清华大学5项、北京大学4项、复旦大学、南京大学、四川大学、西安交通大学各2项（撇开1989年的情况，特等奖最多的大学则为：清华大学3项、北京大学、北京理工大学、北京交通大学、上海幼儿师专、兰州大学、山东农业大学、第四军医大学各1项。详见表5-15）。

由表5-10还可看出，56所研究型大学占全国1 548所高校的3.62%，但获得41项特等奖，占所有62项特等奖的66.13%（如果撇开1989年的获奖情况，那么特等奖中90%由研究型大学摘取。上海幼儿师专后来归入华东师范大学，故列为研究型大学）；获得140项优秀奖，占所有381项优秀奖的36.75%；获得154项一等奖，占所有222项一等奖的69.37%；获得836项二等奖，占所有1 561项二等奖的53.56%。换言之，奖项层次越高，研究型大学获奖的比例越大。由此可见，研究型大学确实是我国高等教育教学质量的代表。这同时也表明，高等教育国家级教学成果奖励政策有利于研究型大学，而不利于非研究型大学。至于其他类型的高校如民办院校则根本未入主流。这一政策导向有利于激发大学走向研究型大学，但不利于分类指导，争创不同高校的一流教学水准。道理很简单，不同层次、专业与类型的大学教学，其一流的标准应该有所不同。

四、高等教育国家级教学成果特等奖与一等奖的类型分布状况

不同类型的高校获得国家级教学成果特等奖的比例不一样。鉴于五届国家级教学成果多达 2 316 项难以分门别类地进行统计，因此，这里仅列出特等奖与一等奖的类型分布状况。这里所说的“隶属关系”是指获奖单位属于什么部门，即该校是国家部委所属学校、军事学校、地方政府所属学校还是民办学校；层次是指学校属于研究型大学（本文指设立有研究生院的大学）、教学研究型学校（本文指没有设立研究生院，但属于“211 工程”的学校），还是教学型学校（本文指非“211 工程”学校）；类型是指学校属于普通本科大学还是高职、高专。表 5-11 显示了前五届国家级教学成果特等奖的类型分布状况。

表 5-11 五届国家级教学成果特等奖的类型分布状况（比例：%）

划分标准	获奖单位	1989 年	1993 年	1997 年	2001 年	2005 年	合计（比例）
按隶属关系分	教育部	30	3	1	1	2	37（59.68%）
	其他部委	15	—	—	—	1	16（25.81%）
	军校	3	—		1	—	4（6.45%）
	地方院校	14	1	—	—	—	15（25.19%）
	民办高校	—	—	—	—	—	—

续表

划分标准	获奖单位	1989 年	1993 年	1997 年	2001 年	2005 年	合计（比例）
按层次分	研究型	26	3	1	2	3	35（56.45%）
	教学研究型	3	0				3（4.84%）
	教学型	23	1				24（38.71%）
按类型分	普通本科	46	4	1	2	3	56（90.32%）
	高职高专	6	0	—	—	—	6（9.68%）
	2＋7 学校	12	1	1	1	1	16（25.81%）

说明：上表中的“2＋7 学校”是指“985 工程”第一层次“2＋7”建设序列，即北京大学、清华大学再加上哈尔滨工业大学、上海交通大学、复旦大学、南京大学、中国科技大学、浙江大学、西安交通大学 7 所大学。

由表 5-11 可见，五届国家级教学成果特等奖的类型分布按隶属关系分，教育部直属高校获得 37 项，占 59.68%；其他部委所属高校获得 16 项，占 25.81%；地方院校获得 15 项，占 25.19%；军校获得 4 项，占 6.45%。按层次分，研究型大学获得 35 项，占 56.45%；教学研究型院校获得 3 项，占 4.84%；教学型院校获得 24 项，占 38.71%。按类型分，普通本科院校获得 56 项，占 90.32%；高职高专获得 6 项，占 9.68%。“2＋7”学校则获得 16 项，占 25.81%。由于 1989 年评选的特等奖比较特殊，因此我们进而统计了后四届国家级教学成果一等奖的类型分布状况（见表 5-12），这里反映的情况可能更为真实可靠。

表 5-12 四届国家级教学成果一等奖的类型分布状况（比例：%）

划分标准	获奖单位	1993 年	1997 年	2001 年	2005 年	合计（比例）
按隶属关系分	教育部	33	37	42	38	150（67.57%）
	其他部委	2	1	3	6	12（5.41%）
	军校	3	3	3	3	12（5.41%）
	地方院校	13	12	11	11	47（21.17%）
	民办高校	—	—	—	1	1（0.45%）
按层次分	研究型	37	40	43	41	161（72.52%）
	教学研究型	2	1	6	3	12（5.41%）
	教学型	12	12	10—	15	49（22.07%）
按类型分	普通本科	50	51	57	54	212（95.50%）
	高职高专	1	2	2	5	10（4.51%）
	2＋7 学校	17	14	15	16	62（27.93%）
合计		51	53	59	59	222

说明：1. 本表获奖项目数包括合并或改名前高校的获奖数据。

2. 同一获奖项目由多个单位合作完成时，只计第一完成单位（即单独计算 1 次）。

3. 由于“国家级一等奖’仅颁四届，所以本表仅统计这四届的获奖情况。1989 年的优秀成果奖未计算在内。

由表 5-12 可见，四届国家级教学成果一等奖的类型分布按隶属关系分，教育部直属高校获得 150 项，占 67.57%；其他部委所属高校获得 12 项，占 5.41%；地方院校获得 47 项，占 21.17%；军校获得 12 项，占 5.41%；民办高校获得 1 项，占 0.45%。按层次分，研究型大学获得 161 项，占 72.52%；教学研究型院校获得 12 项，占 5.41%；教学型院校获得 49 项，占 22.07%。按类型分，普通本科院校获得212项，占95.50%；高职高专获得10项，占4.51%。“2+7”学校则获得62项，占27.93%。上述数据表明，国家级教学成果在主要奖项上偏向教育部拥有普通本科的研究型大学，而对其他院校相对不利。这是与我国高校公立院校主导的局面相一致的。

五、五届国家级教学成果特等奖与一等奖的学科分布概况

不同类型的高校获得国家级教学成果特等奖的比例不一样。那么不同的学科获得国家级教学成果奖的比例是否也不一样呢？表5-13显示了五届国家级教学成果特等奖学科分布概况。

表5-13　五届国家级教学成果特等奖学科分布概况（比例：%）

学科分类	1989		1993		1997		2001		2005		合计	
	项目	比例	项目	比例	项目	比例	项目	比例	项目	比例	项目	比例
人文社科	11	21.2	—	—	—	—	—	—	—	—	11	17.7
理工农医	30	57.7	3	75.0	1	100	2	100	3	100	39	62.9
综合教改	11	21.2	1	25.0	—	—	—	—	—	—	12	19.4

由表5-13可见，在五届国家级教学成果特等奖的学科分布中，理工农医获得的奖项为39项，占62.9%；“综合教改”获得的奖项为12项，占13.4%；人文社科获得的奖项为11项，占17.7%。除此之外，需要指出的是，以上仅是初步划分，因而不是十分准确，但学科偏向明显是很清楚的。表5-14进一步列出了四届国家级教学成果一等奖学科分布概况。

表 5-14　四届国家级教学成果一等奖学科分布概况（比例：%）

学科分类	1993		1997		2001		2005		合计	
	项目	比例	项目	比例	项目	比例	项目	比例	项目	比例
人文社科	10	19.6	10	18.9	14	23.7	11	18.6	45	20.3
理工农医	30	58.8	31	58.5	36	61.0	30	50.9	127	57.2
综合教改	11	21.6	12	22.6	9	15.3	18	30.5	50	22.5

由表 5-14 可以看出，四届国家级教学成果一等奖学科分布与特等奖基本一致。理工农医类院校获得的奖项比例最高（57.2%），“综合教改”获得的奖项其次（22.5%），人文社科获得的奖项为 20.3%。这固然与理工农医类院校所占比例较大有关，也可能与学术界对人文社科的重视程度有关。

六、四届国家级教学成果特等奖第一获奖者状况

不同的获奖者意味着不同的奖励重点。虽然这是一个敏感话题，但为了保证国家级教学成果奖的公平、公正与公开，更主要的是为了推动我国高等教育质量的提高，那么这方面的情况也不能不有所评析。鉴于 1989 年的国家级教学成果特等奖有其特殊性，因此，这里我们仅统计后四届国家级教学成果特等奖第一获奖者状况（见表 5-15）。

表 5-15 四届国家级教学成果特等奖第一获奖者状况

年份	项目名称	获奖者	第一获奖者情况
1993	1. 幼师高专数学教学实践与研究	邹兆芳	上海幼儿师专高级讲师
	2. 实行教学、科研、生产三结合，建立适应经济建设需要的教学体制	杨景林	山东农业大学副教授农学系主任
	3. 固体力学重点学科建设与高水平博士生规模培养	黄克智	清华大学校学术委员会主任委员，院士
	4. 大学基础化学实验课系统改革的研究与实践	周效贤	兰州大学教务处长，副教授
1997	面向国民经济建设主战场，培养高质量电工学科高层次人才	高景德	曾任清华大学校长，院士
2001	1. 数学基础研究与人才培养基地建设	姜伯驹	北京大学数学系教授，院士
	2. 构建临床医学专业本科教育新体系	苏　博	1995 年任第四军医大学校长
2005	1. 工程硕士专业学位教育机制的创新与实践	王大中	曾任清华大学校长，院士
	2. 大学生电子设计竞赛的开展与学生创新能力的培养	王　越	曾任北京理工大学校长，院士
	3. 开拓创新，建设一流的物理演示与探索实验室	王玉凤	北京交通大学理学院物理系教授

表 5-15 表明，在四届国家级教学成果特等奖第一获奖者中，除了 1993 年有两位特等奖获得者来自非研究型大学（上海幼儿师专后来并入华东师范大学，因而某种意义上也属于研究型大学），其后特等奖均出自研究型大学。值得注意的是，10 个特等奖中，

有4位曾经担任大学校长，显示高等教育国家级教学成果奖可能更有利于教育—教学管理者，近几次获奖者尤其如此。在1997年普通高等学校国家级教学成旲奖评审会议闭幕式上的讲话中，国家教委主任朱开轩指出："我看到这次评出的特等奖，主要领头人是高景德同志，他是清华大学的前校长，不久前刚去世。他的一生，不仅从事教学工作，而且从事科学研究和教育领导工作，领导清华大学这样一所很知名的大学，作出的贡献确实是很大的。这次大家把他的成果评选为特等奖，这不是偶然的，我感到高兴并深深怀念他。我还看了其他一些获奖名单，相当部分是老教授，年龄都很大了。……高景德先生从第一线退下来的时间很长了，但是他的梯队一直是很强的，我们在宣传的时候要特别宣传这一点。要甘于寂寞，不能搞短期效应，教学的成果尤其不能搞短期效应。教学不仅要看表层次、浅层次的一些问题，而要看得更深一些，要经得起时间的考验。培养出真正优秀的人才来，是非常不容易的。"这些是有道理的，但如果校长在"国家级教学成果奖"中获奖比例过高，那么也有可能引发不同思考。一般说来，大学校长等行政管理人员应该在"教育—学校管理成果奖"——假如有这个奖的话——方面获奖才是比较合理的，而"教学成果奖"应该更多地授予教学人员。当然，以上分析仅是根据特等奖的情况，进一步的分析还可以考察一等奖和二等奖的情况。

需要注意的是，多数教学成果奖获得者或单位都是集体获奖，这样一种鼓励集体团队精神的奖励方式显然具有更大的积极意义，但我们也不能因此完全否认个人的积极作用。如何保证两者之间的适当平衡也需考虑。毕竟不是所有的学科都适宜团队作业的，即使教育学生也不能忽视"一对一"的精英式教育——虽然这种方式不占主流。

第五节　基本结论与政策建议

通过对高等教育国家级教学成果奖评奖的宏观背景、评审政策及奖励内容较为详细的分析。本研究得到以下六点结论。

结论 1：通过设立正式的国家级教学成果奖来彰显对教育教学的重要性无疑是历史的进步。随着国家级教学成果奖设立日久，无论作为政府还是作为教育政策制定者都有必要对这五届成果奖进行历史的反思与初步的总结。

结论 2：各届高等教育国家级教学成果奖评审目的强调重点略有差异，总体差异不大。但在国家级教学成果奖中如何体现人、社会、学术三者之间的适当平衡是决策者与政策研究人员不可忽视的问题。从高等教育国家级教学成果奖“教学成果”内涵的演变可以看出，教学成果奖有可能更利于教学管理者，而不是直接从事教学的教学人员即普通教师。

结论 3：对高等教育国家级教学成果奖奖励分等标准变迁的分析表明，各分等标准之间并没有一个明显具有可操作性的标准。高等教育国家级教学成果奖对“主要完成人”的理解存在继承，也存在变革。比较显著的变化就是 2001 年以前还提出要“直接承担高等教育教学工作”，但到了 2005 年则取消了相应要求。1997 年开始对不同地区、课程的教师采取了政策倾斜，但还可进一步完善。

结论 4：我国高等教育教学的总体质量分布是，越是西部，高等教育的教学质量越低。但与此同时，无论东部还是西部，都有几个高等教育的制高点与最低点。五届国家级教学成果所获奖励的地区分布与人口关系不大，但与普通高等学校总量有较大的相关，而与是否拥有教育部（及其他部委）直属院校，尤其与是否拥有研究型大学——含研究生院及部分进入“211 工程”院校的数量存在显著相关。

结论 5：奖项层次越高，研究型大学获奖的比例越大。由此可见，研究型大学确实是我国高等教育教学质量的代表。同时也表明，高等教育国家级教学成果奖励政策有利于研究型大学，而不利于非研究型大学。

结论 6：如何保证大兵团作业与小团体探索之间的适当平衡值得考虑。不是所有的学科都适宜大团队作业的，即使教育学生也不能忽视"一对一"的精英式教育——虽然这种方式不应占主流。

以上述研究为基础，这里提出三点建议。

建议 1：高等教育国家级教学成果奖的设计思想与具体措施还需要进一步突出重点，明确方向，尤其要保证高等教育国家级教学成果奖的设计思想、主要目的与具体措施之间的一致性。

建议 2：高等教育国家级教学成果奖"教学成果"内涵需要进一步明确，以便把重心转向真正从事教学的教学工作者，至少在教学工作者与教学工作管理者之间有一个适当比例，以便真正提高教学水准。

建议 3：高等教育国家级教学成果奖应分级分类进行，以便更大程度上保证奖励的公平与公正。不仅应该对地区、课程采取适当的倾斜政策，对学科、民族、性别、年龄等同样需要适当的政策倾斜，其目的同样在于保证奖励的公平与公正，从而更大程度地起到教学成果奖应起到的激励作用。

第六章　大学法制（上）：大学与政府的关系

——海峡两岸高等教育体制之宏观比较①

第一节　引言

大学与政府的关系是高等教育发展的一个重要影响因素。高等教育体制集中体现了各国（地区）大学与政府的关系。所谓高等教育体制就是国家高等教育系统的组织与制度。与高等教育系统分为宏观与微观两部分相对应，高等教育体制同样可以分为宏观与微观两部分。其中，宏观高等教育体制主要指办学体制、（行政）管理体制、投资（筹资）体制、招生体制、就业体制等；微观高等教育体制主要指学校内部管理体制，即人事体制、教学体制、科研体制、后勤体制（分配、住房、医疗、退休养老、保险福利等）。20 世纪 80 年代以来，台湾地区与祖国大陆的人员往来日益密切。作为两岸交流的重要组成部分，高等教育的改革与发展同样为两岸教育界注意。众所周知，海峡两岸高等教育走过了一条各自不同的道路，但由于同为中华民族的一部分，两岸高等教育也有不少相似之处。因此，进行两岸高等教育的比较早已引起了两岸学术界的关注。但是，高等教育体制作为影响高等教育改革与发展的最重要的组成部分，在两岸教育发展的比较研究中却所见不多。

---

① 江丕权教授为本章提供了我国台湾地区教育的相关法规文献，特此致谢！

有鉴于此，本节试图在此领域作一专题探讨。由于高等教育体制涉及面甚广，本节把比较的重点集中在 1949 年以来尤其是世纪之交高等教育体制的宏观方面：首先论述海峡两岸高等教育体制各自的基本情况（本研究仅对办学体制、管理体制、投资（筹资）体制进行比较分析，招生体制、就业体制则未论及，相关资料主要来自高等教育的法律规定及其实际运作状况），然后比较它们的异同，最后得出总的结论和建议。我们认为这种比较对加强两岸高教交流，促进国家教育发展都是有益的。我们的研究表明，高等教育宏观体制极大地制约着大学发展。在高等教育的完全计划体制之下，很难想象会有积极的大学管理。当然，这也不是说，当一国（地区）教育体制转向市场主导时必然会有有效的管理。无论如何，大学发展总是处于一定的高等教育体制之内并受其制约，同时，大学管理的有效推行，也反过来推进高等教育体制的完善。

第二节　海峡两岸高等教育办学体制之比较

办学体制主要回答由谁举办学校。世界上有两种基本的办学体制：一种是政府单一办学体制；一种是多主体或多元办学体制。①另有研究则把高等教育办学模式分为“国家模式”与“社会模式”。前者是中央或地方办学，负担办学的全部或绝大部分费用，控制办学的所有权力或绝大部分权力；后者就是政府与社会力量共同办

---

① 王善迈：《社会主义市场经济下的中国教育体制改革》，参见上海市教育科学研究院智力开发研究所编：《面向 21 世纪的中国教育全球视野中的新挑战与展望》，广西师范大学出版社 1998 年版，第 51～58 页。

学，或社会力量独立办学。① 一般认为，高等教育办学体制的问题，是研究中国高等教育体制改革与发展首先遇到的问题。从某种意义上说，办学体制的改革是深化高等教育改革的突破口，因而为两岸教育主管部门和学术界所关注。

一、台湾高等教育的办学体制

（一）台湾高等教育办学体制的法律规定

台湾高等教育的办学体制在其高等教育法规中有明确的阐述。② 具体内容如下。

其一，《大学法》（1948 年制定，1949 年以后台湾当局继续沿用，1982 年 7 月 30 日修正公布）第二条规定："大学分为'国立'、省（市）立及私立。'国立'大学由'教育部'审察全国情形设立之；省（市）立大学由省（市）政府报经'教育部'批准设立之。私立大学之设立，应依照私立学校法之规定办理"。第三条规定："大学之设立，须符合大学设立标准；大学设立标准，由'教育部'定之。大学之变更或停办，须经'教育部'核准。各大学之发展方向及重点，由'教育部'依国家建设需要，参照各校现状妥慎规划并辅导执行之。"

其二，《专科学校法》（1948 年制定，1949 年后台湾当局继续沿用，1976 年 7 月 3 日修正公布）第二条规定："专科学校分'国立'、省（市）立及私立。'国立'专科学校，由'教育部'依教育政策，国家需要，并审察全国各地情形设立之；省（市）立专科学校，由省（市）政府报经'教育部'核准设立之；私立专科学校，

---

① 袁振国：《论中国高等教育从"国家模式"向"社会模式"的转变》，参见上海市教育科学研究院智力开发研究所编：《面向 21 世纪的中国教育全球视野中的新挑战与展望》，广西师范大学出版社 1998 年版，第 143～154 页。

② 台北：《高等教育法规选辑》（高教丛书—法规类），1993 年，第 1359 页。

由创办人依私立学校法之规定，经报‘教育部’设立之。”

其三，《师范教育法》（1979 年制定公布）第二条规定：“师范教育，由‘政府’设立之师范大学、师范学院及师范专科学校实施之。公立教育学院及公立大学教育学系（以下简称教育院、系）学生，修习教育专业科目与师范大学（学院）相同，其志愿与毕业后任中等学校教师者，准用本法之规定。教师进修教育，除由师范大学、师范学院及师范专科学校办理外，得视实际需要，另设机构办理之。”①

其四，《私立教育法》（1974 年制定公布，1991 年修订）第二条规定：“各级、各类学校，除师范学校、特定学校由‘政府’办理，国民教育以由‘政府’办理为原则外，均得由私人申请设立。”由上述法律条文可见，台湾的高等教育办学体制主要分为三级，即“国立”、省（市）立和私立三种。除师范教育、特殊教育与基础教育之外，其他各级各类教育都可以私立。比较而言，《私立教育法》直到 1974 年才制定公布，表明私立大学数量的增加与比例的提高都有一个相对滞后的历史过程。

（二）台湾高教办学体制特征

由台湾公布的高等教育法规可以看出，台湾地区五十多年来一直实行多元办学体制。台湾模仿日本，较好地将市场经济和计划经济结合起来。“政府”在教育发展过程中的作用是积极的，发展和削弱哪些类型和层次的教育，完全由“政府”决定；而市场的作用，一方面表现为对教育的质和量在供求上的调节，另一方面则表现为对“政府”计划和决策的检验和修正。这在所办学校的类型与数量上有明显的表现。

例如，1961 年，公立大学和独立学院仅有 7 所，私立 9 所；到了 1971 年，公立为 11 所，私立为 12 所；1981 年公立大学和独立学院又增加至 14 所，私立为 13 所。进入 20 世纪 80 年代以后，

① 台北：《师范教育法规选辑》，1989 年，第 165 页。

台湾经济发展速度放慢，相应地公私立院校数增加不明显（20 世纪 90 年代以后院校数量又急剧增加），而主要是学科专业的调整与扩充。可见，这一体制对整个台湾教育以及经济的发展具有举足轻重的作用。之所以取得成效，很大程度是由于同时运用了“看得见的手”与“看不见的手”的缘故。

二、祖国大陆高等教育的办学体制

（一）祖国大陆高教办学体制的特征

教育领域中的办学体制是经济领域中基本财产关系的表现。大陆的经济所有制结构是以公有制为主体的包括各种非公有制在内的多种所有制结构，公有制中居于主导地位的全民所有制仍采取国家所有制形式。这种基本财产关系决定了教育领域中的办学体制，仍然是以政府办学为主，包括多种非政府办学主体的办学体制。

（二）祖国大陆高教办学体制存在的问题

从 20 世纪 50 年代开始，祖国大陆实行单一而又高度集中的计划经济。相应地，国家实行集中计划、政府直接管理的高等教育办学体制，政府独家举办高等学校。改革开放以来，祖国大陆的计划经济经过有计划的商品经济走向社会主义市场经济，多元办学体制已成为共识。但是，相当一段时间以来，多元办学体制主要还是一种理性的探讨，实践中的发展步伐明显落后于理论的呼唤。例如，1992 年，在一千多所普通高校中，国家教委有所属院校 36 所，国务院其他部委有所属院校 322 所，地方院校 685 所。这种办学体制，“小而全”、“大而全”，使同类院校和同类专业重复过多，学校平均规模过小。① 经过合并、合作等系列改革，20 世纪 90 年代以

① 王善迈：《社会主义市场经济下的中国教育体制改革》，参见上海市教育科学研究院智力开发研究所编：《面向 21 世纪的中国教育全球视野中的新挑战与展望》，广西师范大学出版社 1998 年版，第 51～58 页。

来祖国大陆办学体制改革有较大进展。目前研究涉及“民办教育法”制定与实施问题、民办教育与高等职业教育管理思路、二级学院办学模式、高校“转制”以及中外合作办学等方面。①

（三）祖国大陆高教办学体制的法律规定

1998年8月29日通过了《中华人民共和国高等教育法》，其中第六条规定：“国家鼓励企业事业组织、社会团体及其他社会组织等社会力量依法举办高等学校，参与和支持高等教育事业的改革和发展。”但直到2002年12月28日，第九届全国人民代表大会常务委员会第三十一次会议才通过《中华人民共和国民办教育促进法》，进而于2004年4月1日起颁布《民办教育促进法实施条例》。由此可见，祖国大陆已经把多元办学体制作为改革方向。只要依法办学，祖国大陆高等教育的办学体制的多元化必将逐步完善并趋于合理。

三、海峡两岸高等教育办学体制之比较

从祖国大陆与台湾高等教育办学体制的情况可以看出两者的不同点与相同点，分述如下。

（一）不同点

1. 从办学体制特征看。如前所述，教育中的办学体制是经济领域中基本财产关系的表现。1949年以后，祖国大陆实行计划经济体制，这一体制在当时条件下适应了社会经济发展。相应的高等教育办学体制也是政府高度集中的单一办学体制，从而保障了国家对人才的数量需求和合理布局。从20世纪80年代至今，这种单一办学格局一直在调整之中，虽然取得了重要进展，但高等教育办学体制总体上并没有根本改变。台湾的高等教育办学体制则几乎一直是多元办学体制，并通过高等教育法规加以保证。

---

① 谢安邦：《祖国近年来高等教育研究的回顾与展望》，《复旦教育论坛》，2006年第2期。

2. 从办学主体与学生人数分布看。随着社会主义市场经济的发展与完善，祖国大陆已经把政府办学为主、多种办学形式并存的多元办学体制作为改革方向，现实情况的变化也正是如此。例如，20 世纪 90 年代以来，祖国大陆进行了合作（协作）、共建、合并、下放、民办等多种形式的办学体制改革。但是，祖国大陆私立或民办高等学校数尤其是学生数都不占多数。台湾的高等教育办学体制实际上也是以“政府”办学为主，但其私立高等学校在数量与比例上远大于祖国大陆。20 世纪 90 年代初，在台湾 42 所高等学校中，私立大学和独立学院有 16 所，占全部高等院校的 38%，而台湾高等学校大学生中私立院校的大学生比公立学校的大学生数还多。① 私立高等院校在台湾整个高等教育中占有重要地位。一些私立大学如淡江大学、辅仁大学、东吴大学、东海大学已有较高知名度。这与台湾当局鼓励私人办学的政策有关。

（二）相同点

1. 祖国大陆已经在法理上和实践中把多元办学体制作为改革方向，这与台湾的高等教育多元办学体制有一致性。

2. 虽然台湾私立院校大学生的人数比公立学校还多，但公立高等学校在两岸教育体系中都居于主导地位。海峡两岸的知名大学一般是公立大学，且私立大学的办学实力与知名度大多不能与公立大学相比（这在祖国大陆尤其明显）。② 这与美国最著名的大学往

① 陈家声等著：《战后台湾高等教育》，厦门大学出版社 1993 年版，第 21、34～36 页。

② 各国各地区的大学差不多都可以分层。台湾的大学大致分为四个层次：第一层次包括“台、成、清、交”（台湾大学、成功大学、“清华大学”、“交通大学”）四所；第二层次主要是“中字号”，即以“中”字打头的大学，如中央大学、“中山大学”、中兴大学、中正大学；第三层次，除上述大学之外的优秀公私立大学；第四层次，各类专科学院。当然，台湾师范大学与台湾政治大学学科结构有些特殊，两校大致居于第二层次。

往是私立大学完全不一样．甚至也不同于日本的大学（日本的私立大学经过长期发展，其私立大学如早稻田大学、庆应义塾大学已成为国际知名学府）。

3. 海峡两岸的一些知名公立大学有共同的历史渊源，如海峡两岸都有“清华大学”、“交通大学”、“中山大学”等。① 这些大学秉承共同的校训，甚至在系所设置上也大同小异而互相借鉴。这在世界上也是罕见的，体现出国家尚未统一时的特征。其他大学（如台湾大学）虽然在祖国大陆没有同名院校，但也与祖国大陆有极深的渊源。

4. 历史上海峡两岸的大学都重视为国家的政治经济服务，又追求大学自主（办学自主权），但总体上难以摆脱大学成为政府机构延伸的倾向。这很可能与海峡两岸的政治体制及相同的儒家文化传统有关。

第三节 海峡两岸高等教育（行政）管理体制之比较

行政管理体制主要回答政府与学校之间，各级政府之间教育决策与管理权如何划分，由谁和对什么问题决策。行政管理体制有集中决策、分散决策、集中与分散结合决策三种类型，或者说中央集权、地方分权、中央集权与地方分权结合三种形式。行政管理体制

① 台湾地区有相当一批大学是祖国大陆高校迁台后“复建”或新建的。除了上述三所，其他著名“国立”大学包括政治大学、中央大学、中正大学、暨南大学（包括一些军事院校）；著名私立大学包括辅仁大学、东吴大学等。还有一些高校与祖国大陆高校同名但没有渊源关系，如台湾的“中国科技大学”与祖国大陆的“中国科技大学”性质上差异甚大。参见台湾《大学院校一览表》，http://reg.aca.ntu.edu.tw/college/search/? open.

与办学体制常常是密不可分的两个方面：由谁办学的问题往往涉及由谁管理，而由谁管理以及怎样管理的问题又往往涉及由谁办学。① 因此，人们在日常生活中对高等教育办学体制与管理体制并不作严格区分，而笼统地把办学体制作为管理体制的一部分。高等教育管理体制是与一个国家整个行政管理体制相一致的。祖国大陆与台湾的高等教育管理体制也与各自的行政管理体制相一致。

一、台湾的高等教育管理体制

（一）台湾高等教育的行政管理机构

台湾高等教育的行政管理机构是“教育部”。“教育部”下设高等教育司、中等教育司、社会教育司、技术及职业教育司等 18 个部门，还设有各种特设委员会。② 高等教育司掌管大学及研究所各项教育事项（大至校长的任命，小至日常生活），下设若干个处级机构，具体处理各分工的职能工作。技术与职业教育司掌管技术学院及专科教育、职业教育事项。

（二）台湾高等教育管理体制的特点与表现

作为高等教育管理体制的一部分，台湾的高等教育管理体制近五十年来也一直在变革中。由于台湾是中国领土的一部分，其内部差异远不如祖国大陆复杂，高等教育管理体制也相对简单。那么，台湾的高等教育管理体制有何特点呢？有研究指出：台湾大学教育建制的特色可归结为“中央”集权化，“教育部”是决定一切教育事务的至尊长老。“教育部”组织法第一条就明文界定：“教育部”主管“全国”学术、文化及教育行政事务，即可以一目了然地看出

---

① 王善迈：《社会主义市场经济下的中国教育体制改革》，参见上海市教育科学研究院智力开发研究所编：《面向 21 世纪的中国教育全球视野中的新挑战与展望》，广西师范大学出版社 1998 年版，第 51～58 页。

② 陈家声等著：《战后台湾高等教育》，厦门大学出版社 1993 年版，第 21、34～36 页。

这样的权威心态。……“中央”集权无形中膨胀了“教育部”之功能，也扩大了该部官员的权力。①

在北京大学百年校庆“高等教育论坛”讲演中，台湾大学校长陈维昭指出：“我们传统的知识分子都有这样的一种志向，那就是能从学术位置被提升到政治位置上，以此作为他们智力成就被承认的一种象征。至今仍然有很多人没有认识到那些献身于教育和学术研究的人应当满足于寂寞的工作，应当从繁忙的社会活动中抽身出来，应当忙于教室、图书馆的研究。……当然，当社会需要学者做一些事情的时候，学者也会被授权担任政治官员而作出他们的贡献，但是他们永远不应该错误地认为政治成就高于学术成就。”②这种认识与呼吁是有道理的，但要抵制各种不良诱惑与风潮又是不容易的。笔者认为，学术界只能以学术品质为最主要的衡量标准。即使所谓“做人先于做事”也要具体分析：只要一个人不违法犯罪（包括不违反基本的伦理道德），那么所谓做人的“好坏”就不是最重要的——更不是唯一的标准，否则无论教师还是学生的个性都将受到挤压，从而无从进行真正伟大的创新。

（三）台湾高等教育管理体制改革的进展

由于“台湾四十多年来的教育从未有过健全体制，总是人存政在，人去政息。个人，其实就是台湾教育的总主宰”。③因此，

① 叶启政：《理念被架空的高等教育》，参见台湾大学教育改革促进会编：《大学教育白皮书》，时报文化公司 1993 年版，第 11～23 页。

② 陈维昭校长所说颇有道理，但是现实情景有时迫使许多准知识分子向权力低头，并成为一时之歪风逆流。有时候某些大学的教师中，无权无势者面临的与其说是学术发展问题，不如说是生存危机问题。陈维昭：《大学的角色与任务》，参见北京大学校长办公室编：《21 世纪的大学》（北京大学百年校庆召开的高等教育论坛论文集），北京大学出版社 1999 年版，第 24 页。

③ 台湾大学教育改革促进会编：《大学教育白皮书》，时报文化公司 1993 年版，第 6 页。

20 世纪 90 年代以来台湾高等教育界追求大学自主的呼声甚高。大学教育行政体系由“中央集权”转向大学自主就是其高等教育管理体制改革的重要变革。已有研究指出，① 台湾《大学法》于 1994 年 1 月完成三读立法程序后，赋予了大学在法律规定范围内的自主权。大学的师生对校务参与及关心的程度已逐渐提高。为顺应此趋势，教育主管部门也进行了若干政策上的改革。一方面调整以往由上而下的决策方式，另一方面也尝试使决策过程透明化，将重要议题交付公开讨论。诸如大学校长遴选制度化、教师资格及学校学籍审核开放授权、大学入学方式的改革等，均显现大学的自主必须直接担负更大的社会责任。

二、祖国大陆的高等教育行政管理体制

（一）祖国大陆高等教育的管理机构

祖国大陆高等教育的行政管理机构是教育部。教育部下设办公厅、发展规划司、人事司、财务司等 24 个司局。其中，除高等教育司外，发展规划司、人事司、财务司、师范教育司、高校学生司、科学技术司等也与高等教育有关。高等教育司的主要职责是：统筹管理各类高等教育，规划并指导高等教育教学改革，制定学科专业设置目录、教学指导文件、指导性教材建设规划、教学仪器和实验设备基本配备标准，指导社会力量举办高等学校的工作。同时，中央各部委、省（直辖市）也设立与教育部职责相似的低一级教育行政机关，管辖下属的高等学校。

（二）祖国大陆高等教育管理体制发展的特点和表现

祖国大陆的高等教育管理体制经历了许多曲折变化。长期以

① 杨国锡：《大学教育发展的问题、策略与展望》，参见厦门大学高等教育研究所编：《两岸大学教育学术研讨会文集》，厦门大学出版社 1998 年版，第 38～39 页。

来，中央教育部（行政部门）、中央业务部门、地方政府对高等教育的管理权责呈现三足鼎立局面。其中，中央教育部的权力是主要和集中的；中央业务部门（国务院有关部门）在教育部的指导下，管理其直属高等学校；地方政府尽管拥有管理地方高等教育的权力，但它们更重要的任务是执行中央教育行政部门的政策和规定。由此可知，祖国大陆高等教育管理体制的中央集权特点是很明显的。① 这种管理体制与计划经济体制是相适应的。随着社会主义市场经济体制的建立，这一管理体制已日益落后，无法适应高等教育自身发展与经济体制变革需求，因而20世纪80年代中期以来高等教育体制改革从未停止过。但是，由于高等教育管理体制改革是教育体制改革中的重点和难点，要改变这种中央集权特点并不容易。因而，有研究认为，时至今日，祖国大陆高等教育仍是集权式管理。这主要表现在以下几方面。②

1. 中央特别是中央政府（部门）仍在直接管理高校。如大学校长、副校长的任命权集中于中央各部门（包括教育部）而不是通过竞争产生。大学行政权力与学术权力的界线不清，以行政权力换取学术权力的事件不同程度地存在，使得学术权力在很大程度上受到挤压，进而挤压非官员学者的生活乃至生存空间。③

---

① 徐辉著：《市场经济与高等教育体制改革》，湖南教育出版社1995年版，第48～54页。

② 顾海兵：《高等教育仍是集权式管理（上）》，《改革内参》，1998年第19期；顾海兵：《高等教育仍是集权式管理（下）》，《改革内参》，1998年第20期。

③ 以往成功的“双肩挑”有时变味为“脚踩两只船”，利益“通吃”，这并非个别现象。大学内外权力部门主管官员同时又在别的大学或研究机构有学术兼职，主持着多项重大课题，招收攻读博士或硕士学位的研究生，这种情况在今天的中国内地非常普遍，且有愈演愈烈之势。鉴于其只对个人有利，而对国家大大有害，显然必要的举措就是“期待官员从学界退场”。参见肖川：《期待官员从学界退场》，《科学时报》，2006年10月24日版。

2. 教育行政部门仍对高校进行大一统式的管理。如专业设置上搞统一的专业目录。课程设置上，教育部门规定所有高校都必须开设政治理论、大学生品德修养、外语、体育等必修课，在高校学生毕业及学位授予管理上，教育行政部门也是直接控制（规定）过多，引发了许多与市场经济不相一致的问题。

3. 教育行政机构设置依旧是集权式的，尚看不出如何适应市场经济需要而使自己变成一种服务性机构，即逐步转向通过立法、执法、协调、服务等方面对学校进行间接管理。目前更主要的是市场经济背景下由权力导致的垄断与非公平竞争。“官本位”必然导致官员向上负责，对下则可能不闻不问，普通教师的合法权利无法得到充分保障。

（三）祖国大陆高等教育体制的法律规定

《中华人民共和国高等教育法》（1998 年）中有关高等教育管理体制的部分主要有三条：“第十一条：高等学校应当面向社会，依法自主办学，实行民主管理。”“第十三条：国务院统一领导和管理全国高等教育事业。省、自治区、直辖市人民政府统筹协调本行政区域内的高等教育事业，管理主要为地方培养人才和国务院授权管理的高等学校。”“第十四条：国务院教育行政部门主管全国高等教育工作，管理由国务院确定的主要为全国培养人才的高等学校。国务院其他有关部门在国务院规定的职责范围内，负责有关的高等教育工作。”由上述法律条文可见，祖国大陆高等教育管理体制主要依法实行两级管理，但国务院其他部门对有关高等教育负有责任。

（四）祖国大陆高等教育管理体制改革的进展

祖国大陆高等教育管理体制改革的方向是，逐步实行中央与省（自治区、直辖市）两级管理、两级负责为主的管理体制。国家教委在 1995 年制定的高等教育管理体制改革的目标是：争取到 2000 年或稍长一点时间，基本形成举办者、管理者和办学者职责分明，以财政拨款为主多渠道经费投入，中央和省、自治区、直辖市人民政府两级管理、分工负责，以地方政府（省、自治区、直辖市人民政府）统筹为主，条块有机结合的体制框架。1999 年 11 月 29 日，周远清（时任教育部副部长）也指出，体制改革到了整体推进、协调改革的阶段，取得了突破性进展，看到了曙光。再经过两年到三年的努力，体制改革就将完成，必将对中国高等教育有着巨大的作用。其中，高教管理体制改革按照“共建、合作、合并”的方针稳步推进，今后，绝大多数中央部门不再办学。① 可以看出，尽管高等教育体制改革很不容易，但经过努力毕竟已经取得了较大的进步。

三、海峡两岸高等教育管理体制之比较

从以上祖国大陆与台湾高等教育管理体制的基本情况，可以看出海峡两岸的一些相同与不同点。

（一）不同点

1. 从历史看，台湾高等教育管理体制的历史变革没有祖国大陆复杂多变。祖国大陆经济体制经过了高度集中的计划经济到有计划的商品经济，再到社会主义市场经济的历史演变。这种演变也带来了高等教育管理体制的相应变革，即由主要面向政府转向主要面向市场——这种转变仍在进行过程中。而台湾则追随美日实行市场经济，其高等教育管理体制在面对市场方面更为容易。

2. 从主管机构看，长期以来，祖国大陆高等学校分属中央教育部、中央各部委、省（市）三个不同条块的部门，中央各部委主办的高等学校在其中一直占据重要的位置。台湾的高等学校没有

① 周远清：《为 21 世纪作准备：中国高等教育的改革与发展》，参见中国工程院教育委员会、中国高等工程教育研究会编：《21 世纪的工程教育》（’99 工程教育国际学术研讨会报告集），1999 年，第 23 页。

“中央”各部委主办这一级。

3. 从法制建立与健全的角度看，祖国大陆高等教育管理的法制化时间较台湾为晚。祖国大陆高等教育管理的主要法律《中华人民共和国高等教育法》与台湾的《大学法》对高等教育管理体制论述的重点也有所不同。《中华人民共和国高等教育法》是有关国家高等教育各个方面的法律，而台湾的《大学法》仅涉及大学管理体制尤其是大学内部管理体制方面。另有师范教育法、专科学校法、私立教育法对有关专门的高等教育作出法律规定。

（二）相同点

1. 从高等教育管理体制的主要特征看，两岸的高等教育管理体制都有集权制的特点，又都有扩大大学办学自主权（学术自主）的共同需求。如何在集权制与分权制之间保持适当的平衡是两岸必须共同面对的高等教育政治学问题与高等教育法学问题。

2. 从高等教育管理体制与政治文化关系看，由于均存在集权制与“官本位”的特点，两者都存在把大学作为政治的延伸的问题。精明的学者常常在政治与学术间“走钢丝”。这对个人可能有好处，但实际却既不利于国家的政治发展，也不利于高校教学科研的发展。“官大学问大”的问题存在于海峡两岸（21 世纪以来这种情况在台湾已经有了相当大的改变）。

3. 祖国大陆的高等教育管理体制正在建立两级办学、两级管理的体制，这与台湾有一致性。

第四节　海峡两岸高等教育投资（筹资）体制之比较

教育投资体制主要回答教育投资由谁负担。教育机构的举办者，无疑也是投资的承担者，但并非是唯一的投资者，投资者可以是多元的。① 伴随高等教育的大众化，国家财政经费趋于紧张，因此，大学通过系列途径联合应对财政危机：学生分担一部分费用；增加私人投资；从事其他增加收入的活动；提高产出与效益（生产力和效率）；重新整理经费的重点和内部渠道。② 陈玉琨认为，祖国大陆教育经费来源可以归纳为六条：财（财政拨款）、税（教育税收）、费（学生学费）、产（校办产业）、社（社会资助）、基（各种基金）。③ 另有研究指出，科（科研基金）、贷（贷款）、息（利息）也是教育经费的重要来源。世界银行的贾米勒·萨勒米也拟订了一张在不同背景下可能找到的不同筹资来源的情况表。④ 这些研究为高校筹资拓宽了思路。

一、祖国大陆高等教育的投资体制

（一）投资战略与投资体制

与教育领域经费短缺的总体情况一致，祖国大陆高等教育领域的经费短缺一度是一个十分突出的问题。如果说 20 世纪 80 年代前期，祖国大陆的投资战略主要是一种资本密集型战略，那么，此后则在思想认识上逐步转向劳动密集型战略。但由于投资体制与办学体制、管理体制密切相关，这种转变在现实中是很不容易的。近年对祖国大陆的高等教育的投资情况已有多方面的研究，此处不再赘述。

---

① 王善迈：《社会主义市场经济下的中国教育体制改革》，参见上海市教育科学研究院智力开发研究所编：《面向 21 世纪的中国教育全球视野中的新挑战与展望》，广西师范大学出版社 1998 年版，第 51～58 页。

② 李国章：《21 世纪大学的管理和财政境况》，参见北京大学校长办公室编：《21 世纪的大学》（北京大学百年校庆召开的高等教育论坛论文集），北京大学出版社 1999 年版，第 151～154 页。

③ 陈玉琨：《高等教育管理专题研究》（华东师范大学博士生课程），1995 年。

④ 世界银行：《中国高等教育改革》，中国财政经济出版社 1998 年版，第 47～65 页。

（二）投资体制及其法律规定

《中华人民共和国教育法》第七章“教育投入与条件保障”与《中华人民共和国高等教育法》第七章“高等教育投入与条件保障”均对教育投资体制作了较为明确的规定。涉及高等教育投资体制的部分主要有：

“第六十条（《高教法》）国家建立以财政拨款为主、其他多种渠道筹措高等教育经费为辅的体制，使高等教育事业的发展同经济、社会发展的水平相适应。国务院和省、自治区、直辖市人民政府依照教育法第五十五条的规定，保证国家举办的高等教育的经费逐步增长。国家鼓励企业事业组织、社会团体及其他社会组织和个人向高等教育投入。”

“第五十五条（《教育法》）各级人民政府的教育经费支出，按照事权和财权相统一的原则，在财政预算中单独列项。各级人民政府教育财政拨款的增长应当高于财政经常性收入的增长，并使按在校学生人数平均的教育经费逐步增长，保证教师工资和学生人均公用经费逐步增长”（“三个增长”）。

上述法律条文有两点值得注意：其一是强调高等教育投资渠道的多元化；其二是强调教育投资的“三个增长”。这对保证国家的高教经费不断增长是非常重要的。

（三）投资体制改革的结果

在改革中，祖国大陆逐步建立了以政府财政拨款为主、多渠道筹措办学经费的高等教育投资体制。世纪之交前后，高等学校已经通过科技开发、发展校办产业、收取部分学杂费、争取社会捐资和设立教育基金等途径，筹集办学经费。①

---

① 周远清：《为21世纪作准备：中国高等教育的改革与发展》，参见中国工程院教育委员会、中国高等工程教育研究会编：《21世纪的工程教育》（’99工程教育国际学术研讨会报告集），1999年，第23页。

20 世纪 90 年代以来祖国大陆高等教育投资来源构成的一些情况表明：祖国大陆高等教育投资的主要来源中，国家的财政拨款仍是且应该是教育经费的主要组成部分。当然，这是根据当前祖国大陆政治经济体制及高校仍以公立大学为主的前提来说的。

今后一个时期内，国家财政拨款占高等教育总经费的比例将不断下降，而其他方面收入将不断增长。投资效益取决于投入与产出的比例关系。世界银行的报告（1998）指出，为了在教育经费有限的条件下扩大高校招生数，有三项改革需要我国同时予以重视：（1）需要提高系统运行效率；（2）增强学校筹措资金的能力；（3）在完善的资助体系建立之后，继续实施成本补偿政策并对其实施情况加以监控。在第二个方面笔者曾进行过有关高校校办产业的投入、产出及其经济效益的研究。结果表明，虽然校办产业类型应该多样化，但科技投入是校办产业发展的关键，如此在与其他企业的竞争中才有比较优势。① 伴随着中国加入世界贸易组织，如何通过多种渠道进一步提高高等教育投资仍然是值得国家与高校研究的。

二、台湾高等教育的投资体制

（一）投资战略与投资体制

投资主体多元化是市场经济国家（或地区）的共同特征，但国家（政府）仍然是高等教育投资主体中的主要部分。从发展中国家不同的经济增长模式看，曾经有两种不同的资本投资战略：② 一种是以物质资本投资为中心的发展模式（资本密集型），如巴西、墨西哥、哥伦比亚和巴基斯坦。这些国家对物质资本的投资 20 倍于

---

① 蓝劲松、薛天祥：《高校校办产业的投入、产出及其经济效益研究》，《有色金属高教研究》，1997 年第 2 期。

② 上海市科学技术委员会：《构筑上海人才资源高地对策研究》，1996 年，第 103 页。

对人力资本的投资，形成了物质资本相对充裕，而人力资本相对短缺的结构，而且是先工业化，而后才致力于教育投资。另一种是以人力资本为中心的发展模式（劳动密集型），如中国台湾地区，韩国、菲律宾、斯里兰卡等国，它们对物质资本的投资只7倍于人力资本投资，先投资于教育，再实现工业化，因此人力资本相对充裕。根据发展经济学家埃德曼德计算，实行后一种发展模式的国家和地区，经济增长率比前一类国家要高。

（二）投资体制及其有关规定

台湾的教育投资体制采用的是总量和比率同时增长的办法，即无论财政规模扩大还是缩小，均要保持教育投资的总量和比率的同时增长。这一点甚至通过其所谓“宪法”加以保证。其所谓“宪法”一百六十四条规定：“教育、科学、文化之经费，在中央不得少于其预算总额百分之十五，在省不得少于其预算总额百分之二十五，在市、县不得不少于其预算总额百分之三十五。其依法设置之教育文化基金及产业，应予以保障。”可见，台湾地区的有关教育规定对各级“政府”的教育投资是有明确规定的。

（三）投资体制的运行结果

随着台湾经济的恢复与发展，其政府的教育投资经费基本上同步增长。例如，1952年台湾教育经费支出占省财政总支出的比例为24.84%，1980年这一比例增加到25.02%，1983年又增加到26.4%。台湾教育与经济发展的互动甚至表现出某种规律性：在经济起飞之前（初级阶段），着重发展基础教育；在经济腾飞初期，得力于专科教育、职业教育、私立高等教育；经济发展的近期，本科教育与研究生教育受到极大的关注，并有条件吸引更多的留学生回归就业。① 经济发展阶段与教育（发展）投资的重点变迁规律表

---

① 李泽彧、武毅英著：《战后台湾高等教育与经济发展》，厦门大学出版社1996年版，第62～69页。

明，教育投资重点与经济发展阶段有密切的关系。随着经济发展由初级阶段进入到发达阶段，教育投资的重点也将从基础教育转向高等教育（基础教育的经济保障是前提）。当然，相对台湾而言，祖国大陆的经济社会发展很不均衡，因而国家的教育投资必须更多地综合考虑各种不同情况。

三、祖国大陆与台湾高等教育投资体制之比较

（一）从国家投资战略与投资体制的历史演变看

由于海峡两岸经济体制发展不一样，因而教育投资战略与投资体制也不一样。总的说来，台湾较早就确定了劳动密集型战略并逐步完善，这对台湾经济发展起到了促进作用。祖国大陆为了尽早由传统农业社会变为现代工业社会，较长时期内更多地实行资本密集型战略。即使是教育投资，也优先投资于理工科建设。应该说，这为国家的科技与教育打下了一个较好的基础。随着 20 世纪 80 年代以来尤其是近年来的改革开放与经济发展，祖国大陆提出了“科教兴国”战略，并在“211 工程”、“985 工程”投资中给予了重点支持。可见，由于经济体制不一样，祖国大陆与台湾的高等教育投资体制在前期有很大不同，但近年来教育投资的战略也有一致性。

（二）从投资体制及其法律规定看

计划经济时代，祖国大陆的高等教育投资体制是渠道单一、条块分割。走向市场经济以后，祖国大陆在法律与实际运作中走向投资主体多元化。中央的教育投资比例逐步下降。这种投资体制多元化使两岸趋向一致。同时，无论台湾还是祖国大陆对高等教育的投资都有较明确的规定。台湾地区的有关教育规定明确了“中央”、省、市（县）三级的教育、科学、文化投资占各自预算的比例。祖国大陆的教育法则保证教育经费的“三个增长”。

（三）从投资体制的改革趋势看

如前所述，祖国大陆的高等教育管理体制与台湾不同之处是：

祖国大陆高校分属教育部、中央各部委、省三个不同条块的部门，相应的高等教育投资也由这三大部门分别投资。这种投资体制的弊端人们已早有认识。① 近年来祖国大陆高等教育管理体制转向两级管理、两级负责，以地方政府统筹为主的管理体制。这意味着高等教育投资除了少数高校主要资金来源于中央，多数高校主要资金将来源于地方政府（私立高校则主要来源于生源市场等）。台湾的经济体制与高教投资体制远较祖国大陆简单，没有“中央各部委”这一级，因而其“政府”投资就是“中央”、省二级（市级保证基础教育）。由此观之，两岸高等教育的投资主体一方面走向多元化，另一方面“政府”投资都是“教育部”与省两级（祖国大陆高教体制仍未最后定型，还有少数中央各部委直属高校）。

第五节　几点启示

人们常常把教育领域中的种种问题最终归结为体制问题，然而作为研究者需要的主要不是情绪宣泄或纸上谈兵，而是理性判析与切实行动。况且，体制的变革（改良、改革与革命）是十分复杂的事情。20 世纪的中国教育不乏改革甚至革命，其中有些变革是成功的，有些变革不够彻底，有些变革则过于走极端。在 21 世纪到来的今天，我们看到整个 20 世纪，中国整个国家及其教育体制已经发生前所未有的变革。通过 20 世纪后 50 年尤其是 90 年代以来高等教育管理体制的简要比较，笔者发现海峡两岸高等教育体制存在一些相同与不同，可以得到以下几点启示。

第一，目前比较教育学通常进行的是教育的国际比较，显然还

---

① 徐辉著：《市场经济与高等教育体制改革》，湖南教育出版社 1995 年版，第 48～54 页。

可以把比较的重心转向国内不同地区的比较。① 如同中国不同地区存在社会经济的差异一样，教育尤其是高等教育在不同地区的发展也很不均衡。即使在发达地区，高等教育发展也存在不同的模式。长江三角洲与珠江三角洲等教育发展的模式就不完全一样，例如，在高等教育投资体制方面，珠江三角洲显然比长江三角洲的高等教育发展更多地得到港澳同胞的经济支持。台湾地区与祖国大陆高等教育发展的模式则差异更大。因此，研究者不仅要重视教育的国际比较，还要重视国内不同地区教育的比较。当中国高等教育管理体制更多地由中央集权转向地方统筹为主时，地方政府将更重视把高等教育与地方社会经济相结合，因而，高等教育（大学）的发展模式与类型在中国这样辽阔的国土上将更为多样化，从而为一国之内高等教育的比较研究准备了条件。而这种一国之内的教育比较，也可以为政府的宏观调控提供依据。因此，笔者认为教育（高等教育）的比较研究不仅包括国际比较研究，也包括国内不同地区教育发展的模式比较。既然经济学、社会学研究重视一国内部社会经济的发展的“类型比较法”（如费孝通对中国社会经济发展的研究方法），那么这种方法应当同样适宜于教育学研究（包括高等教育学研究）。甚至可以说，这种方法的现实意义将不亚于已有的重视国际比较的“比较教育学”。

第二，当前市场全球化的趋势日益明显，随着中国“入世”，高等教育也面临着全球性竞争。市场调控的一般原则是“尽可能市场，必要时政府”。按照这一原则，国家（政府）职能之一是制定完善高等教育的有关法律规定并监督执行，即扮演“裁判员”而不

① 在人们的印象中，比较教育学似乎就是国际比较。实际上，国家内部的比较在学术界早有提倡，只是在我国多不被视为主流。何塞·加里多所著《比较教育导论》即把“国家内部的比较”视为教育比较的三大单位之一。参见：[西班牙] 何塞·加里多著，万秀兰译：《比较教育概论》，人民教育出版社 2001 版，第 119～120 页。

是“运动员”角色。如在高等教育办学体制方面，就要“办学多元化”，即依法办学，维持并促进不同高等学校之间的有序竞争。在高等教育管理体制的方面，就要“管理简单化”，即“抓大放小”，在保证少数重点大学服务于国家整体利益前提下，使多数大学转向为地方服务。在筹资体制方面，就要“利益最大化”，即高等学校要通过多种途径，筹集尽可能多的资金服务于学校建设事业。

第三，无论台湾还是祖国大陆，“集权式管理”在高等教育管理中仍然占有重要地位（尤其以祖国大陆为甚）。如何看待这一现象？笔者以为，无论“集权式”，还是“分权式”（集中或民主），其本身无所谓好坏，关键取决于管理是否能带来整体利益的最大化。民主以人民的理性为前提。“乱则威，治则惠。”军队更多实行“集权式管理”，高校更多实行“分权式（民主）管理”，这取决于组织的性质与任务。但无论何种管理形式，均以法律为准绳。既然市场经济是法律经济，那么高等教育管理也就必须依法管理，由“人治”转向“法治”。

第七章　大学法制（下）：大学内部管理体制

——论中英两国大学学院制及导师制之异同

教育制度设计是中国教育改革需要解决的问题。一般认为，教育体制的改革是中国教育改革的关键。国家宏观层面的教育体制改革已经有多方面的比较研究，相对而言，大学内部的微观制度比较研究则相对较少。其中，学院制与导师制均有悠久的历史，但这并不意味着这些制度就是完美无缺，尤其在这些制度推广到中国的时候，有可能因为社会经济与历史文化的差异而无法落地生根。作为大学最主要的制度之一，虽然解放前我国就推行了学院制，但新时期的学院制与导师制则时间不长，远未完善，因此还有进一步研究与推广的必要。文献检索显示，已有对学院制与导师制的多数研究对两者是分别进行的，且研究者对英美等国的学院制与导师制虽有介绍，① 但是从国际院校比较的角度进行的研究却并不多。作为世界上培养了最多诺贝尔奖获得者与人文大师的学府，剑桥大学与牛

---

① 这方面的主要文献包括戚业国：《论大学学院制度的形成、发展与改革》，《高等教育研究》，1996 年第 5 期；邓岚等：《英国综合性大学的学院制模式分析》，《湖北大学学报》（哲学社会科学版），1996 年第 5 期；赵敏：《从牛津大学的导师制看我国施行本科生导师制的必要性》，《南京航空航天大学学报》（社会科学版），2001 年第 3 期；刘洋：《住宿学院与耶鲁大学的学生管理》，《石油教育》，2003 年第 2 期；严燕：《学院制的内涵与学院的设置》，《教育研究》，2005 年第 6 期；严燕、耿华萍：《学院制在西方大学中的发展脉络及其共性研究》，《苏州大学学报》（哲学社会科学版），2005 年第 5 期；全思懋等：《剑桥和耶鲁住宿学院制模式对我国大学学生宿舍管理的启示》，《高等农业教育》，2005 年第 7 期。

津大学学院制的“牛津—剑桥模式”显然是不可忽略的①。多方面的考察表明，“牛津—剑桥模式”的成功经验值得学习，但与此同时，该模式也存在一些我国大学难以学习的经验。笔者试图以中英两国著名大学实行学院制与导师制的情况为考察对象，对两国大学相关制度（尤其是管理制度）进行简要比较，并提出一些初步结论。

第一节　学院是什么

在讨论中英两国的学院制之前，有必要先了解一下世界学院概貌，看看学院究竟是怎么一回事。说起来，学院并非像人们想象中的那样简单。即使在中国，一所号称“学院”的大学下面往往还具有诸如“文学院”、“财经学院”、“外语学院”之类的“学院”。虽说汉语都是“学院”，但前面的“学院”与后面的“学院”显然不是一回事。至于在国外，“学院”更是五花八门，一般的教育学者尚有可能不明所以，普通民众更不了解。

“学院”是一个具有丰富学术内涵的语汇，它不仅反映着高等教育观念的历史沿革和学术组织制度的创新历程，而且体现着高等教育学术组织的多样性和层阶性。② 就“学科学院”而言，其形成

① 英国大学的模式大致有四种：牛津—剑桥模式；伦敦大学模式；地区大学模式；苏格兰模式。本章仅考察体现“牛津—剑桥模式”最主要特色的学院制与导师制。参见张泰金著：《英国的高等教育历史·现状》，外语教育出版社 1995 年版，第 6 页。

② 英语中与汉语“学院”相当的常见用语有以下几个：faculty，college，school，academy 和 institute。不同的“学院”有其特定的源流与内涵，因此使用或翻译中需要加以具体辨别。参见顾建新：《“学院”考辨及翻译》，《比较教育研究》，2004 年第 11 期。

与组织结构可谓由来有自。据考证，作为教师、学生、图书资料集结的产物，大学内部各学院的形成与中世纪学者对《圣经》的解读有关。①《旧约圣经·创世纪》有“人性”的“三重祝福”，即人的灵魂乃上帝的肖像、亚当获赐伴侣夏娃、人掌管万物成为万物之灵。中世纪学者从中获得启示，于是逐步形成了各学院的定位：第一重祝福涉及人性的尊严，大学中的“人文学院”，集中探讨人与自身关系的学问；第二重祝福的“伴侣”，形成人际关系，这就催生了“社会学院”，集中探讨人与人之间关系的学问；第三重祝福，上帝把世界托付给人类管辖，是为“人与物”关系的“自然科学院”的研究课题。② 进而又设立探讨“人与天”关系的“神学院”，处理“人与自己身体”的“医学院”。至于其他学院（尤其是各种职业学院）则随着时势的推移逐步设立，于是，大学设立的各个学院完全顾及了人的各个侧面，大学自身也成为汇集宇宙学问的场所。

事实上，12 世纪各地创立的大学“学院”成果逐渐出现：“人

---

① 邬昆如主编：《哲学概论》，中国人民大学出版社 2005 年版，第 15～16 页。

② 一般认为，专门处理基本原理问题的文理学院（含人文学科、社会科学、自然科学）是任何一所称为“大学”的机构所必不可少的。哈佛大学 12 所学院中，本科生院 1 所：哈佛学院（原来还有一所只招收女生的莱德克利芙学院，后来与只招收男生的哈佛学院合并）。研究生院 11 所：文理学院、商学院、肯尼迪政府学院、设计学院、教育学院、法学院、神学院、医学院、牙医学院、公共卫生学院。在这 11 所研究生院中又以文理学院，即文理研究生院规模最大，它包括 39 个系：自然科学 9 个系、社会科学 8 个系、人文学科 22 个系。美国其他老牌大学也存在类似情形，如耶鲁大学主要包括三个学术部门：耶鲁学院（Yale College）为本科生院（the undergraduate program)、文理研究生院（the Graduate School of Arts and Sciences），其他学院则是专业研究生院（the professional schools）。近期复旦大学等校建立的本科生院——“复旦学院”与之类似，这是否意味着中国将兴起新一轮“效法热”有待观察。

文学院“催生了文艺复兴，更催生了民族国家的形成；“社会学院”带动了启蒙运动，以自由、平等、博爱建立理想的社会；“自然科学院”推动了产业革命，引起了私产和共产的争端；“神学院”带动了宗教改革，迫使一言堂的宗教多元化；“医学院”开启了研究生命的热潮，生物革命也因此启动。时至今日，大学在人才培养、学术研究、社会服务等诸方面异军突起，已经从社会的边缘摇身一变成为社会的中心之一。各国政府无不试图借助大学的力量，以便为其参与国际社会—经济竞争助一臂之力。当然，这也给大学运行的逻辑规则带来巨大的冲击。各个大学与学院不得不在“人、学术（知识）、社会”三者的互动中寻求平衡。

一般说来，学院主要有以下四类①：

第一类是“古典学院”。这类学院起源于中世纪，几乎与大学同时产生。这是大学领导下的、主要进行综合普通教育的、集中于一栋或一群院落内的、有财政自主权和独立法人地位的师生共同体，常被称为 hall、house、collge。古典学院像是一个小社会或大家庭。学院建筑的基本模式是一个由教堂、大餐厅、学生宿舍、教师住宅、院长住宅、办公室和讲堂等围成的方院，院内是草坪和水井，并常有一座壮观的大门。这种全封闭的四方院的来源，与中世纪的修道院有关。这种环境最有利于不问尘世，一心修养学经。②本章所讨论的英国“牛津—剑桥模式”的学院制就是指这种古典学院。需要指出的是，哈佛、耶鲁、普林斯顿等美国老牌大学的本科教育大多继承了英国学院制的传统，其本科学生尤其是一年级新生是学校的重点保护对象，大都住在校园古老而条件优越的“住宿学

---

① 杜作润主编：《世界著名大学概览》，四川人民出版社 1994 年版，第 8～10 页。

② 关肇邺：《清华大学新图书馆的建筑设计》，参见庄丽君主编：《世纪清华》（之二），光明日报出版社。2001 年版，第 46 页。

院”（halls of residence）里。以下是部分名校的住宿（古典）学院概况（表 7-1）。

表 7-1　英美名校的住宿（古典）学院概况

学校	牛津大学	剑桥大学	哈佛大学	耶鲁大学	普林斯顿大学
学院	39	31	12	12	5

第二类是“专业学院”或“学科学院”。它们常以专业、学科教育为主，其中许多只进行研究生层次的教育，常叫做 Faculty、college、school、institute。这是前一类学院的变种，大多既从事教育，又从事科学研究，同时还是一级行政管理机构，有相对独立的人事和财务权力，有注册本院的学生。例如，哈佛大学设有 11 所研究生专业学院，意大利的锡耶纳有 7 所这样的学院，德国的哥廷根大学则有 6 所这样的学院。这类学院之下，通常还有更次一级的学术组织，叫做 department、faculty，我们称之为系。有的系之下或与系相当的水平上，还有更细的划分，我们称之为专业或专门化。这类学院是从产业革命开始，为了适应社会需求越来越复杂，大学越来越大的状况，组合以往的小学科、小专业，以“学科群”或“专业群”为基础建立起来的。它使大学放弃了早期那种过分宽泛的、勉为其难的综合。其建院的直接原因，除几个相近的系或专业集合成院之外，有的是原来的独立学院，并入某一大学之后，保留下来的校史陈迹；还有一些学院，是它升为大学后的学院原身；此外，也有一些学院属于捐赠性质。

第三类学院是一般只具有行政组织和协调功能的学院。如剑桥大学就有 4 个这样的学院，学院之下甚至还有更次一级的系、部级组织，它们主要负责分门别类地组织各专业学科的教师，开出全校的课程，或与前述各学院进行协调和联络。而在我国，各大学现行的研究生院，实际上属于这类学院，但没有更次一级的独立的系科建制。

第四类学院是独立学院。① 它们不属于某一大学。这类学院一般只有院、系两级。也有三级建制的，如麻省理工学院，其下还设有既是教学、科研的学术权威机构，又是行政机构的 6 个学院（faculty），这些学院之下还有系或专业的纯学术组织。西方国家的其他独立学院，则既有专科学院，如维也纳音乐艺术学院，也有普通的学院，如美国的阿默斯特学院等。我国和苏联的独立学院，一般为专业学院（很多已改为大学）。

第二节　大学学院设置的时间序列比较

上一节我们简单介绍了学院的概貌。在“牛津—剑桥模式”中，学院制及相关的导师制是其最主要的特色之一。牛津、剑桥为何人才辈出，成就卓越？② 要了解这一点，就必须对学院制与导师制有所了解。学院（collegium，一译书院）这个拉丁词的原意指一群人生活在一起，从事同一个事业③，即前述的“古典学院”。

牛津大学创办之初就形成了学院为主、大学为辅的管理体制，

---

① 当前中国的“独立学院”有其特定内涵。参阅本书第八章有关论述。

② 剑桥大学是世界上获得诺贝尔奖最多的大学。从 1904 年至今（2006 年），剑桥大学总共获得了 81 个诺贝尔奖，其中 29 个物理学奖，22 个医学奖，19 个化学奖，7 个经济学奖，文学与和平奖各 2 个。在剑桥诸学院中，圣三一学院（Trinity College）有最多的诺贝尔奖获得者（31 人次）。1950 年，罗素（Bertrand Russell）因所著《西方哲学史》（*A History of Western Philosophy*，1946 年版）获得剑桥首个诺贝尔文学奖。参见：The Nobel Prize，http://www.cam.ac.uk/cambuniv/nobelprize.html.

③ 梁丽娟编著：《剑桥大学》，湖南教育出版社 1990 年版，李约瑟序言。

目前共由 4 个学术部门组成，即人文学部、数学、物理与生命科学部、医学部、社会科学部。目前牛津有 39 个独立的自我管理的学院，此外还有 6 个 permanent private halls（这是由不同的新教教会建立的）。halls 的权力和责任与学院相似。6 个 halls 和 30 所学院可以接受本科生与研究生；有 7 所学院只能接受研究生；还有两所学院招收的是特殊的非全日制学生。① 1974 年以后，除了 St Hilda College 只招收女生，牛津大学其他学院均男女兼收。

剑桥大学有学院 31 所，其中有 3 个女子学院（New Hall 学院，Newnham 学院和 Lucy Cavendish 学院），2 个只招研究生的学院卡莱尔学院（Clare）和达尔文学院（Darwin）②。剑桥的第一个学院是 1280 年建立的彼得·豪斯（Peter House）学院。剑桥大学最著名的学院有三所：国王学院（King's College）、圣三一学院（Trinity College）、圣约翰学院（St John's College）。从 1996～1997 学年到 2000～2001 学年，剑桥大学学生分别为 15 911 人、15 821 人、16 083 人、16 314 人、16 519 人。③ 到 2004～2005 学年度，剑桥大学有学生 17 478 人，其中本科生 11 979 人，研究生 5 499 人。在各学院当中，圣三一学院有本科生 745 人，哈默顿学院（Homerton）有研究生 597 人，均居各学院之首。

中国大学的院系设置时间不尽相同。大体说来，中国大学的学

① About Oxford University，http://www.ox.ac.uk/aboutoxford/.

② 统计资料表明，剑桥大学的卡莱尔大厅学院和达尔文学院也并非绝对不招本科生，只是招的本科生太少。该校数据显示，2006 年 2 月卡莱尔大厅学院有本科生 3 人，研究生 149 人；达尔文学院有本科生 9 人，研究生 469 人。The Colleges of the University，http://www.cam.ac.uk/cambuniv/colleges.html.

③ Total Number of Full-time Students，http://www.admin.cam.ac.uk/univ/annualreport/2001/j.html.

院制变革走了一个“之”字形道路。如清华大学的学院制发展大致可以分为三个阶段：1928 年开始的学院制初创与确立阶段、1952 年开始的学院制取消阶段、1978 年以后的新型学院制创建阶段（重建综合性大学时期）。北京大学则于 1931 年建立学院制，分文、理、法 3 个学院，解放后则调整为文理为主的综合性大学，进而于改革开放以后同样进行了新型综合性大学的建设。总体说来，学院制的变动反映了 20 世纪美苏两国对中国政府的拉动及中国的政治—文化体制选择。

大学学院设置的时间序列比较显示，中英两国的学院制存在如下异同。

（一）相同点

第一，从建立学院的时间长度看，“牛津—剑桥模式”的学院与中国的学院都有较悠久的历史。从剑桥大学的第一个学院——彼得·豪斯学院算起，剑桥的学院已经有 720 多年的历史。中国的清华大学、北京大学等主要高校几乎都在 20 世纪 30 年代前后建立学院，至今也有七十多年的历史。虽然在英国大学看来这个历史太短，但对中国现代大学而言，七十多年的历史已是不短。

第二，从两国学院建立后的发展历程看，“牛津—剑桥模式”与中国的学院创建都有不少波折。如剑桥大学 16 世纪前有学院 16 所，但其 17～18 世纪 200 年间没有创办一所学院，直到 19 世纪以后才又陆续创办一些新的学院。这应该与当时的历史社会背景有关。类似地，中国学院制一波三折，其发展经历了初创、取消、新建等阶段，受当时的政治经济环境影响极大。这一历程既显示出学院制既具有顽强的生命力，同时也是时代需要的产物。

第三，当前“牛津—剑桥模式”与中国大学的学院数量都比较多。如剑桥大学有学院 31 个，牛津大学有 39 个学院；清华大学则有学院 14 个学院（另有若干独立系或研究院），北京大学有 16 个实体学院。总体上说，中国高校已经由长期以来的校、系、室转向校、院、系三级管理结构，虽然有些院校还有若干独立院系，但基本实现了学院制在新的历史条件下的重建。

（二）不同点

英国与中国大学学院最大的不同点是性质不同。剑桥大学的学院是学生之“家”（住宿学院），实行导师制，同时学院内部各种专业与学科共处（下文再具体论及）。而中国大学的学院是按学科门类设置的“学科学院”，学院由相近专业学科的师生构成。正是由于性质的不同，从而导致了进一步的系列差异。

第三节　学院在大学的作用比较

在“牛津—剑桥模式”中，学院在大学的作用是多方面的。其中典型地表现在对上——大学与对下——学生两个方面的作用。在前者，“牛津—剑桥模式”的学院是拥有自身财产与收入的独立机构，按照大学规则任命教师，并对所选择的学生负责，学生的教学由学院与大学共同承担。学位由大学授予。在各个学院内部，来自不同学科的教师与学生集聚在一起。这种学科交叉有利于思想的自由交流，甚至由此催生了许多的新公司。圣三一学院和圣约翰学院还建立了科学园，为创业提供便利，从而为把剑桥大学建成为变革与技术中心立下了汗马功劳。

如果说前者是一种向上的作用，那么，学院对学生的作用就是一种向下的作用。这可以概括为四个方面。①

① 剑桥大学：“学院”（the Colleges），http://www.cam.ac.uk/cambuniv/colleges.html.

一、膳宿

几乎所有的本科生都在学院膳宿并度过其整个大学生活。食堂是学院集体生活的重要场所。台湾女作家桂文亚在其《与亨利八世共进午餐》一文中，写到她和几位好友满脸“神圣”的模样坐在圣三一学院的仿佛教堂般的食堂里吃一次“伟大的三一餐”的时候，她论及“膳宿文化”对人们心灵的震撼作用①。可见，牛津大学、剑桥大学的学院的膳宿除了饮食功能，实际上还隐含着潜移默化的教化功能。

二、教学

学院是学生食宿与社会化的场所，也是学生接受小班辅导（small group teaching sessions）——被认为是一种管理的地方。这种学生接受小组辅导的管理系统被认为是世界上最好的教学模式之一。大学的教学比较松散，学院的辅导较为自由。辅导一般在教师的宿舍内进行，往往边讨论，边喝咖啡，气氛融洽。这种小班辅导是在独立的教学质量评价中使得剑桥大学、牛津大学成功的主要原因之一。

三、福利

大量的支持系统保证学生作为个体的一员而受到尊重，还特别使得海外学生也能充分融为一体。这使剑桥大学、牛津大学成为学生退学率最低的学校。除了大学提供资源外，各个学院都有自己的图书馆和运动设施，其中一些学院还有自己的酒吧、剧院、俱乐部和社团，它们提供多种多样供学生参加的非学术性项目。剑桥大学副校长安娜·朗斯黛尔（Anne Lonsdale）指出，剑桥大学每个学院都为学生创造了多学科的工作和学习环境。使学生具有宽广的知

---

① 李繁友编：《剑桥深呼吸》，西苑出版社 2002 年版，第 9～10 页。

识面和视野是剑桥大学育人的特点之一。除专业课程外，学校还为学生开设了音乐、戏剧、运动、新闻学等课程，还经常举办各种课内外活动，组织各种各样的俱乐部。

四、财政

除了大学提供的基金外，许多学院也为其成员提供各种赞助。许多学院都有老校友捐赠的各种奖学金和大量藏书。学院的经费，一靠创办时和以后得到的捐赠（土地、房屋、钱）和信托金；二靠昂贵的学费收入。

总之，学院制的好处我们可用著名科技史学家李约瑟（Joseph Needham）的评价来概括："当一名剑桥学生之所以优越，最主要的也许是因为那里实行按楼梯安排学生宿舍的制度。"

与"牛津—剑桥模式"的学院相同，中国大学各学院在大学的作用同样是多方面的，也包括对上——大学与对下——学生两个方面的作用，但是在作用的方向与力度方面差异甚大，主要作用可以概括为一个词：承上启下。鉴于这方面的情况人们比较熟悉，这里不赘述。

英国"牛津—剑桥模式"与中国大学的学院在各自大学的作用存在相同之处，更存在众多不同之点。

第一，财务管理不同。英国大学各学院是拥有自身财产与收入的独立机构。中国大学与此不同，其下属学院可能拥有较多财产与收入，但更大的财产与收入不在学院而在大学层面。

第二，学科交叉差异大。由于中国大学的学院是按相同或相近学科构成的教学—科研集合体，所以其学科多属于同一大的门类。学科沟通比较容易，人们之间有更多共同语言，更主要的是便于管理。但是其缺点也很明显，即不利于学科交叉。虽然国家与学校一直在鼓励交叉，但是学院之间与学院内部学术交流并不很多。总体说来，中国不少大学的学术行为与生活行为是平行而不是交叉的两条道。

第三，建立科学园区的层面与动力不同。“牛津—剑桥模式”下属学院（如圣三一学院和圣约翰学院）可以建立自己的科学园，是师生与学院自下而上的推动，公司一开始就按市场规范运作，开始风险大，强调建立核心技术与能力。中国的大学是由学校出面建立统一有规划的科学园，宏观调控力度大，是一种由政府与学校双向互动的经过。中国大学下属企业集团公司从属于大学，打的是“大学牌”，公司与大学关系有待进一步厘清，公司核心技术与竞争力需要进一步加强。

第四节　大学与其学院分工之比较

英国大学与其学院的分工前文已经涉及。英国剑桥大学副校长安娜·朗斯黛尔女士也详细阐述过有关“牛津—剑桥模式”的大学及学院的分工①。总的说来，中英大学与其学院分工存在共同之处，但差异似乎是主要的。

一、教学管理与课外生活分工明显不同

中英大学的学生教学均由学院与大学共同承担，但“牛津—剑桥模式”的学生住宿、膳食、文娱活动及对学生的个别辅导由学院负责，中国大学学生的课外生活则主要由学校后勤部门而不是学院本身负责。所以，中国大学的学院是师生的“工作场所”，对学生的学习负责（而不是学生的“家”）。学生的“家”属于学校后勤管

① ［英］安娜·朗斯黛尔：《教师发展与教和学中的质量保障》，参见教育部中外大学校长论坛领导小组编：《中外大学校长论坛文集》，高等教育出版社 2002 年版，第 247 页。

理部门，该部门对学生生活负责（虽然也含有教育职责，但不是主要的）。同时各学院与后勤部门都对分管副校长负责。这与剑桥大学的学院功能完全不同。

二、大学与学院的地位显著差异

英国大学的学院并非介乎大学和系所之间的一层机构，而是一个独立的实体或“家族”。中国的学院正好相反，学院属于大学和系所之间的一层行政机构，不是一个独立的实体或“家族”。

三、学生身份不同

中国大学的学生同样具有大学与学院的双重身份：学生出了校园，都是某大学的学生，回到学校就属于不同的学院，但这并不意味着大学概念的消失。大学各学院由于性质不同并不存在竞争关系。因此这方面“牛津—剑桥模式”的住宿学院与中国大学学科学院差异极大。

四、校园建筑也存在某些差异

中国大学各学院可能都有自己的办公楼与图书馆（资料室），但学院一般没有自己的宿舍——大学提供公共的学生宿舍、礼堂、教学楼、博物馆、植物园、图书馆等公共设施。教堂存在于英国大学，但是中国的普通大学没有教堂。《中华人民共和国教育法》第八条明文规定：“国家实行教育与宗教相分离。”中国大学属“后发外生型”，中国人传统的信仰非常现实而功利，且“宗教情绪不强烈”。可以说历史上宗教并不是中国人精神生活的必需品，当前政府也不允许普通大学建立教堂。此点与西方大学完全不同。

五、教育方法趋向一致

“牛津—剑桥模式”的教育方法强调自学为主基础上的师生互

动，中国重点大学低年级学生主要由教师负责讲解为主，注重教学管理。但随着年级升高，越来越强调自学能力的培养与研究能力的提高。

对英国大学学院制进行评价不是本书的主题，但是，院校比较本身就意味着某种评价。毫无疑问，学院制存在近八百年的历史本身已经证明了这种制度的旺盛生命力，而牛津大学、剑桥大学众多英才与杰出成果则从另一侧面为这一制度提供了有力证明。但是，正如其他制度一样，学院制也需要完善。在 2002 年 7 月北京召开的“中外大学校长论坛”上，牛津大学校长科林·卢卡斯（Colin Lucas）就指出，牛津大学的管理构架（含学院制与导师制——笔者注）“所带来的大学管理问题太多”，因而“我本人并不推崇这种制度”①。近期美国加州大学伯克利分校经济学教授钱颖一（清华大学经济管理学院特聘教授）在“清华的社科与人文”学术演讲中则指出，以“住宿学院”（residential college）为组织基础的“牛津—剑桥模式”的优点在于：本科生培养具有优势，研究生培养也对极少数天才学生有益。但这种模式的缺点在于：学科专业越分越细，不利于大规模培养研究生。因此，该模式正向美国模式靠近。这些都表明，英国大学的学院制存在优势与不足的“二重性”，需要进一步扬长避短。

第五节　大学导师制的中英比较

近年来，中国不少大学都在尝试推行本科生导师制。那么中英两国大学的导师制有何异同呢？下面我们看看两国各自的情况。

---

① ［英］科林·卢卡斯：《21 世纪的大学》，参见教育部中外大学校长论坛领导小组编：《中外大学校长论坛文集》，高等教育出版社 2002 年版，第 90 页。

一、英国大学的导师制

导师（tutor）是学院制的核心，但导师制发源于牛津大学，据说是15世纪初创办“新学院”的温切斯特主教威廉·威克姆（William Wykeham）所首创。剑桥大学与牛津大学都实行导师制，两者基本相同。“像别的大学一样也利用讲演、上课和讨论会的方式，然而学院教学的基本方式却是每周一小时的导师面谈，即学生在课程中至少有一部分时间要单独去见导师，朗读自己的读书报告，听取导师的评语。导师本来就负责挑选本学院的入学新生，又只分配到少数的学生，因此往往有可能同学生建立密切的个人关系。”①

“牛津—剑桥模式”的导师制造就了它们的教育特色——个别辅导。对本科生来说，个别辅导是他们最重视的项目。学生除了到系里去听课外，在学院里还有一位指导老师和一位主任教师，前者负责学生的一般学习方法和生活上的问题。例如，怎样选课、转系或申请补助等；后者则负责学生的专业课总体进展。学生通常还有一些辅导员，具体辅导学习每一门课。辅导员可由其他学院的院士也可由研究生担任。这类辅导占了学生时间表的很大一部分，因为几乎每门功课每周至少有一次个别辅导，讨论上周布置的阅读心得或布置下周的阅读计划。上课可以不去，但辅导不去却不行，学生懂不懂一见面就会清楚。所以，任何学生见了辅导员也不敢马虎。

当然，剑桥大学实行的导师制同样不是完美无缺的。由于现代大学人数增加，导师制也暴露出其固有的不足之处。这主要表现在：如果仍然把导师指导学生的范围限于几名学生的话，这种教学方式的代价愈来愈高，而且颇费教师时间②。因此。英国大学在继续实行导师制的同时，于20世纪60年代以来逐渐加强了小组讨论

---

① 裘克安编著：《牛津大学》，湖南教育出版社1986年版，第82页。

② 徐辉著：《变革时代的大学使命》，浙江大学出版社1999年版，第316～317页。

这一教学方式的地位与作用，从而弥补了导师制存在的某些不足。

二、中国大学的导师制

中国大学本科生导师制最早始于何时无从考察。但是南京大学等高校早在 1994 年就已经推行了导师制①。南京大学导师制规定"年级导师每周应有不少于二天的时间与学生接触、谈心，重点针对学业上有困难或专业思想不稳的学生做好引导工作，同时指导班级学生干部开展工作。每学期末，年级导师会同政治辅导员对所指导学生的思想政治表现和学习情况作出评估意见"等。清华大学热能工程系推行的"导师制"分两个阶段进行：第一阶段 2～5 学期为认识实习，主要让学生近距离观察教师教研情况，让学生在与导师的接触中了解其工作作风。第二阶段 6～8 学期，是综合论文训练阶段。在此阶段，学生可以进一步了解课题组的情况，了解自己的专业，并完成毕业设计。总的说来，在中国高校先后开展的导师制是各有特色但又远未定型。

三、导师制的中英比较

中国大学实行的导师制尚在尝试与探索阶段。虽然取得了阶段性成果，但其长期效益还无从体现，更难以作出终结性评价。尽管如此，与剑桥大学导师制相比，我们还是可以得到一些初步结论。

（一）导师制与学院制的关系

"牛津—剑桥模式"的导师制是学院制的核心，因而它在大学处于重要位置。中国大学导师制与学院制之间的关系尚不明确，正在尝试的导师制有些是学院主导的，有些是以系为单位实施的。学校有全面推广的意向，但多没有具体落实。

---

① 南京大学：《关于在浦口校区继续试行导师制的决定》（1994 年 9 月 14 日），http://www.nju.edu.cn/njuc/pk1/guizhangzhidu/guizhangzhidu4.html.

（二）导师与学生的关系

英国大学导师制已有六百多年历史，因而其导师制基本定型并形成传统。中国实施的导师制远未定型，导师与本科学生的关系有待明确。但是，正如有学者把学院制译为书院制①，包括清华大学、北京大学在内的中国大学有可能从中国传统的书院制中得到完善学院制与导师制的启示，从而使得本土的书院制在新的历史条件下得以更新与延续。对此，实行书院制的香港中文大学可以作为参考与考察的对象。

（三）导师制的制度约束

剑桥大学的导师与学生关系密切，制度明确，影响深远。中国大学的导师制尚未定型，为此，既需要考察剑桥大学的导师制，也要考察其他国家如美国、德国、日本等国大学导师制的具体落实情况，以吸收各自优点又形成中国导师制的优势与特色。

第六节　结论与启示

大学微观制度设计是中国高等教育系统改革的一个重要组成部分。在大学内部诸多制度中，本节仅选取学院制与导师制进行中英差异分析。有关中英两国学院制与导师制的异同在文中已有详细阐述。行文至此，本章得到以下三点结论与启示。

一、学院是一个多层面的概念，无论学院制还是导师制都有其具体含义

如前所述，学院至少有四种类型，所以我们在考察国内外学院

① 金耀基著：《大学之理念》，生活·读书·新知三联书店 2001 年版，第 128～134 页。

制的时候必须具体分析。中英两国大学都实行学院制和导师制，但这两种制度（尤其是学院制）实际上存在巨大的差异。由于中国目前不存在英国牛津—剑桥模式的学院制，[①] 也就决定了“牛津—剑桥模式”的学院制不可模拟。但是，追求真理、培养英才、服务社会这些大学职能在中英两国之间并没有什么不同，因此英国学院制与导师制的宏观模式不拟模仿，具体做法倒值得学习。一些学者把学院制译为“书院制”，也表明中国传统的书院与英国的学院有不少相似之处，自由探讨、常相过从的师友关系或许是两者的相同之处，这也是令今人向往的。

二、必须重视对包括学院制和导师制在内的国外大学内部制度的进一步考察

对于世界一流大学的考察内容涉及很多方面，各种政策战略、宏观制度（如大学与政府、企业的关系）的考察固然重要，但大学内部制度的完整考察同样必需。近年学界试图借鉴在经济运作中卓有成效的现代企业制度，建立现代大学制度，这颇具前瞻性。由于先发国家已经建立了比较成熟的大学制度体系，因此后发国家有可能减少独立探索，而完全可以在考察各种大学制度优劣基础上创立具有自己特色的现代大学制度，这正是解决教育领域中各种定型化问题的“后发优势”。毕竟，合理的制度能够最有效地降低管理成本，赢得组织的竞争优势。

---

① 观诸中国大学，早期大学如燕京大学未名湖畔的“德才均备体健”诸斋（男生宿舍）及静园六院（女生宿舍）与牛津—剑桥的住宿学院倒略为相似，其设计者的目的或许就是试图实行“牛津—剑桥模式”（或“哈佛—耶鲁模式”）的学院制，但这是笔者的揣测，详情有待证实。

三、我国要建立的大学制度应该是一系列大学制度链、制度网基础上的制度体系

现代大学制度非自今日始，八百余年的近代大学发展史已经形成了若干制度。从普林斯顿大学本科阶段的独立研究制度、海外考察制度、荣誉考试制度等多种人才培养制度、科学研究制度，到英国牛津—剑桥古老的学院制与导师制，各制度相互之间已经形成了完整的大学制度体系，它们在大学职能发挥的各个方面已经产生了良好的效果。即使是建立学院制与导师制，它们也不应该是各自独立没有内在联系的大学制度，而应该是建立在相互沟通的大学制度链、制度网基础上的制度体系。换言之，今日正在试行的学院制、导师制应该与大学的其他各种制度具有“兼容性”，单一制度（包括导师制）的推行是难以持久的。

第三篇

多元推进

第八章　国际政治与大学发展之关系

——以海峡两岸大学尤其是民办大学发展为重点进行的初步探索

第一节　问题

“任何类型的大学都是遗传与环境的产物”①。当我们检视中国思想的发展历程时，我们不能不为中国古代尤其是春秋战国时期大师辈出而感到无比自豪（尽管他们的思想存在诸多先天不足）：孔丘、墨翟、老聃（李耳）、孟轲、庄周、荀况……诸子百家有一个共同特点：他们收徒讲学都属于私学范畴。这种私学具有双重意义：一是学术派别，多数侧重于对社会、政治、经济问题的研究；二是教育团体，即学校②。如此众多的思想学派在一个历史时期内集中出现，不仅是中国思想史上的奇迹，也是世界教育史的重要组成部分。

然而中国私学早期的兴盛并没有发展出现代意义上的私立大学，相反地，后来的政治与思想钳制反而迫使私学转入科举考试的死胡同。于是，中国现代大学的兴起主要不是“遗传”，而是来自

① ［英］阿什比著，滕大春、滕大生译：《科技发达时代的大学教育》，人民教育出版社 1983 年版，第 7 页。

② 郑登云著：《中国高等教育史》（上册），华东师范大学出版社 1994 年版，第 4 页。

"环境"。这里的"环境"不仅指一般意义上的国家内部环境，还包括国际环境或说国际（地区）关系①。"国际关系"集中表现为国际政治关系。那么，国际关系是如何影响大学发展的？大学又是如何影响国际关系的？大学应该如何引导国际关系？在今日国际化时代大学如何谋求自身发展？笔者无法对这些问题作出全面的解答，仅仅试图结合国际大学尤其是台海两岸大学（包括民办大学）的发展状况对上述问题略陈管见。需要说明的是，这里的民办大学就是私立大学，它与政府设立的公办大学是相对而言的。

第二节　论点及其依据

国际政治与大学发展之关系可以从不同的角度进行研究，笔者主要论述四个观点。

第一，国际关系对大学发展的影响是一个从国际到国内再到具体大学这样一个由远而近的过程。国际关系对大学发展的影响首先是影响一国政治体制，该国政治体制决定教育体制（或者说教育体制受制于政治体制），而大学发展又受制于教育体制。

国际关系对具体大学发展影响是一个由远而近的过程似乎是一个常识。但是这一影响过程是如何推进的？从海峡两岸大学发展的历程可以看出，国际关系对大学发展的影响首先是影响政治体制，政治体制决定教育体制（或者说教育体制受制于政治体制），而大学发展又受制于教育体制。

按照马克思主义的观点，政治是经济的集中体现。国际政治或

① 这里对国际政治与国际关系不作严格区分。对于一个尚未完全统一的国家而言，不仅国际关系影响国内大学发展，地区之间的矛盾也在一定意义上影响其内部大学发展进程，包括体制、质量、规模、结构等。

说国际关系是国家之间各种传统、文化、利益等因素逐步建构的过程，然而从现实主义的立场看，国际关系首先是一个利益角逐、协调与平衡的过程。现实中的国际关系之间很少是平等关系，先进国家主导世界前进的方向，而后发国家长期以来不得不实行所谓的“依附发展”，通常很难成为先进国家尤其是超级大国的平等对话者，更不必说成为挑战者、引导者。

中国传统文化无法孕育出现代大学的种子，西方通过坚船利炮打开中国大门之后，自然不会忘记传承其宗教、思想与精神。前已述及，中国（远东）历史上第一所西式大学为 1594 年天主教耶稣会创办于澳门的圣保禄学院，该学院 1762 年关闭。而另一所较早的西式教会学校——圣约翰大学于 1879 年 9 月由美国圣公会所办于上海，该校 1905 年改组成完全大学，1952 年结束。盛宣怀 1895 年和 1896 年奏请筹办的天津北洋西学学堂（1896 年改为北洋大学堂）和南洋公学（上海交大前身），为中国公立大学的开始。1898 年 12 月北京大学前身——京师大学堂开学，这是中国第一所正式以“大学”为称的国立综合性高等学府。

依照中国当时的大学法律，教会学校属于私立大学范畴，因此可以说近代意义上的中国私立大学早于公立大学。不仅如此，20 世纪 20 年代以前，中国的大学教育中，80%以上的大学生就读于教会大学，这表明当时大学教育以民办大学为主①。而中国公立大学的产生与发展同样是国际关系在国内的反映。中国公立大学如北京大学的建立是应对中国国家存亡的严重形势而实行变革的产物，清华大学这一“耻辱纪念碑”则更是中美不平等关系在高等教育领域的反映。公立院校的兴衰直接或间接受制于国际关系背景下的国内经济政治状况。这在今日同样如此。由此可见，中国现代大学兴起的

---

① 刘源俊：《公私立大学角色之分际》，参见杨国枢等编：《新世纪大学教育》，台北前卫出版社 2001 年版，第 78 页。

“环境”是恶劣的。积贫积弱的中国很长一段时间无法主导大学发展的方向，不得不追随、模仿西方大学模式办学。可见，在西方先进国家冲击下，落后的中国完全是身不由己地被西方国家拖入现代大学之林的。

如果说 1949 年以前中国早期大学主要模仿德日模式办学，后期则主要模仿美国模式办学。1949 年以后随着内地高校院系调整，内地高校主要转向模仿苏联大学模式办学。统计表明，1949 年全国共有私立高等学校 69 所，20 世纪 50 年代初转为公立学校。此后近三十年间，中国大陆没有民办高等教育机构①。直到 20 世纪 80 年代，民办高等教育机构才开始恢复。

中国内地民办高等教育发展轨迹可以分为三个阶段：起步期(1985～1992 年)，此时期一部分社会有志之士办起了自学辅导、培训、补习、进修学院，成为民办高等学校的前身；建立期（1992～1999 年)，此时期部分条件较好的民办高等教育机构被国家批准正式建校；发展期（2000 年至今）此时期又有部分民办高等学校应运而生。

时至今日，中国内地民办高等教育已经得到长足的发展，正在成为内地高等教育体系的重要组成部分。表 8-1 是 1996～2005 年全国民办普通高校与公办普通高校学校数量变化对比。

表 8-1　1996～2005 年全国民办与公办普通高校数量变化对比（所）

年份	民办普通高校数（所）	公办普通高校数（所）	数量差距（所）
1996 年	21	1 011	990
1997 年	20	1 000	980
1998 年	22	1 000	978

① 国家教育发展研究中心编：《2001 年中国教育绿皮书》，教育科学出版社 2001 年版，第 134 页。

续表

年份	民办普通高校数（所）	公办普通高校数（所）	数量差距（所）
1999 年	37	1 034	997
2000 年	43	998	955
2001 年	89	1 136	1 047
2002 年	133	1 263	1 130
2003 年	175	1 350	1 175
2004 年	197	1 410	1 213
2005 年	252	1 792	1 540

数据来源：依据全国教育事业统计资料（1996～2001）、《2003 年中国教育绿皮书》及政府网站数据整理。

表 8-1 表明，从 1996～2005 年，十年间中国内地民办高校从 21 所增加到 252 所，增加了 231 所，平均每年新增 23 所。但与此同时，公办高校从 1 011 所增加到 1 792 所，增加了 781 所，平均每年新增 78 所，其增长幅度远大于民办高校。可见民办高等教育发展远远落后于公立高等教育发展，也偏离全国高等教育发展的大趋势。与此同时，20 世纪末依托公立高校发展起来的独立学院①异军突起，对普通的民办高等教育形成巨大冲击。2005 年大陆有独立学院 295 所（至 2006 年 5 月 26 日，独立学院更上升至 317 所）。其与民办高校的对比数据可见表 8-2。

① 独立学院是由普通本科高校按新机制、新模式举办的本科层次的二级学院，是普通高校的优势办学资源与优质社会资本相结合的民办高等教育机构。它拥有独立的法人资格、独立的校园校舍、独立的教学和财务管理、独立招生和颁发文凭资格。独立学院采取民办机制，收费比普通高校高出许多，学费一般在每年 10 000 元以上。

表 8-2　民办高校与独立学院的对比（2005 年）

学校类型	学校数量（单位：所）	在校生人数（单位：万人）			
		本科生	专科生	其他学生	合计
普通高校	1 792	—	—	—	1 561.78
民办高校	252	10.41	94.76	19.18	105.17
独立学院	295	90.09	17.37	0.33	107.46

资料来源：根据教育部："2005 年全国教育事业发展统计公报"有关数据整理。

由表 8-2 可见，无论从学校数量，还是从在校生规模上看，民办高校与独立学院差距都比较明显，考虑到独立学院兴起的时间很短，即可见独立学院的发展势头很猛。虽然独立学院真正"独立"之日（成为民办院校），就是公立高校退出之时，但至少在目前，独立学院的崛起加剧了两者之间的竞争关系，独立学院与公立院校的关系也有待进一步理清。总体上说，至今为止，两者都只是公立高等教育的补充或延伸，不仅总体规模无法和公立院校相比，而且层次上也差距悬殊。因为最高层次的教育——研究生教育——它们基本无法涉足。

为何会导致这种情况？其原因或许很多，但归根结底与国家的历史背景有关。"后发外生型"国家面对列强夹击，为了生存并赶超发达国家，往往需要集中资源办大事，中央集权制就在所难免。大学教育也一样，为了建设世界一流大学，在资源有限的情况下（这是无疑的），必然把大学分等分类。其中，公立大学尤其是其中的"985 大学"更是列为"重中之重"，相对地其他大学就只能"放一放"。至于民办大学，其列入"全国教育事业发展统计公报"也是近年（2003 年）才开始。毫无疑问，与集权制形成对照的就是民间资本及各种第三部门（非政府组织）力量弱小，它们即便有心也无力在民办教育领域大有作为。加之民办大学历史短暂，公立高等教育的准垄断经营也决定了民办大学的定位和走向，民办大学实力欠佳（具体学校有些例外）就在所难免了。

以上论及祖国大陆高校尤其是民办大学的发展动向。与祖国大陆一样，台湾高等教育发展也不能不受当时的国际（地区）关系背景影响。1950 年台湾有 7 所高等教育机构，包括 1 所大学、3 所学院和 3 所专科，学生为 6 600 余人。在 1960～2005 年间，台湾高等教育机构与学生数都呈现大幅扩张，其中私立高等教育机构又在其中起主导作用（表 8-3）。

表 8-3　1950～2005 年台湾高等教育扩张及学生比率

学年度	机构数（所）	学生数（人）	专科学校（%）		大学及学院（%）		总数（%）	
			公立	私立	公立	私立	公立	私立
1950	7	6 665	13.7	5.6	80.7	0.0	94.4	5.6
1955	15	18 174	19.5	5.5	67.0	8.0	86.5	13.5
1960	22	35 060	14.4	8.1	58.7	18.8	73.1	26.9
1965	56	85 346	13.5	21.1	36.1	29.3	49.6	50.4
1970	92	203 473	14.0	39.3	22.6	24.1	39.6	63.4
1975	101	286 371	13.9	38.6	18.6	28.9	32.5	67.5
1980	104	337 676	12.7	41.5	16.9	28.9	29.6	70.4
1985	105	369 074	13.0	42.3	18.0	26.7	31.0	69.0
1990	121	576 623	8.8	45.9	20.2	25.1	29.0	71.0
1995	134	751 347	11.7	44.0	18.6	25.7	30.3	69.7
2000	150	1 092 102	5.1	35.6	22.0	37.4	27.1	72.9
2005	162	1 296 558	0.23	2.63	29.46	67.68	29.69	70.31

资料来源：改编并整理自戴晓霞：《台湾高等教育的定位与困境》，有增补。参见海峡两岸教育学术研讨会《二十一世纪高等教育之改革与前瞻论文集》，新竹交通大学教育研究所，2002 年。

表 8-3 数据显示，台湾高等教育机构与学生人数五十多年来得到了长足的发展，其中又以私立院校的扩张为显著特征（1965 年是一个分水岭），目前私立院校学生人数占整个台湾学生人数的三分之二以上，公立学校反而不到三分之一。在东亚的韩国、日本也存在类似的情形。

办学体制是经济领域中基本财产关系的表现。笔者以往的研究指出，1949 以后海峡两岸的高等教育办学体制相当长一段时间内差异显著，即祖国大陆完全排斥民办教育，而台湾则一直实行多元办学体制，且其私立高等学校与学生数都比公立院校为大①。一定意义上可以说，苏联计划经济与美国市场经济体制形成了各自的经济基础，进而导致了各自教育体制的差异，这种差异逐渐形成不同的大学办学模式，并使政治经济处于弱势从而追随其发展的海峡两岸高校也一并延续了其办学体制。无疑，这正是冷战时期国际政治关系在高等教育领域的曲折反映。当一个国家处于弱势地位时，往往不能主导大学发展的方向；只有当国家实力在国际关系中具有足够的发言权，该国大学才能真正主导自己，并反作用于国际社会。

第二，大学对国际关系的影响呈现一种反向过程，即大学影响力是以自身人才、学术实力为中心自内而外向世界的扩散过程。大学的国际影响力通常首先取决于其对地区的影响力，进而取决于其对国家的影响力，最后才是国际影响力。国际影响力的大小表现为他国大学及其人才的追随程度。

与国际关系影响大学发展的逻辑相反，大学影响力是以自身人才、学术实力为中心的向外扩散的过程。正是由于祖国大陆民办院校力量弱小，所以目前其在祖国大陆发出的声音仍相当有限。台湾

---

① 蓝劲松：《论大学与政府的关系——海峡两岸高等教育体制之比较》，参见胡天赐、余振主编：《当代中国改革与发展》，清华大学出版社 2001 年版，第 561～562 页。

民办大学由于历史悠久，虽然其总体实力仍然不能与公立大学相比，但是其影响力已经今非昔比。淡江大学、中国文化大学、东吴大学、东海大学等已经在台湾社会中发挥越来越大的作用。由于民办大学以美国和日本等国最为突出和典型，因此海峡两岸民办大学有必要更多地借鉴它们的发展经验。笔者在对部分美国私立大学进行案例研究后认为，与公立院校相比，由于私立大学在学术自由与大学自治方面具有比较优势，因而私立大学也可能具有更多的竞争优势①。

大多数美国大学尤其是私立大学都实施战略管理，独立确定自己的办学使命。在文理主导型大学中，哈佛大学没有正式的使命陈述，但提供本科教育的哈佛学院则有明确的使命："哈佛致力于知识的创造，学生心智的开发，并使得学生能最好地利用他们的教育机会。为此，学院在以下几个方面重视培养学生：对思想及其自由表达的尊重；发现与批判性思维的乐趣；在创造性合作中追求卓越；对个人行为后果承担责任。哈佛同时鼓励学生的参与、探索、创造、竞争与领导精神，以便提高其能力、激发其兴趣、启迪其智慧、挖掘其潜能，从而为学生建立自立的基础和终身学习的习惯，并最终使之在发展知识、增进理解、服务社会方面据于领导地位"②。耶鲁大学的使命就是教育学生大有作为，并通过最丰富的思想训练与社会体验发展他们的智慧、道德、公民责任和创造能力，以便用人类的丰富遗产陶冶学生，使之服务并领先于人类活动的每一个领域③。剑桥大学的"使命陈述"只有非常简单的一句

---

① 蓝劲松：《小而精的学府何以也成功——对加州理工学院崛起的分析》，《复旦教育论坛》，2003 年第 1 期。

② What is Harvard's Mission Statement? http://www.hardvard.edu/help/frames/faq110.html.

③ 耶鲁大学：《耶鲁大学的使命陈述》，http://www.yale.edu/accred/standards/sl.html.

话："通过追求国际最高水准的教育、学习和研究，从而为社会作出贡献"。①

在理工主导型大学中，麻省理工学院对自己的使命是这样陈述的："麻省理工学院的使命是在科学、技术和其他学术领域增进知识与教育学生，使之在21世纪为国家与世界提供最好的服务"②。精英学府——加州理工学院的研究使命自从建校以来从未变过："需要有一些高瞻远瞩且敢于完成人类能够完成的最宏大事业的地方——加州理工学院就有这个抱负和胆识。"③ 其他美国大学也大多有自己的使命陈述。从美国主要私立大学的使命陈述可以看出，世界一流大学之所以具有世界影响力，是与其目标的全球定位不可分离的。大学的国际影响力大小表现为他国大学及其人才的追随程度，人才将流向这些大学。

使命陈述反映的是大学的理想追求，但大学的国际影响力还有一系列具体的客观指标。如大学培养的人才、科研的成果对国际社会的正向影响等都可以反映该校的国际影响力。其中大学培养的人才的国际影响力通常难以评价，但科学研究、技术开发等方面则有比较系统客观的衡量指标。

SCI、EI、SSCI、A&HCI分别为国际上有关自然科学研究、工程研究、社会科学研究、艺术与人文研究四大检索工具。④ 由于其语言形式为英文，因此对非英语国家而言，要在其收录的期刊中发表论文往往处于相对不利的地位。但目前世界学术语言毕竟以英

---

① 剑桥大学：《使命和核心价值》，http：//www. admin. cam. ac. uk/univ/mission. html.

②《MIT的使命》，http：//www. mit. edu.

③ 加州理工学院：《历史概要》，http：//www. caltech. edu/catalog/geninfo/history. html.

④ 目前北京清华大学承认的国际核心期刊主要是指SCI、SSCI、A&HCI、EI数据库收录的期刊。

语为主导，因此在这些检索工具收录的期刊中发表的论文数量一定意义上反映了一个国家或地区在相关领域的国际影响力。表 8-4 显示了海峡两岸在四大检索工具所收录的期刊中发表的论文篇数及名次（详见本章附录）。

表 8-4　海峡两岸在四大检索工具所收期刊中论文发表的篇数及名次

检索工具	地区	2001 年		2002 年		2003 年		2004 年		2005 年	
		篇数	排名	篇数	排名	篇数	排名	篇数	排名	篇数	排名
SCI	祖国大陆	36 514	8	41 275	6	50 679	6	59 535	5	71 779	5
	台湾	11 597	20	12 314	20	13 607	19	14 989	19	16 621	18
EI	祖国大陆	23 971	3	27 280	2	37 571	2	58 344	2	55 445	2
	台湾	5 768	11	5 786	12	8 011	12	10 980	11	9 461	12
SSCI	祖国大陆	1 242	13	1 315	13	1 391	13	1 461	12	1 614	12
	台湾	505	26	608	22	680	20	691	20	1 011	18
A&HCI	祖国大陆	139	21	116	23	164	18	135	16	195	18
	台湾	38	37	41	37	69	32	44	34	48	35

资料来源：http：//www. edu. tw/EDU _ WEB/EDU _ MGT/STATISTICS/EDU7220001/indicator/2006/1-3-6. xls? open. 这里的“大陆”包括了香港特别行政区。

上表显示，海峡两岸的研究定位与实力有颇多趋同之处。即工程研究领域位置最为靠前，自然科学研究其次，社会科学研究再其次，艺术与人文研究排名最后。这在一定意义上表明海峡两岸均把重心首先投入有关国计民生的实用领域，对文科尤其是艺术与人文学科则没有给予足够重视。这与数千年来中国的学术结构由人文学科主导已经完全不同，表明西方科学思想已经在中国学界成为主流。

海峡两岸在四大检索工具所收期刊中论文主要是通过各自的大学尤其是其中的研究型大学完成的。获得诺贝尔奖和菲尔兹奖、在

《自然》和《科学》杂志上发表论文则具有更大的国际影响力，表 8-5 显示了包括海峡两岸主要的研究型大学在内的部分亚太地区著名大学的学术状况。

表 8-5　部分亚太地区著名大学的学术状况

大学（世界排名）	Alumni（人）	Award（人）	HiCi（人）	N&S（篇）	SCI（篇）
东京大学（14）	3.3	0.3	26	23.3	7 266
京都大学（21）	4.0	1.4	21	10.7	5 109
澳大利亚国立大学（53）	0.8	0.2	22	7.6	1 634
新加坡国立大学（101～152）	0	0	4	1.2	2 791
汉城国立大学（153～201）	0	0	0	1.8	3 375
台湾大学（153～201）	0.6	0	1	0.6	2 384
香港科技大学（202～301）	0	0	4	1.0	1 067
香港大学（202～301）	0	0	1	0.8	1 849
北京清华大学（202～301）	0.5	0	0	0.6	2 704
北京大学（202～301）	0	0	0	0.8	2 134

注：Alumni 为获得诺贝尔奖和菲尔兹奖的校友的折合数，Award 为获得诺贝尔奖和菲尔兹奖的教师的折合数，HiCi 为各学科领域被引用率最高的教师数，N&S 为在 Nature 和 Science 上发表的论文折合数，SCI 为被科学引文索引（SCIE）和社会科学引文索引（SSCI）上收录的论文数。资料来源：刘念才等：《世界大学学术排名的现状与未来》，参见《清华大学教育研究》，2005 年第 3 期。

表 8-5 表明，海峡两岸的主要大学对世界的反向影响力还是相当有限的，即使与日本、澳大利亚也还存在不小的距离。当然，无论获得诺贝尔奖与菲尔兹奖，或者在《自然》和《科学》杂志上发表论文，两者基本上局限于自然科学基础研究领域，因此，上表的

数据更多反映了这些大学在“理科”方面的学术实力（虽然其中也包括了 SSCI）。无论如何，如何以所培养的人才（特别是国际组织与国家领导人、国际企业家与学术精英等）与学术实力为基础，从而在国内和国际社会中不断延伸力量是大学提升国际影响力需要考虑的问题。

第三，社会与人类生活需要公共知识分子的引领，国际社会同样需要公共大学引领世界进步。包括民办大学在内的海峡两岸大学既有必要也有可能在 21 世纪的国内与国际舞台上引领国际关系与人类发展进程。

前面的论述表明，国际关系与大学发展之间的互动关系规律在于：国家落后时，该国大学主要受国际关系的制约与引导；反之，则具有更大的大学反作用力——对国际社会的影响力。

当我们看了美国最主要大学的使命陈述之后，我们不难理解其在迈进超级大国过程中所起到的巨大作用。一定意义上可以说，美国的超级大国地位是由其吸引世界人才为我所用的 125 所研究型大学推上去的①。但是，美国能够引领世界潮流吗？

已有研究指出，美国试图在世界上起四个方面的作用：政治上的世界领袖；安全上的世界警察；经济上的世界首富；文化上要做世界文化制片人②。美国之所以如此，是其利益决定的，这来源于其唯一超级大国实力。为了实现其利益，美国必须推行其美国式民主，即实行国内民主，而国际上则应该不民主。因此，美国国内领导人应该选举产生，而国际问题则不能投票决定。美国与世界分歧的核心在于：是接受美国的领导，还是不接受其领导？接受领导就

① 中国驻纽约总领事馆教育组：《美国加速高等教育改革》，《教育参考资料》，2001 年第 8 期。

② 笔者根据阎学通在“中法人文与社会科学研究中心第四次研讨会”（2003 年 10 月 30 日，北京清华大学近春园）上的发言整理。

是朋友，否则就是“邪恶轴心”。因此在安全上，美国给一些国家带来安全，而给另一些国家构成威胁（美国是“冷战”以来进行对外战争最多的国家，其军费开支比世界所有其他国家军费开支的总和还要多）。

在文化上，个人主义是美国文化的核心。“我们中间有些人经常感到，我们中间的绝大多数人有时候感到，如果我们‘取得成功’，我们就是独一无二的人物，而且可以瞧不起没有取得成功的人。美国人的梦想常常是一种非常私人化的梦想：他要成为一个明星、一个获得独特的成功并招人羡慕、一个从不知如何取得成功的芸芸众生中脱颖而出的人。而且，由于我们长期地相信这一梦想并努力将它变为现实，我们很难将它放弃，即便它和另一个梦想——生活在一个真正值得生活在其中的社会中——相矛盾。”美国文化使年轻人产生追求财富与享乐主义思想，社会责任感明显下降，个人主义在更多国家流行起来。“在 20 世纪后期，我们看到我们的贫困和最穷国家的贫困一样地绝对。”① 美国对外部世界的双重标准使得美国在世界上未能做到以身作则，从而失却领导世界的合法性基础。

美国代表的西方文化核心价值观存在严重问题，且其自身很难摆脱个人主义的困境。黎鸣指出，从二战结束到现在，西方的知识与财富增长突飞猛进，但西方的人性并没有发生根本性变化。如果真要说有变化的话，或许也只能说变得越来越赤裸裸地暴露出人类本性的原恶②。而“21 世纪最大的挑战是人的问题”③。正是在这

---

① ［美］贝拉著，张来举译：《美国透视——个人主义的困境》，社会科学文献出版社 1992 年版，第 179、218～219 页。

② 黎鸣著：《中国人性分析报告》，中国社会出版社 2003 年版，第 337 页。

③ 据杜维明 2003 年 10 月 26 日在北京清华大学的演讲。其演讲题目为：《人文学在建构精神家园中的作用》。

一方面，中国人自古以来即不断宣扬的孝悌、忠恕的仁爱精神是西方所缺乏的，因而可以有益于全人类的统一。中国文化一旦全面开放地吸纳西方文化中的人类真求知精神和真信仰精神，尤其是真求知精神，中国文化就会像加上了推进器的“火箭”，快速地升起①。

公共知识分子是以自己的真知、学养和人格，本着智慧与良心，通过横向沟通，培养社会的伦理智慧的人。② 一个社会公共知识分子越多，社会在更加智慧的同时，人们的情绪也越加趋向和谐。公共知识分子的使命就是引导社会走智慧、情感与意志和谐发展的道路，而不仅仅是个人事业或家庭的“成功”。

大学的批判精神，在于为社会提供反馈资讯。这是其他社会组织所不具有的。大学唱反调的目的不是冲垮既有价值，而是提供反思。大学的理念和大学的意义与21世纪的挑战有极大的联系③。大学是一个广义的知识分子汇集之地，但是大学的教师与科研人员等广义知识分子并不必然是公共知识分子，因为他们可能完全是一个个人主义者：或者表现为“功利型个人主义”，如专注于自己的事业，为实现这个目标宁愿牺牲个人的一切；或者表现为“表现型个人主义”，如沉溺于古典音乐、书籍、人际交往和及时行乐④。其结果，“每一个人自己就是一座对自己自由的小监狱”。这也就难怪弗洛姆要把其第一部著作定名为《逃出自由》（*Escape from Freedom*）了。

---

① 黎鸣著：《中国人性分析报告》，中国社会出版社 2003 年版，第 356 页。

② 杜维明认为：“公共知识分子是指关切政治、参与社会和重视文化的专业人士。”参见郭齐勇、郑文龙编：《杜维明文集》，武汉出版社 2002 年版，第 52 页。

③ 笔者根据杜维明 2003 年 10 月 26 日在北京清华大学的演讲整理。其演讲题目为《人文学在建构精神家园中的作用》。

④ ［美］贝拉著，张来举译：《美国透视——个人主义的困境》，社会科学文献出版社 1992 年版，第 17 页。

由公共知识分子可以推出公共大学——依靠自身内在的真知、意志与良心，通过横向沟通，为国际关系与人类社会进步提供伦理与智慧的大学。一所大学的“公共性”取决于其在人类公共事务中所起积极作用的深度与广度，而不取决于大学的办学类型——公立院校或民办大学都可以发展为“公共大学”。社会与人类生活需要公共知识分子的引领，国际社会同样需要公共大学引领人类社会的进步。即便在大学内部，“大学教师传授给学生的最宝贵的本领，不是事实和原理，而是精神状态和思想方法”，“大学教育就其最高境界而论，就是培养学生反抗流行的理论和向传统进行挑战，从而促进学生的发展”①。而“大学的作用不在于把许多事物塞进学生的头脑，而且不是塞得越多越好。大学的正当任务应该是引导学生养成批判地审察的习惯，使他们懂得那些与一切问题有关的准则和标准”。②

东亚大学多采取“政府主导型”方式发展大学，公立大学在国家高等教育体系中往往发挥着主导作用。随着经济尤其是民营经济的发展，民办大学将获得源源不断的动力，使得民办大学的公共作用日益彰显。与公立大学相比，民办大学在机制上具有自己的竞争优势。一所民办大学不能因为自己的“私立性”，就忘记了大学必要的社会职责——包括公共性。生存对民办大学当然是根本性的，一旦迈过了此一阶段，那么民办大学就有必要利用自己的竞争优势发展必要的公共性。一所民办大学的“公共性”越强，这所大学对人类社会的贡献将越大。

正是由于西方社会核心价值观上存在的严重缺失，有可能为海

---

① ［英］阿什比著，滕大春、滕大生译：《科技发达时代的大学教育》，人民教育出版社 1983 年版，第 43、63 页。

② ［英］伯特兰·罗素著，马家驹、贺霖译：《西方的智慧——西方哲学在它的社会和政治背景中的历史考察》，世界知识出版社 1992 年版，第 66 页。

峡两岸大学发挥自身文化的优势准备条件。社会与人类生活需要公共知识分子的引领，国际社会同样需要公共大学引领人类社会的进步。海峡两岸大学秉承共同的文化理念，21 世纪的海峡两岸大学既有必要也有可能在国内与国际舞台上引领人类发展进程。

第四，祖国大陆民办大学目前及未来相当长一段时间内以发展高等职业教育为主，并不意味着部分民办大学在未来不可以发展为研究型大学，从而更大程度地为国际社会作贡献。

近期有研究根据对祖国大陆民办高等教育的考察，指出未来10～15 年，祖国大陆民办高等教育的重点是发展高等职业教育，这有一定道理。但是，如果站在世界民办高等教育发展的历史和现实看，祖国大陆民办高等教育完全不必作茧自缚。美国最好的 20 所大学绝大多数是私立大学。日本的大学分为国立大学、都道府省设立的公立大学及私立大学三种，以七所“帝国大学”为基础建立的公立大学虽然仍然是日本高等教育的代表。① 但日本的私立大学众多，在 702 所四年制大学当中，私立大学占四分之三；同样，在 280 万学生当中约四分之三是私立大学的学生。② 其中一些著名私立大学如早稻田大学、庆应（义塾）大学的学术声誉已不亚于公立

①“帝国大学”在欧洲和日本都设立过。日本的“帝国大学”是指第二次世界大战前日本在其国内和殖民地上设立的九所国立综合大学（其中 2 所在韩国和台湾地区），即今东京大学（The University of Tokyo，1877 年设立）、京都大学（Kyoto University，1897 年设立）、东北大学（Tohoku University，在仙台，1907 年设立）、九州大学（Kyushu University，在福冈，1911 年设立）、北海道大学（Hokkaido University，在札幌，1918 年设立）、首尔大学（Seoul National University，在首尔，1924 年设立）、台湾大学（National Taiwan University，在台北，1928 年设立）、大阪大学（Osaka University，1931 年设立）、名古屋大学（Nagoya University，1939 年设立）。

②［日］白井克彦：《共同开创亚太地区的知识体系——早稻田大学 21 世纪发展战略》，参见教育部中外大学校长论坛领导小组编：《中外大学校长论坛文集》（第二辑），中国人民大学出版社 2004 年版，第 62～63 页。

大学，其培养的人才更是走向了社会各领域的前沿。从战后历任首相所毕业的大学来看，毕业于东京大学的有片山哲、吉田茂等10人，居各校之首。第二位是石桥湛山和竹下登等5人所毕业的早稻田大学，之后是小泉纯一郎等人毕业的庆应大学以及三木武夫等毕业的明治大学，这两所学校各诞生了两位首相。然而从近几任来看，位列榜首的东京大学在宫泽喜一后一直没有后继者跟上，而上智大学的细川护熙、成蹊大学的安倍晋三等之后的八名首相均出自私立大学。① 韩国也存在类似的情形，其延世大学（Yonsei University）是韩国最古老的大学，也是韩国最负盛名的私立大学，目前与高丽大学不相上下，仅次于排行第一的首尔大学。

中国民办大学发展经历了一个曲折的历程，但从国际民办大学发展的历史趋势可以看出，中国的民办大学只要有可能，就需要大力壮大自身力量。既然是大学，就不能因为大学的办学类型而捆住手脚，相反的做法也就谈不上迈向“公共大学”的问题。换言之，要建立公共大学，大学本身必须是智慧与伦理兼备的，由此其公共行动才能形成对外部世界的影响力。但从目前东亚及中国的政治经济体制来看，中国民办大学试图像私立哈佛大学那样成为国家的最高学府可能性不大，成为类似日本早稻田大学、庆应大学或韩国延世大学层次的高校则完全可能。因此，如果一定要提出参照目标，那么与其提出成为中国的“哈佛”，不如提出建立中国的“早稻田”，将更加切实可行。如果像“早稻田”早期那样首先老老实实提出培养“地方领导人”，避开与国立重点大学的正面竞争，或许明日的中国民办大学真能培养国家各领域的领导人才和中坚力量。到了那时，顶尖私立大学才有实力与国立大学一争高下。正是在这

① 中新网2006年9月26日电：“安倍就任日本明治维新后第五十七任首相，晋升速度罕见”，http：//www.chinanews.com.cn/gj/yt/news/2006/09-26/796229.shtml.

个意义上说，祖国大陆民办大学目前及未来相当长一段时间内以发展高等职业教育为主，并不意味着部分民办大学在未来不可以及时发展为研究型大学，但这必须经过一个扎扎实实的奋斗过程。

第三节　余论

“政治与教育的关系”是教育原理所探讨的基本理论问题之一，但是把教育置于国际背景下进行的研究在我国并不很多，其中“国际政治与大学发展之关系”又是高等教育原理所忽视的。国际政治对大学发展的影响是一个从国际到国内再到具体大学这样一个由远而近的过程。国际关系对大学发展的影响首先是影响一国政治体制，该国政治体制决定教育体制（或者说教育体制受制于政治体制），而大学发展又受制于教育体制。大学对国际关系的影响则呈现一种反向过程，即大学影响力是以自身人才、学术实力为中心自内而外向世界的扩散过程。据此，笔者由公共知识分子概念推出公共大学概念，认为国际社会需要公共大学来引领世界进步。21 世纪的海峡两岸大学在公共大学建设中既有必要也有可能在国内与国际舞台上引领国际关系与人类发展进程。而祖国大陆民办大学目前及未来相当长一段时间内以发展高等职业教育为主，并不意味着部分民办大学在未来不可以发展为研究型大学。

“高等教育是国家今后兴衰最主导的力量”①，曾任加州大学伯克利分校校长的田长霖教授如是说。大学发展的国家政策尤其需要国际关系或说国际政治的眼光。本章仅以海峡两岸大学尤其是民办大学为重点初步探讨了国际政治与大学发展之关系。检视近二十年

① 田长霖：《关于高等教育的几点看法》，参见张劲夫主编：《海外学者论中国》，华夏出版社 1994 年版，第 162 页。

来海峡两岸教育动态，可见自从台湾解除戒严与祖国大陆实行改革开放政策以来，两岸高等教育已经取得了前所未有的进展，表现之一就是台湾高校（包括私立高校）数量成倍增长，而祖国大陆私立高校也在消失近三十多年以后重新以“民办高校”的面目出现并急剧扩张①。本书提供了有关国际政治与大学发展关系的若干论点，且这些论点多是预测性的，并没有提供足够的论证。然而，正如杜维明所说，大学的批判精神，在于为社会提供反馈资讯。因此，这里也仅是提供笔者个人的反思。应该相信，随着中华民族的进步，海峡两岸不仅将解决自己的问题，也将为世界与人类进步提供更多的“公共性”。对此，海峡两岸民办大学或私立大学完全可以有所作为。

附录

SCI 各国（地区）论文发表篇数及名次

	2001 年		2002 年		2003 年		2004 年		2005 年	
	篇数	排名	篇数	排名	篇数	排名	篇数	排名	篇数	排名
美国	317 099	1	332 028	1	348 502	1	346 090	1	357 148	1
英国	85 265	2	86 709	2	88 986	2	89 442	2	91 542	2
德国	77 236	4	80 055	4	80 174	4	81 747	4	86 031	3

① 1997 年中国内地各类民办高等学校和民办高等教育机构合计为 1 270 所，而当年公办的普通高等学校 1 020 所，成人高等学校 1 107 所。到 2001 年，中国内地有普通高校 1 225 所（不含港澳），而民办高等教育机构共有 1 202所，注册学生 113 万人。其中，进行高等教育学历文凭考试试点的机构共有 436 所，在校学生 321 093 人；具有颁发学历文凭资格的民办高校共有 89 所，在校生 140 359 人，分别比 1996 年增加 4.6 倍和 10.7 倍。参见中华人民共和国发展规划司编：《2002 年中国民办教育绿皮书》，上海教育出版社 2003 年版，第 17～18 页。

续表

	2001 年		2002 年		2003 年		2004 年		2005 年	
	篇数	排名	篇数	排名	篇数	排名	篇数	排名	篇数	排名
日本	81 031	3	85 263	3	88 443	3	85 518	3	85 450	4
中国内地	**36 514**	**8**	**41 275**	**6**	**50 679**	**6**	**59 535**	**5**	**71 779**	**5**
法国	53 901	5	55 309	5	56 382	5	56 056	6	59 016	6
加拿大	38 456	7	40 554	8	43 264	7	44 373	8	48 976	7
意大利	38 709	6	40 971	7	43 237	8	44 959	7	47 114	8
西班牙	26 396	9	28 497	9	29 714	9	31 653	9	34 076	9
澳大利亚	23 602	11	24 777	11	26 709	10	27 658	10	29 259	10
韩国	17 507	14	19 364	14	22 631	14	25 749	11	28 282	11
荷兰	21 770	12	23 252	12	24 299	12	24 885	13	27 282	12
印度	19 183	13	20 698	13	22 901	13	23 921	14	26 631	13
俄罗斯	26 152	10	27 064	10	26 084	11	25 251	12	25 133	14
瑞士	15 866	16	16 787	16	17 633	16	18 744	15	19 227	15
瑞典	17 065	15	17 633	15	17 649	15	17 977	16	18 698	16
巴西	13 681	17	15 880	17	16 364	17	17 273	17	18 347	17
中国台湾	**11 597**	**20**	**12 314**	**20**	**13 607**	**19**	**14 989**	**19**	**16 621**	**18**
土耳其	7 562	24	10 040	22	11 956	21	14 498	20	15 581	19
波兰	11 882	18	12 697	18	13 999	18	15 070	18	15 043	20

资料来源：http：//www. edu. tw/EDU _ WEB/EDU _ MGT/STATISTICS/EDU7220001/indicator/2006/1-3-6. xls? open。下表同。这里的“中国内地”的数据包括了香港特别行政区。

EI 各国（地区）论文发表篇数及名次

	2001 年		2002 年		2003 年		2004 年		2005 年	
	篇数	排名	篇数	排名	篇数	排名	篇数	排名	篇数	排名
美国	65 070	1	67 195	1	98 562	1	118 976	1	91 417	1
中国内地	**23 971**	**3**	**27 280**	**2**	**37 571**	**2**	**58 344**	**2**	**55 445**	**2**
日本	26 243	2	26 226	3	35 044	3	39 769	3	31 710	3
德国	13 721	4	14 341	4	20 765	4	23 806	4	21 554	4
英国	12 642	5	12 743	5	18 588	5	21 858	5	18 925	5
法国	9 892	6	10 393	6	14 917	6	17 033	6	15 028	6
加拿大	6 794	10	7 709	9	12 252	7	15 715	7	12 956	7
韩国	7 422	8	7 431	10	10 858	9	13 677	9	11 916	8
意大利	7 225	9	7 978	8	11 273	8	13 811	8	11 038	9
俄罗斯	8 500	7	8 897	7	9 207	10	11 018	10	10 688	10
印度	4 895	12	5 958	11	8 411	11	9 783	12	9 907	11
中国台湾	**5 768**	**11**	**5 786**	**12**	**8 011**	**12**	**10 980**	**11**	**9 461**	**12**
西班牙	4 669	13	5 206	13	7 885	13	9 655	13	9 301	13
澳大利亚	3 813	14	3 700	14	5 904	14	7 340	14	5 925	14
荷兰	3 267	15	3 464	15	5 120	15	6 020	15	5 431	15
波兰	2 746	18	2 971	17	4 412	17	5 740	16	4 818	16
巴西	2 868	17	3 170	16	4 569	16	5 438	17	4 788	17
瑞典	2 902	16	2 882	18	4 315	18	4 998	19	4 151	18
土耳其	1 319	26	1 768	24	2 971	23	4 458	20	4 021	19
瑞士	2 190	21	2 192	20	3 664	19	4 422	21	3 865	20

SSCI 各国（地区）论文发表篇数及名次

	2001 年		2002 年		2003 年		2004 年		2005 年	
	篇数	排名	篇数	排名	篇数	排名	篇数	排名	篇数	排名
美国	67 713	1	67 342	1	68 671	1	60 773	1	67 116	1
英国	16 909	2	16 677	2	16 949	2	16 607	2	17 881	2
加拿大	7 172	3	6 986	3	7 433	4	7 008	3	7 972	3
德国	5 400	4	5 521	4	5 863	5	5 045	4	6 485	4
澳大利亚	4 424	5	4 996	5	5 264	6	4 551	5	5 735	5
荷兰	3 017	6	3 284	6	3 418	7	3 564	6	4 175	6
法国	2 486	7	2 436	7	2 802	8	2 502	7	2 806	7
意大利	1 605	9	1 741	9	1 781	10	1 813	8	2 129	8
瑞典	1 730	8	1 767	8	1 933	9	1 672	9	2 006	9
西班牙	1 404	11	1 517	11	1 753	12	1 670	10	2 004	10
日本	1 535	10	1 713	10	1 774	11	1 486	11	1 673	11
中国内地	**1 242**	**13**	**1 315**	**13**	**1 391**	**13**	**1 461**	**12**	**1 614**	**12**
瑞士	1 007	14	1 093	14	1 269	14	1 321	14	1 530	13
以色列	1 317	12	1 398	12	14 065	3	1 387	13	1 430	14
比利时	874	17	869	17	1 103	15	1 168	15	1 278	15
新西兰	936	15	939	15	1 014	16	865	18	1 152	16
挪威	748	18	869	18	830	18	887	17	1 014	17
中国台湾	**505**	**26**	**608**	**22**	**680**	**20**	**691**	**20**	**1 011**	**18**
芬兰	930	16	870	16	948	17	971	16	935	20
丹麦	731	19	788	19	761	19	865	19	935	19

A&HCI 各国（地区）论文发表篇数及名次

	2001 年		2002 年		2003 年		2004 年		2005 年	
	篇数	排名	篇数	排名	篇数	排名	篇数	排名	篇数	排名
美国	28 096	1	27 567	1	26 416	1	18 303	1	21 557	1
英国	9 429	2	9 543	2	8 917	2	6 122	2	7 292	2
加拿大	3 225	3	3 210	3	3 036	3	1 797	3	2 282	3
德国	2 240	4	2 112	4	1 795	4	1 064	4	1 713	4
法国	1 733	5	1 672	5	1 487	5	867	5	1 398	5
澳大利亚	1 241	6	1 248	6	1 234	6	809	6	901	6
西班牙	726	8	742	7	691	7	360	9	623	7
意大利	547	9	554	8	618	8	397	8	575	8
荷兰	544	10	541	9	522	9	422	7	473	9
比利时	309	12	344	11	334	11	223	12	308	10
以色列	364	11	403	10	422	10	292	10	305	11
爱尔兰	301	13	316	12	278	13	291	11	238	12
新西兰	266	14	294	13	285	12	186	13	226	13
瑞士	256	15	248	14	239	15	181	14	216	14
南非	209	17	224	16	238	16	168	15	213	15
瑞典	1 194	7	228	15	241	14	127	17	200	16
俄罗斯	205	18	214	17	153	20	87	23	198	17
中国内地	**139**	**21**	**116**	**23**	**164**	**18**	**135**	**16**	**195**	**18**
奥地利	221	16	192	18	161	19	85	24	179	19
日本	204	19	192	19	230	17	117	18	169	20
挪威	129	24	141	21	127	22	98	20	168	21
丹麦	161	20	153	20	121	23	117	19	156	22
芬兰	137	22	125	22	143	21	91	21	110	23
捷克	70	31	64	32	42	37	84	25	96	24

续表

	2001 年		2002 年		2003 年		2004 年		2005 年	
	篇数	排名	篇数	排名	篇数	排名	篇数	排名	篇数	排名
印度	91	25	88	27	116	24	89	22	95	25
波兰	78	29	87	29	56	33	55	30	90	26
墨西哥	135	23	95	26	111	25	60	27	87	27
斯洛伐克	50	34	48	36	29	39	32	39	86	28
韩国	68	32	83	30	76	31	47	31	84	29
巴西	79	28	97	25	103	26	62	26	78	30
阿根廷	83	27	87	28	90	27	37	37	76	31
希腊	77	30	80	31	90	28	56	28	70	32
匈牙利	88	26	98	24	49	36	42	36	68	33
土耳其	44	35	53	34	81	29	46	33	55	34
中国台湾	**38**	**37**	**41**	**37**	**69**	**32**	**44**	**34**	**48**	**35**
新加坡	64	33	61	33	56	34	47	32	46	36

第九章 从北京到新竹

——海峡两岸“清华大学”可持续发展研究

第一节 问题的提出

世界多数大学的命名或源于人名，或源于地名（包括区域名）。同名大学的存在是其中的一个有趣现象。例如，哥伦比亚大学不仅存在于美国（Columbia University，位于纽约），也是加拿大的著名学府（The University of British Columbia，简称 UBC，位于温哥华）。至于东北大学，则是中美日三国各自较为著名的学府。但是与这些同名大学不同，海峡两岸的同名大学不仅同名，而且这些同名大学还存在或多或少的渊源关系。在以往的研究中，笔者曾指出：“海峡两岸的一些知名公立大学有共同的历史渊源，如海峡两岸都有‘清华大学’、‘交通大学’、‘中山大学’等。这些大学秉承共同的校训，甚至在系所设置上也大同小异而相互借鉴。这在世界上也是罕见的，体现出国家尚未统一时的特征。”而之所以出现此种同名且有渊源关系的大学，很大程度上正是源于国家“分裂”。在世界大国中，只有中国由于内因导致的分裂至今没有弥合的显象——在外人看来——这在共同信仰“和为贵”的文化国度里未免不是一个奇怪的现象。

教育的可持续发展是人类社会可持续发展的一部分，也是中国国家可持续发展战略的一部分。作为教育的可持续发展，大学的可持续发展就是其中的一个子系统。研究社会的可持续发展问题可以有不同的方法与角度。本章讨论的问题不是一个关于国家宏观层面的可持续发展研究，也不是关于高等教育系统的可持续发展研究，因此它并不借助国家政府部门的统计数据来说明问题。本章仅仅试图以两所同名大学的发展为案例，通过考察其历史发展与现状，从而获得大学可持续发展的一些启示和借鉴。这两所大学就是指海峡两岸的“清华大学”——北京清华大学与新竹“清华大学”（以下分别简称“北京清华”与“新竹‘清华’”）。

就“清华大学”而言，众所周知，随着1956年梅贻琦校长在台湾新竹“复校”，新竹“清华”与北京清华一样已经在海峡两岸发展为最知名的学府之一。由于1949年以前只有一个清华，因此海峡两岸“清华大学”拥有共同的历史印记，在校歌、校徽、校训、校旗、校花等精神标志及建筑命名上有些完全相同，有些略有变动，显示两校非同寻常的关系。① 不过如何认识与处理这些关系则存在不同观点。新竹“清华”有人认为，该校呈现的气象，实与之前的清华（指1949年以前的北京清华，下文简称“老清华”——笔者注）南辕北辙。例如，北京清华（老清华）的校长风波，教授会与学生会的力量颇具决定性，而新竹“清华”就鲜有类似情形，校长的人选一直是“教育部”委派，直至近年才有校长遴选的活动，而学生对校长人选问题向来是无权过问，因此“新竹‘清华’几十年来即已形成了迥异于前的校园文化传统”。②

海峡两岸“清华大学”在政治分裂的情况下各自发展了50年左

---

① 目前清华大学所在的清华园几成旅游热点，但多数游客只看外部形象，对真正代表大学精神的“清华三绝”则视而不见，缺乏思考。所谓“清华三绝”，指清华大学校训碑、清华大学日晷、王国维纪念碑（海宁王静安先生纪念碑）三处碑刻。它们建造的时间有先有后，本身也无特别奇异之处，但其上镌刻的文字均包含深刻的思想内涵。清华大学校训碑宣示的“自强不息，厚德载物”与清华大学日晷宣示的“行胜于言”重在教人“为人处事”，王国维纪念碑则昭示了大学之为大学（尤其是其学术）的精神内核。

② 新竹清华大学：“校史”，参见 http：//www. nthu. edu. tw/intro.

右，今日均以世界一流大学建设为职志，相互支持与合作在一定程度上已成为海峡两岸“清华大学”的共识与实践。① 那么，老清华、北京清华与新竹“清华”究竟存在哪些异同？两岸“清华大学”各自应该如何定位？各自的优势与劣势何在？面临哪些机遇与挑战？在政治分立的情况下如何进一步推动两岸“清华大学”的合作？所有这些问题都涉及大学的可持续发展问题。它们不仅为两岸“清华大学”所关心，甚至值得两岸社会尤其是学界人士关注。从国际关系或文化交流的角度看，如何通过学术、体育与文化交流与合作来缓和或者化解国际与国家内部的政治分歧也是政治学、经济学与国际关系等学科值得注意的一个重大问题。因此，笔者试图以“清华大学”为个案，以北京清华与新竹“清华”的发展实际状况为依据对上述问题作一综合考察与分析，为海峡两岸“清华大学”（尤其是北京清华）的建设与发展提供多角度的思考，同时期望能为国家分裂时期的大学发展提供些微启示。当然，台湾仅是中国的一个省，正如台湾在很多方面与祖国大陆难以比较一样，一定意义上说新竹“清华”与北京清华并没有多少可比性。但是作为一所完全同根的著名大学，又决定了比较尝试的趣味性、可能性与必要性。鉴于本章涉及内容复杂，这里仅考察海峡两岸“清华大学”的历史差异、院系设置、发展规模及师资状况四个领域。这些方面当然不是两所名校的全部，但由这四个方面的分析，仍

① 2001 年版新竹清华大学大事记显示：1994 年 9 月 9 日，北京清华大学校长王大中到访新竹“清华”并邀请沈君山校长率团访问北京清华；1995 年 8 月 30 日，新竹“清华”学生访问团（叶铭泉教授领队）参访北京清华，同年 12 月 10 日，沈君山校长率团访问北京清华，12 日签订《海峡两岸清华大学交流合作备忘录》；1996 年 1 月，两岸清华同列东亚研究型大学协会（The Association of East Asia Research Universities，AEARU）创始会员，同年 5 月 1 日，北京清华学生访问团（关志成副校长领队）参访新竹“清华”。近期新竹“清华”的“中长期发展计划（2004）”将其“国际化”的主要目标确定为与美国加州大学伯克利分校及北京清华的互动上。

然有可能得到大学发展中历史启示与思维参照的一鳞半爪。

第二节 海峡两岸“清华大学”发展状况之差异

历史是一面镜子，能够清晰地反映社会变迁对学校发展的影响及学校对社会变迁的能动反应，“清华大学”的发展同样不能例外。20 世纪 50 年代以前只有北京一个清华大学。受祖国大陆政治经济“大气候”的影响，近五十年来的北京清华经历了一个由“仿美”到“学苏”，进而独立探索这样一个过程。作为一所发展中国家的大学，其迈向一流大学的历程是曲折的（甚至是多难的），且至今也不能说完全定型。新竹清华完全是国民政府退守台湾以后在台“复校”的结果。“复校”初期重点为原子科学，其后则扩展至理工方面。近十几年来更扩展人文社会、生命科学、电机资讯与科技管理，渐渐地，新竹“清华”已成为一所文理工均衡发展的著名学府，在台湾高等教育系统中占有重要地位。① 北京清华曾经是“工程师的摇篮”，现在仍然是祖国大陆“理工主导型”院校的“排头兵”，但在文理等学科的重建或新建方面也颇有起色。表 9-1 显示了两校近五十年来的基本沿革与主要事件。

表 9-1 两岸“清华大学”发展的历史沿革与重要事件

年份	北京清华	新竹“清华”
1952	经全国高校院系调整，成为多科性工业大学	

① 1997 年、1998 年和 1999 年，台湾《远见》杂志都将新竹“清华”评为全台大学之首（1997 年与台大并列第一。此后该杂志应其他大学要求停止评量）。2002 年，在一项台湾各公司希望雇用的大学毕业生调查中新竹“清华”再次夺魁。

续表

年份	北京清华	新竹“清华”
1955	陆续建立实验核物理、固体物理、自动控制、电子学等10个新技术专业。	台湾与美国订立原子和平用途协议，决定设立原子科学研究机构并电召梅贻琦校长返台筹议。同年组设清华大学研究院筹备委员会，勘定校址于新竹，筹划复校。
1956	设立工程物理系。	原子科学研究所成立，招考第一届研究生。
1960	相继增设工程化学、工程力学数学等系，并有意识地发展应用理科。	
1962		增设数学研究所。
1964	建成我国第一座自行设计、自行调试、运行成功的原子反应堆及相关实验室。	恢复大学部，设置核子工程及数学两系，参加联合招生。
1965	由院系调整后的8个系22个专业发展为12个系40个专业。另有若干设计、研究机构，并举办各种特别班、研究班。	增设物理学系。
1966	“文革”爆发，清华大学教育工作遭到严重破坏，随后停止招生四年。	增设化学系。成立物理研究所，招收第一届研究生。
1968	工人、解放军进驻学校“斗、批、改”，造成许多冤假错案。	原子科学研究所化学组，转成立化学研究所，招收第一届研究生。
1970	开始招收三年制“工农兵学员”，前后六届共16 995人。	
1972		增设应用化学研究所、应用物理研究所、应用数学研究所、材料科学工程学系、工业化学研究所、工业化学系、动力机械工程学系。

续表

年份	北京清华	新竹"清华"
1974		增设分子生物研究所、工业工程学系及化学研究所博士班，均开始招生，并将原有所系分设三学院，即理学院、工学院及原子科学院。
1977	刘达受中央委派到校任职，完成恢复与调整任务。	增设电机电力工程研究所，计算机管理决策及辐射生物研究所硕士班。
1978	恢复全国高等教育招生考试。	
1980		增设工业工程研究所，大学部增设中国语文学系。
1982	恢复党委领导下的校长负责制。明确把清华的办学方针归结为"一个根本、两个中心、三方面结合"。	数学所增设博士班，大学部增设外国语文学系；成立长期发展委员会，制定五年发展计划。
1983	教育体制改革全面展开，学校结构和专业设置发生深刻变化，工科为主体，兼有理科、管理学科和人文社会学科的新型综合性大学格局初步形成。	与中山科学院合作成立自强科学研究中心；开始设置辅系；为推动跨院所系的教学与研究，成立校内各研究中心。
1984	设立国内高校中第一个研究生院；在管理工程系基础上建立经济管理学院；在已有理学科系基础上恢复理学院。	增设人文社会学院、经济学系、分子生物研究所博士班；与工业技术研究院合作成立材料科学中心。
1985	建立国内第一个继续教育学院；陆续设立博士后流动站。	
1992		共同学科改为通识教育中心；增设生命科学院，同时将生命科学系、生命科学研究所、生物医学研究所改为隶属于生命科学院。
1993	在已有人文社会科学学科系、所基础上建立人文社会科学学院。	校长首次由官派改为遴选产生。
1999	恢复建立法学院；原中央工艺美术学院并入，成为清华大学美术学院。	

续表

年份	北京清华	新竹“清华”
2000	在已有土木水利类学科系、所基础上建立土木水利学院；在公共管理系的基础上建立公共管理学院。	成立科技管理学院，设有科技管理研究所、科技法律研究所、计量财务金融学系。
2001	建立医学院。	
2002	在传播系基础上建立新闻与传播学院。	
2003	在工程力学系、宇航技术研究中心等基础上建立航天航空学院。	

从发展历史的角度分析表 9-1 资料，可以看出海峡两岸“清华大学”具有如下异同点。

第一，社会影响方面，两岸“清华大学”的发展均受当时社会变迁的影响，但比较而言，北京清华受政治影响尤甚——“文革”期间北京清华甚至停止正常招生多年，因而应该具有的正常教学、科研与社会服务职能无从谈起。新竹“清华”“复校”以后发展比较平缓，没有受到特别明显的政治影响。两校历史发展的经验与教训表明，大学需要“走出象牙塔”，但是学术自由与必要的自治永远是大学发展的阳光与空气，学术权力与行政权力的关系必须理清。

第二，发展态势方面，两岸“清华大学”都继承了老清华的基本传统，但比较而言，由于学习苏联经验及新中国国家工业化的需要，北京清华的学校结构和专业设置较之老清华已经发生了根本改变，成为“工程师的摇篮”，且至今执祖国大陆理工院校之牛耳。改革开放以后北京清华试图重续老清华的传统，目前理工主导兼有经管与人文社科的综合性布局已基本完成，规模上也有了成倍增长，其主要问题已由量的追求渐变为质的突破。新竹“清华”似乎更多接续了老清华的传统，因此复建后一直比较重视理工结合，也注意发展人文社会学科。但新竹“清华”的规模不足北京清华一半，故新竹“清华”在规模扩展方面可有较大空间（当然新竹“清华”也不一定需要扩展，万人大学已经不小）。

第三，学科建设方面，无论北京清华还是新竹“清华”，目前均是理工主导兼有人文社会科学的综合性院校。北京清华的学科建设程序是工科→理科→管理→文科（人文社会科学），更多重视实用学科；新竹“清华”的理工学科建设几乎同时起步，总体建设程序表现为：工科→理科→文科→管理，更多重视基础性学科。此正如新竹“清华”“校史”所云：整体而言，新竹“清华”是起自原子科学研究所一所，而后慢慢滋长扩展，逐渐成为理工大学，进而进入人文科学园地，成为较为完整之大学。①

由于新竹“清华”较早实行学院制及综合性学科布局，因此除了工学门类，其理学院建立（1974）早北京清华（1984）十年，其人文社科学院建立（1984）早北京清华（1993）近十年。北京清华则在管理科学方面先行一步，其经管学院于 1984 年成立。新竹“清华”于 2000 年方成立科技管理学院，其管理重心显然有别于北京清华，这或许与其临近新竹科技园区，配合园区产业发展有关。在世纪之交北京清华相继并入或设立多个新竹“清华”没有的新兴学院，如法学院、公共管理学院、医学院、新闻与传播学院、航天航空学院，推展与全国（尤其是北京、河北、深圳、浙江等省市）乃至全球的多边合作。新竹“清华”则与中山科学院合作设有自强科学研究中心（1983），并与台湾工业技术研究院合作成立材料科学中心（1984），后者甚至成为台湾“教育部”资助的全台四大中心之一。②新竹“清华”在开展台湾内外合作方面多有设想与努力。

---

① 新竹“清华大学”：“校史”，参见 http：//www. nthu. edu. tw/intro.

② 1983 年，李国鼎提出建立整合全台材料研究专属机构的想法而促成新竹“清华”于 1984 年成立材料科学中心。该中心与台湾大学应力中心、新竹交大电通中心、成功大学航大中心并列为由台湾“教育部”资助的全台四大中心。

第三节 海峡两岸“清华大学”院系设置分析

前面我们已经从历史角度简要分析了海峡两岸“清华大学”在学科建设方面的程序、重点与发展思路。院系设置是与学科建设相一致的，哈佛大学的院系设置最好地适应了美国的国家需要，因此这所私立大学才能“锻造一所美国大学”。作为中国的公立大学，北京清华在为国家服务方面应该比哈佛大学有过之而无不及。本书的一个预设就在于：作为国家重点建设的高校，北京清华应该继续急国家之所急，在一切国家关心的重大问题（不是一切问题）上都必须有选择地发出自己的声音——本书即依此预设来审视海峡两岸“清华大学”（尤其是北京清华）的现状与发展。老清华的院系设置变化大致如下：1925 年清华学校设立大学部和国学研究院；1928 年更名为国立清华大学，有文、法、理、工 4 个学院，16 个系；1946 年迁回北京清华园复校，有文、法、理、工、农 5 个学院，26 个系。解放后，1952 年经全国高校院系调整，北京清华成为多科性工业大学。1984 年建立经济管理学院、恢复理学院，以后又逐步恢复或增设新的院系。到 2004 年，北京清华设有 12 个学院，52 个学系。① 同期新竹“清华”设有 7 个学院，17 个学系及 18 个独立研究所（台湾大学有 11 个学院、54 个系，92 个研究所，其中含 37 个独立所，81 个研究所招收博士生）。这里我们首先分析海峡两岸“清华大学”基本的院系设置及其变迁状况。

---

① 此数据截至 2004 年 3 月 4 日。2003 年年底北京清华共有 49 个系，2004 年 3 月 4 日，经校务会通过，撤销经管学院企业管理系，增设经管学院企业战略与政策系、人力资源与组织行为系、市场营销系和信息学院微电子与纳电子学系。

一、工学领域

20世纪50年代以来，海峡两岸“清华大学”几乎均从工科开始起步，表9-2首先显示了两校在这方面的院系设置及其变迁状况。

表9-2　海峡两岸“清华大学”院系设置及其变迁：工学类

老清华（1948）	北京清华（1952）	北京清华（1965）	北京清华（2005）	新竹“清华”（2005）
工学院：				**工学院：**
化学工程系		工程化学系	化学工程系	1. 化学工程学系
机械工程系	机械制造系 动力机械系	动力机械系 农业机械系 精密仪器及机械制造系	**机械工程学院**（含机械工程、精密仪器与机械学、热能工程、汽车工程、工业工程5个系）	2. 动力机械工程学系 3. 工业工程与工程管理学系 4. 微机电系统工程研究所
		冶金系	材料科学与工程系	5. 材料科学工程学系
土木工程系	土木工程系 水利工程系	水利工程系	**土木水利学院**（含土木工程、水利水电工程、建设管理3个系）	
	无线电工程系	自动控制系	**信息科学技术学院**（含3系1所：电子工程、计算机科学与技术、自动化、微电子研究所。另有应用技术学院、软件学院2个学院）	**电机资讯学院：** 1. 资讯工程学系 2. 电子工程研究所 3. 信息系统与应用研究所
电机工程系	电机工程系	电机工程系 无线电电子学系	电机工程与应用电子技术系	4. 电机工程学系 5. 通讯工程研究所

续表

老清华（1948）	北京清华（1952）	北京清华（1965）	北京清华（2005）	新竹"清华"（2005）
			环境科学与工程系	
建筑工程系	建筑系	土木建筑工程系	**建筑学院**（含建筑、城市规划、建筑技术科学、景观学 4 个系）	
	石油工程（1953 年调出）	工程物理系	**核能与新能源技术研究院** 工程物理系	**原子科学院：** 1. 工程与系统科学系 2. 原子科学系
航空工程系		工程力学数学系	**航天航空学院**（含工程力学、航空航天 2 个系）	

说明：表中横向院系名称并非存在一一对应关系，表 9-3、表 9-4 同。由于北京清华 1952 年及 1956 年均无独立设置的理科与人文社会学科院系，表 9-3、表 9-4 无法列出这两年的相关情况，故从略。

表 9-2 显示，海峡两岸"清华大学"在工学方面均有长足发展，在学科门类中均设立有原子能、电机信息（资讯）、材料等相同科目，但是工科在北京清华尤其强势，北京清华结合祖国大陆发展需要设立了不少新竹"清华"缺乏的土木水利、航空航天、环境、建筑等院系。这些涉及"上天入地"的系科（老清华在理学院还存有地质系）对于中国在 21 世纪的复兴都是非常必要的，因此只能加强不能削弱。另外，海峡两岸"清华大学"在海洋科学方面似从不涉足，而对一个海洋大国来说，如何"自造船只"或"借船出海"值得考虑。①

① 2001 年成立的清华大学深圳研究生院下设五个学部，其中生命科学学部包括海洋科学。

由于北京清华原系工科院校，加之学习苏联模式的影响，所以其学院制并非贯彻至所有工科系所。具体说来，北京清华的工科除了 5 个实体学院之外，还存在 5 个颇具规模的实体学系，它们与学院属于平行单位。此点与新竹“清华”不同，显示北京清华工科存在的强势地位。再者，北京清华“信息科学技术学院”还领有“应用技术学院”、“软件学院” 2 个学院，管理逻辑上有些令人费解。学院与学系的平行设置，学院下面还有“学院”，显示北京清华在管理与布局上还有进一步整合的空间与可能。

海峡两岸“清华大学”在工科学科建设方面存在一个有趣现象：20 世纪 50 年代的北京清华与新竹“清华”不约而同地把原子科学作为学校尤其是学科建设（工科发展）的先导与重点。之所以如此，是因为当时海峡两岸政府都从二战以后美国发展与使用原子弹的经历中得到深刻启示，因此不约而同地把发展相关学科作为学科布局的优先考虑。① 如今北京清华核能技术设计研究院（核研院）除了继续开展原子反应堆的设计建造之外，近年还在集装箱检测方面取得了不少进展，至今仍然是祖国大陆高校规模最大的实体研究院之一。新竹“清华”的原子科学院至今也是该校乃至整个台湾地区唯一从事原子能科技与教学研究的机构。可惜海峡两岸“清华大学”在这一重头学科领域似无合作。

二、理学（含医学、生命科学）领域

海峡两岸“清华大学”在理学方面（含医学、生命科学）设置的院系及其变迁状况见表 9-3。

① 新竹“清华大学”前校长沈君山（2003）曾就两岸“清华大学”发展原子能学科的国内外背景进行过有趣的描述。参见沈君山著：《浮生三记》，生活·读书·新知三联书店 2003 年版。

表 9-3 海峡两岸“清华大学”院系设置及其变迁：理学

老清华（1948）	北京清华（2005）	新竹“清华”（2005）
理学院：	**理学院：**	**理学院：**
1. 物理系	1. 物理系	1. 物理学系
2. 化学系	2. 化学系	2. 化学系
3. 数学系	3. 数学科学系	3. 数学系
		4. 统计学研究所、天文学研究所
4. 生物系	4. 生物科学与技术系	**生命科学院：**
5. 地学系	**医学院：**	1. 生命科学系
6. 气象系	1. 医学系	2. 生物科技研究所、分子与细胞生物研究所、分子医学研究所、生物资讯与结构生物研究所
7. 心理系	2. 药学系	
	3. 生物医学与工程系	

由表 9-3 可以看出，老清华理学院系科最为多样。结合表 9-1 可知，北京清华 1952 年院系调整后成为“工程师的摇篮”，理学在系所设置上不复存在。尽管学校在 20 世纪 60 年代有意识地发展应用理科，但总体上说其基础理学的地位较之老清华已今非夕比。现有理学院是 1984 年在发展应用理科基础上复建的。新竹“清华”的理学院则是 1974 年在原有所系基础上与工学院及原子科学院同时建立的，比北京清华早了十年，显示其理科尤其是基础理科较北京清华有更长远的积淀，这也正是新竹“清华”的优势之一。另外，海峡两岸“清华大学”均较为重视生命科学，这是非常必要的。1999 年日本启动的“21 世纪卓越基地（Center of Excellence

in the 21st Century，coe）计划”与韩国实施的“Brain Korea 21（BK21）工程”均把生命科学列为其重点支持领域，① 这显示发展生命科学成为东亚大学建设之共识。如何在这一领域选准突破口，海峡两岸“清华大学”无疑应该慎重考虑。

目前北京清华已经新建医学院，并有 2 所附属医院，这是北京清华历史上所没有的，如何结合社会需要与学校实际办出特色与水平值得不断探索。在主攻方向上，除了发展传统的医药学，北京清华或许可以结合其理工优势，在一些现代疾病的防治上首先实现突破，这样可以减少与其他强势医药院校主攻方向的雷同。新竹“清华”在医学方面的建设主要是加强与台湾联合大学系统中的阳明大学、相关卫生研究院所及荣民总医院、长庚纪念医院、马偕医院的合作。另外与高雄医学院合作开设医学院预科学程。新竹“清华”认为，成功的医学院应该效法美国，即接受传统大学四年的教育是学生主修生物或医学必备的基础。② 此点无疑也值得包括北京清华在内的祖国大陆医学院校注意。

三、人文社科领域

对北京清华而言，五十多年来最大的变化首推文科的重建（包括新建与复建）。正是文科的重建，北京清华才开始复兴其综合性大学之梦。目前北京清华在人文社科领域设有 6 个实体学院，其中在人文社会科学学院设有 6 系 5 所 4 中心。新竹“清华”在人文社科领域设有 2 个实体学院，另有 1 个共同教育委员会涉及一些文科

---

① 有关这两个研究计划的介绍，参见陈立、刘华：《韩国政府 21 世纪大学发展策略述评——兼论近年来韩国政府与大学之间的关系》，《比较教育研究》2003 年第 3 期；周程：《日本创建世界一流的研究教育基地——启动“21 世纪卓越基地”项目述评》，《科学学研究》2003 年第 2 期。

② 徐遐生：《清华的中长程发展计划》，2004 年 4 月，参见 www.nthu.edu.tw/news_file/long_planning_cht.pdf.

单位（下设通识教育中心、教育学程中心、体育室、军训室、艺术中心），其人文社会科学学院设有4系6所。海峡两岸“清华大学”在人文社会学科方面相关的院系设置及其变迁情况见表9-4。

表9-4 海峡两岸“清华大学”的院系设置及其变迁：人文社科类

老清华（1948）	北京清华（2005）	新竹“清华”（2005）
文学院： 1. 中国文学系	**人文社会科学学院：** 1. 中国语言文学系	**人文社会学院：** 1. 中国文学系
2. 外国文学系	2. 外语系	2. 外国语文学系
3. 历史学系	3. 历史系/思想文化研究所	3. 历史研究所
		4. 人文社会学系
4. 哲学系	4. 哲学系	5. 哲学研究所
5. 人类学系	5. 经济学研究所	6. 经济学系
法学院： 1. 社会学系	6. 社会学系	7. 社会学研究所、 8. 人类学研究所
2. 政治学系	7. 政治学系	9. 台湾文学研究所
3. 经济学系	8. 科技与社会研究所、教育研究所、国际问题研究所、	10. 语言学研究所
4. 法律学系	**经济管理学院**	**科技管理学院：** 1. 计量财务金融学系
		2. 科技管理研究所、科技法律研究所、高层主管经营管理硕士班（EMBA）
	公共管理学院	
	法学院	
	新闻与传播学院	
	美术学院	

说明：新竹“清华”的研究发展处与共同教育委员会下属部分单位涉及人文社科领域。

众所周知，老清华实行完全学院制，各系均属于学院下属单位。从表 9-4 的院系设置可以看出，其文学院是人文学院的代名词，而法学院（虽然包括法律系）也并非现在常见的“法律学院”，而是社会科学学院。表 9-4 同时显示，海峡两岸“清华大学”不约而同地设立有人文社科学院（并非像老清华一样分开设立人文学院与社会科学院），且均设有中文、外语、历史、哲学、经济、社会学等相同系所。这或许是理工主导型院校人文社会学科规模有限的情况下整合的结果——海峡两岸的不少理工主导型院校均采用类似名称。

一般地，台湾高校的学系可以既招收本科生，也招收研究生（研究所则仅招收研究生），但是北京清华除中文与外文两系招收本科生外，其他四系——历史、哲学、社会学、政治学——均仅招研究生而不招本科生。这与台湾大学的学系招生情况有所不同。北京清华科技与社会研究所、教育研究所挂靠人文社科学院，而新竹“清华”的科技与社会研究中心、高等教育研究中心则挂靠研究发展处，教育学程中心挂靠共同教育委员会，① 显示海峡两岸“清华大学”对这些单位的设立目标与管理体制上存在差别。新竹“清华”人文社科学院设有人类学系、语言学研究所、台湾文学研究所，在系所设置上具有特色。近期设立的“人文社会学系”办系理念上效法美国大学系统，认为批判思维、自学精神与专业知识同等重要，故学生在大二之前可以自由地修读人文领域的科目，等到完

① 20 世纪 90 年代中期以后，海峡两岸为打破师范院校培养中小学师资的单一局面，均开放一般大学开办教育院系（所），但是祖国大陆非师范重点大学设立的教育院系虽然招收了相当多教育科学方面的研究生，真正直接培养的中小学师资却不多。这与台湾著名高校（包括新竹“清华”）的教育学程中心积极培养硕士层级的中学教师差别甚大，提示祖国大陆需要进一步提高基础教育教师的地位与水平。

成两年大学教育后再决定自己的主修（专业）。① 该系的探索值得注意，但名称上几乎是"人文社会科学学院"的学系简化，有过宽之嫌。总之，海峡两岸"清华大学"人文社会科学学院系所设置互有交错，故两校在此一方面可谓各有优势。

就海峡两岸"清华大学"的人文社会学科整体建设而言，北京清华设有合并中央工艺美术学院基础上成立的美术学院及法学院（新竹"清华"在科技管理学院下面设有一个科技法律研究所）、新闻与传播学院，这是新竹"清华"所没有的。前已述及，北京清华在管理领域分设经济管理学院（1984 成立）与公共管理学院（2000 年成立），其管理科学发展先于新竹"清华"（新竹"清华"于 2000 年成立科技管理学院），并在师生规模等方面占有相当比例（见表 9-5），显示海峡两岸教育部门及海峡两岸"清华大学"关注的重心也有所不同。

表 9-5 北京清华经管学院发展的有关数据

时间（年）	1984	2004
在校生规模（人）	少于 200	4 002（占全校学生总数近 15%）
科研项目（项）	7（1995 年）	60
科研经费（人民币：元）	14 万（1995 年）	1 000 万以上
办公条件	借学校 9003 大楼几间办公室	伟伦、舜德两座大楼（3 万平米）
师资	本科、硕士毕业生为主的几十人	专任教师 116 位（其中博士占 63%，有海外经历者超过 70%）

说明：表中数据系笔者根据赵纯均、陈章武：《从优秀到卓越——清华大学经济管理学院建院 20 周年回顾与展望》；周襄楠、刘冬梅：《走创新之

① 徐遐生：《清华的中长程发展计划》，2004 年 4 月，参见 www.nthu.edu.tw/news _ file/long _ planning _ cht.pdf.

路，育经管英才——记清华大学培养经济管理英才的25年》整理而成。参见http：//news. tsinghua. edu. cn/new/news.

值得一提的是，院系调整后清华农学院不复存在（老清华曾设有农艺系、植物病理系、昆虫系、农业化学系。另外，北京清华一度存在农业机械系），且至今海峡两岸“清华大学”也无农学院系。伴随清华生命科学的兴起，除了新建或合建医学院之外，是否还要在农学方面也有所作为呢？毕竟中国是一个农业与人口大国，相关问题只能靠自己解决。这里并不是说一定要复建农学院，而是强调在与兄弟单位（如中国农科院、环科院、林科院及相关院校）分工合作方面值得考虑。再者，中国自然灾害不少，荒漠化问题严重，社会也面临不少新的生理心理问题。目前两岸清华已无老清华曾有过的气象系与心理系（几乎每个美国知名大学均设有心理系），但有一批相关学科的师资（博士），是否也可以考虑整合不同单位人员，且与校内外不同部门建立合作机制或非实体的跨学科联合研究中心？以便必要时在这些重要领域也能听到清华的声音。

由于重组学群对于推广及解决跨院合作有相当大的帮助，新竹“清华”已经并继续进行学群重组，即将校内七院及通识委员会分为E、H、S三大学群：E学群包括工学院、电机资讯学院及原子科学院，H学群包括人文社科学院、科技管理学院和共同教育委员会，S学群包括理学院与生命科学院。每个学群均有专属的校级委员会来评估各学群的提案与建议，并排出先后顺序，以及评估未来跨系、跨院互动或改组的成果、优点和可行性。由于北京清华规模远较新竹“清华”为大，院系众多，也存在一个如何解决跨院系、跨学科的合作问题，彼岸的做法与经验教训显然值得观察。

总之，北京清华在工科与管理科学领域较有优势，新竹“清华”则在理科与人文社会学科方面有其特色。正如新竹“清华”校长徐遐生在2004年所说：“‘清华大学’的优势在于理学院理论基础强，且有人文社会学院……”① 两校合作的空间显然是巨大的。当然，由于北京清华在祖国大陆具有显著地位，而新竹“清华”则由于台湾大学、成功大学（原台南工学院）及交通大学的有力存在，这样就决定了北京清华的地位与长远优势非新竹“清华”可比。近期就新竹“清华”与新竹“交大”的合并案出现很多的讨论，这固然有经济利益（得到“教育部”奖助）与规模效益的考虑，也显示这两所与祖国大陆存在历史渊源的著名学府在台湾或许处于一个微妙的位置——这与台大或成大在台湾学界的地位有所不同。

第四节 海峡两岸“清华大学”规模变迁分析

众所周知，1949 年以后，祖国大陆虽然培养了大量的本科生与研究生，但一直没有授予学生任何学位。直到 1980 年 2 月 12 日第五届全国人民代表大会常务委员会第十三次会议通过《中华人民共和国学位条例》，② 这种局面才发生根本转变。在此背景下，北京清华于 1981 年首次授予 307 名学生硕士学位，进而于 1982 年授予 888 名学生学士学位，1983 年授予 2 名学生博士学位。到 1999 年，北京清华大学共招收研究生 3 665 人，首次出现了研究生招生人数超过本科生招生人数的局面，这显示了北京清华发展研究型大学的基本格局。③

有趣的是，新竹“清华”授出学位的顺序与北京清华竟不谋而

---

① 徐遐生：《尊重反对声音，强调合并是最佳机会，清、交将同日投票》，参见台湾《联合报》2004 年 11 月 20 日孟祥杰报道。

②《中华人民共和国学位条例》于 1980 年 2 月 12 日由第五届全国人民代表大会常务委员会第十三次会议审议通过，并于 1981 年 1 月 1 日起施行。

③ 沈岩（1987）：《我校研究生招生数首次超过本科生》，http：//news.ts-inghua. edu. cn/xqh/xqhnews/read. php？ id＝3124.

合。新竹“清华”于1955年在台“复建”，三年后（1958年）首次授予学生的学位即是硕士学位（原子科学系，10名学生），进而于1968年授予57名学生学士学位（工程与系统科学系35人、数学系22人），1970年授予1位学生博士学位（物理学系）。当然，由于台湾的高等教育基本延续国民党政府主政大陆时的高等教育法制，加之台湾没有祖国大陆那么大的政治起伏，因而新竹“清华”授予学生学位的时间比北京清华早23年。下面我们具体分析一下海峡两岸“清华大学”学生人数及授予学位的变迁情况，由此可一窥“清华大学”的发展动向与可能问题。

一、海峡两岸“清华大学”本科生人数的变迁

到2003年，新竹“清华”总计有16个系授出18 713个学士学位。其中理科4个系授出4 797个学士学位，占全校授出学士学位的25.63%；工科8个系（含原子科学系）授出11 308个学士学位，占全校授出学士学位的60.43%；文科4个系（含计量财务金融学系）授出2 608个学士学位，占全校授出学士学位的13.94%。

理科授予学士学位最多的四个系依次是：物理系1 541人、数学系1 466人、化学系1 448人、生命科学系342人。工科授予学士学位最多的四个系所依次是：电机工程学系2 092人、动力机械工程学系2 050人、工程与系统科学系2 017人、材料工程学系1 563人。文科授予学士学位最多的四个系所依次是：经济学系956人、中国文学系822人、外国文学系779人、计量财务金融学系51人。1982年以来海峡两岸“清华大学”授予学士学位人数情况见表9-6。

表 9-6　1982 年以来海峡两岸“清华大学”授予学士学位人数（单位：人）

年份	北京清华	新竹“清华”	年份	北京清华	新竹“清华”
1982	888	399	1994	1 745	708
1983	1 073	417	1995	1 980	823
1984	1 834	445	1996	2 024	819
1985	1 942	496	1997	2 264	845
1986	1 949	532	1998	2 405	812
1987	1 923	526	1999	2 866	816
1988	2 023	600	2000	3 587	829
1989	2 053	559	2001	2 745	953
1990	2 234	649	2002	3 108	982
1991	2 090	701	2003	3 609	1 014
1992	2 132	722	合计	48 606	18 713
1993	2 132	703			

资料来源：北京清华数据来自北京清华大学“两办统计资料”。新竹“清华”数据来自该校“历届毕业人数”（学士班）统计资料。http://www.nthu.edu.tw/intro/intro.htm.

从表 9-6 可以看出，1982 年以来海峡两岸“清华大学”授予学生学士学位的人数总体上一直在增加，其中，北京清华从 1982 年的 888 人到 2003 年的 3 609 人，增长了 3 倍。同期新竹“清华”从 1982 年的 399 人到 2003 年的 1 014 人，增长了 1.5 倍。

尽管两所“清华大学”授予学生学士学位的人数都在增加，但差异一直存在。其一是量的差异。北京清华自其首次授予学生学士学位以来，数量上一直比新竹“清华”多，且这种差距越来越大（从 1982 年的 1 倍多扩大到 2003 年的 3 倍有余）。其二是数量本身的起伏。即北京清华授予学生学士学位的增长并非渐进式增长，而是波浪式前进：1982～1990 年一直在增长，但 1991 年有一个小小的回落，回落之后又继续增长。这很可能与 20 世纪 80 年代末期的通货膨胀、政治风波及文化虚无主义等有关。相反地，新竹“清华”授予学生学士学位的人数一直是稳步增长，几乎没有什么起伏。

二、海峡两岸“清华大学”硕士研究生人数的变迁

1925 年清华学校国学研究院公开招考正取生、备取生共 33 名。1925～1936 年清华大学研究院共录取研究生 169 人。1939～1945 年共有研究生 126 人，毕业 32 人。1946～1952 年招收研究生 140 人。1933～1947 年全校共计授出了 61 个硕士学位，其中文科 25 人、理科 28 人、法科 8 人。1952 年院系调整后，北京清华成为多科性工业大学。1953～1965 年招收研究生 987 人。“文革”期间，北京清华研究生招生工作中断。1978 年恢复招收研究生，当年录取 365 名。① 到 2006 年，北京清华大学有在校硕士生 13 446 人（其中学术学位 6 467 人，专业学位 6 979 人），② 较 1978 年招收研究生时的 365 人增长了 36.84 倍，也即 28 年内增长了 35.84 倍。

新竹“清华大学”1958 年首次授予原子科学系 10 个硕士学位，至 1980 年 23 年间总共授出 1 390 个硕士学位（1971 年前原子科学系授出的硕士学位占所有院系的绝对优势）。至 2003 年，总计

① 方惠坚、张思敬主编：《清华大学志》，清华大学出版社 2001 年版，第 262～266 页，第 283 页。

② 《2006 清华大学概览》，参见北京清华大学：《两办统计资料》，http：//info. tsinghua. edu. cn/.

有30个系所授出14 410个硕士学位。其中理科6个系所（含天文研究所、统计学研究所）授出3 863个硕士学位，占全校授出硕士学位的26.81％；工科12个系所（含统计学研究所）授出9 558个硕士学位，占全校授出硕士学位的66.33％；文科12个系所授出989个硕士学位，占全校授出硕士学位的6.86％。

理科授予硕士学位最多的四个系所依次是：化学系1 129人（其中化学组606人，应用化学组523人）、物理系893人（其中物理组477人，应用物理组416人）、生命科学系827人、数学系793人（不含统计学研究所授予硕士学位217人）。工科授予硕士学位最多的四个系所依次是：动力机械工程学系1 522人、电机工程学系1 496人、化学工程学系1 267人、材料工程学系1 244人。文科授予硕士学位最多的四个系所依次是：经济学研究所204人、语言学研究所149人（相关的中文系101人）、历史研究所130人。此外三个联系密切但单独设立的研究所共授予硕士学位208人（社会人类学研究所113人、社会学研究所53人、人类学研究所42人）。表9-7列出了1981～2003年海峡两岸“清华大学”授予硕士学位人数。

表9-7 海峡两岸“清华大学”授予硕士学位人数（单位：人）

年份	北京清华	新竹“清华”	年份	北京清华	新竹“清华”
1981	307	184	1993	660	621
1982	293	210	1994	729	611
1983	147	241	1995	796	674
1984	241	291	1996	906	726
1985	261	287	1997	1 107	717
1986	418	336	1998	1 125	731

续表

年份	北京清华	新竹"清华"	年份	北京清华	新竹"清华"
1987	489	353	1999	1 412	772
1988	935	337	2000	1 602	846
1989	1 101	449	2001	2 056	973
1990	312	469	2002	2 650	1 023
1991	720	527	2003	3 078	1 054
1992	620	537	合计	21 965	13 019

资料来源：北京清华数据来自北京清华大学"两办统计资料"。新竹"清华"数据来自该校"历届毕业人数"（硕士班）统计资料。http://www.nthu.edu.tw/intro/intro.htm 因原始数据原因，统计结果略有误差。

从表 9-7 可以看出，1981 年北京清华授予硕士学位 307 个，同年新竹"清华"授予硕士学位 184 个，北京清华是新竹"清华"的 1.67 倍。到了 2003 年，这一比例改为 2.92 倍。同时，北京清华授予硕士学位从 1981 年的 307 个增加到 2003 年的3 078个，增长了 9 倍有余。同期新竹"清华"从 1981 年的 184 个增加到 2003 年的 1 054 个，增长了 4.73 倍。可见，北京清华在授予硕士学位方面的数量增加远远超过新竹"清华"。

三、海峡两岸"清华大学"博士研究生人数的变迁

1981 年北京清华经国务院批准成为首批可授予博士硕士学位的单位，同年正式招收博士生。1980～1993 年北京清华博士生录取情况见表 9-8。

表 9-8　1978～1993 年北京清华博士生录取情况（单位：人）

年份	招生计划数	录取数	年份	招生计划数	录取数
1980	34	34	1988	200	186
1981	27	8	1989	200	196
1982	31	4	1990	210	193
1983	35	25	1991	210	249
1984	112	122	1992	220	245
1985	171	165	1993	260	322
1986	200	208	合计	2 090	2 151
1987	180	194			

资料来源：方惠坚、张思敬主编：《清华大学志》，清华大学出版社 2001 年版，第 266 页（有删减）。

由表 9-8 可见，北京清华博士生录取数从 1980 年的 34 人到 1993 年的 322 人，增长了近 9 倍。1990 年全国在校博士生总数不足 1 万，清华大学有在校博士生 646 人，约占全国的 7%。① 至 2006 年，北京清华的在校博士生已经达到 4 997 人②，较 1990 年的 646 人增长了 6.74 倍。

新竹"清华"1970 年首次授出第一个博士学位（物理学系），

---

① 清华大学教育研究所编著：《继承与发展——新时期清华大学教育改革试验与研究》，清华大学出版社 1991 年版，第 256～257 页。但《1990 年全国教育事业发展统计公报》显示，当年全国有在校博士生 1.13 万人，在校硕士生 8.07 万人，可见两者数据略有出入。参见 http://www.edu.cn/jiao_yu_fa_zhan_498/20060323/t20060323_11634.shtml.

② 《2006 清华大学概览》，参见北京清华大学：《两办统计资料》。http://info.tsinghua.edu.cn/.

至1982年13年间总共授出18个博士学位（物理系15人，化学系3人）。到2003年，总计有18个系所授出1 898个博士学位。其中理科5个系所（含统计学研究所）授出656个博士学位，占全校授出博士学位的34.56%；工科9个系所（含统计学研究所）授出1 205个博士学位，占全校授出博士学位的63.49%；文科4个系所授出37个博士学位，占全校授出博士学位的1.95%。20世纪80年代以来海峡两岸“清华大学”授予博士学位人数见表9-9。

表9-9　海峡两岸“清华大学”授予博士学位人数（单位：人）

年份	北京清华	新竹“清华”	年份	北京清华	新竹“清华”
1983	2	3	1994	159	112
1984	15	7	1995	177	152
1985	11	13	1996	202	129
1986	18	16	1997	248	139
1987	29	40	1998	224	136
1988	103	39	1999	317	136
1989	160	51	2000	327	127
1990	79	72	2001	358	120
1991	139	92	2002	384	127
1992	91	108	2003	581	161
1993	135	99	合计	3 759	1 879

资料来源：北京清华数据来自北京清华大学“两办统计资料”。新竹“清华”数据来自“国立清华大学历届毕业人数”（博士班）。http://www.nthu.edu.tw/intro/intro.htm，因原始数据原因，统计结果略有误差。

从表9-9可以看出，1983年北京清华授予博士学位2个，同年新竹“清华”授予博士学位3个，北京清华比新竹“清华”少1个。到了2003年，北京清华授予博士学位581个，同年新竹“清华”授予博士学位161个，北京清华是新竹“清华”的3.6倍。同时，北京清华授予博士学位从1981年的2个增加到2003年的581个，增长了289.5倍。同期新竹“清华”从1981年的3个增加到2003年的161个，增长了52.67倍。可见，北京清华在授予博士学位方面的数量增加远远超过新竹“清华”。综合前面的数据可以看出，北京清华学生中，增长比例最高的是博士生，其次是硕士生，再次才是本科生，也即学位越高，学生人数增加比例越大。这时人们必然要问：学位越高，增长越快，那么其水平是否得到相应的提高？一位清华研究生指出：“清华文凭好拿，这样必然产生毕业生质量下降的结果。在给学生一定自由度的同时，必须严把质量关，即对论文答辩一定严格要求，这一点对博士生尤为必要。”①

行文至此，不妨就20世纪80年代以来海峡两岸“清华大学”授予学位的总量作如下归纳（见表9-10）。

表9-10 20世纪80年代海峡两岸“清华大学”授予学位的总量（单位：人）

年份	授予学位	北京清华	新竹“清华”
1982～2003	学士	48 606	18 713
1981～2003	硕士	21 965	13 019
1983～2003	博士	3 759	1 879

四、北京清华大学学生层级结构及师生比变迁分析

从海峡两岸“清华大学”授予不同层级学位的情况可知，两校均发生了相当大的变化，其中北京清华学位授予情况变化尤甚。应该说，无论对中国还是对清华来说，这种变迁总的来说是可喜的。

---

① 王大中主编：《世纪的呼唤——清华大学教育思想讨论的启示》，清华大学出版社1999年版，第80页。

但是，学位授予情况仅是反映规模变迁的一个侧面，学生层级结构及师生比能够更准确地反映其可能的教育质量及其动向，因此我们有必要对此进行分析。由于新竹"清华"的数据不能得到，无法比较两校的异同，因此这里我们仅对20世纪80年代中期以来的北京清华学生层级结构变迁及师生比变迁作一简要分析。北京清华大学在校学生规模变迁及其层级结构情况见表9-11。

表9-11　北京清华大学在校学生规模变迁及其层级结构（单位：人）

年份	专科生	本科生	研究生			本科生/研究生
			硕士生	博士生	研究生合计	
1991	361	10 138	1 888	689	2 577	1∶0.25
1992	492	10 044	2 017	862	2 879	1∶0.29
1993	708	10 061	2 228	1 018	3 246	1∶0.32
1994	780	10 549	2 492	1 202	3 694	1∶0.35
1995	525	10 857	2 858	1 422	4 280	1∶0.39
1996	415	11 081	3 112	1 591	4 703	1∶0.42
1997	250	11 150	3 452	1 766	5 218	1∶0.47
1998	244	11 263	3 967	2 005	5 972	1∶0.53
1999	50	12 473	4 992	2 395	7 387	1∶0.59
2000	—	12 625	6 212	2 851	9 063	1∶0.72
2001	—	13 861	6 927	3 275	10 202	1∶0.74
2002	—	14 260	7 432	3 782	11 214	1∶0.79
2003	—	14 177	7 921	4 214	12 135	1∶0.86
2004	—	13 772	8 664	4 659	13 323	1∶0.97
2005	—	13 709	13 446	4 997	18 443	1∶1.53

注：1999年前有关数据根据各年度《清华大学一览（年鉴）》整理。1999年后数据根据清华大学"两办统计资料"中学年初"各类人员在校人数"网上数据整理。这里的"本科生"含"第二学士学位生"。"研究生"不

包括无学历专业学位研究生数。“—”表示数据缺失或已不存在。

1978 年、1979 年北京清华大学分别有在校专科生 215 人、216 人，1980～1987 年间没有专科在校生，1988 年、1989 年、1990 年又各有在校专科生 161 人、185 人、334 人。表 9-11 显示，北京清华不同层次的在校学生变化显著：专科生在 1994 年达到 780 人的高峰以后逐年减少，进而于 2000 年销声匿迹。北京清华大学 1978 年有本科在校生 6 170 人，以后逐年增长，到 1990 年本科在校生达到10 271人，增长了 66.5%。① 本科生从 1991 年的 10 138 人到 2005 年的 13 709 人，增长了 35%；硕士生从 1991 年的 1 888 人到 2005 年的 13 446 人，增长了 6.12 倍；博士生从 1991 年的 689 人到 2005 年的 4 997 人，增长了 6.25 倍。在校研究生则从 1991 年的2 577人到 2005 年的 18 443 人，增长了 6.16 倍。本科生与研究生之比从 1∶0.25 变为 1∶1.53，可见北京清华的规模扩张基本上以研究生规模扩张为主导。

上述情况与 1997 年北京清华开展的“教育思想大讨论”有关思想颇为契合。当时参与讨论的一位研究生指出：“清华就该像其他一些著名大学一样以培养研究生为主，本科不是清华的主流（我在清华念的本科）；专科根本就不该有。而且本科的工作应该从研究生培养出发，不能是上来什么样的本科生，研究生教育去跟着转，而应该是本科教育随着研究生教育的指挥棒走。”② 当然，世界著名大学并非都以培养研究生为主，但重视保证研究生教育培养质量确实是世界一流大学的共同特征。

---

① 清华大学 1990 年前的数据参见教育研究所编著：《继承与发展——新时期清华大学教育改革试验与研究》，清华大学出版社 1991 年版，第 256～257 页。

② 王大中主编：《世纪的呼唤——清华大学教育思想讨论的启示》，清华大学出版社 1999 年版，第 70 页。

除了学生之间的比例关系发生了变化以外，师生比同样发生了一些变化。教师和学生均是构成一所学校的主体，因此考察一所大学的规模变迁，可以主要考察其师生人数的变化。单纯看一所学校学生人数的变化并不能完全说明其质量问题，因为只要学生的规模变迁与教师质量相匹配，那么学生数量适当增加一些也能够得到保障。反之，若教师的质量不能得到保证，那么学生数量的增加则必然带来教育质量的下降。表 9-12 列出了北京清华大学在校专业技术人员规模变迁情况。

表 9-12　北京清华大学在校专业技术人员规模变迁情况（单位：人）

年份	专业技术人员					中级以上人员合计	全校教职工合计
	未定职	初级	中级	副高级	高级		
1991	417	1 045	2 050	1 651	475	4 176	8 415
1992	408	1 339	1 814	1 605	504	3 923	8 388
1993	—	1 580	1 908	1 691	595	4 194	8 252
1994	—	1 368	1 819	1 759	669	4 247	8 201
1995	75	1 376	1 971	1 698	778	4 447	7 973
1996	124	1 046	1 802	1 654	816	4 272	7 768
1997	114	1 011	1 901	1 520	906	4 327	7 629
1998	135	760	1 944	1 520	926	4 390	7 433
1999	—	684	1 936	1 518	975	4 429	7 016
2000	—	561	1 813	1 740	1 035	4 588	—
2001	—	581	2 016	1 692	1 008	4 716	7 227
2002	2 197	602	2 121	1 694	1 047	4 862	7 661
2003	1 779	701	2 820	1 726	1 090	5 636	8 116
2004	20	362	2 453	1 725	1 209	5 387	7 869
2005	—	—	—	1 829	1 304	—	7 777

注：1999 年前有关数据根据各年度《清华大学一览（年鉴）》整理。1999 年后数据根据清华大学“两办统计资料”中学年初“各类人员在校人数”网上数据整理。“—”表示数据缺失或已不存在。

从表 9-12 可以看出，从 1991～1999 年，北京清华全校教职工总数一直在减少，此后则略有增加后趋于稳定。与之相反，北京清华中级以上专业技术人员则一直在增加，从 1991 年的 4 176 人增加到 2004 年的 5 387 人，增长了 29%。因此从增长趋势上看，北京清华学生增加的同时，中级以上专业技术人员也相应增加。为了具体显示两者的变迁情况，这里以“中级以上专业人员数”作为“教师规模”，以全体在校生（含专科生、本科生、硕士生、博士生）人数作为“学生规模”，计算了北京清华的“师生比”，结果见表 9-13。

表 9-13　1991 年至 2004 年北京清华大学师生比变迁情况（单位：人）

年份	中级以上专业人员数（单位：人）	在校生数（单位：人）	师生比
1991	4 176	13 076	1：3.13
1992	3 923	13 415	1：3.42
1993	4 194	14 015	1：3.34
1994	4 247	15 023	1：3.54
1995	4 447	15 662	1：3.52
1996	4 272	16 199	1：3.79
1997	4 327	16 618	1：3.84
1998	4 390	17 479	1：3.98
1999	4 429	19 910	1：4.50
2000	4 588	21 688	1：4.73
2001	4 716	24 063	1：5.10
2002	4 862	25 474	1：5.24
2003	5 636	26 312	1：4.67
2004	5 387	32 152	1：5.97

注：本表“在校生人数”为在校专科生、本科生、研究生人数之和；“中级以上专业人员数”为“专业技术人员”中获得中级、副高级、高级职称

人员之和。“师生比”指前二者的比例关系。

表 9-13 可见，北京清华大学的师生比从 1991 年的 1∶3.13 变为 2004 年的 1∶5.97，显示北京清华大学人均培养的学生数量尤其是研究生数量已经发生了巨大变化，但教师数量总体上有所压缩，当然这或许没有什么不妥（从发达国家的大学情况看，北京清华的教师数量并不算少）。但招生规模过大，学校师资若跟不上，则必然导致研究生尤其是博士生质量下降。因此，规模扩展背后更加值得引起注意的是“研究生教育质量”这一重大问题。一位北京清华大学博士生的看法或许有些极端，但不无道理：“学校的发展，能不能成为一流大学，本科教育水平不重要，因为清华不是国家的二三流学校；科研也不重要，因为清华不是科学院、研究所；产业也不重要，因为清华是清华大学不是清华公司……只有研究生教育能说明问题。如果研究生的水平总是‘二流硕士、三流博士’，再过一百年我们也成不了世界一流。”① 总之，对北京清华而言，如何提高研究生尤其是博士生教育的质量和水平是一个极其重大的问题。

纵观世界各国大学，规模与质量并不必然存在反向关系。换言之，不是一所大学的规模大，其质量必然下降。当然，也不能说一所大学的规模越小，其质量就越高。以美国为例，2006～2007 学年度，哈佛大学有学生 20 042 人（其中本科生 6 715 人、研究生 12 424人）、教师 2 497 人（此不含医学方面师资，若含医学师资则为 10 674 人），② 其师生比为 1∶8.03。该校有图书 1 550 万册，年均收入与支出均为 30 亿美元（2006 财年）。在著名的公立大学——加州大学伯克利分校，其 2005 年秋季的师生比为 1∶15.4

① 王大中主编：《世纪的呼唤——清华大学教育思想讨论的启示》，清华大学出版社 1999 年版，第 69 页。

② Harvard at a Glance. http://www.news.harvard.edu/glance/.

(29 546 名学生，1 920 名教师)。2005～2006 学年度，该校有学生 33 558 人，其中本科生 23 482 人，研究生 9 000 人（含 first-professional 学生则为 10 076 人），教师 2 026 人（其中全日制教师 1 543人，业余教师 483 人）。① 该年度该校的师生比为 1：16.56。

前已述及，2004 年北京清华大学有学生 32 152 人，中级以上专业人员 5 387 人，师生比为 1∶5.97。从师生比看，无论较之于哈佛大学还是加州大学伯克利分校，北京清华的师生比都不算高。考虑到清华授予学生学位的时间很短，尤其是其学位越高，招生比例增长越快的事实，因此可以断言，目前北京清华大学在人才培养方面的主要问题是研究生尤其是博士生的培养质量问题。换言之，规模本身不是影响教育质量的主要因素。

比较而言，新竹“清华”人数不到北京清华的一半，因此，其规模扩展仍有很大空间。当然，这不是说新竹“清华”一定要扩展规模。因为相对于美国加州理工学院或法国巴黎理工学校、巴黎高等师范学校等著名的“大学校”而言，新竹“清华”的规模也已是其 4～5 倍有余。由此可见，无论北京清华还是新竹“清华”，最重要的不是规模、不是合并（合作则是必需的），而是千方百计提高教育质量。只有这样，才能在激烈的国际竞争中立于不败之地。

要提高中国教育（尤其是大学研究生教育）的质量，那么从招生、培养到就业体制的改革必须与时俱进，对发达国家的教育思想与具体措施的了解和超越就必须加强。在此笔者提出一个提高中国大学教育质量的建议：成立民间主导、官民结合的跨校“大学教育质量委员会”，联系各校行政部门（如研究生院、教务处等）的实际需要，每年提出 3～5 个重点选题并提供部分专项经费，由各高等教育研究所（中心或处室）分别具体负责，跟踪并提交一份国外著名大学教育发展的年度报告，以此作为全校教育质量改革与提高

① UC Berkeley Common. http：//cds. berkeley. edu/.

的对照和参考。大学办学的理念及其操作研究表明，只有立足全球视角，从大学战略、政策、法制、伦理四大方面加以推进，大学发展才具备更多的可持续性。就此，前文已多有论述。

第五节　海峡两岸“清华大学”的师资状况分析

——以海峡两岸“清华大学”人文社会科学学院的师资状况为例

“大学者，非谓有大楼之谓也，有大师之谓也”。① 梅校长的名言为人们一再引用的原因或许在于它道出了一个大学原理：大师的造就是一流大学建设的捷径。有识者云：水木清华九十载，在培养科学家、工程师、企业经理、大学校长甚至国家领导人等方面都是非常成功的，而在造就对国家或说国际有重大影响的思想大师方面则几成绝响。② 笔者认为，中国要实现在 21 世纪的复兴，就意味着实现知识供应链源头的创新。这不仅依赖于一批学术大师的成

① 梅贻琦：《就职演说》，原载《校刊》第 341 号，1931 年 12 月 4 日。转自刘述礼、黄延复编：《梅贻琦教育论著选》，人民教育出版社 1993 年版，第 10～11 页。

② 中国要在 21 世纪由学术的“输入国”转化为学术的“输出国”，出现我们时代的“新诸子百家”，实有赖于一个学术自由的创新环境及一批具有创新天赋与独立人格的“学术清教徒”——他们必须具有为学术而学术的学术献身精神。目前大陆的学术评审机制似乎还有进一步改进的空间，如部分学科与论著可以“事后评审”，这样即可减少“学术寡头现象”（学术带头人或课题负责人通过下属人员完成课题而自己很少或几乎不从事实质性研究）与“学术寻租现象”（下属人员通过完成上级的研究任务从而在出国、晋职、经费等方面得到后者的幕后支持）——这两种现象均不利于真正原创性成果的出现。相关文献可参考吴树青：《为什么我们没有培养出文科大师》，《中国大学教学》，1997 年第 1 期；徐葆耕：《大学精神与清华精神》，http：//www.tsinghua.edu.cn/chn/fwzn/story/story4.htm.

就，更有赖于一批真正有国际影响的思想大师的崛起，从而带动全国民众思想的觉醒与智慧的跃升。对于占世界人口五分之一的多数中国百姓而言，他们的物质面貌改进无疑是必要的，但更重要的是重建“思想的维度”——求真意识的普及、道德主体的重建、法权人格的塑造以及审美情趣的提高。① 英格尔斯（Alex Inkeles）指出：“一个国家，只有当它的人民是现代人，它的国民从心理和行为上都转变为现代的人格，它的现代政治、经济和文化管理机构中的工作人员都获得了某种与现代化发展相适应的现代性，这样的国家才可称之为现代化的国家。否则，高速稳定的经济发展和有效的管理，都不会得以实现。即使经济已经开始起飞，也不会持续长久。”② 显然，类似“清华”这样的大学在推进中国人的现代化方面具有责无旁贷的责任，而这一切都有赖于具有创造性与责任感的人文社会科学师资去促成。历史上，老清华不仅存在优秀的理工科，其人文社会科学的雄厚甚至北大也有所不如——这在《燕园师林》等书中有明确的印迹。

虽然本章第四节涉及了“清华”的师资状况，但显然不够具体。本节试图以海峡两岸“清华”的人文社会科学学院（以下统一简称为“人文学院”）为例，进一步讨论两校师资建设中存在的问题与改进的途径。因为不是“清华”强势的理工科而是其人文与社会科学才有可能造就思想大师——尽管它们是后起之秀。两岸“清华”文科的总体规模或许不宜与北大、台大等老牌文理综合性大学一争高下，但在“入主流，有特色”等方面则不应多让。

---

① 笔者这里参考了复旦大学哲学系俞吾金教授在清华大学演讲（2005 年 3 月 12 日，清华大学图书馆报告厅）的有关论述。俞吾金的演讲题目为：《失去了的思想维度——对当前中国思想文化现状的反思》。

② ［美］英格尔斯等著，殷陆君编译：《人的现代化：心理·思想·态度·行为》，四川人民出版社 1985 年版，第 8 页。

一、海峡两岸“清华大学”教师的学历状况分析

2003 年，北京清华大学人文学院有在岗教授 78 名，他们的学历按年代分布见表 9-14。

表 9-14　北京清华大学人文学院教授学历状况（2003 年）（单位：人）

出生年代	博士（海外博士）	硕士（研究生班）	学士	合计
1930～1939	—	2	4	6
1940～1949	6	6	6	18
1950～1959	20	17	2	39
1960～1969	11	3	1	14
合计	37（5）	28	13	78

资料来源：据刘涛雄等主编《清华大学人文社会科学学院》（2003）整理。

由表 9-14 可以看出，2003 年北京清华人文学院的 78 名教授中，47％的教授具有博士学位，36％的教授具有硕士学位，17％的教授具有本科学位。其中，20 世纪 30 年代出生的教授没有一位具有博士学位，40 年代出生的教授中有博士学位的占 33.3％，50 年代出生的教授中有博士学位的占 51.8％，60 年代出生的教授中有博士学位的占 78.6％，表明时间越近，学位提高的比例越大。

之所以出现上述情况，是由于祖国大陆直至 1980 年才制定学位条例，1981 年后才正式授予各级学位，因此，表 9-14 中北京清华人文学院 20 世纪 80 年代以前毕业的教授通常有学历而无学位。尽管目前具有博士学位的教授不到一半，但由于祖国大陆出国人数较多，加之自身培养的博士规模不小，所以未来北京清华教授中具有较高的博士比例应该不是问题。众所周知，祖国大陆出国留学主要是 20 世纪 80 年代以后的事情，且至今大规模的高级人才回国潮还没有完全形成，所以目前北京清华人文学院教授中获得海外博士的还很有限（5 人）——虽然其中不少教授有海外访问或工作的经

历。其部分原因或许来自祖国大陆长期以来“重理近文”的背景。20 世纪 80 年代的流行说法认为“学好数理化，走遍天下都不怕”，留学人员多为理工科，文科留学人员则很少，如此一来，北京清华这类“理工主导型”大学的教授中海外文科博士相应就更少些（年轻教师中具有海外博士学位的比例日渐提高）。目前类似北京清华这样的祖国大陆高校教授中，海外博士较少显然不利于高等教育的国际化，不利于拓展国际视野，因此进一步引进优秀的海外博士是必需的（这里不仅是具有中国国籍的博士，其他国家的博士也应该考虑），但关键是提高祖国大陆本土博士的质量。对于祖国大陆来说人才引进毕竟是有限的，重要的是使自身人才具有科学献身精神又掌握过硬方法，这样立足本土同样可以大有作为，他们的潜在竞争力不容低估——过分自卑或者自信的看法与做法都是有害的。

新竹“清华大学”人文学院教师学历状况见表 9-15。

表 9-15　新竹“清华大学”人文学院教师学历状况（2001）（单位：人）

系所（专任教师数）	博士（岛外博士/其中美国博士）	硕士	学士	合计
中文系（15）	12（6/3）	1	2	15
外国语文学系（25）	22（20/14）	2	1	25
经济学系（16）	16（16/15）	—	—	16
语言学研究所（8）	8（8/6）	—	—	8
历史研究所（9）	8（5/5）	—	—	8
社会学研究所（6）	6（5/5）	—	—	6
人类学研究所（7）	6（6/6）	1	—	7
哲学研究所（5）	5（5/3）	—	—	5
合计	83（71/57）	4	3	90

说明：资料来源于新竹“清华大学”编《“清华大学”》（新竹）2001 年 2 月。表中数据仅列出教授、副教授、助理教授及讲师的学历情况，不包括合聘/兼任/（荣誉）讲座教授及其他人员。其中的“岛外博士”是指在台湾之

外（含香港）获得的博士。与表 9-14 北京清华教师状况仅列出其教授的学历不同，表 9-15 列出的是新竹“清华”人文学院所有在职教师的学历情况。

由表 9-15 可见，与北京清华人文学院的师资状况存在的第一个明显的不同是新竹“清华”人文学院教师中具有博士学位的比例甚大，高达 92.2%；第二个明显的不同是新竹“清华”人文学院教师中具有海外博士学位的比例也甚大，高达 78.9%，其中美国博士又占具有博士学位教授总数的 68.7%，占所有“岛外博士”的 80.3%。换言之，新竹“清华”的教师在一定意义上可以说基本“美国化”。由于美国是世界上高等教育最发达的国家，新竹“清华”人文学院师资的“美国化”有利于与国际接轨（实际上是与美国接轨），在 SSCI 论文发表等方面较为有利。但“美国化”是一柄双刃剑，杨国枢指出：“由于台湾海峡两岸关系与种种国际政治因素，在学术、教育及文化等方面影响台湾最大的是美国。在这种大环境的局限下，四十多年来台湾的心理学一直是美国心理学的附庸，缺乏应有的自发性与独特性。”① 这也正是海峡两岸部分人文社会科学家积极推动社会与行为科学研究的中国化（本土化）的基本动因。无论如何，海峡两岸思想界要在国际学术界有所作为，就必须在概念、方法、理论或实践等方面具有超出或至少不同于西方的思想体系或做法，如此才能谈得上由国际“学术输入”转向“学术输出”，才能建立与扩展中国文化的国际反向影响力。

二、海峡两岸“清华大学”教师的职称分布状况分析

教师的学历状况反映的是其受教育的情况，其研究、教学与服务状况则主要通过其职称情况来体现。北京清华与新竹“清华”人

---

① 杨国枢著：《中国人的心理与行为：本土化研究》，中国人民大学出版社 2004 年版，第 12 页。

文学院原来的系所设置大体相同，但近年来均出现了一些新的动向。表 9-16 仅对照列出 2003 年两岸“清华大学”人文学院部分院系教师的职称情况。

表 9-16 北京清华 & 新竹“清华”人文社会科学院部分院系教师职称分布（2003）

系（所）名称	教授	副教授	助理教授	讲师	合聘/兼任/（荣誉）讲座教授	合聘/兼任副教授	合聘/兼任助理教授	合聘/兼任讲师
外语系	18：24	32：9	8	44：5	—	3	2	27
中（国）文系	13：13	12：10	2	2：3	5	6	3	—
历史系/思想文化所	9：7	18：6	0	6：1	15	5	—	—
哲学系	10：5	4：0	4	4：1	1	2	—	—
社会学系	4：7	4：4	2	0：1	9	—	5	—
经济所/系	5：17	10：8	5	2：4	1	1	—	8

资料来源：北京清华数据依据刘涛雄等主编《清华大学人文社会科学学院》(2003)，新竹“清华”数据来源于《2003 学年度新竹“清华大学”系别专任教师数》，参见 http：//www.edu.tw/EDU-WEB/EDU-MGT/STATISTICS/EDU7220001/service/t92.xls。另外，上表中“合聘/兼任/（荣誉）讲座教授”、“合聘/兼任副教授”、“合聘/兼任助理教授”、“合聘/兼任讲师”仅列出 2001 年的有关数据。这部分数据参见新竹“清华大学”编《“清华大学”》2001 年 2 月。

撇开海峡两岸师资力量的个人差异，由表 9-16 数据可以看出：首先，海峡两岸“清华大学”人文学院在外语、中文、历史方面均具有较强（多）的师资力量，表明两校在这些领域的师资布局方面较为重视（进一步的网络学术文献分析显示，北京清华各系的师资数量与质量不能完全等量齐观，如外语系由于以教学为重心，学校对其科研要求及其实际水准可能相对较低，历史系则因有多位名师而成果不俗。其次，由于北京清华人文社会学科主要通过引进师资来获得重建（新建），其哲学、社会学方面均有较大起色（与过去相比）；新竹“清华”在社会学（加上北京清华没有的人类学所）——尤其是经济学领域显然略胜一筹，新竹“清华”的经济学系教授较北京清华多出两倍以上。当然，北京清华还存在一个经济管理学院，但该院以应用为重心，这表明北京清华在经济学的理论与应用领域存在一个师资力量如何整合以促进经济研究与应用协调发展的问题。没有基础研究的飞跃，其应用研究必然受到影响，这一学术通则鲜有反例。再次，由表 9-16 可见，新竹“清华”各系专职师资通常较北京清华为少，专职教师教学任务重，部分学科的教学任务通过相当多的“兼任教师”加以弥补（如 2001 年新竹清华外语系有 27 位“兼任讲师”），这有利于调动在岗教师积极性，减轻学校负担（如可不提供或少提供经费、住房等条件），促进学术交流，但兼任教师有可能对所任教学校不够（难以）尽职尽责，而更可能出于完成任务考量，因此过多的兼任教师显然也可能带来一些问题，因此此举只在一定意义上值得内地高校借鉴。最后，在职称方面，20 世纪 90 年代以后新竹“清华”设有北京清华没有的“助理教授”一职，提高了高校师资的层级结构，从而为晋升教授层级增加了难度，其利弊如何值得内地高教界注意。

北京清华与新竹“清华”人文学院师资职称的总体情况可见图 9-1。从图 9-1 可知，北京清华师资规模较新竹“清华”为大。北京清华人文学院的师资结构呈“棱形”分布，即以副教授为主，教授与讲师相对较少，而新竹“清华”的师资结构呈“倒金字塔形”，即从教授到副教授、助理教授、讲师依次递减。这固然有新竹清华对自身发展的考虑，也是出于台湾“国立”大学师资受“教育部”节制而形成如此之定位。

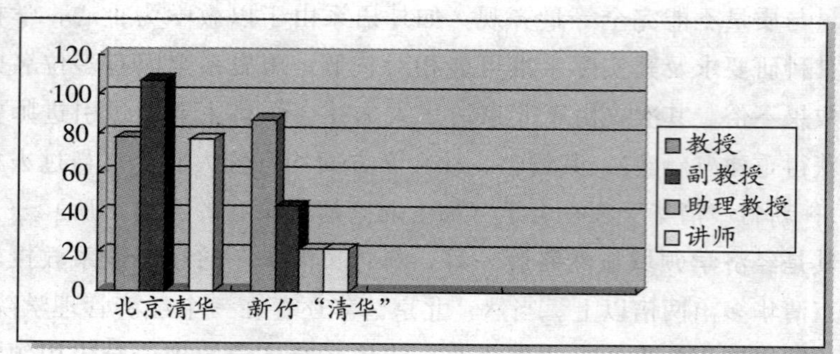

图 9-1　北京清华与新竹"清华"人文学院师资职称状况（2003）

三、北京清华大学教授的年龄结构

由于无法查到新竹"清华"教授的年龄资料，这里仅列出北京清华人文学院教授的年龄结构（表 9-17）。

表 9-17　北京清华大学人文学院教授年龄状况（2003）

系所（人）	外语系（18）	中国语言文学系（13）	历史系/思想文化研究所（9）	哲学系（10）	政治学系（4）	社会学系（4）	经济学研究所（5）	科技与社会研究所（6）	教育研究所（3）	国际问题研究所（2）	艺术教育中心（3）	对外汉语文化教学中心（1）	合计（78）
年龄（M±SD）	48.67±6.50	49.69±8.69	54.78±7.68	48.80±5.94	57.25±8.38	51±5.60	55.60±7.02	48±5.66	51.33±4.16	45.50±7.78	47.33±9.29	55	50.55±7.27

说明：上表数据仅列在岗正教授的情况。"双聘教授"、"兼职教授"、"北大清华双聘教授"概未列入。

由表 9-17 数据可见，2003 年北京清华人文学院教授的平均年龄为 50.55 岁（最年轻的 37 岁）。科学计量学研究显示，人文社会科学的创新关键期各不相同，其中哲学、历史等学科由于学术累积等原因，其创新关键期较理工科为晚。不同学科的教授群体固然必须建立在学术水准基础上，是否存在最佳的年龄显然值得进一步研究。或许进一步考察世界上不同学科不同时期的优秀团队的年龄结构是最好的参考。

第六节　结论与建议

以上我们对海峡两岸“清华大学”进行了四个方面的比较分析，其研究不足是显而易见的：背景了解不深，数据收集未全，各专题之间联系比较松散。尽管如此，通过研究，我们仍然可得出如下四点结论。

结论 1：北京清华较新竹“清华”的发展更多地受到国际与国内政治波动的影响。北京清华的学科建设程序是工科→理科→管理→文科（人文社会科学），较多重视实用学科；新竹“清华”的总体建设程序是工科→理科→文科→管理，更多重视基础性学科。

结论 2：新竹“清华”较早实行学院制及综合性学科布局；北京清华在院系设置方面取得了长足的进展，但还有进一步改进的空间。

结论 3：海峡两岸“清华”学生中，增长比例最高的是博士生，其次是硕士生，再次才是本科生，即学位越高，学生人数增加比例越大。对北京清华大学而言，如何提高研究生尤其是博士生的水平是一个极其重大的问题。

结论 4：北京清华教师的学历分布特点在于：时间越近，高级学位比例增加越大，新竹“清华”教师则具有“美国化”倾向。北京清华师资结构呈“棱形”分布，新竹“清华”的师资结构呈“倒金字塔形”。

在上述研究基础上，这里就如何推进“清华大学”的可持续发展提出三点建议。

建议 1：学术自由是追求真理的前提，学术界必须警惕来自政府与企业或其他部门对大学教学科研的破坏性冲击。无论两岸政治经济气候如何变化，两岸学术界必须维持与推动相互的往来及交流。

建议 2：海峡两岸“清华大学”务必加强对研究生尤其是博士生培养的研究。成立民间主导、官民结合的跨校“大学教育质量委员会”进行合作研究是值得考虑的。

建议 3：北京清华需要继续推进包括人文思想在内的基础学科建设，其具有博士学位（包括海外博士）教师的比例需要在保证质量的基础上继续提高，新竹“清华”师资建设则需要协调好国际化与本土化的关系。海峡两岸“清华”都必须继续推进概念、方法、理论、实践等方面的重大创新。

附 录

行胜于言

——清华校风探析

“行胜于言”是镌刻在清华校园中心日晷上的一句铭文，20 世纪 90 年代以来被确定为清华校风。然而，无论清华校方，还是有关清华校史与风物的多种重要文献和书籍，均未对这一铭文的来源与内涵进行说明。这也难怪，当年主持完成日晷这一献礼“工程”的庚申级①校友华凤翔在其“忆庚申级毕业献礼”这一重要文献中

① 据查万年历，1920 年即为农历庚申年——猴年。按照中国传统的理解，1920 年毕业应为“1920 届”或“庚申届”。但在美国传统中，class 指“同年入学同年毕业之一班学生”，显然这里依照的是美国大学惯例。

也没有就此进行说明。如此一来人们不免疑惑有加，且对其理解也各行其是。众所周知，清华大学历史上著名风物的名称大多经过反复斟酌而确定，并成为彰显清华校园文化——尤其是大学精神文化——的重要组成部分。“行胜于言”这一格言显然也由来有自，并有其特定内涵。那么这一格言究竟典出何处？内涵为何？显然，除了检索校友回忆资料，直接查阅中外古典文献也是考察其来源的途径之一，而该铭文的内涵也只有根据其来源再进行阐述才更为准确。本文的目的就是在复述这一铭文“形成”背景的基础上，从中国传统文化的角度探讨该铭文的思想渊源，并就其基本内涵略陈管见。

一、形成背景

为了深入了解“行胜于言”这一铭文的真正来源和深刻内涵，这里不妨依据主持完成日晷这一献礼“工程”的庚申级毕业校友华凤翔的回忆，简要复述一下与“行胜于言”一语有关的历史背景。在“忆庚申级毕业献礼”这一重要文献中，华凤翔有如下记载：①

1920年春，庚申级即将毕业。同学们集会，商讨大家分手前应做些什么。会上决定成立若干小组，其中之一就是做一纪念品向母校献礼。（经）反复磋商，大家选定了日晷方案。同学们集资，造一座日晷仪，摆在高等科草坪上，供同学们上下课守时的参考，同时亦含有惜阴，即一寸光阴一寸金的意思。……我居天津，距校近，同学逐责成我主其事。

……日晷盘由美国教员海晏士（Heinz）依照北京经纬度绘制。委托北京著名景泰蓝厂老天利用银胎珐琅烧成。晷座用汉白玉请精工在校内开雕。文刻四面，二中二洋。正面中文“庚申级立”。

① 华凤翔：《忆庚申级毕业献礼》，参见庄丽君主编：《世纪清华》（之二），光明日报出版社2001年版，第50～51页。

背面英文 Class of 1920。一侧中文“行胜于言”，另侧拉丁文 Facta Non Verba。中文请本级同学邹宗彦之兄邹宗善书（宗善，南开大学学生，曾与敬爱的周总理同班同学）。外文是我的拙笔。暑假中往来于津京，终于视其阙成，由学校放在高等科右侧草坪上。……

以上就是“行胜于言”这一铭文的形成背景。虽然从中无从了解该铭文的思想渊源和真正内涵，但至少可以看出，清华校园中心的日晷确实是中外人士精诚合作的产物。“形成背景”表明，参与其事的美国友人只负责其中日晷盘的设计，而是否参与晷座及其上文字的设计或构思则没有明说（也没有明说是由庚申级毕业生单独选定的）。换言之，“行胜于言”这一铭文既可能来自国外人士的选择，也可能来自清华毕业学子的思想。有一点可以肯定的是，“行胜于言”这一铭文至少得到清华庚申级毕业同学的认可，否则就不可能作为该级同学的毕业献礼献给母校。那么，“行胜于言”这一铭文究竟从何而来？又要表达何种意义呢？

二、渊源与内涵

在笔者看来，既然日晷由中国人“主其事”，那么“行胜于言”的渊源与内涵应该从中国传统学术文化的视角进行“检索”和探讨，这样才更为可靠和准确。以下的论述将表明，“行胜于言”一语出自圣人孔子，并存在丰富的思想含义。

在中国文化最古老的典籍——《易经》中，有关言与行（说和做）的重要性即已有所阐述。《易经》包括《经》和《传》两部分。《经》主要是六十四卦和三百八十四爻，卦、爻各有说明（卦辞、爻辞），作为占卦之用。《传》包括解释卦辞、爻辞的七种文辞共十篇，统称《十翼》，相传为孔子所作。这里不妨把《易经》一书中直接论及言行的语句先行列举如下：

象曰：风自火出，家人，君子以言有物而行有恒。

——《易经·下经》

这句话是说："风自火出，有家人这一卦的象征，君子体察此象，则言语有一定的内容，行为有一定的法则。"这里论及了一定卦象对言行的意义，但没有阐明两者之间的关系。

拟之而后言，议之而后动，拟议以成其变化。……子曰："……言出乎身，加乎民；行发乎迩，见乎远。言行，君子之枢机。枢机之发，荣辱之主也。言行，君子之所以动天地也，可不慎乎？"

——《易经·系辞上传》

这句话是说："处事应物应当拟测揆度之后，才可发为言论；议论探讨周详之后，方可有所动作。言行能如此拟测揆度、议论探讨，斯能成就变化如神的事业。孔子说：'……言语是从本身发出，而能影响于百姓；行为是从近处着手，而显现于远处。言行是君子的关键要枢，关键的发起，是荣辱的主宰。言行正是君子感动天地之由，可以不谨慎吗？'"孔子在这里强调了言行的极端重要性，但对两者并无臧否，也没有阐述两者之间的关系。

子曰："君子安其身而后动，易其心而后语，定其交而后求。君子修此三者，故全也。"

——《易经·系辞下传》

在这句话中，孔子说："君子必先安定其身，然后才可以有所作为；心平气和，然后才可以说话；先以诚信待人，建立信誉，然后才可以对人有所要求。君子有了这三项基本修养，与人必能和睦相处，无所偏失。"孔子在这里仍然强调了言行的极端重要性，也没有阐述两者之间的关系。

孔子对"君子之道"可谓孜孜以求。他不仅在申述《易经》时阐发其"君子之道"，更在日常教学中反复申明。这在《论语》一书中多有体现（"君子"一词在《论语》中出现多达90次，显示了孔子对"君子之道"的极端重视）。如何处理言行关系是"君子之道"的题中之义。兹把《论语》一书中孔子的相关言论列释如下：

子曰："君子食无求饱，居无求安，敏于事而慎于言，就有道而正焉，可谓好学也已。”

——《论语·学而》

这是出现在《论语》第一篇中的一句话。孔子说：“君子吃东西不要求饱足，居住不要求安逸，干事情很聪敏，说话却很谨慎，接近有道德学问的人并向他学习，纠正自己，这样就可以说是好学了。”这里孔子强调了言行的重要性，已经蕴涵了“行胜于言”的基本思想。

接下来在《论语》第二篇“为政篇”中，“行胜于言”的思想则是非常明确的：

子贡问君子，子曰：“先行其言，而后从之。”

——《论语·为政》

这句话的意思是：子贡问什么样的人才是君子。孔子回答说：“君子是把想说的话先实行了，然后再说出来”，也即“先行后言”。“先行后言”并不是说行动比言语更重要，而是反对言而不行或言行不一，意在“少说空话，多干实事”。

在《论语》随后的记载中多次显示了孔子有关“行胜于言”的思想。如：

子曰：“君子欲讷于言而敏于行。”

——《论语·里仁》

先做后说比较容易达到言行一致，先说后做则难保不出现意外。在这里，孔子告诫道：“君子要说话谨慎，行动敏捷”。换言之，就是先做后说，多做少说，不要光吹不做或光说不练。

孔子在批评学生宰予白天睡觉后的一番感慨也涉及言行之间的关系：

子曰：“始吾于人也，听其言而信其行；今吾于人也，听其言而观其行。于予与改是。”

——《论语·公冶长》

孔子说：“从前我对一个人，听了他的话就相信他的行动；现在我对人啊，听了他的话还要观察他的行为。在对于宰予这件事情上，我改变了看人的方法。”虽然孔子在这里谈的是观人之道，但实际上同样蕴涵着“行胜于言”的含义。

对“行胜于言”的基本思想，孔子从不同角度一再强调：

子曰：“其言之不怍，则为之也难。”（说大话不觉得惭愧，要他做起来就难了）

——《论语·宪问》

子曰：“君子耻其言而过其行。”（君子对说话超过行动感到可耻）

——《论语·宪问》

由上可见，无论孔子对《易经》的推演解说，还是《论语》本身的生动记载均表明，“行胜于言”这一铭文与孔子有关言行关系的论说基本一致。鉴于孔子在中国与世界文化中的重要地位，庚申级校友把孔子有关言行关系的主要思想概括为“行胜于言”镌刻在日晷上献给母校就完全可以理解了。

如果不考察“行胜于言”的来源而仅从字面上分析，那么“先行后言”、“多行少言”、“行而不言”、“重行轻言”似乎都没有什么不对。但从孔子的论述看，他对言行都很重视，既不认为行动比言语重要，也不偏好行动或者言语任何一方，而是视具体情况来强调言与行或者两者并重。虽然孔子对言行及其关系的论述在不同场合有所不同，但有一点可以肯定：孔子主张真抓实干，反对说空话，说大话，说而不做，言行不一。换言之，“行胜于言”的基本含义就是“少说空话，多干实事”。其背后则意味着一种不多费口舌，而是“做出来给你看”的实干精神和气概。

三、余论

以上从中国传统文化的角度阐述了“行胜于言”的渊源和内涵。但还有一些观点和看法似有必要在此作出进一步说明。如上所述，言语与行动在不同场合的功用不同，有时候“行动”更为重要，有时候则“言语”更有效力，因此很难说行动或言语哪个更重要。但有人认为“行胜于言”一语有所偏失，因为该格言强调行动（做或干）而轻视言语（说）。从我们的分析可见，这实际上乃是对“行胜于言”的内涵理解有异。综合孔子《易经》中的申述与《论语》对孔子言论的记载可知，孔子一方面对言行同等重视，另一方面又强调通过行动来达成言行一致——这似乎有些矛盾，但言行各自的重要性确实当视具体情况而定。即便就言语本身，孔子也说过这样的话：

君子不以言举人，不以人废言（《论语·卫灵公》。意为：“君子不根据言论来提拔人，不因为人不好而否定他的话”）。

也有人认为，“行胜于言”只是阐述了言行两者之间的关系，但更“重要”的知行关系却付之阙如。的确“行”离不开“知”，实践离不开理论（认识）的指导，因此似乎有必要加上“行成于思”一语（取自韩愈“行成于思毁于随”句）。但从我们对“行胜于言”的来源与内涵分析可知，此论也是似是而非。强调“少说空话，多干实事”并不否认理论或认识的重要性，没有提及“知”并不等于忽视“知”，更不是否定“知”的重要性。麻省理工学院的箴言“Mens et Manus（Mind and Hand)”只强调“脑与手（手脑兼顾)”或说“知（认识）与行（实践)”的结合，并没有提及“言与行”之间的关系。与此相似，作为清华校风的“行胜于言”也只阐明“言与行”的关系，而没有论及“知与行”的关系，但未提及不等于否定或忽视后者。显然，无论清华大学还是麻省理工学院，两者都只能在某一方面申明自己的思想和信念，不可能也没必要面面俱到，包罗万象。如按照前述推理，哈佛大学校训只提及“真”，既未提及“善”，也未论及“美”，如此岂不大谬不然？

还有人认为，“行胜于言”只适合清华大学这样的“理工主导型”院校，因为工科是“化精神为物质”的学科，不仅需要想出来，更需要做（干）出来。而对类似北京大学这样的“文理主导型”院校而言，提倡“行胜于言”则不大适宜（文科主要是出思想）。此论看似合理，实际上也忽略了一个基本事实：20 世纪 20 年代早期的清华虽然还没有“改大”（1925 年清华学校设立大学部，同年开办研究院，1928 年进而更名为“国立清华大学”），但其发展模式与当时的北大并无二致，都是文理兼顾的“综合性大学”（工科并非当时学校的强势学科）。换言之，“行胜于言”铭文形成之时，作为“留美预备学校”的清华并非只注重工科的单一发展，这与解放后院系调整为“工程师的摇篮”完全不同。窃以为，对于作为“国耻纪念碑”的清华而言，其学子对于 19 世纪以来国家的积贫积弱，而中国传统士大夫却清谈误国肯定有多方面的体悟，同时在个人即将或已经留学国外的诸多遭际中必定有着更多刻骨铭心的爱恨情仇（想想看，即便在改革开放之初的出国留学生中也深刻体会到其时中国与发达国家的差异，何况时光倒回到军阀混战、内乱不已的 20 世纪 20 年代），因此强调“行胜于言”就是强调为国家为民族做出实实在在的工作成绩，再也不能走清谈误国的老路。显然这在思想上乃是对中国传统文化不足之处的一种批判、“纠偏”或说“弥补”。

需要说明的是，作为清华校风的“行胜于言”与作为清华校训的“自强不息，厚德载物”两语虽然来源略有不同，但都来自中国最重要的经典，都是对“君子之道”的具体阐述，且共同铸就了清华大学的思想灵魂与精神内核。在追求中华文化复兴的 21 世纪，把“行胜于言”的“发明权”归还于孔子不仅名正言顺（尽管庚申级毕业献礼时有外国人士参与其中），也是清华大学的无尚光荣。即便就校园风物而言，出自孔子的“行胜于言”与“荒岛”之上的孔子像也可谓相得益彰。

第十章　各得其所，共同发展

——法美两国大学发展模式研究

第一节　引言

早在20世纪80年代中后期，世界银行与我国学者的研究即指出，根据生均成本和学校规模的关系，我国高等院校的适度规模平均在4 000人左右。这一分析无疑是有意义的。以这些教育经济学研究的政策建议为学理背景，中国高校在20世纪90年代开展了多方面的高校合并，进而又实行了高校扩招、大学城建设等多项举措。时至今日，中国大学的总体规模与平均规模均已发生显著变化，① 万人乃至数万人规模的大学已经较为平常，而且重点大学大多推崇“综合性、研究型、国际化”的大学模式，模式单一化的弊端显而易见。这不仅与新中国成立前的大学存在很大差异（民国时期的著名教会大学和私立大学规模很小，即使其时最著名的国立大学规模也不大），而且与发达国家的大学发展模式也存在差异。经济学的视角并不等同于哲学或社会生态学的视角，总体规模或平均规模的统计学意义也不意味着教育生态系统中每一所大学都应该趋

① 教育部部长周济（2006）指出：“到2005年年底，中国的高等学校数为2 300余所，在学的大学生总数已超过2 300万，高等教育的总体规模已位居世界第一，高等教育的毛入学率提高到21%，实现了高等教育大众化的历史目标。”参见周济：《创新与高水平大学建设——在第三届中外大学校长论坛上的演讲》，《中华人民共和国教育部公报》，2006年11月25日。

向某一死板数字，其原因不仅在于每一高校都具有自己的个性或说特殊性，更在于高校发展存在自己的办学理念和运行规则。世界上并“没有一种理想的大学模式”。① 对于中国这样的大国，“一刀切”的政策虽然简单易行，但又往往千篇一律，因此一定原则基础上具有灵活性的政策通常更加切实稳妥。

当我们把目光转向国外著名大学时，可以发现一个突出现象，即既存在如克拉克·克尔（Clark Kerr）所说的“多元化巨型大学”（multiversity），也存在一些特别“小而精”的著名学府，且两者和平共处，各得其所。其中，法国、英国、美国各自最著名的公立巨型大学或许莫过于巴黎大学、伦敦大学和加州大学，② 最著名的小型精英学府则非法国的巴黎高等师范学校（École Normale Supérieure）、巴黎理工学校（École Polytechnique，以下简称 EP）等“大学校”与美国的普林斯顿大学、加州理工学院（California Institute of Technology，以下简称 Caltech）等私立大学莫属。我们感到好奇的是：“多元化巨型大学”之间有何不同？“小而精”的著名学府之间又有何差异？它们为什么不变为巨型大学？中国大学发展从中可以获得何种启示？就此前面章节虽然有所涉及，但叙述不多。因此，本章试图结合上述问题，以巴黎大学和加州大学作为

---

① [美] 杰拉德·卡斯帕尔：《成功的研究密集型大学必备的四种特性》，参见教育部中外大学校长论坛领导小组编：《中外大学校长论坛文集》，高等教育出版社 2002 年版，第 110 页。

② 按照 1960 年加利福尼亚州颁布的《加州高等教育总体规划》，加州大学系统大体分为：加州大学（简称 UC，共 10 所）、加州州立大学（简称 CSU，共 23 所）、社区学院（简称 CCC，共 108 所）三个层级。2002 年 5 月 7 日加州又颁布了整合公立教育体系（K-12）的《加州教育总体规划》。参见：California Master plan for Higher Education. http：//www. universityofcalifornia. edu/aboutuc/masterplan. html。本章讨论的“加州大学”仅指加州大学系统的第一层次。英国伦敦大学虽然是巨型大学研究的最佳对象之一，但由于本章考察的四所大学均来自法国和美国，故伦敦大学未纳入讨论。

“巨型大学”代表，以EP和Caltech作为“小而精”的精英学府代表，对其相互之间的异同与发展态势进行较为详细的描述与分析。由于中国大学目前已从“精英教育”走向“大众教育”，且我国大学主要是公立大学，因此我们首先了解一下法美两国的公立“巨型大学”模式，进而再分析性质不同但同属“小而精”的“精英大学”模式。

第二节　法国和美国加州的社会经济背景

本章所选取的四所大学分别来自法国和美国加州。为了了解这四所大学的社会经济背景，有必要介绍一下法国和美国加州的状况。加州虽然仅仅是美国的一个州，但这个州非同小可，远非一般的国家所可比。正是法美两国社会经济生态的差异，导致了两国大学采取不同的发展模式。

（一）法国社会经济背景

法国即法兰西共和国（The Republic of France，La Republique Francaise），面积551 602平方公里，位居世界第二十三位。全国人口为6 339.21万（截至2007年1月1日），包括400万外国侨民，其中200万人来自欧盟各国，移民人口达到490万，占全国总人口的7.7%。通用法语。居民中90%的人信奉天主教，另有约400万穆斯林及少数新教、犹太教、佛教、东正教徒。首都巴黎(Paris)，截至2007年1月1日，巴黎人口为215万，包括市区和郊区的巴黎大区人口1 149万。

5世纪法兰克人移居到这里，843年成为独立国家。17～18世纪路易十四统治时期达到封建社会鼎盛时代。1789年7月14日爆发资产阶级大革命，起义者攻占巴士底狱。此后先后建立过五次共和国和两次帝国。1871年3月巴黎人民武装起义，成立巴黎公社，当年5月被镇压。1958年戴高乐领导建立第五共和国。戴高乐、蓬皮杜、德斯坦、密特朗、希拉克等先后出任总统。

法国经济发达，国内生产总值居世界前列。主要工业部门中，核能、石油化工、海洋开发、航空和宇航等新兴工业部门近年来发展较快，在工业产值中所占比重不断提高。核电设备能力、石油和石油加工技术居世界第二位，仅次于美国；航空和宇航工业仅次于美国和俄罗斯，居世界第三位。钢铁工业、纺织业占世界第六位。但工业中占主导地位的仍是传统的工业部门，其中钢铁、汽车、建筑为三大支柱。工业在国民经济中的比重有逐步减少的趋势。第三产业在法国经济中所占比重逐年上升。其中电信、信息、旅游服务和交通运输部门业务量增幅较大，服务业从业人员约占总劳动力的70%。法国商业较为发达，创收最多的是食品销售，在种类繁多的商店中，超级市场和连锁店最具活力，几乎占全部商业活动的一半。

法国是欧盟最大的农业生产国，也是世界主要农副产品出口国。粮食产量占全欧洲粮食产量的三分之一，农产品出口仅次于美国居世界第二位。农副产品出口居世界第一，占世界市场的11%。法国是世界著名的旅游国，平均每年接待外国游客7 000多万人次，超过本国人口。

(二) 美国加州社会经济背景

加利福尼亚州（State of California，通常简称为加州）位于美国西南部，西濒太平洋，北接俄勒冈州，东连内华达州，东南与亚利桑那州相邻，南与墨西哥接壤。南北长1 600公里，东西宽413公里，面积423 789平方公里（2000年），为美国第三大州（仅次于阿拉斯加、得克萨斯），其中陆地面积403 759平方公里，水域面积20 030平方公里。海岸线长2 030公里。人口3 614.4万（2004年），居全国第一位，是美国人口密度最高的州（2000年每平方公里438人）。加利福尼亚无论是在地理、地貌、物产，还是人口构成上都十分多样化。由于早年的淘金热，加州有一个别名叫做金州（The Golden State），邮政缩写是 CA。首府萨克拉门托（Sacramento），有 58 个县 471 个城市。主要城市有：洛杉矶（379.9 万人，2002 年，全国第二）、圣地亚哥（125.95 万人，2002 年，全国第七）、圣何塞（90.04 万人，2002 年，全国第十一）、旧金山（76.4 万人，2002 年，全国第十三）。按大都市区排列，大洛杉矶地区有 1 637 万人居全国第二位（2000 年），旧金山湾区（旧金山—奥克兰—圣何塞）有 704 万人居全国第五位（2000 年）。1850 年加入美国，成为美国第三十一个州。本州有大专院校 200 多所。其中最著名的是加州大学、斯坦福大学、加州理工学院及南加州大学。州花是金罂粟，州鸟是珠颈翎鹑。

加州有七方面特征：第一，它是美国都市人口比例最高的一个州。第二，该州是美国人口最多的一个州。第三，作物产值方面居五十州之冠，其中如葡萄、桃、李、杏、梅、柠檬、柿子、石榴及甜菜等，产量为各州之首。柑橘仅次于佛州。第四，养鸡量超过美国其他任何一州。此外，乳牛、肉牛产量亦多。第五，矿产丰富。硼、钨、石膏及石棉的产量，均超过美国其他任何一州。石油产量位居第三位，仅次于得克萨斯及路易斯安那两州，为本州主要富源。第六，自然风光也毫不逊色。第七，工业产品总值，仅次于纽约州，列第二位。食品工业最为发达，其次为飞机制造及火箭等工业。该州渔业产值也列第一位，主要鱼类是鲔鱼。

加州经济规模极其强大。假设它是个独立的国家，它可以号称全球第五大经济体，仅次于美国、欧盟、日本和中国。加州工农业均为美国第一，旅游业亦得天独厚。硅谷（位于旧金山湾区）是世界著名的电子高科技中心，好莱坞（位于洛杉矶）是全球最大的电影电视基地。加州的政界人物中，先后出任过美国总统的有尼克松和里根。

第三节　法美两国的巨型公立大学模式

在法美两国数以千计的公立大学中，最为杰出的代表要数巴黎大学和加州大学。巴黎大学堪称是“欧洲大学之母”，其历史性地位不容忽视。加州大学虽然历史积淀远远不如巴黎大学，但是其发展迅速，长期高踞美国公立大学排行榜之首。所以，若考察两国最著名的巨型公立大学模式，那么选择巴黎大学和加州大学为考察对象是最为适宜的。

一、巨型公立大学模式的历史差异

巴黎大学与加州大学的形成与法美两国的历史传统密不可分。

（一）巴黎大学

与博洛尼亚大学一样，巴黎大学可谓世界大学的起源。巴黎大学的前身草创于 9 世纪末，最初是附属于巴黎圣母院的一个教会机构。该校创建之初，就是一所独立的大学，下设文、医、法、神四学院，课程为“七艺”，即文法、修辞、辩证法、算术、几何、天文、音乐。

作为中世纪以来形成的大学，巴黎大学长期以来以教师讲授为主要教学方式，以传授已知知识而不是探索未知领域为己任。一定意义上说，这种教学方式犹如中国古代的儒家教育，注重的是传统文化概念，而很少考虑实用价值。教师只关注自身学科教学，对邻近学科偶有涉及，对新兴学科则通常不闻不问，学院之间几乎老死不相往来。

巴黎大学模式改变的转折点发生在 1785 年法国大革命爆发之后。拿破仑为了加强统一，对教育机构也进行了大规模的改革。他以“帝国大学”为名，设立了一个掌管所有法兰西帝国的中央集权式的大学教育机构。“巴黎大学”在这个中央集权的教育体制下也就名存实亡。这个中央集权的教育机构对法国的公立大学影响范围之广、时间之长，在以后就完全体现出来了。在 1968 年以前，几乎法国所有的公立大学及所辖的独立学院都在“巴黎大学”的统辖之下，接受“巴黎大学”的中央集权式管理。1968 年，巴黎大学的学生发生暴动，主要是抗议课程落伍、不满填鸭式的教学方法，同时希望争取更多的大学自治和民主空间。于是，以巴黎大学为首，巴黎大学统辖下的其他公立大学开始纷纷独立，如里昂大学、波尔多大学等，均是在这个时候建立的。巴黎大学也一改拿破仑时代的中央集权统辖，于 1968 年按照各自所在的行政区域分离成 13 所独立院校。

虽然 1968 年法国公立大学的改革使得这个以公立大学为主的国家的大学教育制度焕发了生机，但是拿破仑时代的中央集权式的教育模式仍然在影响着法国公立大学，进而导致了“双轨制”模式的出现。巴黎大学旗下 13 所大学虽然作为独立的大学身份获得了自治，但是从巴黎大学的运作模式可以看出，这 13 所大学与其说是互相独立的大学，倒不如说是原来的巴黎大学所属的各个院系——地缘相近、课程容易搭配、教学理念一致、各大学专业性强而缺乏综合，可以说还是原有学院的“合纵连横”。从学生最后被授予统一的“巴黎大学”的学位证书也可以看出这一历史影响。因为不管怎么说，这 13 所大学都与原来中央集权模式下的巴黎大学存在着千丝万缕的联系。这种历史联系，即使改革之后也仍然十分明显，所以拿破仑对大学的改革对法国公立大学的影响可谓十分深远。

（二）加州大学

美国加州大学是一所相对年轻的公立大学，其起飞完全得力于美国南北战争之后林肯总统于 1862 年签署的《莫雷尔法》。当时在法案中已经决定建立一所“农业、矿业和机械工艺的学院”，但是一直苦于没有合适的校园。而 1853 年建立在奥克兰的私立加利福尼亚学院，当时也正缺乏办学资金。这样一方出钱、一方出地，两者合二为一，一所综合性的加州大学就这样形成了。5 年后加州大学迁至 4 英里外的新校区，当时为了纪念一位远涉重洋来到北美传播宗教和文化的先哲乔治·伯克利（George Berkeley)，因此将新校区命名为“伯克利”。后来随着加州经济和人口的发展，仅在伯克利拥有一所大学已经难以满足当地发展需要，于是加州大学又在不同的地区先后设立了 9 所不同分校。总体说来，加州大学的分校制可以概括为四种模式，即合并重建（如 UCB)、老校新建（如 UCD)、加盟改造（如 UCLA 和 UCSB）和新校增建（如 UCM)。①

从加州大学的发展历程可以看出，加州大学的各个分校是在已经形成的综合性大学基础上逐步设立的，而不像巴黎 13 所大学是从原先的综合性大学中一次分离出来的。像加州大学分校这种新设的学校，因为是作为统一管理的加州大学新设出来的，所以在行政上理所当然的要隶属于加州大学。但是除了行政事务以外，加州总校对各分校的干涉是少之又少。可以说除了行政联系之外，各分校在教学目标、学术氛围等决定一所学校气质的因素上与加州大学并没有太多的联系，因此这些分校与美国其他学校除了在行政管理之外没有什么本质的区别。再加上美国人大胆开放的个性，从而决定了这些分校虽然以“分校”的身份处于美国公立大学行列之中，但是却能够高度自治，并能在全国性的大学排行榜前列占据一席之地。因此，与其说它们是加州大学的分校，倒不如说它们是独具综合特色的美国名校。它们在行政上隶属加州大学，但是自己却能单独设立各院系，综合发展、高度自治。其中伯克利分校最为突出，作为加州大学的一个分校，它几乎一直居于美国名校甚至世界名校之列。所以加州大学分校给予学员“分校”的学位证书也就不足为

① 傅松涛、郑丽君：《美国加利福尼亚大学的分校制》，《世界教育信息》，2004 年第 7～8 期。

奇了，因为分校更能够代表大学的实际水平，伯克利分校的学位证书就更不用说了。这些是巴黎大学的13所大学所无法比拟的。

二、巨型公立大学模式的现实分析

上面我们从历史的角度观照了巴黎大学和加州大学的某些异同，那么现实中这两所大学又有何差异呢？从最为表面的现象看，两校不同的结构设置可谓是最大区别。

（一）巴黎大学

目前的巴黎大学并非一所单一的综合性公立大学，而是由13所公立大学组成的“大杂烩”。这13所大学有8所在巴黎市区，其他则零星地分布在巴黎周围的郊区。它们同时于1971年1月1日宣告成立，对外共同称为“巴黎大学”。但它们实际上互相独立，各自还设有自己的研究机构和学院，它们之间并没有隶属关系，与“巴黎大学”更无隶属关系。这13所大学对外都是作为独立的大学进行招生，但是学生最后都会被授予统一的“巴黎大学”学位证书。表10-1列出了巴黎大学13所院校的具体情况。

表10-1　巴黎大学概况

名　称	教师人数	学生人数	网址与主要学科
巴黎第一大学（先贤祠—索邦大学） Université de Paris I-Pantheon Sorbonne	1 024	43 256	http：//www. univ-paris1. fr 外国语言文学、法律、经济学
巴黎第二大学（先贤祠—阿萨斯大学） Université de Paris II-Pantheon Assas	350	19 000	http：//www. u-paris2. fr 社会科学、法律、经济学

续表

名　称	教师人数	学生人数	网址与主要学科
巴黎第三大学（新索邦大学） Université de Paris III-Sorbonne Nouvelle	480	20 000	www. univ-paris3. fr 文学、外国语言、文化
巴黎第四大学（巴黎—索邦大学） Université de Paris IV-Paris Sorbonne	653	27 264	www. paris4. sorbonne. fr 文学、外国语言、文化
巴黎第五大学（勒内-笛卡儿大学） Université de Paris V-René Descartes	1 713	32 000	www. univ-paris5-fr 生物学、医科、药物学、社会
巴黎第六大学（皮埃尔—玛丽·居里大学） Université de Paris VI-Pierre et Marie Curie（UPMC）	4 000	30 000	www. upmc. fr 理科、医科
巴黎第七大学（德尼·狄德罗大学） Université de Paris VII-Denis Diderot	2 000	30 000	www. sigu7. jussieu. fr 理科、外国语言、经济学、医科
巴黎第八大学（巴黎—圣德尼大学） Université de Paris VIII-Vincennes Saint Denis	739	24 825	www. univ-paris8. fr 人文学
巴黎第九大学（巴黎—多芬大学） Université de Paris IX-Dauphine	880	7 700	www. dauphine. fr 经济学、管理学
巴黎第十大学（巴黎—南泰尔大学） Université de Paris X-Nanterre	1 010	35 000	www. u-paris10. fr 经济学、法律、人文学

续表

名　称	教师人数	学生人数	网址与主要学科
巴黎第十一大学（巴黎—南方大学） Université de Paris XI-Paris Sud	1 800	28 000	www. u-psud. fr 科技
巴黎第十二大学（巴黎—瓦尔德马恩大学） Université de Paris XII-Val de Marne	900	23 000	www. univ-paris8. fr 生物学、管理学、医科
巴黎第十三大学（巴黎—北方大学） Université de Paris XIII-Paris Nord	830	22 200	www. univ-paris13. fr 经济学、理科、工程、法律
合计	16 379	342 045	

资料来源：根据法国巴黎大学各校园网站及相关资料整理。由于数据来源不够整齐，本表数据仅供参考。

表 10-1 数据显示，13 所巴黎大学的学生多达 34 万余人，教师也达 1.6 万人以上。这 13 所巴黎大学的序号是为了方便实用，并且依据的是巴黎学区总长重组大学时的顺序，并不标志它们在学术地位或教育质量上的差异。13 所大学的设置和命名基本上是按照所属巴黎各辖区进行的。虽然它们各自独立，但是从它们的院系结构设置来看都是各自有自己的侧重点。其中巴黎第一、二、三、四、八、十 6 校以人文科学和社会科学为主，兼设其他学科。巴黎第五、六、七、十一、十二、十三 6 校兼有文、理、医、法、经济等学科，其中巴黎第十一、第十二和第十三大学还设有工科，巴黎第九大学则以经济和管理为主。每一所学校如果单独来看都称不上综合性大学，顶多也只能算是专门性的大学。但是如果将这 13 所大学联合起来作为一个整体来观察，则会发现作为一个联合体的巴黎大学，将是一所集理、工、农、医、文、法、经为一体的整体超

强的综合性大学。

总体说来，法国公立大学所采取的模式基本上是以不同地域进行划分，相同地域的各个独立的院校对外统称为一所大学。其各个院校又作为一所单独的大学互相独立，从事自己的研究和教学，与对外统称的这所大学没有隶属关系，但学生最后会被授予统一的这所大学的学位证书。各个院校都有自己的教学专业重点，只有综合所有的院校才能称得上是综合性大学。

（二）加州大学

按照“加利福尼亚高等教育总体规划”，加州大学采取分层管理体制，其组织建制可从宏观、中观和微观三个层次分析。这种管理体制的概况可见表 10-2。

表 10-2　加州大学的分层管理体制

主要层次	目的与地位	部门职能
宏观层次（第一层次）	协调州政府与总校的关系、实现总校整体建设与发展的组织机构设置和运行机制等。	州政府通过预算、立法、司法等手段加强对下属大学的宏观调控，并通过州一级的教育管理组织，如州高等教育委员会、州教育厅、州法院等对大学实行行政管理。董事会是大学的最高权力机构，通过常务委员会来实现对学校的领导，上对州政府和人民负责，下对大学各分校进行授权监控，是连接政府、社会与学校的纽带。
中观层次（第二层次）	协调总校与分校、分校与分校之间关系的组织建制等，是加州大学分校制管理的重点和难点。	加州大学总校长及下设副校长依据董事会的决策对各分校的共同事务实施统一的行政管理，负责协调 10 个分校的财政预算、任务分工和学校发展工作。学术评议会则与大学行政人员一起，对各分校的教学和科研实施统一的业务管理，保证学校高水准地实现加州大学三大使命。

续表

主要层次	目的与地位	部门职能
微观层次（第三层次）	各分校内部的组织管理。加州大学各分校都是相对独立的实体。	各分校的第一管理层是分校长和副校长，第二管理层是学院、研究所、中心、实验室等机构负责人组成的管理层。第三管理层为学院下各系科主任、跨系科组织负责人、新学科协调人等。各分校设有分校董事会。

资料来源：据傅松涛、郑丽君：《美国加利福尼亚大学的分校制》，《世界教育信息》，2004 年第 7～8 期整理。

学术界对加州大学的分层管理体制多有述评。一般认为，分校制虽然具有较为浓重的行政色彩，但大多认为该体制适应了时代需要，以有限的财政投入吸纳和聚集了大量社会财富，建立起庞大而坚实的公共高等教育体系，为加州乃至全球提供了高质量的教学、科研和社会服务，有利于平衡公私大学实力，推动了高等教育的法制化、规范化和民主化，因而是比较成功的。加州大学 10 大分校的概况具体如表 10-3。

表 10-3　加州大学概况（2005 年秋季学期）

校园（简称）	成立（年）	本科生（人）	研究生（人）	学生数（人）	教师数（人）	校园面积（英亩）	优势学科
伯克利分校（UCB）	1868	23 482	9 156	32 638	1 338	1 600	全面
戴维斯分校（UCD）	1908	22 831	5 647	28 478	1 423	5 200	农业、生命科学
厄文分校（UCI）	1965	20 061	3 712	23 773	972	1 400	信息科学、医学
洛杉矶分校（UCLA）	1919	24 811	9 817	34 628	1 658	419	艺术、科学、职业

续表

校园（简称）	成立（年）	本科生（人）	研究生（人）	学生数（人）	教师数（人）	校园面积（英亩）	优势学科
莫斯分校（UCM）	2005	841	37	878	44	—	交叉学科、新兴学科
瑞沃赛分校（UCR）	1954	14 649	1 971	16 620	555	1 160	农业、环境科学
圣地亚哥分校（UCSD）	1959	20 680	4 476	25 156	921	2 124	生命科学
旧金山分校（UCSF）	1873	—	2 685	2 685	239	163	医学
巴巴拉分校（UCSB）	1944	18 086	2 930	21 016	792	989	海洋、生命科学
圣克鲁兹分校（UCSC）	1965	13 625	1 376	15 001	460	2 950	海洋、天体物理、语言
合计	—	159 066	41 807	200 873	8 458		

资料来源：根据加州大学各分校数据整理。表中的“校园面积”是 1998～1999 学年度数据。参见 Http：//www. universityofcalifornia. edu.

表 10-3 显示，加州大学有学生 20 多万人，教师则不到 9 000 人。考虑到加州大学仅仅是加州大学系统的最高一级，显然整个加州大学系统的师生人数将极为可观。

加州大学的结构模式与巴黎大学完全不同。虽然也是由众多的分校组成，这些分校也都各自独立地进行科研、教学，但加州大学旗下的 10 所分校却全部隶属于加州大学这个大系统之中，都要受加州大学第一层管理层次的行政管理，同时还要对州长负责——这不同于巴黎大学的 13 所公立大学作为独立的大学机构存在而不隶属于巴黎大学。不过除了行政上的隶属之外，加州大学各分校在教学、科研上却是高度自治。同时学生在完成各分校学习后也是单独授予各分校的学位证书，而不是统一授予加州大学的学位证书。以伯克利为代表的分校模式也与巴黎大学 13 所独立的公立大学的不同，伯克利实行的是典型的学院制，下设的学院全面而多样，不像巴黎大学 13 所独立的学校一样各有所专。加州大学的各分校往往能够代表一种综合性的要求，因此会单独授予分校的学位证书；而巴黎大学的 13 所独立院校虽然独立，但却不能体现综合性大学的要求，在对外时就授予统一的巴黎大学学位证书。

三、不同的历史传统催生出的不同模式

（一）组织结构的差异

法国与美国这两种公立巨型大学模式对比是十分鲜明的。虽然巴黎大学旗下的 13 所大学各自独立，并且单独对外招生，与巴黎大学没有任何隶属关系，巴黎大学只是形式上的一种代表，但是其学位证书却统一发放成“巴黎大学”。巴黎大学每个独立的学校都有自己专门的研究方向，这样看上去好像各个独立的学校，更像是巴黎大学下设的各个院系。13 所巴黎大学虽然各有侧重，但其下属没有类似加州系统下属的加州州立大学和社区大学两大层级。由于巴黎高等师范学校、巴黎理工学校等“大学校”的有力竞争，这样 13 所巴黎大学实施精英教育的职能就受到削弱，在一定程度上反而成为高等教育大众化的代言人。

加州大学各分校虽然隶属于加州大学的统一行政管理之中，但却都有很强的独立性——能够发放属于自己学校的学位证书。以伯克利为代表的分校更是综合性很强的学院制院校，这就使得加州大学各分校实际上比巴黎大学的 13 所独立学校更加具有自主性，更加能够以一种综合性大学的身份代表自己。由于 23 所加州州立大学和 108 所社区学院代行了普及高等教育的职能，因而逐步建立的 10 所加州大学大多能致力于尖端研究并培养优质人才。按照“加

州高等教育总体规划”，在加州高等教育系统中，只有加州大学能够授予博士学位，而加州州立大学最多只能与加州大学联合授予博士学位。同时加州大学仅招收高中毕业班级前八分之一即占全部学生人数 12.5%的学生。① 所有这些，恐怕是巴黎大学望尘莫及的。

（二）校园文化的不同

历史发展催生了两种不同的公立大学模式，而不同的模式又营造出两校不同的学术氛围。巴黎大学由于采取 13 所院校各自独立的模式，而各个院校的专业侧重点又都有所不同，因此巴黎大学并没有一个统一的学术指导思想。在巴黎大学，13 个院校分离自然也会产生出各自相对自由的学术氛围，但是由于各个院校之间又存在着千丝万缕的联系，使得这种自由在无形之中又会被一种整体的巴黎大学系统所掩盖。因此，想要总结出巴黎大学的学术氛围，不仅要看到各学院之间的联系，而且还要深入到 13 所院校内部去观察。巴黎大学没有统一的校训，至今各种版本的校训争论不一。巴黎大学师生普遍认为校训不一定要明确，而是要从历史和现状的内涵中去寻找和总结。不过有一点值得明确的是，巴黎大学 13 个院校都是研究型院校。这 13 个院校各有所专，在自己的专业领域内进行更为细致的分工。崇尚研究，是巴黎大学每一所院校的实际行动目标。

加州大学各分校在行政领导上受制于总校，但在其他方面则高度自治，使得加州大学素以学术自由和学生自治著称。以伯克利为例，其校训是“Let there be light”（让这里光芒闪耀），从中可以看出伯克利也是秉承加州大学学术高度自由的思想，确立其办学理念的。“闪耀”的“光芒”就是思想之光，就是思想在伯克利不受拘束、任意驰骋，使伯克利成为一所永远闪耀着智慧之光的综合大

① California Master Plan for Higher Education，http：//www. universityofcalifornia. edu/aboutuc/masterplan. html.

学。自由是伯克利分校也是加州大学办学指导思想的核心。在加州大学，没有来自保守传统的约束，没有不可逾越的清规戒律。在这里，即使别人并不同意你的观点，你的思想也会永远受到尊重。正是由于自由的传统，加州大学才能够保持常新和不断进取的精神，这点在其新学科的建设上得到了充分的体现。随着科技浪潮对教育界的冲击，伯克利采取了诸多措施，对原有的学科范围进行调整，在传统的学科组织之外设立了各类新兴学科组织，开设了大量新兴学科领域的课程和研究项目。此外，学校还非常注意对交叉学科、边缘学科的研究。

（三）国际声誉的差异

自由独立令人神往，但也可能伴随零散与懈怠，巴黎大学似乎兼而有之。该校没有食堂和宿舍，没有新生训练与毕业典礼，甚至没有向心力与认同感。法国审计法院的报告显示，自 1971 年分裂以来，巴黎大学校舍分散，如巴黎第一大学由 26 处校舍组成。在索邦大学的校园中，还驻有巴黎三大、巴黎五大、巴黎大学区区长办公处以及高等研究实践学院和巴黎文献学院等高校和机构。同时，由于各校专业和学系众多，某些重复设置的专业甚至招不到学生，造成了经费浪费，以致昔日大名鼎鼎的巴黎大学至今在国际大学排名中差强人意。为了提高大学的国际竞争力，建设强大而知名度高的巴黎大学就成了紧要任务。

巴黎大学是法国大学的代表，也是世界大学源头之一，而加州大学则是加利福尼亚州公立大学的代表。加州仅仅是美国的一个州，虽然一定意义上这个州在美国占有重要地位，但这毕竟不可能与法国一国相比。再者，美国最主要的大学是私立大学，而法国则相反。所有这些，决定了加州大学的国际声誉不能完全与巴黎大学相比。但就实际贡献而言，加州大学与巴黎大学则难分伯仲。

第四节　从 EP 到 Caltech：法美两国的精英大学模式

法美两国的公立巨型大学模式存在较大差异，小型精英学府的差异更加明显。在美国，与东部“常青藤盟校”的“Big Three”（哈佛大学、耶鲁大学、普林斯顿大学）相对应，还有三所被称为“Little Three”的推崇通识教育的小型优秀女子贵族学校：卫斯理学院（Wellesley College）、威廉姬斯学院（Williams College）、阿默斯特学院（Amherst College）。这几所质量很高的学府通常不为国人所知。相对地，无论加州理工学院还是巴黎理工学校，在世界上都有崇高的威望。虽然它们都是“小而精”的著名理工大学，但在其质量相似的背后却是不同的性质：前者是私立大学，后者是公立的“大学校”。法国“大学校”与美国大学的学制对应关系见表 10-4。

表 10-4　法国“大学校”与美国大学的学制对应情况

<table>
<tr><th>法国大学校</th><th>年</th><th>美国大学</th></tr>
<tr><td>博士
3 年研究论文</td><td>第 9 年
第 8 年</td><td rowspan="2">哲学博士
3 年研究论文</td></tr>
<tr><td rowspan="3">工程师学位
学士学位</td><td>第 7 年
（第 4 年在其他大学或大学校学习）</td></tr>
<tr><td>第 6 年
（在 EP 的第 3 年）
第 5 年
（在 EP 的第 2 年）</td><td>理科或工科硕士</td></tr>
<tr><td>第 4 年
（在 EP 的第 1 年）</td><td rowspan="3">理科学士
本科学习（4 年）</td></tr>
<tr><td>入读预科学校参加
竞争性考试（2 年）</td><td>第 3 年
第 2 年</td></tr>
<tr><td>高中理科业士学位
(Baccalaurea in Sciences)</td><td>第 1 年</td></tr>
<tr><td></td><td></td><td>选拔程序</td></tr>
</table>

资料来源：Equivalences。www. polytechnique. fr/edu/page. php? MID=169.

一、EP 与 Caltech：发展及其特色

巴黎理工学校是法国历史悠久、享有盛名的高等学府之一。它的校史与近现代的巴黎乃至整个法兰西共和国的历史紧密联系在一起。

（一）EP 的形成与发展

说及巴黎理工学校，就必须了解法国高等教育的“双轨制”。前已述及，巴黎大学为欧洲乃至“世界大学之母”，但该校因袭中世纪的学院传统，宗教传统浓厚，加上保守和封闭，其地位和声望在 16～18 世纪明显下降。同时，加上启蒙运动的强大影响，为培养各类高级管理人才，从 1530 年建立法兰西学院起，一种新型的高等学校——“大学校（Les Grandes Ecoles）”在法国大革命前夕纷纷建立，从而形成了世界上独一无二的高等教育“双轨制”：一轨是大学，只要获得高中毕业会考文凭即可入读；一轨是“大学校”，招收经过严格审查和选拔的学生，是获得工程、管理和生命科学等某些科学领域精英的主要渠道。① 在大学就读的大学生是法国高等教育大众化的主体。大学校则实施精英教育，它们地位特殊，是“大学中的大学”。

EP 的建立也是遵循这一思路的产物。该校 1794 年由法国物理学家卡诺（Lazare Carnot）和数学家蒙日（Gaspard Monge）创立于巴黎，是法国传授科学和技术知识的摇篮。其校训为：“为了祖国、科学和荣誉” （Pour la patrie，les sciences et la gloire）。② 2006 学年度，该校校园面积 445 英亩，有师生员工 3 200 人，其中学生 2 232 人（含博士生 330 人），教授 380 人（含 22 名法兰西科

---

① The French “Grandes E coles”，http：//www. polytechnique. edu/page. php？MID＝29.

② Some revolutionary beginnings，http：//www. polytechnique. edu/page. php？MID＝185.

学院院士），10 个系（分别为生物系、化学系、计算机科学系、数学系、应用数学系、机械系、物理系、经济系、人文与社会科学系、语言学系），21 个实验室。① 在法国顶尖的 40 个大公司中，有 12 位 EP 校友出任其总经理，而在这 12 位总经理当中，又有 3 位为 EP 理事会在任理事。2005 年英国《泰晤士报·高等教育增刊》所作“世界大学排行榜”中，巴黎理工学校位居世界大学排行第十位，而在法国大学与大学校的各种排行榜中，EP 几乎均居榜首（表 10-5）。

表 10-5　EP 在法国各著名期刊大学排行榜中的位置

	《挑战》（*Challenges*，2006 年 6 月）	《焦点》（*Le Point*，2005 年 10 月）	《拓展》（*L'Expansion*，2005 年 4 月）
巴黎理工学校	1	1	1
巴黎高等矿业学校（Mines de Paris）	2	2	2
高等电力学院（Supélec）	3	6	5
巴黎中央学校（Centrale Paris）	5	5	3
路桥学校（Ponts et Chaussées）	6	4	6
巴黎电信学院（Télécom Paris）	7	3	4
航空航天学院（Supaero）	22	11	8

资料来源：Ecole Polytechnique among other universities http://www.polytechnique.edu/page.php? MID=31.

---

① Where Future Industry Leaders Come From，http://www.polytechnique.edu/page.php? MID=17.

（二）EP 的基本特征

法国工程类“大学校”具有一些共同的特征，主要体现在如下几方面。

1. 小规模。大学校通常只有大学一个系的规模，年度毕业生最多 300～500 人。

2. 高度选拔性的入学考试。入学的学生均经过了全国性的考试或拥有卓越的学术品质记录。

3. 不言而喻的等级性。由于学生均经过了严格的选拔性考试，且优秀院校能吸引最佳学生，因此他们往往进入最高的职业阶层。

4. 长期的学习。如要接受长达 5 年的高等教育。

5. 教学重视基本理论，尤其强调数学和物理及高水准的抽象能力。

6. 一些大学校还能够提供博士学位。EP 在其从事的所有领域均可授予博士学位。

7. 正规学生当中拥有强烈的“团队精神”和网络关系。

8. 大学校共同组建了一个提供各种信息的统筹委员会“Conférence des Grandes Ecoles”。①

二、Caltech：发展及其特色

论及美国著名的精英学府，人们通常会提及小而精的普林斯顿大学，但在美国诸多大学中，Caltech 同样是一所独具特色的精英学府。从规模来说，Caltech 甚至比普林斯顿大学还小不少。然而，就是这所与斯坦福大学、加州大学比肩而立的年轻学府，共同撑起了与美国东部老牌学府互相呼应的西部学术大厦。按照普通中国人的看法，才 2 000 名学生的 Caltech 很难成为知名大学，甚至一所

① The Engineering ‘Grandes Ecoles’ have Common and Specific Features. http：//www. polytechnique. edu/page. php? MID＝29.

中学的人数也远在这个人数以上。但是，就是这所规模很小的大学，在世界最著名的大学排行榜之一——《美国新闻与世界报道》(1999 年）竟排在第一位。其原因之一在于“学术声誉”、“人均经费”在《美国新闻与世界报道》排名中均占有较大权重，而 Caltech 正是在这些方面卓越超群。

（一）Caltech 的形成

类似 Caltech 这样一所规模很小的大学能有如此成就，必然有其历史根源。Caltech 是由阿莫斯·思鲁普（Amos G. Throop）创建于 1891 年的一所艺术和工艺学术发展而来的，1920 年才改名加州理工学院，同年该校只有 9 名研究生、35 名本科生、60 名教师。1921 年 11 月 29 日，董事会把学院政策定为追求最重要的科学研究，同时继续工程与纯科学的教育，并使之建立在数学、物理和化学等基础学科的坚实基础上；扩充且丰富英语、历史和经济学课程；用研究精神激发学院所有工作。

在学院发展过程中，扩大规模是不可避免的，学院不能仅仅作为一个物理、化学和工程的研究与教学中心。但董事会秉持谨慎而稳健的政策，指出只有达到与物理系和化学系同等水平的情况下才允许新建系。1925 年，纽约卡内基公司提供 25 000 万美元赠款，使得地质系得以成立。1928 年，Caltech 开始了生物方面的教学和研究，摩根（Thomas Hunt Morgan）成为生物系第一任系主任和 Caltech 董事会成员。在摩根领导下，生物系在遗传学与生物化学领域发展迅猛，摩根本人也于 1933 年获得了诺贝尔生理与医学奖。

1926 年夏天，Caltech 建立古根海姆航空研究院，在冯·卡门 (Theodore von Kármán）的领导下，一批研究生参与了新项目的学习与研究。不久，加州理工学院研究生航空实验室就成为世界航空学领域著名的研究中心。1928 年，在威尔逊天文台工作的海勒及其同事为 Caltech 争取到建立 200 英寸天文望远镜项目，吸引了洛克菲勒基金会国际教育理事会的600万美元拨款。这一巨大的设备安装在帕洛玛山天文台，天文学与天体物理学的教学和研究从此成为 Caltech 的一部分。

1940～1945 年，Caltech 主要致力于特别指导性项目与武器方面的研究，火箭、喷气推进、反潜战是其主要的研究领域。由学院管理的喷气推进实验室（JPL）在火箭空间探索理论与技术方面为美国国家航空航天局（NASA）完成了大量的研究。① 1958 年，该实验室为美国研制了第一颗卫星——“探索者一号”，极大地推动了美国空间科学与技术方面的发展。

20 世纪 50 年代，Caltech 开始物质监测领域的探索；60 年代与 70 年代，学院引进了几位从事跨学科基础理论与应用研究的经济学家与政治学家；1972 年，增设了社会科学方面的研究生项目。现在，Caltech 鼓励学生把他们的天赋用于经济学与政治学领域的发展，并把这些学科的原理与物理学、公共政策等诸多学科结合起来②。

从上述发展背景可以看出，Caltech 在把握机会、正确定位方面颇具眼光，而这又与其大学领导的远见卓识不可分离。他们争取到社会各个方面的支持，师资一流，经费充足，生源优秀。Caltech 发展的历史表明，其崛起不是一时的爆发，而是学校成员抓住机遇努力奋斗的结果。

---

① 喷气推进实验室（Jet Propulsion Laboratory，简称 JPL），是位于加利福尼亚州帕萨迪那美国国家航空航天局的一个下属机构，负责为美国国家航空航天局开发和管理无人空间探测任务，行政上属于加州理工学院管理，始建于 1936 年。2005 年 12 月的数据显示，Caltech 全校有雇员 2 643 人（除了教师和学生），但 JPL 则雇用了 5 440 人。

② Caltech：Historical Sketch. http：//www. caltech. edu/catalog/geninfo/history. html.

（二）Caltech 的主要特点

一所大学的特色是历史与现实长期运作的结果。20 世纪 90 年代以来，Caltech 已经跃居美国一流大学前列。这与该校始终遵循“学科不求过多，范围不求过宽，严格保证学生入学和学习质量，宁缺勿滥，精益求精”的办学方针，以及扎扎实实“为教育事业、政府机构和企业发展培养急需的具有创新才能的科学家和工程师”的不懈努力是分不开的。与美国许多著名大学相比，Caltech 的特色大致可概括为以下几个方面。

1. 规模不大。“Caltech 的国际影响与其规模远不相称。”著名的《时代》杂志评论说。“规模不大”体现在两方面：一是人员数量少。长期以来，Caltech 师生人数增长缓慢。自 1920 年创立至 2005 学年度，全校也只有注册学生 2 169 人，教师 1 000 余人（含博士后研究人员，其中教授 280 余人）。Caltech 的院士人数虽然没有哈佛、MIT 等院校多，但考虑到 Caltech 的规模，其院士比例实际上已经很高了（参见本章附录）。二是机构设置简单。Caltech 的院系设置不分校、院、系 3 级，而是直接分为 6 个学部（Academic Divisions）：生物学部、化学与化工学部、工程与应用科学部、地质与行星科学部、人文与社会科学部、物理、数学与天文学部。另设立一个交叉学科项目（interdisciplinary programs）。在加州理工学院担任校长 22 年的杜布里奇（Lee A. DuBridge）坚信加州理工与其他学校的主要区别在于小规模、高质量。由于规模不大，Caltech 的所有本科生课程都由教授亲自讲授，且一年级的学生就有可能参加教授的研究项目。显然，这是那些规模庞大的大学无法比拟的。

2. 人才出众。Caltech 人才出众有目共睹。① 且不说 1934 年发

① 详见：Scitific Milestones. http：//admissions. caltech. edu/about/milestones/.

现了正电子的物理学家卡尔·安得森（Carl Anderson）、奠定分子生物学的基础的莱纳斯·鲍林（Linus Pauling）、现代遗传学的鼻祖托马斯·摩根、发现类星体的天文学家施密特（Maarten Schmidt）、推算出现代科学界公认的地球年龄——46亿年的地质化学家帕特森（Clair Patterson）、提出夸克理论的物理学家盖尔曼（Murray Gell-Mann）、发现大脑两半球各司其职的罗杰·斯佩里（Roger Sperry）、20世纪最杰出的理论物理学家之一费曼（Richard Feynman），单是一位冯·卡门就足以使立志献身科学的青年学子崇拜有加！截至2005年，Caltech共获得了32个诺贝尔奖（其中莱纳斯·鲍林一人获得2次诺贝尔奖）。① 在这32个诺贝尔奖中，有物理学奖14个，生理学或医学奖9个，化学奖6个，经济学奖2个，和平奖1个，从而显示了Caltech历史形成的理工优势，同时在文科的某些领域也居于世界学术前沿。"如果说Caltech在美国高等教育史上不占什么重要地位的话，那么它在世界现代科技史上的地位则没有几所大学能够与其相比。"的确，从世界上最大的光学天文望远镜，到连接原子之间的作用力；从地震学到分子生物学；从夸克理论到太空探索，Caltech的科学家所起的作用都是难以被他人取代的。

3. 领导得力。Caltech的历届校长都是著名的科学家，他们对发展科学教育事业倾注了巨大的热情。1997年，第十七任校长戴卫·巴尔的摩（David Baltimore）开始执掌Caltech，他是世界著名的生物学家，1975年由于在病毒学方面的杰出成就而赢得了诺贝尔生理与医学奖。以前他是麻省理工学院的生物学教授，并于1982～1990年期间担任洛克菲勒大学校长。20世纪70年代，他与其他几位著名生物学家在国际科学政策制定上起着关键作用，这些

---

① Caltech获得诺贝尔奖的情况可参见：http：//pr. caltech. edu/events/caltech _ nobel/.

政策涉及 DNA 的合成研究、建立遗传学领域的研究标准等方面。1999 年，他赢得由克林顿总统颁发的国家科学奖章①。新任校长让·卢·沙梅欧（Jean-lou Chameau）（2006 年 9 月 1 日第十八任校长）也是一位著名学者②。

4. 经费充足。历史上，Caltech 一直致力于赢得多方面的经费支持，今日更加如此。现在，美国有 18 个由大学代管的国家实验室，它们每年需要联邦政府拨款 30 多亿美元，而由 Caltech 代管的“喷气推进实验室”的份额占到拨款总数的 30%，1995 年联邦政府给其的拨款达到 10 亿美元③。

Caltech 的发展特征或许不仅上述四个方面，但仅从这四个方面，我们已经可以看出，对不同的大学而言，其崛起都需要多方面的努力，其中体制与人的因素或许是最主要的，而诸如院系设置或者规模效益之类则不见得那么重要。

三、法美两国小型精英大学模式之异同

EP 与 Caltech 是法美两国形式相似、性质不同的小型精英大学。两校的异同简单列举如表 10-6。

表 10-6　EP 与 Caltech 之异同

	巴黎理工学校	加州理工学院
建校时间	1794 年	1891 年
校训	Pour la Patrie，les Sciences et la Gloire（为了祖国、科学和荣誉）	真理使人自由

① Caltech：Historical Sketch. http：//www. caltech. edu/catalog/geninfo/history. html.

② Jean-Lou Chameau，http：//president. caltech. edu/.

③ 舸昕著：《从哈佛到斯坦福》，东方出版社 1999 年版，第 384 页。

续表

	巴黎理工学校	加州理工学院
定位	国立“大学校”。与法兰西命运休戚相关。是“法国公共教育事业最壮丽的学府”，“法国科学和荣誉的代表”。	私立大学。其宗旨是追求最重要的科学研究；办学方针为“学科不求过多，范围不求过宽，严格保证学生入学和学习质量，宁缺勿滥，精益求精”。
院系设置	10 个系：数学系、应用数学系、物理系、化学系、生物系、计算机科学系、机械系、经济系、人文与社会科学系、语言学系。	6 个学部（相当于系）：数学与天文学、物理、生物学、工程与应用科学、地质与行星科学、人文与社会科学。
规模	2006 学年度有师生员工 3 200 人，其中学生 2 232 人（含博士生 330 人），教授 380 人。	2005 学年度有注册学生 2 169 人，教师 1 000 余人（含博士后研究人员，其中教授 280 余人）。
管理	受法国国防部统辖。校务委员会和校长共同负责。处于全国大专院校的最高层级，缺乏强有力的国内竞争对手。	董事会领导下的校长负责制。重视校外顾问委员会意见。虽然处于美国高校前列，但竞争对手多而强。
教学	重视基本理论，尤其强调数学和物理及高水准的抽象能力。接受长达 5 年的高等教育。	十分重视数学、物理和化学等基础学科的教学和研究工作。重开课质量，而不盲目追求课程的门数。
招生就业	通过选拔性的入学考试，招收资质优异的学生。学生毕业后进入国家重要部门从事领导工作。	严格招生，实行淘汰制度；招收的学生大多对科学研究具有浓厚兴趣，愿意献身科学事业。

第五节　讨论与结论

吴家玮（2002）指出，中国的大专院校应该至少包括 6 种类型：（1）几所综合性、大而全的“巨无霸”；（2）较多综合性，但又经过精选建立了某些卓越点的研究型大学；（3）较多类似法国“大学校”那样专业性强的精英学院，很多部委院校可走这条路；（4）大量像英式理工学院（polytechnics）、师范学院、护理学院、体育学院那样的大中型传统专业和职业学院；（5）重视通识教育的本科教学型学院；（6）类似美国社区学院、英国开放大学、中国电视大学那样的继续教育学院。① 当前中国的研究型大学基本倾向于建立大而全的“巨无霸”，而类似法国“大学校”那样的精英学院则经过合并等举措消失殆尽。八年前政府认为高等教育扩招很有必要，今日高等教育略微“刹车”似乎又预示着新时期高等教育再次调整的开始。毫无疑问，中国有中国的国情，但无论建设巨型大学还是精英大学，法美两国的大学发展模式与途径都有值得我们借鉴与思考的余地。一定意义上说，从大学哲学或社会生态学视角得出的结论往往趋向多样化和个性化，而非单一化和刻板性，这样就有可能与仅仅依赖统计数据得出结论的经济学研究得出不一样的结论。就此不妨进行简要的分析和讨论。

一、大学发展必须遵循其自身的办学理念和运行规则

世界高等教育会议指出：“促进学术自由与学校自治，这是高等教育永远不变的两条准则。”② 可以说，这对一国大学发展几乎是更为核心的影响要素。或许我们很难说大学发展哪个因素或条件更重要，但大学自治与学术自由绝对不可缺少。无论从 EP 还是 Caltech 的发展历史均可以看出，大学质量或成就与其规模几乎没有什么必然联系。换言之，巨型大学可以成就卓越，小型学府也可

---

① 吴家玮：《大学发展战略：资源的获取和管理》，参见教育部中外大学校长论坛领导小组编：《中外大学校长论坛文集》，高等教育出版社 2002 年版，第 413～414 页。

② 联合国教科文组织世界高等教育会议：《21 世纪的高等教育：展望与行动世界宣言》，1998 年，巴黎。

大有作为。反过来说，巨型大学与小型学府也完全可能质量低下。质量保证的共同基石是遵循大学办学的基本理念和运行规则。

在巨型大学中，巴黎大学一次性分离出 13 所大学，但各分校则专业重叠，个性未彰，特色不明，以至共同的巴黎大学品牌提升不足，甚至不足以成为法国大学的代表。同为巨型大学的加州大学则不然，它虽然也分为 10 所分校，但这些分校都是逐步建立的，一步一个脚印，既各有侧重，又相互竞争。更重要的是，其下还有加州州立大学和社区学院大大缓解了教育大众化的压力，因此加州大学成为顶尖公立大学。EP 与 Caltech 是性质不同的两类学府。作为公立的"大学校"，EP 既受惠于政府，但也更多受到政府的直接控制。Caltech 则不然，政府虽然也施加了各种影响，但这种影响主要是宏观的经费、法制层面，至于学校内部运行则主要是其内部事务，因此，后者具备更大的灵活性。或许，在一些中国人看来，才两千人规模的 Caltech 没有什么规模效益，早该合并了，但是 Caltech 是一所私立大学，大学董事会才有权决定自己发展的方向、规模与速度——即使政府也不可取代学校自己的发展决策。由此我们可以得到进一步的启示：大学应该自治，国家也应该让大学自治。无论如何，遵循大学办学的共同理念和运行规则是大学发展的前提。

二、大学发展模式的选择应该因地制宜

遵循大学的办学理念和运行规则只是大学发展的一个方面，另一个方面就是因地制宜。实际上，若大学遵循学术自由和大学自治等基本规则，其发展模式必然也要求因地制宜。我国并没有像巴黎大学那样对外统称为一所学校，但实际上又单独分立为各个院校的公立大学。从我国现行各公立学校的运行模式看，与加州大学也不一致。我国各大高校实行分校制度的十分少见，一些大学如北京大学医学部、清华大学深圳研究生院、武汉大学工学部等，均非加州

大学意义上的分校。中国的“分校”只是作为主校的一部分仍然隶属于校本部，分校内部并没有实行自治。从这些校区授予学位的情况也可看出所授予的学位仍然是校本部的学位，而不是专门的分校学位。对外国家也只承认本校学位，分校充其量也只是本校的一个院系，只不过不设在学校本部而已，根本不能独自立足于各大高校之外。所以在我国，公立大学的模式与这两种模式都不相同。

三、公私立大学同等重要，必须协调发展

中美两国公立大学模式的差异是显而易见的。美国公立大学如加州大学都是由政府拨款，但是由于各分校的独立性，它们除了接受政府的定额拨款以外，在政府拨款下调时，往往还会动用自己的自治权提高学费。这种现象在现今美国公立大学表现得十分明显，有人称之为“美国公立学校的私有化”。中国公立大学则没有这种自治权限。美国私立大学学费差异巨大是众所周知的，而中国私立大学目前仍处于发展壮大阶段，这方面法国倒与中国相似。一定意义上说，私立大学甚至更有竞争优势，因为经费自主，所以其学术也更加自主和独立，能够数十年致力于自己的长远目标而不动摇。只有大学自治，大学才能一以贯之致力于自己的发展目标，但是真正能够自治的大学主要是私立（民办）大学。公私立大学发展应该齐头并进，都应该实行大学自治，但由于公立大学经费主要来源于国家，所以其在大学自治方面的权力是比不上私立大学的。因此，在 21 世纪中国应该大力推进民办大学的发展，并把民办大学的发展纳入法制化的轨道。事实上，日本、韩国等东亚国家和我国台湾省的私立大学发展已经为我们提供了足够的借鉴。民办大学不是公立大学的补充，而是国家大学生态系统的重要组成部分。可以预言，中国的民办大学必将大力发展，也必然出现分化，这与公立大学的发展进程是一致的。

附录

美国工程院院士分布：拥有工程院院士超过10名的大学

排序	院校名称	院士数
1	麻省理工学院（Massachusetts Institute of Technology）	100
2	斯坦福大学（Stanford University）	72
3	加州大学伯克利分校（University of California at Berkeley）	59
4	得克萨斯（奥斯丁）大学（The University of Texas at Austin）	38
5	加州理工学院（California Institute of Technology）	27
6	伊利诺伊（香宾）大学（University of Illinois at Urbana-Champaign）	25
7	康奈尔大学（Cornell University）	22
8	南加州大学（University of Southern California）	21
9	西北大学（Northwestern University）	19
10	哈佛大学（Harvard University）	17
11	明尼苏达大学（University of Minnesota）	17
12	威斯康星（麦迪逊）大学（University of Wisconsin-Madison）	17
13	佐治亚理工学院（Georgia Institute of Technology）	14
14	加州大学洛杉矶分校（University of California，Los Angeles）	14
15	哥伦比亚大学（Columbia University）	13
16	普渡大学（Purdue University）	13
17	密歇根大学（University of Michigan）	13
18	卡内基—梅隆大学（Carnegie Mellon University）	12
19	宾州州立大学（Pennsylvania State Univ.）	11

续表

排序	院校名称	院士数
20	伦斯莱尔工艺学院（Rensselaer Polytechnic Institute）	11
21	莱斯大学（Rice University）	11
22	普林斯顿大学（Princeton University）	10
23	加州大学圣巴巴拉分校（University of California，Santa Barbara）	10

说明：附录1与附录2均整理自交通大学“中外教育”。具体数据或许每年都会有所变化，但院士在各大学的分布次序通常变化并不大。参见 http：//www.jtu.org/jtu/edu/art _ 1/p _ 02.html.

美国科学院院士分布：拥有科学院院士超过10名的大学

排序	院校名称	院士数
1	哈佛大学（Harvard University）	150
2	斯坦福大学（Stanford University）	134
3	加州大学伯克利分校（University of California at Berkeley）	109
4	麻省理工学院（Massachusetts Institute of Technology）	102
5	耶鲁大学（Yale University）	63
6	加州理工学院（California Institute of Technology）	60
7	加州大学圣地亚哥分校（University of California，San Diego）	51
8	普林斯顿大学（Princeton University）	50
9	芝加哥大学（The University of Chicago）	47
10	威斯康星（麦迪逊）大学（University of Wisconsin-Madison）	43
11	康奈尔大学（Cornell University）	41

续表

排序	院校名称	院士数
12	华盛顿（西雅图）大学（University of Washington）	34
13	加州大学洛杉矶分校（University of California，Los Angeles）	31
14	洛克菲勒大学（The Rockefeller University）	29
15	伊利诺伊（香宾）大学（University of Illinois at Urbana-Champaign）	29
16	宾夕法尼亚大学（University of Pennsylvania）	29
17	哥伦比亚大学（Columbia University）	22
18	杜克大学（Duke University）	21
19	密歇根大学（University of Michigan）	20
20	加州大学旧金山分校（University of California，San Francisco）	18
21	加州大学圣巴巴拉分校（University of California，Santa Barbara）	18
22	霍普金斯大学（Johns Hopkins University）	16
23	加州大学欧文（尔湾）分校（University of California，Irvine）	16
24	加州大学戴维斯分校（University of California，Davis）	15
25	明尼苏达大学（University of Minnesota）	15
26	亚利桑那大学（University of Arizona ）	14
27	科罗拉多大学波尔得分校（University of Colorado at Boulder）	14
28	华盛顿（圣路易斯）大学（Washington University）	14
29	纽约大学（New York University）	13
30	得克萨斯（奥斯丁）大学（The University of Texas at Austin）	13

续表

排序	院校名称	院士数
31	新泽西州立大学（Rutgers，State U of New Jersey）	12
32	马里兰大学帕克分校（University of Maryland，College Park）	12
33	得州大学达拉斯分校（University of Texas SW Medi Cent at Dallas）	11
34	纽约大学石溪分校（State U of NY at Stony Brook）	10
35	加州大学圣克鲁斯分校（University of California，Santa Cruz）	10

第十一章　大学校长之学术背景

——对中美两国研究型大学校长的教育背景与工作背景的综合考察与分析

第一节　引言

哈佛大学杜维明教授在《人文学与高等教育》一文中提到一个有趣的现象："两年以前，哈佛大学主持了一次中国的十位大学校长和美国的十位大学校长的会谈活动。中国的大学校长基本上是理工科出身的，而参加会谈的美国的十位校长除了加州理工学院以外，都是研究人文学科和社会学科的学者。当时哈佛的校长鲁登斯坦（Neil Rudenstein）是研究英国文学的，斯坦福大学的校长加斯帕（Gerhard Gasper）是研究法学的，耶鲁大学的校长雷文（Richard Levin）是研究经济的，而哥伦比亚大学的校长瑞普（George Rupp）却是一位神学家。"① 大学校长的学术背景有可能影响大学社会批判功能的强弱，因为人文学的精髓之一就在于其"独具的批判精神"。尽管人们认识到建设一流大学最关键的是学校的运作机制，但是，在机制一时无法改变之前，人们同样清楚"几

① 杜维明：《人文学与高等教育》，《清华大学教育研究》，2003 年第 4 期。

乎所有领导都强调，选好领导班子是办好一所大学的关键中的关键”。① 可见，选择什么背景的人担任大学校长是值得我们深入研究的重要问题。

一、问题的提出与相关文献的回顾

正是由于大学校长对于大学发展的重要性，所以无论国内还是国外，大学校长都是一个引人注目的角色，也是学术界研究的热门话题。斯文·查理·富兰克林（Thwing Charles Franklin）所著《高校校长》描述了高校校长必须培育的各种内外关系，校长作为个人和专家必须培养和展现的各种素质和特征，分析了校长岗位的风险和收获，以及如何实行有效的领导等问题。② 施密特（G. P. Schmidt）在《旧时的大学校长》一书中讨论了1760～1860年间的美国学院院长们，讨论了他们的职务，考察了他们作为宗教领袖、爱国者、管理者、改革者、学生招募者、筹资者、反动分子等多重角色。③ 哈罗德·斯托克（Harold W. Stoke）所著《美国大学校长》一书详细论述了大学校长的作用的变化。他认为，大学校长已开始从“学者型”变成“管理型”，成为“经理型”的校长。④ 迈克尔·科恩（Michael D. Cohen）与马奇（James G. March）合著有《领导与模糊：美国大学校长》。在该书中他们

① 朱清时：《建设一流大学值得重视的几个问题》，参见教育部中外大学校长论坛领导小组编：《大学校长视野中的大学教育》，中国人民大学出版社2004年版，第123页。

② Thwing Charles Franklin. *The College President*. New York：Macmillian，1926.

③ G. P. Schmidt，*The Old Time College President*. Columbia University Studies in History，Economics and Public Law，no. 317. New York：Columbia University Press，1930.

④ Harold W. Stoke. *The American College President*，N. Y.：Harper and Brothers，1959.

论证说，由于绝大多数大学是“有组织的无政府状态”，是个“杂乱无章的世界”，因此大学校长很少能做成什么事情。① 克拉克（K. Clark）和加仑（L. Garion ）合著的《大学校长的多重生活：时间、地点、性格》通过对若干大学校长及其配偶，以及其他有关人士的 800 次访谈，揭示了大学校长的经验与期望，探讨了不同的管理方式，以及校长们在变化的环境条件下决策时所扮演的不同角色。② 朱迪丝·B. 麦克劳林（Judith Block Mclaughlin）和雷斯曼（Riesman）所著专题研究报告《大学校长遴选》则以丰富的案例展现了校长的角色、挫折、变动及其成功。③ 鉴于大学校长对高校的发展具有极其重要的影响，美国教育理事会（American Council on Education）先后对美国高校校长进行了多次大规模的调查，显示了美国大学校长群体的基本特征与变化趋势。④ 其最近的调查涉及了 236 所“有博士学位授予大学”，这些大学与“研究型大学”不能完全等同。⑤ 当然未见国外的校长研究涉及了中美之间的

---

① Cohen Michael D. and March，James G. *Leadership and Ambiguity*：*the American College President*. New York：McGraw-Hill，1974. Second edition. Boston：Harvard Business School Press，1986.

② Kerr，Clark，and Gade，Marion L. *The Many Lives of Academic Presidents*：*Time*，*Place*，*and Character*. Washington，D. C. Association of Governing Board of Universities and Colleges，1986.

③ Judith Block Mclaughlin and Riesman. *Choosing a College President*，The Carnegie Foundation for the Advancement of Teaching，1990.

④ The College President：A New Survey by the American Council on Education Finds that the Typical Chief Executive is White，Male，and 53 Years Old. The Chronicle of Higher education. March 30，1988，p. A. 14. 另参见赵曙明著：《美国高等教育管理研究》，湖北教育出版社 1992 年版，第 50～52 页。

⑤ Melanie E. Corrigan 执笔（文东茅编译）：《谁在当美国校长——2002 年全美大学校长调查报告》，参见：《北京大学教育经济研究所简报》，2004 年第 2 期（总第 42 期）。

比较。

国内对大学校长的研究主要从历史与理论两个角度进行。前者以校史研究室进行的个案分析为代表，并集中于著名大学的著名校长研究，① 后者主要以文献把握基础上的理论思辨为主，部分研究涉及了调查②。对大学校长考察的另一角度是国际与比较教育的视角，这也有两种取向：其一是对国外大学校长遴选、办学与角色变迁方面的考察；③ 其二是对中外大学校长的比较研究。如有研究比

---

① 这方面的主要文献包括：任云兰：《张伯苓与南开大学办学经费的筹措》，《天津市教科院学报》，1996 年第 3 期；苗体君：《试析唐文治对早期交通大学的改革》，《河南教育学院学报》（哲学社会科学版），1997 年第 1 期；刘尧：《大学校长应当具备的素质——评作为大学校长的朱久思》，《吉林教育科学》，1998 年第 9 期；王运来：《罗家伦主持中央大学》，《民国春秋》，1998 年第 4 期；唐克军：《傅斯年的大学理想与实践》，《高等教育研究》，1999 年第 2 期；庄景止：《司徒雷登在中国——从燕京大学校长到“内战大使”》，《炎黄春秋》，1999 年第 1 期；郭可敏：《何炳松与华侨高等教育的发展》，《高等理科教育》，2000 年第 3 期；韩延明：《蔡元培、梅贻琦之大学理念探要》，《高等教育研究》，2001 年第 3 期；周川：《中国近代大学校长与自由主义教育》，《高等教育研究》，2001 年第 3 期；等等。此外，各校史研究室出版的不少著作多从历史角度对大学校长作过相当程度的梳理与分析。

② 刘昌明：《校长为何难以成为教育家——对 1 312 名高校管理干部的调查引出的思考》，《煤炭高等教育》，2002 年第 1 期。

③ 对国外大学校长的相关研究论文主要包括：赵曙明：《美国大学校长》，《高等教育研究》，1989 年第 2 期；王英杰：《大学校长与大学的改革与发展：哈佛大学的经验》，《比较教育研究》，1993 年第 5 期、《大学校长与大学办学方向——麻省理工大学的经验》，《比较教育研究》，1994 年第 3 期；郭健：《艾略特与哈佛大学选修制》，《河北师范大学学报》（教育科学版），2000 年第 6 期；李延成：《美国大学校长的角色变迁》，《中国高等教育》，2001 年第 1 期；等等。近期台湾林玉体所编著《哈佛大学史》（高等教育出版公司，2002 年 12 月出版）一书主要以哈佛大学历任校长为线索评述了哈佛发展的历史。

较了大学校长的任职条件和选拔程序，① 另有研究则进行了中外知名大学校长的比较研究。② 此外，至 2003 年，中国（大陆）有三篇博士论文专门论及大学校长：或探讨大学校长的教育理念与治校③，或对大学校长的治校之道进行个案分析，④ 或探讨大学校长与大学发展之关系。⑤ 值得注意的是，台湾大学历史系黄俊杰教授从最近十年来台湾地区大学院校所实施的校长遴选制度的实际经验出发，分析了这种校长产生方式的积极贡献与负面效果，探讨了这种制度所产生的各种制度性的与非制度性的问题及可能的调整方向。⑥ 这为大陆校长遴选提供了欧美及台湾的经验参照。

纵观已有的研究，除了席西民等人的研究简单论及中外大学校长的学术背景外，集中探讨中美两国研究型大学校长学术背景的论文尚未发现。即使是在席西民等人的研究中，由于涉及面很广，加之没有对“中外”、“知名大学校长”进行明确界定，所以我们难以了解这些大学校长的样本情况及其代表性，更无法深入了解这些大学校长的学习与工作背景。

---

① 许晓东：《大学校长的任职条件和选拔程序的比较研究》，《教育发展研究》，1995 年第 2 期；周群英、胥青山：《大学校长遴选程序的比较研究》，《江苏高教》，2003 年第 1 期。

② 席西民等：《中外大学校长的比较研究》，《西安交通大学学报》（社会科学版），2002 年第 4 期。

③ 眭依凡：《大学校长的教育理念与治校》，华东师范大学高等教育研究所，2001。

④ 陈运超：《大学校长的治校之道：一个个案的分析》，华中科技大学教育科学研究院，2002。

⑤ 胡国铭：《大学校长与大学发展研究》，华中科技大学教育科学研究院，2002。

⑥ 黄俊杰：《从台湾经验论大学校长遴选的几个关键问题》，《清华大学教育研究》，2002 年第 3 期。另参见黄俊杰主编：《大学校长遴选：理念与实务》，北京大学出版社 2006 年版。

在分析国内外有关大学校长研究资料基础上，我们同样可以提出类似的问题：谁在当中国大学校长？作为世界上最大的发达国家与发展中国家，中美两国大学校长的学术背景如何？差别何在？有研究在考察政治精英的职业选择之后指出，精英人物的职业选择不仅是“由社会面临的问题类型决定的”，而且是由解决那些问题所需要的技能决定的。① 那么，我们是否可以由此类推：中国大学面临的问题及其解决技能决定了大学校长的选拔？本章的目的就是试图在描述中美两国研究型大学校长学术背景的基础上进行跨国比较，以为即将成为大学校长候选人及需要选拔校长的大学或教育行政部门提供多角度的参考及启示。

二、研究方法

为了对上述问题有一个比较明确的回答，本章拟以内容分析法为主，辅以比较分析来研究中美两国大学校长学术背景间的内容差异②。内容分析法主要是对两国的样本分别进行描述性叙述，即按照学术背景的两大领域——教育背景与职业背景依次进行历史或现状的描述分析；比较分析则是在内容分析基础上显示并比较各自的异同与优劣。

鉴于中美两国大学众多，国情各异，本研究把中美两国顶尖的

---

① Gaetano Mosca, *The Ruling Class* (New York: Mcgraw-Hill, 1939)。原文为：According to some theorists in studies of elites, the occupational selection of elites is generally “determined by the type of problems confronting a society” and by the skills needed to solve those problems. 转自 Li Cheng, Jiang Zemin's Successors: The Rise of the Fourth Generation of Leaders in the PRC, *The China Quarterly*, 161 March 2000, p. 40.

② 本章考察的大学校长样本只涉及大学的正校长（President 或者 Chancellor），而不包括代理校长（Acting President）、临时校长（Interim President）及大学的副校长，也不包括校务委员会主席、校务会议临时主席、校务委员会主任委员、院系调整筹委会主任等职。

研究型大学校长作为考察的重点，且把考察的时间跨度定位为20世纪（尤其是20世纪50年代）至现今阶段（本章所有大学校长学术背景资料截止到2004年4月，目前情况已有所改变）。之所以主要考察20世纪以来美国的大学校长，是因为正是到了20世纪，美国的高等教育才在吸取英德两国之长的基础上形成了美国特色并进入超一流行列，而中国也在经历诸多曲折之后开始进入大学发展的稳定时期。

本章所考察的23所美国高校均为美国排名靠前的知名学府。其中包括“常青藤联盟”8校及芝加哥大学、斯坦福大学等合计14所私立知名学府与加州大学伯克利分校、弗吉尼亚大学等9所公立知名大学。为了与上述高校相对应，本书选择了北京大学等15所中国高校作为对照样本。尽管各种排行榜差异较大，但上述大学作为两国各自顶尖的研究型大学代表通常不会有太大的异议。唯一不同的是，美国大学取样主要依据大学发展历史地位及历次排行榜的排行情况。而中国大学取样除了考虑这两者之外，还兼顾了大学的“科类结构”。鉴于各校公开的资料既不完整，也不一致，本研究尽可能查阅补充了校长们的其他相关资料。

三、核心概念与理论构架

（一）核心概念

本章对所涉及的两个核心概念界定如下：所谓“研究型大学”，就是以创新性的知识传播、生产和应用为中心，以产出高水平的科技成果和培养高层次精英人才为目标，在社会发展、经济建设、科技进步、文化繁荣、国家安全中发挥重要作用的大学。①学术是

① 此处定义属于“定性”定义，未涉及“研究型大学”的操作性定义。参见王战军著：《中国研究型大学建设与发展》，高等教育出版社2003年版，第2页。

"有系统的、较专门的学问"。① 相应地，学术背景就是指从事系统的、较专门的学问的背景。从狭义的角度看，学问是指学者从事专门的学术研究；从广义的角度看，"世事洞明皆学问"。本章的学术主要是一种广义学术。为了便于概念的操作化，这里把学术背景限定为教育背景与职业（专业）背景两大方面。当然，这两大方面不能概括学术背景的全部，所以，在下面的论述中，本章还将根据实际情况作必要的调整、补充或说明。

教育背景是指所受教育的基本情况。它涉及这样一些问题：新任校长是从哪所大学毕业的？他（她）毕业于本校还是外校？是名校毕业生还是非名校毕业生？是本国毕业生还是具有国外学习经历的留学生？校长获得的是什么性质与层次的学位②？他是学文科的，还是学理科的？③ 进一步的问题还在于：就读什么样的学校有利于成为研究型大学校长？学习什么性质的学科更可能成为大学校长？高学位有助于成为大学校长吗？单一学科经历还是交叉学科经历更有利于从事校长工作？要成为大学校长是否必须出国留学？总之，什么教育背景的大学校长候选人更有可能成为大学校长？

职业背景又称为专业背景，是指人们担任现职（校长）前从事的工作情况。它主要回答这样一个问题：担任校长之前主要从事什

---

① 中国社会科学院语言研究所词典编辑室编：《现代汉语词典》，商务印书馆 2000 年版，第 1429 页。

② 美国的学位与中国差别较大，不可作直观的、与中国学位对应的理解。本章图表中的学位情况说明如下：(1) 学士学位：A. B、B. A 与 B. Litt 均系文学士；LL. B 系法学士；B. S 与 S. B 均系理学士；Honors B. Sc 系荣誉理学学士。(2) 硕士学位：A. M 系文科硕士；M. A 系文学硕士；M. F. A 系音乐硕士；M. S 与 S. M 均系理科硕士；MME 系机械工程硕士。(3) 博士学位：Ph. D 系哲学博士；J. D 系法学博士；Sc. D 系理学博士；M. D 系医学博士。

③ 本章提及的"文科"主要指人们常见的"大文科"，即哲学与人文社会科学各科，"理科"指"大理科"，即指理工农医等各科。

么专业工作？进一步的问题则在于：校长的专业特长是什么？成为校长需要什么样的职业经历？职业经历（如从事管理工作或学术工作）多样化必然有利于成为校长吗？大学校长的经历顺利还是曲折更有利于办学？在成为大学校长之前通常经历哪些层级？在学校内部工作还是在学校外部工作更有利于成为大学校长？

本书不可能全面地回答上述所有的问题。即使回答了其中的某些问题，其重心也是根据事实分析而有所不同的。再者，学术背景虽然重要，但担任校长所需的“德、能、勤、绩”显然是更为重要的。尽管如此，我们仍然认为其学术背景是不可忽视的，因为即使所谓“德、能、勤、绩”也是反映在其历史的学术背景中的。

（二）理论构架

现代大学校长不仅是一校之长，还是“首席执行官、理事、筹款者、教育家、大学服务中的学者、公众人物、社会工作者、娱乐伙伴”,① 其角色的多样化意味着荣誉和责任的重大。大学校长的遴选过程实际上就是学校或政府意志的决策过程。它受制于学校与环境两大方面的互动。具体说来，大学校长的遴选既受制于大学自身的历史传统、大学的类型与目标及校内外直接利益团体，也受制于政府及其管理体制、国内外形势变迁及企业市场与某些非政府组织(NGO)。在参考前人研究成果的基础上，笔者认为，大学校长选拔的机制与内外影响因素形成了如下的大学校长选拔构架（图 11-1）。

图 11-1 表明，大学校长选拔的“小环境”主要集中于大学选拔委员会（或董事会、评议会等）与本校与外校校长候选人的互动。② 这种互动受到大学历史、类型、层次与目标和政府及其管理

① 杰拉德·卡斯帕尔：《成功的研究密集型大学必备的四种特性》，参见教育部中外大学校长论坛领导小组编：《中外大学校长论坛文集》，高等教育出版社 2002 年版，第 115～122 页。

② “选聘与支持校长”是美国大学董事会的五大职责之一，参见 Ronald G. Ehrenberg，*Governing Academic*，Cornell University Press，2004，p. 15.

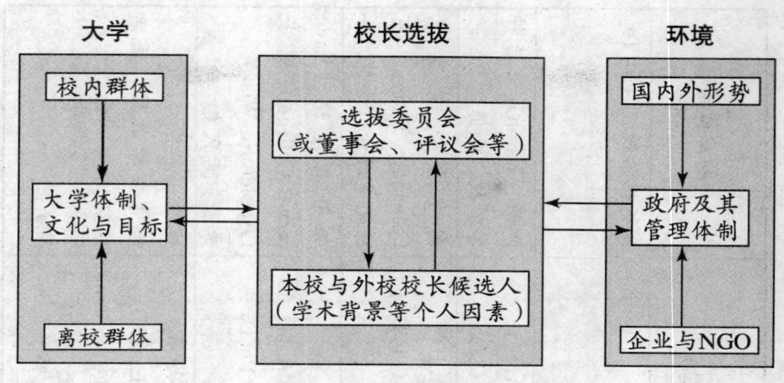

图 11-1　大学校长选拔构架

体制等“大环境”的直接影响，而这种“大环境”影响又穿插了校内外各种影响因素，校长候选人的“学术背景”等个人因素就是其中一个重要的变量。本章即依据上述构架收集中美两国研究型大学校长的历史与个案资料，述评他们的异同及各自的优劣。

第二节　美国研究型大学校长的学术背景

按照前述概念界定，本节主要从教育背景与职业背景两大方面按照公立与私立两种大学类型分别描述美国研究型大学校长的学术背景。我们从美国两所不同性质的著名大学——哈佛大学与麻省理工学院开始，逐个展开我们对美国最有代表性的研究型大学校长学术背景的个案考察和分析。

一、哈佛大学与麻省理工学院校（院）长的学术背景：历史考察

哈佛大学是美国最著名的私立综合性大学，而麻省理工学院则是美国最著名的理工科大学。表 11-1 显示了 20 世纪以来哈佛大学校长的学术背景情况。

表 11-1　20 世纪以来哈佛大学校长的学术背景

校长姓名（生卒年）	上任年龄（岁）	任职时间（年）	教育背景（学校、学位、年等）	职业背景
1. 查尔斯·埃利奥特 (Charles W. Eliot，1834—1926)	35	1869～1909 (40 年)	哈佛学院 1853：文学士（A. B）； 1856：文科硕士（A. M）	分析化学教授（MIT）
2. 艾博特·洛厄尔 (Abbott L. Lowell，1856—1943)	53	1909～1933 (24 年)	哈佛学院 1877：文学士（A. B） 哈佛法学院 1880：法学士（LL. B）	伊顿（Eaton）政治科学教授（哈佛）
3. 詹姆斯·科南特 (James B. Conant，1893—1978)	40	1933～1953 (20 年)	哈佛学院 1913：文学士（A. B） 哈佛大学 1916：哲学博士（Ph. D）	谢尔登·艾莫里（Sheldom Emery）有机化学教授（哈佛）
4. 内森·普西 (Nathan M. Pusey，1907—2001)	46	1953～1971 (18 年)	哈佛学院1928：文学士（A. B） 哈佛大学1932：文科硕士（A. M） 1937：哲学博士（Ph. D）	劳伦斯学院（Lawrence College）院长（Appleton，Wis.） 专长：古代史
5. 德里克·博克 (Derek C. Bok，1930—)	41	1971～1991 (20 年)	斯坦福大学 1951：文学士（A. B） 哈佛法学院 1954：法学博士（J. D） 乔治·华盛顿大学（George Washington university）1958：文科硕士（A. M）	律师 哈佛法学教授、法学院院长

续表

校长姓名（生卒年）	上任年龄（岁）	任职时间（年）	教育背景（学校、学位、年等）	职业背景
6. 尼尔·鲁登斯坦（Neil L. Rudenstine，1935— ）	56	1991～2001（10年）	普林斯顿大学 1956：文学士（B. A） 牛津大学1959：文学士（B. A） 1963：文学硕士（M. A） 哈佛大学 1964：哲学博士（Ph. D）	安德鲁·W. 梅隆（Andrew W. Mellon）基金会执行副主席（纽约） 英美文学学者
7. 劳伦斯·萨默斯（Lawrence H. Summers，1954— ）	47	2001～2006（5年）	麻省理工学院 1975：理学士（B. S） 哈佛大学 1982：哲学博士（Ph. D）	经济学教授 美国财政部部长
小结	平均上任年龄45.43岁	平均任期22年（现任校长除外）	1. 哈佛校长至少具有一个哈佛学位，是否哈佛校友是成为哈佛校长的一个重要前提。 2. 哈佛校长20世纪早期以理科学者为主，但近五十年全部为文科出身。	哈佛校长任前职位前期主要来自校内，近期主要来自校外。

资料来源：依据 http：//www. president. harvard. edu/history/整理。Provost 本为牛津、剑桥等大学的某些学院的院长或者美国某些大学的教务长，在本节中一律译为“教务长”。美国的 Provost 与中国的教务长职责并不完全相同。美国的教务长涉及分管学术与财政事务。学位的翻译有时用中文有时用英文缩写是由校长背景资料的实际情况决定的，文中尽可能依据所收集资料情况加以注明，下同。

由表 11-1 可见，20 世纪以来先后有 7 位哈佛大学校长，他们通常在 35～56 岁出任哈佛校长。哈佛校长平均任期 22 年。其中埃利奥特 35 岁当选哈佛校长，任期长达 40 年；任期最短的校长也长达 10 年（但随后这一纪录缩短了一半，萨默斯任期只有 5 年）。① 由表 11-1 可以推知，上任年龄较年轻，那么承担校长职责的时间有可能较长。2002 年 5 月 14 日，前哈佛校长萨默斯在北京大学的讲话中提到："我坚信，哈佛大学之所以成为世界上最优秀的大学的原因之一就是校长长期任期制。自从 1860 年代美国内战结束以来，任职的校长总共只有七位。我非常荣幸地担任内战以来的第七位校长。由颇具魄力的领导长期任职能使学校为适应变化的新时代的需要而在现有体制的基础上不断更新和改进。这是哈佛办学的悠久传统。"② 杜维明进一步指出，校长任期长可以规划长远的策略。这种传统不仅反映在学校的教学内容，而且更重要的是对教育风格

---

① 据报道，2006 年 2 月 21 日，由于任内不断卷入一个又一个的争论（特别是对女性的不礼貌评论）、鲁莽傲慢的行事作风与领导风格备受非议（比如对黑人教授疏远）、与人文社会科学教员（尤其是最大的文理学院的教师）之间的长期矛盾日趋激化，宣布于 2006 年 6 月 30 日正式辞职，从而成为哈佛大学自 1862 年以来任期最短的一位校长。哈佛大学最高权力机构哈佛法人（Harvard Corporation）在接受辞职的同时，发表声明邀请哈佛第二十五任校长博克担任过渡期临时校长，直到新校长遴选结果产生为止。早在 2002 年 9 月 17 日，杜维明教授在与中国高校校长就"人文学与大学教育"开展的座谈中，也提及校长关于"所有不能量化的学科都无法判定学科成就高低"的提法在哈佛引发很大争议，因为学者普遍认为虽然传统的文史哲学科不能量化，但却具有很高的学科价值。参见杜维明：《人文学与高等教育》，《清华大学教育研究》，2003 年第 4 期。但也有有识者认为，作为一位出身世家的"天才经济学家"，他的"Style"有毛病，但他的 Substance（实质）则有颇多可取之处。参见丁学良：《哈佛校长的两个"S"》，"学术批评网"，http://www.acriticism.com/article.asp?Newsid=7990&type=1004.

② Lawrence H. Summers：《21 世纪大学面临的挑战——在北京大学的演讲》，《中国大学教学》，2002 年第 7、8 期。

起到的潜移默化的作用。①

近期 7 位哈佛校长教育背景的共同特点是至少有一个哈佛大学的学位。7 位校长中有 4 位获得 2 个哈佛学位（普西有 3 个哈佛学位），4 位有哈佛的本科学位，5 位有哈佛的博士学位。换言之，哈佛血统的纯正几乎是担任哈佛校长的一个必要条件。如果没有得到哈佛的本科学位，至少也要补上一个哈佛的硕士或者博士学位，且哈佛校长的其他学位也出自一流大学。

在职业背景中，在 20 世纪 90 年代前中期哈佛有 5 位校长来自学术界（占 7 位哈佛校长的 71%），且其中 4 位是哈佛自己的教授或学院院长。90 年代以后的 2 位校长则来自校外的基金会或者政府部门（占 7 位哈佛校长的 29%），这显示哈佛大学校长来源的新趋势。在专业特长方面，除了 20 世纪 50 年代前期有 2 位哈佛校长为化学家之外，其他 5 位校长来自政治、历史、文学、法学、经济学等文科专业，表明哈佛校长以文科学者为主流来源。

尽管这些校长中没有一位出身教育学科，但是博克写了 5 本高等教育论著：《超越象牙塔》（*Beyond the Ivory Tower*，1982）、《高等教育》（*Higher Education*，1986）、《大学与美国未来》（*Universities and the Future of American*，1990）、《巨流之形》（*The Shape of the River*，1998）、《市场中的大学》（*University in the Marketplace*，2003）。萨默斯在担任哈佛校长之前，担任过麻省理工学院及哈佛大学的教师（1987 年命名为 Nathaniel Ropes 政治经济学教授），1991 年开始进入华盛顿，在过去十年主要服务于一系列的公共政策部门，尤其是 1999 年成为美国财政部部长而引人注目。可以说，无论哈佛校长来自校外还是校内，学术工作都是必不可少的前提。有趣的是，尽管哈佛校长是个繁忙的角色，但表11-1

① 杜维明：《人文学与高等教育》，《清华大学教育研究》，2003 年第 4 期。

显示 20 世纪的哈佛校长均有 85 岁以上的高寿。

麻省理工学院是一所与哈佛大学学科构成完全不同的著名理工科大学。表 11-2 列出了 20 世纪该校主要校长的学术背景（限于资料收集困难，这里实际上仅列出 1923 年以来该校校长的学术背景情况）。

表 11-2 麻省理工学院院（校）长的学术背景

校长姓名（生卒年）	上任年龄（岁）	任职时间（年）	教育背景（学校、学位、年等）	职业背景
1. 萨缪尔·W. 斯特拉顿（Samuel Wesley Stratton，1861—1931）	62	1923～1930（7 年）	伊利诺伊大学（Urbana）理学士（B. S，1886）	伊利诺伊大学执教数学、物理、电子工程；芝加哥大学教授（1900）；美国国家标准局（1901～1922）
2. 卡尔·T. 康普顿（Karl Taylor Compton，1887—1954）	43	1930～1948（18 年）	乌斯特学院（College of Wooster）理学士（B. S，1908）、理科硕士（M. S，1909）、普林斯顿大学物理学哲学博士（Ph. D，1912）	里德学院（Reed College）执教物理学；普林斯顿大学帕尔默实验室（Palmer Laboratory）主任兼物理系主任 美国国家科学院物理学部主席（1927～1930）
3. 詹姆斯·R. 基里安（James Rhyne Killian，1904—1988）	44	1948～1959（11 年）	MIT 管理学理学士（S. B，1926）；	MIT《技术评论》杂志编辑（1930～1939）、校长助理（1939）、主管副校长（1943）、副校长（1945）
4. 尤利斯·A. 斯特拉顿（Julius Adams Stratton，1901—1994）	58	1959～1966（7 年）	MIT 电子工程理学士（S. B，1923）、理科硕士（S. M，1926）、瑞士苏黎世联邦理工学院（Eidgenossiche Technische Hochshule）数学物理学理学博士（Sc. D，1928）	MIT 电子工程系助理教授（1928）、物理系副教授（1935）、教授（1941）、教务长（1949）、副校长（1951）、代理校长（1957）

续表

校长姓名（生卒年）	上任年龄（岁）	任职时间（年）	教育背景（学校、学位、年等）	职业背景
5. 霍华德·约翰逊（Howard Wesley Johnson，1922—　）	44	1966～1971（5年）	中央学院（Central College）（1947）	芝加哥大学教师（1948）、MIT管理学副教授兼斯隆学术规划主任（1955）、教授兼斯隆管理学院院长（1959～1966）
6. 杰罗姆·B. 维斯纳（Jerome Bert Wiesner，1915—1994）	56	1971～1980（9年）	密歇根大学电子工程理学士.(B. S，1937)、理科硕士（M. S，1938）、哲学博士（Ph. D，1950）	国会图书馆声学与录音实验室总工程师（1940）、MIT雷达实验室（1942）、新墨西哥州加州大学洛斯·阿拉莫斯实验室（Los Alamos Laboratory）成员（1945）、MIT电子工程助理教授（1946）、副教授（1947）、教授（1950）、电子学研究实验室主任（1952～1961）、电子工程系代理主任（1959～1960）、理学院院长（1964）、教务长（1966）
7. 保罗·格雷（Paul Edward Gray，1932—　）	48	1980～1990（10年）	MIT电子工程B. S（1954）、理科硕士（S. M，1955）、理学博士（Sc. D，1960）	MIT讲师（1957～1960）、助理教授（1960～1964）、副教授（1964～1967）、教授（1967）、学术事务部副主任（1965～1967）、副教务长（1969～1970）、工程学院院长（1970～1971）、校长（chancellor，1971～1980）

续表

校长姓名（生卒年）	上任年龄（岁）	任职时间（年）	教育背景（学校、学位、年等）	职业背景
8. 查尔斯·维斯特（Charles Marstiller Vest，1941—　）	49	1990～1994（14年）	西弗吉尼亚大学机械工程理学士（B. S）密歇根大学理科硕士（M. S）、哲学博士（Ph. D）	密歇根大学工程系主任、教务长、学术事务副校长
小结	平均上任年龄50.5岁	平均任期9.57年（现任校长除外）	1. 几乎所有的校长都出身理科，且多具有名牌大学理学博士或哲学博士（占62.5%）。 2. 只有37.5%的MIT校长拥有MIT学位，且有同样比例的MIT校长的本科学位并非出自名校。	1. MIT的校长有62.5%任职前曾经工作于MIT，另有37.5%的校长来自其他单位，且他们大多具有担任本校或外校系主任、院长、副校长或代理校长的职业历程。 2. 几乎所有的MIT校长均从事有关理工科方面的工作。

资料来源：依据 http：//web. mit. edu. newsoffice/nr/2003/cmw. html 整理。

作为美国最著名的理工科大学，麻省理工学院的大学校长具有与哈佛大学不同的特点。由表 11-2 可见，1923 年至今先后有 8 位校长，他们平均上任年龄 50.5 岁，平均任期 9.57 年（现任校长除外）。① 这比哈佛大学校长的平均上任年龄年长 5.07 岁，而平均任期则短了 12.43 年，这显示两校校长的任期长短存在较大的差异。这很可能与两校校长的选拔与任期传统有关。

麻省理工学院近期 8 位校长教育背景的共同特点有两点：几乎所有的校长都出身理科，且多具有名牌大学理学博士或哲学博士（占 62.5%），但只有 37.5%的麻省理工学院校长拥有麻省理工学院学位，且有同样比例的麻省理工学院校长的本科学位并非出自名校。前者与哈佛大学近 50 年的校长全部为文科出身很不相同，后者与哈佛校长大多具有至少一个哈佛学位也很不一致。

虽然麻省理工学院校长也基本出身名校，但显然不如哈佛大学校长出身一流大学的比例高。这似乎预示麻省理工学院在美国大学中的地位与哈佛大学并不处于同一层次：哈佛大学具有很多的贵族保守气质，而麻省理工学院则多一些平民开放色彩。或许这与学科构成有关，“文理主导型”的哈佛大学学科领域宽广，其校长在学生时期选择哈佛的学科相应地可以更加多样化；对“理工主导型”的麻省理工学院而言，其学科范围相对比较窄小，所以无论其校长在学生时期对麻省理工学院学科的选择还是麻省理工学院对学生的

① 哈佛大学第二十七任校长萨默斯因为藐视女性等原因下台。似乎为了弥补这一“缺陷”，2007 年哈佛大学选择 59 岁的资深历史学家福斯特（Drew Gilpin Faust）出任该校建校 371 年来首位女校长。不仅如此，福斯特还是首位没有在哈佛接受本科和研究生教育的校长。此前 MIT 挑选的第十六任校长苏珊·霍克菲尔德（Susan Hockfield）也是该校历史上第一位女校长。笔者进行统计分析时，霍克菲尔德尚未上台，因此文中的“现任校长”是指维斯特。另据报载，常春藤联盟八校中已有一半校长由女生担任，开创了美国高等教育界的新纪元。

选择，范围都不如哈佛大学宽广。当然，更主要的原因或许还是来自体制与观念等因素。

在职业背景中，有 62.5%的麻省理工学院校长任职前曾经工作于该校，这与哈佛大学 71%的校长来自本校旗鼓相当。麻省理工学院虽然有 37.5%的校长来自其他单位，但他们是在其他高校任职。与哈佛大学不同，麻省理工学院校长无一来自校外的基金会或者政府部门。在专业特长方面，毫无疑问，麻省理工学院校长几乎清一色来自理科。

二、当前美国其他私立研究型大学校长的学术背景

除了哈佛大学与麻省理工学院，包括常青藤联盟在内的其他私立研究型大学校长的学术背景又如何呢？表 11-3 显示了当前美国 12 所著名的私立研究型大学校长的相关情况。

表 11-3　美国 12 所私立研究型大学校长的学术背景

学校名称	校长姓名	任职时间	教育背景 （学校、学位、年等）	主要职业背景
1. 耶鲁大学	理查德·雷文（Richard C. Levin）	1993 年至今	斯坦福大学文学士（B. A，1968） 牛津大学政治与哲学研究文学士（B. Litt） 耶鲁大学哲学博士（Ph. D，1974）	耶鲁大学经济学弗莱德里克·威廉姆·班奈克（Frederick William Beineche）讲座教授 耶鲁大学经济学系主任、研究生院院长
2. 普林斯顿大学	雪莉·蒂尔曼（Shirley M. Tilghman）	2001 年至今	加拿大女皇大学（Queen's University in Kingston）化学荣誉理学学士（Honors B. Sc，1968） 费城天普大学（Temple University）生物化学哲学博士（Ph. D，1970） 国家健康研究所博士后	西非塞拉利昂中学教学 2 年 癌症研究所（费城）研究 宾夕法尼亚大学副教授（人类遗传、生化和生物物理） 普林斯顿大学分析生物学教授（1968）
3. 宾夕法尼亚大学	朱迪思·罗廷（Judith Rodin，1944—　）	1994 年至今	宾夕法尼亚大学文学士（B. A，1966） 哥伦比亚大学心理学哲学博士（Ph. D，1970）	纽约大学、耶鲁大学心理学助理教授、教授、系主任 耶鲁大学研究生院院长、教务长

续表

学校名称	校长姓名	任职时间	教育背景（学校、学位、年等）	主要职业背景
4. 哥伦比亚大学	李·伯林格（Lee C. Bollinger，1942— ）	2002年至今	俄勒冈大学（the University of Oregon） 哥伦比亚大学法学院	美国高等法院法官 密歇根大学法学院院长 达特茅茨学院教务长 密歇根大学第20任校长
5. 布朗大学	鲁斯·西蒙斯（Ruth J. Simmons，第一位执掌长青藤大学的非裔美国人）	2001年至今	迪拉德大学（Dillard University）学士（1967） 哈佛大学硕士（1970） 哈佛大学博士（1973）：主修罗马语言与文学	新奥尔良大学助理教授 加州州立人学访问副教授、国际项目代理主任 南加州大学研究生部副主任 普林斯顿大学美非研究部主任、副教务长 斯佩尔曼学院（Spelman College）院长 史密斯学院（Smith College）院长
6. 达特茅茨学院	詹姆斯·赖特（James Wright，1939— ）	1998年至今	威斯康星州立大学史学学士（1964） 威斯康星大学史学硕士、博士（1969）	达特茅茨学院助理教授、副教授（1974）、教授（1980） 达特茅茨学院代理院长、院长

续表

学校名称	校长姓名	任职时间	教育背景（学校、学位、年等）	主要职业背景
7. 康奈尔大学	杰弗里·利曼（Jeffrey Sean Lehman）	2003年至今	康奈尔大学数学学士（1977） 密歇根大学法律与公共政策高级学位	高等法院法官 密歇根大学法学院院长、法律与公共政策教授
8. 芝加哥大学	唐·兰德尔（Don Michael Randel）	2000年至今	普林斯顿大学文学士（A.B）、音乐硕士（M.F.A）和哲学博士（Ph.D）	康奈尔大学音乐系助理教授（1968）、艺术与科学学院院长（1991）、教务长
9. 斯坦福大学	约翰·亨尼西（John L. Hennessy）	2000年至今	维拉诺瓦大学（Villanova University）电子工程学士 纽约州立大学石溪分校计算机科学硕士、博士	斯坦福大学教师（1977）、计算机系统实验室主任、电子工程与计算机科学教授（1987）、系主任（1994）、工学院院长（1996）、教务长（1999）
10. 杜克大学	南纳尔·基奥恩（Nannerl Overholser. Keohane）	1993年至今	—	卫斯理学院（Wellesley College）院长 （第一位担任杜克校长的女性）

续表

学校名称	校长姓名	任职时间	教育背景（学校、学位、年等）	主要职业背景
11. 霍普金斯大学	威廉·布罗迪（William R. Brody）	1996 年至今	麻省理工学院电子工程理学士（B. S）、理科硕士（M. S） 斯坦福大学医学博士（M. D）、哲学博士（Ph. D）	霍普金斯大学放射学系系主任、电子与计算机工程及生物医学工程教授（1987～1994） 斯坦福大学放射学与电子工程学教授（1987～1996） 明尼苏达大学健康研究中心主任
12. 加州理工学院	戴维·巴尔的摩（David Baltimore）	1997 年至今	斯瓦斯摩学院（Swarthmore College）学士（1960） 洛克菲勒大学哲学博士（Ph. D，1964） 麻省理工学院、爱因斯坦医学院博士后	麻省理工学院副教授（1968）、终身教授（1972）

资料来源：依据各大学网站资料整理。

从表 11-3 可以看出，12 所美国私立研究型大学校长的教育背景中，除了杜克大学校长的教育背景资料不详外，至少有 9 所以上的大学校长具有博士学位（哥伦比亚大学与康奈尔大学校长资料未明确显示其校长是否具有博士学位）。与哈佛大学校长必须至少有一个哈佛大学的学位不同，这里的 12 所美国私立研究型大学（杜克大学除外）中，只有 4 位大学校长具有所在学校的学位，这显示美国多数私立研究型大学选拔校长在教育背景方面考虑本校色彩已经趋于平淡。在就读学校的名气上，12 所美国私立研究型大学的校长几乎都有名校背景，但也有部分校长曾经就读名不见经传的大学。

在职业背景方面，12 所美国私立研究型大学校长中，有 5 位校长具有任职大学的学校经历。如果把教育背景与职业背景进行交叉分析，则显示除杜克大学的其他 11 所大学中有 8 位校长具有本校色彩。由此可见，是否具有任职学校的教育背景或职业背景仍然是能否任职的一个重要考量。道理很简单，具有任职学校的教育背景或职业背景这样一种经历有利于校长与任职学校的相互了解与感情沟通。但三分之一的校长没有所任职大学的任何背景，这表明大学在选拔校长时唯才是举是主流趋势。这两个方面并非矛盾而是相互补充。

要对一位现代大学校长的学术背景进行准确归类是有些困难的，因为文理兼通几乎是担任校长的前提，虽然校长也有自己的学术或职业专长。如果一定要进行学术背景的分类考察，或许更好的做法是学术倾向，即主要从事业务是偏向“文科”或者“理科”。由此观照当今美国大学校长，那么从表 11-2 与表 11-3 可以看出，理工主导的大学自然是选择“理科”人才担任校长（如麻省理工学院或加州理工学院）。没有明确的学科主导方向的私立综合性大学中，前 10 所大学中（杜克大学因资料不全除外）至少有 7 所大学由“文科”出身者担任校长，这显示美国私立研究型大学校长由文科人才主导的基本态势。

三、加州大学伯克利分校校长的学术背景：历史考察

由于包括中国大学在内的东亚大学以公立大学为主导①，因此本研究除了考察美国私立研究型大学校长的学术背景外，也注重考察美国公立研究型大学校长的相关情况。为了与最著名的私立大学——哈佛大学相对照，这里选择在美国排名第一的公立大学——加州大学伯克利分校的校长作为历史考察的对象。该校校长的学术背景情况如下（见表 11-4）。

① 与美国体制不同，东亚各国的主要大学仍然是公立大学：韩国主要大学之一的首尔大学建设采取的是“政府主导模式”，日本及海峡两岸大学发展大多也是如此。其原因或许在于近代史上东亚诸国面对西方列强在民间力量有限的情况下，不得不以政府主导方式集中国家资源以发展各种国力——包括大学建设——的思路与政策。但政府失灵及市场运作的有效性，迫使东亚政府简政放权，推动大学法人化，使之成为独立的办学主体，同时逐步建立各种专业委员会、中介组织等。

表 11-4 加州大学伯克利分校校长的学术背景

校长姓名	任职时间（年）	教育背景（学校、学位、年等）	职业背景
1. 克拉克·科尔（Clark Kerr）	1952～1958（6年）	斯瓦斯摩学院（Swarthmore College）文学士（A. B，1932） 斯坦福大学文学硕士（M. A，1933） 哲学博士（Ph. D，1939） 伦敦经济学院研究（1936、1939）	斯坦福大学劳动经济学助理教授（1939）、华盛顿大学经济学副教授（1940）、加州大学伯克利分校商业管理学院副教授、工业关系研究所所长（1945）、教授（1947）
2. 葛兰·西伯格（Glenn T. Seaborg）	1958～1961（3年）	洛杉矶加大文学士（A. B，1934） 加州大学伯克利分校化学哲学博士（Ph. D，1937）	加州大学伯克利分校教师（1937）、劳伦斯实验室副主任（1946） 芝加哥大学冶金实验室（1942），参与曼哈顿计划 获诺贝尔化学奖（1951）
3. 爱德华·斯特朗（Edward W. Strong）	1961～1965（4年）	斯坦福大学文学士（A. B，1925） 哥伦比亚大学文学硕士（M. A，1929）、哲学博士（Ph. D，1937）	加州大学伯克利分校讲师（1932）、全职教授（1947）、社会学系（所）主任（1946）、副校长（1958）
4. 罗杰·海斯（Roger W. Heyns）	1965～1971（6年）	凯尔文学院（Calvin College）文学士（A. B，1940） 密歇根大学心理学文学硕士（M. A，1942）、哲学博士（Ph. D）	密歇根大学教师（1947）、副校长（1965）

续表

校长姓名	任职时间（年）	教育背景（学校、学位、年等）	职业背景
5. 阿尔伯特·鲍克（Albert H. Bowker）	1971～1980（9年）	麻省理工学院数学文学士（A. B，1943） 哥伦比亚大学 Ph. D（1949）	斯坦福大学（1947）、研究生院院长（1949） 纽约城市大学校长（1963）
6. 伊瓦·迈克尔·希曼（Ira Michael Heyman）	1980～1990（10年）	达特茅茨学院 耶鲁大学法学学位	加州大学伯克利分校法学教师（1959）、副校长（1974）
7. 田长霖（Chang－Lin Tien）	1990～1997（7年）	台湾大学机械工程理学士（B. S，1955） 路易斯维尔大学（the University of Louisville）大学热传导机械工程硕士（MM. E，1957） 普林斯顿大学机械工程文学硕士（M. A）、哲学博士（Ph. D，1959）	加州大学伯克利分校机械工程助理教授（1959）、全职教授（1968）、系主任（1974）、研究副校长（1983）加州大学欧文分校（UC，Irvine）常务副校长（1988）
8. 罗伯特·伯达尔（Robert M. Berdahl）	1997至今	奥古斯塔那学院（Augustana College）文学士（B. A） 伊利诺伊大学文学硕士（M. A） 明尼苏达大学哲学博士（Ph. D，1965）	俄勒冈大学（the University of Oregon）历史教师、艺术与科学学院院长（1967） 伊利诺伊大学学术事务副校长（1986）、得克萨斯大学（The University of Taxas）校长（1993）

续表

校长姓名	任职时间（年）	教育背景（学校、学位、年等）	职业背景
小结	加州大学伯克利分校校长的任期通常不超过10年	几乎所有的大学校长都具有名校博士学位； 出自文科与理科的校长人数大致相当。	几乎都有多个单位工作经历； 几乎都是知名学者； 多来自本校或外校的副校长或校长，人数大致各占一半。

资料来源：Chancellors of the Berkeley campus，1952 － present。http：//sunsite. berkeley. edu/calhistory/leaders. html

由表 11-4 可以看出，近五十年来加州大学伯克利分校先后有 8 位校长，其任期通常不超过 10 年。在教育背景方面，几乎所有的大学校长都具有名校博士学位，且该校出自文科与理科的校长人数大致相当。但是毕业于加州大学伯克利分校的校长只有 2 位，另有 3 位校长具有加州大学伯克利分校工作背景，综合后共有 5 位校长具有本校色彩（在 8 位校长中占 62.5%）。

如果把美国最著名的公立大学与最著名的私立大学比较可以看出，对加州大学伯克利分校来说，其校长的“伯克利血统”已经相当平淡。这与哈佛大学选拔校长时坚持“哈佛血统”完全不同，显示出两校的思想分野：前者更加具有包容性与开放性，而后者则具有更多的排他性与封闭性。由于美国最著名的大学往往是私立大学，作为私立大学的排头兵，哈佛大学具有明显的排他性是不难理解的。但是，这种排他性利弊如何却是不容易回答的问题。有朝一日，假如美国大学已经不再居于世界最前列，哈佛大学的校长选拔仍然坚持其“哈佛血统”吗？

四、当前美国其他公立研究型大学校长的学术背景

除了最著名的公立大学之外，我们可以进一步了解其他美国著名公立大学校长的学术背景。表 11-5 显示了当前美国其他 8 所最著名的公立研究型大学校长的学术背景情况。

表 11-5　当前美国其他 8 所公立研究型大学校长的学术背景

学校名称	校长姓名	任职时间	教育背景（年、专业或学位）	主要职业背景
1. 弗吉尼亚大学	约翰·T. 卡斯廷三世（John T. Casteen Ⅲ）	1990 年至今	弗吉尼亚大学英文文学士（B. A，1965）、文学硕士（M. A，1966）、哲学博士（Ph. D，1970）	加州大学伯克利分校、弗吉尼亚大学英文教授 康涅狄格大学（the University of Connecticut）校长（1985）
2. 加州大学洛杉矶分校（UCLA）	阿尔伯特·卡恩塞尔（Albert Carnesale）	1997 年至今	机械工程学士、硕士 原子能工程哲学博士（Ph. D）	哈佛大学肯尼迪政府学院公共政策与管理卢修斯 N. 利陶尔（Lucius N. Littauer）讲座教授、主管学术系主任（1981）、系主任（1991）、教务长（1994）
3. 密歇根大学（Ann Arbor）	玛丽·S. 科尔曼（Mary Sue Coleman）	2002 年至今	格林内尔学院（Grinnell College）化学学士 北卡罗来纳大学生物化学哲学博士（Ph. D）、博士后 得克萨斯大学（Austin）博士后	艾奥瓦大学（the University of Iowa）药学院生物化学教授、文理学院生物学教授、校长（1995）

续表

学校名称	校长姓名	任职时间	教育背景（年、专业或学位）	主要职业背景
4. 北卡罗来纳大学（UNC，Chapel Hill）	詹姆斯·默泽尔（James Moeser）	2000年至今	得克萨斯大学（Austin）优秀音乐学士（1961）、音乐学硕士（1964） 密歇根大学音乐艺术博士（1967）	堪萨斯大学风琴（Organ）系助理教授、主席（Chairman，1966）、美术学院院长（1975） 宾夕法尼亚州立大学艺术与建筑学院院长兼大学艺术部主管（1986）、南卡罗来纳学术事务副校长、教务长（1992）、内布拉斯加大学（林肯）校长（1996）
5. 威廉与玛丽学院	提莫西·沙利文（Timothy J. Sullivan）	1992年至今	威廉与玛丽学院行政学学士（1962～1966） 哈佛大学法学学位（1966）	威廉与玛丽学院法学院助理教授（1972）、副教授（1974）、全职教授（1977）、法学院院长（1985）
6. 伊利诺伊大学（Urbana—Champaign）	詹姆斯·斯图柯（James J. Stukel）	1995年至今	普渡大学学士（1959） 伊利诺伊大学工程硕士（1963）、博士（1968）	伊利诺伊大学研究生院院长、学术事务副校长、临时校长（1990）

续表

学校名称	校长姓名	任职时间	教育背景（年、专业或学位）	主要职业背景
7. 威斯康星大学（Madison）	约翰·威利（John D. Wiley）	2001 年至今	印地安那大学物理学学士（1964） 威斯康星大学物理学硕士（1965）、博士（1968）	贝尔电话实验室技术员（1968）、威斯康星大学工程学院研究副院长（1986）、高级研究员、研究生院院长（1989）、教务长、学术事务副校长（1994）
8. 佐治亚理工学院（Georgia Tech）	柯伟恩（G. Wayne Clough）	1994 年至今	佐治亚理工学院民用工程理学士（B. S，1964）、理科硕士（M. S，1965） 加州大学伯克利分校民用工程哲学博士（Ph. D）	杜克大学、斯坦福大学、弗吉尼亚理工学院（Virginia Tech）、华盛顿大学（U. of Washington）教师；弗吉尼亚理工学院（Virginia Tech）民用工程系主任、工学院院长；华盛顿大学（U. of Washington）教务长、副校长

资料来源：依据各大学网站资料整理。

由表 11-5 可以看出，除加州大学伯克利分校之外，在其他 8 所美国公立研究型大学校长的教育背景方面，所有公立研究型大学校长都有名校高级学位。但是，似乎与美国私立名校校长多出身于文科不同，这里 8 位校长中只有 3 位校长出身文科，其他 5 位校长则出身于理科，加上他们的主要职业背景，也只有一半（4 位）的校长偏向文科。无论私立研究型大学还是公立研究型大学，除了少数早期大学例外（如哈佛大学），绝大多数校长都有其他学校的求学经历或职业经历。在一所大学从本科到博士，又留校工作升为大学校长几乎是不可能的。这与中国主要大学偏爱留校的传统完全不同①，其原因不仅在于美国大学校长选拔机制与中国差异甚大，还在于美国大学学生就业“传统”与中国完全不同——即使最好的学生通常也不能直接留校任教，而必须离开熟悉的母校到外面打拼，在证明自己具有足够的才干以后才由母校返聘回校任职。毫无疑问，跨校求学与工作的背景有利于吸收各单位经验之长，综合形成新的特色与优势。

第三节　中国研究型大学校长的学术背景

正如 20 世纪中国经历的曲折历程一样，中国大学发展也经历了一个曲折的发展历程。按照历史分期，中国大学（这里指中国大陆大学，下同）大致可以分为两个时期：前期以中华民国主管的大学为代表，后期以中华人民共和国成立后的大学为代表。鉴于中国及其大学发展历史的曲折与复杂，本节在案例方面，仅对 1952 年

① 对中国高校“留校”利弊及其原因更详细的理论分析可参见蓝劲松著：《高等教育与人才市场——理论探讨与实证分析》，清华大学出版社 1999 年版，第 139～143 页。

院系调整后的北京大学与清华大学校长的学术背景进行历史考察；对当前大学校长的考察，也不完全依据常见的大学排行榜，而是根据中国大学的实际把主要的研究型大学大致分为“文理主导型”与“理工主导型”两大类，选择这两类大学的主要代表，对其现任校长的学术背景进行分析。

一、北京大学与清华大学校长的学术背景：历史考察

作为“211 工程”与“985 工程”重点建设的大学，北京大学与清华大学在我国大学系统中占有特殊的地位，其校长的选拔同样引人注目。表 11-6、表 11-7 分别显示了半个多世纪以来两校校长的学术背景情况。

如果对近五十年来的中国大学发展进行分期，那么大致可以分为三个时期：院系调整后的“破旧立新期”（1952～1965）、“文革”十年的“基本中断期”（1966～1976）、改革开放以后的“重建新建期”（1977 年至今）。与此相一致，“破旧立新期”的大学校长多来自著名学者或革命家，他们德高望重，一言九鼎，成为大学此期的开山鼻祖。“文革”十年的“基本中断期”社会混乱，多数校长靠边站，因而此时不少大学的校长史出现断层。到了改革开放后的“重建新建期”，少部分老领导重新出山，拨乱反正，使得多数大学逐步进入教学科研正常发展的历史时期，因此，此时能否成为知名学者是成为校长的重要前提。

表 11-6　北京大学校长的学术背景（1952 年至今）

校长姓名（生卒年）	上任年龄（岁）	任职时间（年）	教育背景（学校、学位、年等）	职业背景（担任校长前）
1. 马寅初（1882—1982）	59	1951～1960（9 年）	北洋大学矿冶专业（1901）耶鲁大学经济学硕士、哥伦比亚大学经济学博士（1906—　）	北洋政府财政部职员（1915）、北京大学经济学教授、教务长（1919）、浙江财务学校兼任浙江省省府委员（1927）、南京政府立法委员（1928）、财政委员会委员长（1929 年后）、经济委员会委员长，兼任中央大学、陆军大学和上海交大教授、重庆商学院院长兼教授（1938）、上海私立中华工商专科学校任教（1946）、浙江大学校长（1949），先后兼任中央人民政府委员、中央财经委员会副主任、华东军政委员会副主任经济学家、教育家、人口学家
2. 陆平（1914—2002）	43	1957～1966（9 年）	北京大学学生会执委、北平市学联常委	中共吉林市西区区委书记、中华民族解放先锋队全国总队组织部部长、华北野战军三纵队政治部主任、铁道部政治部主任、哈尔滨铁路管理局局长兼党委书记、黑龙江省委委员、铁道部副部长、党组成员

续表

校长姓名（生卒年）	上任年龄（岁）	任职时间（年）	教育背景（学校、学位、年等）	职业背景（担任校长前）
3. 周培源（1902—1993）	76	1978～1981（3 年）	清华学校（1924） 芝加哥大学学士、硕士（1924～1926） 加州理工学院理学博士（1928）	清华大学物理系教授（1929）、教务长、校务委员会副主任（1947）北京大学教务长（1952年）、副校长 中国科学院副院长 中国科学院院士（1955） 理论物理、流体力学家
4. 张龙翔（1916— ）	65	1981～1984（3 年）	清华大学化学系（1937） 加拿大多伦多大学生物化学系哲学博士（1942） 耶鲁大学化学系博士后（1942～1944）	北京大学化学系教授（1946） 生物系教授（1955） 生物化学家
5. 丁石孙（1927— ）	57	1984～1989（5 年）	清华大学数学系（1950）	北京大学数学系教师（1952）、教授、系主任、博士生导师
6. 吴树青（1949— ）	50	1989～1996（7 年）	中国人民大学政治经济学研究生班（1952—1955）	中国人民大学助教、讲师、副教授、教授、博士生导师、研究生院副院长、教务长、副校长
7. 陈佳洱（1934— ）	62	1996～1999（3 年）	吉林大学物理系（1954）	北京大学技术物理系教授、核物理及核技术专业博士生导师

续表

校长姓名（生卒年）	上任年龄（岁）	任职时间（年）	教育背景（学校、学位、年等）	职业背景（担任校长前）
8. 许智宏（1942— ）	58	2000 至今	北京大学生物系（1959～1965）、上海植物生理研究所研究生（1965～1969）	上海植物生理研究所研究员、所长（1991～1994）、中国科学院副院长（1992）、中国科学院院士（1997）

资料来源：依据北京大学网站有关资料整理。鉴于大学校长是公众人物，各大学均或详或略地公开介绍了各自的校长背景资料。为了客观公正地比较中美大学校长学术背景之差异，本文在呈现中国大学校长学术背景时与呈现美国大学校长背景一样“指名道姓”，谅能得到校长们的理解。

表 11-7 清华大学校长的学术背景（1952 年至今）

校长姓名（生卒年）	上任年龄（岁）	任职时间（年）	教育背景（学校、学位、年等）	职业背景（担任校长前）
1. 蒋南翔（1913—1988）	39	1952～1966（14 年）	清华大学中文系（1932）	清华大学地下党书记、“一二·九”运动重要领导人之一、全国学联党团书记、团中央书记处副书记兼组织部长、书记 无产阶级革命家、马克思主义教育家、中国青年运动著名领导者
2. 刘达（1911—1994）	67	1978～1983（4 年）	北平辅仁大学肄业（1935）	中共东北局秘书处长兼东北军区参谋处长、哈尔滨市市长、东北农学院院长兼党委书记、东北森林工业总局局长、林业部副部长、东北林学院院长兼党委书记、黑龙江大学校长、中国科技大学党委书记（1963）、国家标准计量总局局长 著名教育家
3. 高景德（1922—1996）	61	1983～1988（5 年）	西北工学院电机系（1945） 列宁格勒加里宁工学院技术科学博士（1956）	清华大学电机工程系教授、副校长 中国科学院院士（1980）、著名电机工程学家

续表

校长姓名（生卒年）	上任年龄（岁）	任职时间（年）	教育背景（学校、学位、年等）	职业背景（担任校长前）
4. 张孝文（1935—　）	53	1988～1994（6年）	清华大学机械工程系（1957）	清华大学化工系主任、理学院副院长、副校长 无机非金属材料博士生导师
5. 王大中（1935—　）	59	1994～2003（9年）	清华大学工程物理系核反应堆专业（1958） 联邦德国亚琛工业大学（一说亚琛大学）自然科学博士（1981）	清华大学核能技术设计研究院院长、清华大学校务委员会副主任 中国科学院院士
7. 顾秉林（1945—　）	58	2003至今	清华大学工程物理系（1965～1970） 清华大学工程物理系研究生班（1973～1975；1978～1979）丹麦Aarhus大学博士（1979～1982）	清华大学物理系教授、副系主任、系主任，清华大学研究生院院长（2000）、副校长（2001） 中国科学院院士（1999）、物理学家和材料科学家

资料来源：依据清华大学网站有关资料整理。

由表 11-6、表 11-7 可以看出，北京大学与清华大学“破旧立新期”的校长任期相对较长，14 年间只有 1～2 位校长。到了“文革”的“基本中断期”，校长史出现空白断层。多数校长出现于改革开放以后 26 年的“重建新建期”，其间北京大学出了 6 位校长，清华大学出了 5 位校长。除了极个别校长外，无论清华大学还是北京大学校长大多在 57 岁左右才能成为大学校长。他们的任期平均为 7 年（现任校长未计算在内）。

在大学校长的教育背景方面，很有意思的是北京大学校长大多非北京大学出身——8 名校长中只有 2 名（占四分之一）毕业于北京大学，且一半的北京大学校长为清华大学校友——马寅初赴美留学后期为清华津贴生。而清华大学几乎完全相反，6 名校长中只有 2 名（占三分之一）非清华大学毕业（其中没有一位为北京大学毕业生），这似乎显示北京大学具有更大的包容性，而清华大学具有更多的排他性，当然后者或许与其“留美预备学校”的历史传统有关。如果再考虑校长的职业背景，则无论北京大学还是清华大学，其校长基本来自本单位：北京大学 88%的校长来自北京大学，而清华大学则有 86%的校长出自清华大学。如果剔除政治上的安排，两校校长来自自身学校的比例有可能更高。这表明中国最知名大学校长的选拔主要来自内部提升而非外部选聘的主流倾向。这种“内部晋升模式”与美国主要大学的“公开选聘模式”从程序与效果方面均存在差异。①

在学科偏向上，作为多科性工业大学的排头兵，清华大学校长偏向大理科并不令人惊讶，但是作为思想革命领头羊的北京大学，

① 除了“内部晋升模式”与“公开选聘模式”，中国大学校长还源自一种弥补“内部晋升模式”之不足的“空降部队模式”——教育部官员或主要大学副职外派担任正职。而“公开选聘模式”主要用于选拔大学副校长及以下各职，在选聘大学校长及党委书记方面似从不占主流。

8 名校长中除了 1 名学科偏向不详外，只有 2 名偏向文科，其他都是理科偏向。这正如杜维明所指出的事实——中国的大学校长基本上是理工科出身。

在学位层次方面，由于众所周知的原因，即使作为中国最高学府的北京大学与清华大学，获得博士学位的校长比例也不高。北京大学 8 位校长中只有 3 位具有博士学位，且这 3 位校长的博士学位均是解放前获得的美国博士学位。与北京大学类似，清华大学 7 位校长中也只有 3 位获得博士学位。与北京大学校长的学位一样，这些学位均来自发达国家。不同的是，清华大学校长的学位均是解放后留学国外获得的，且早已摆脱“留美预备学校”的影响——没有一个美国博士。两所最著名的中国大学校长的学位数量、层次与来源表明，中国国家政治经济的非正常发展已经在其校长的教育背景上留下了明显的历史烙印，不能不令世人深思。

在职业经历方面，“破旧立新期”的大学校长多来自著名学者或革命家，所以此期校长的职业经历无疑是丰富多彩的。但是到了改革开放以后的“重建新建期”，或许与中国大学校长主要来自系统内部晋升有关，北京大学与清华大学校长的职业经历普遍变得单一化——他们的主要工作单位通常不超过 2 个。无疑，同一单位内部晋升的校长熟悉校情校史，有利于保存传统，及时开展工作，但是从公平与卓越的角度看，人才“内部选拔模式”的弊端也是不可忽视的。就学校发展言，仅在内部晋升有可能妨碍他们吸取其他部门或不同性质单位的优秀经验，从而导致办学思想与办学行为的相对保守与封闭；就国家发展论，如果各个学校都竞相留下自己的优秀学生，那么，落后地区就不能得到优秀学生，从而也得不到最优秀的领导后备力量。对人才本身来说，由于他们没有在落后地区及其基层的逐级提升，他们有可能少一些全局观念而多一些部门利益。总而言之，当国家人才匮乏时，“内部选拔模式”是可以理解的，也是不可避免的，但是当国家人才辈出时，“内部选拔模式”

的弊端就有可能强化。

二、当前中国公立研究型大学校长的学术背景（一）：理工主导型大学

北京大学与清华大学是中国的两大著名学府，它们目前的地位决定了其他学校所具有的不可比性。因此，下文转而论述当前其他中国公立研究型大学校长的学术背景。由于“985 工程”选择的9 所高校中，有 6 所大学原属于“理工主导型”，因此，这里进一步考察剩余的 5 所“理工主导型”大学校长的学术背景。表 11-8 显示了这 5 所当前中国主要的理工主导型大学校长的学术背景。

表 11-8　中国 5 所研究型大学校长的学术背景：理工主导型

学校名称	校长姓名	上任年龄	任职时间	教育背景（年：专业或学位）	主要职业背景
1. 浙江大学	潘云鹤（1946— ）	52	1998 年至今	同济大学建筑系（1965～1970） 浙江大学计算机系硕士（1978～1981）	湖北南漳钢铁厂技术员（1970～1972） 湖北襄樊自动化所技术员、所长、市科委主任（1972～1978） 浙江大学计算机系系主任、博导（1991～1994）、副校长（1994～1995）、原浙大校长（1995～1998）
2. 上海交通大学	谢绳武（1943—）	54	1997 年至今	上海交通大学工程物理系（1960～1966） 上海交通大学应用物理系光学硕士（1978～1981）	上海交通大学物理教研室助教（1966～1970）、激光研究室助教、副主任（1970～1978） 上海交通大学应用物理系讲师、副教授、副系主任、系主任、教授（1981～1991） 党委常委、副校长、研究生院院长（1994）、博导（1994）

续表

学校名称	校长姓名	上任年龄	任职时间	教育背景（年：专业或学位）	主要职业背景
3. 中国科技大学	朱清时（1946— ）	52	1998年至今	中国科技大学近代物理系（1968）	中国科学院青海盐湖所、大连化学研究所物理课题组组长、研究室主任 中国科学院院士（1991） 中国科技大学教师（1994）、副校长（1996）、常务副校长（1998） 国务院学位委员会委员（1999）
4. 西安交通大学	徐通模（1939— ）	59	1998年至今	西安交通大学动力系（1961）	西安交通大学热能工程教授、能源系主任（1983） 西安交通大学副校长（1988）
5. 哈尔滨工业大学	王树国（1958— ）	44	2002年至今	哈尔滨工业大学机械工程系学士、硕士、博士（1978～1987）	哈尔滨工业大学机器人研究所副所长、机电学院副院长、机械系副教授（1990）、教授（1993）、博导（1997）、副校长（1998） 黑龙江科委主任、党组书记（1999）、黑龙江科学技术厅厅长、党组书记（2000）

资料来源：依据各大学网站有关资料整理。

由表 11-8 可以看出，中国 7 所“理工主导型”研究型大学校长在 52 岁左右升为大学校长，这比同为“理工主导型”的清华大学的校长平均上任年龄 56.17 岁小了 4 岁。

在教育背景方面，这 5 所“理工主导型”大学的校长基本上全部毕业并工作于母校（个别校长就读于两所学校），表明他们均是当年的留校学生。这与前述北京大学、清华大学校长来源一样，校长基本来自本单位。在学科偏向上，5 所“理工主导型”大学的校长与清华大学校长的学科偏向完全一样，即全部是理工科出身。这一点倒是很好理解，学校的学科构成必然如此。在学位层次方面，5 所“理工主导型”大学的校长中仅有 1 位具有博士学位，再次表明中国社会历史上的非正常发展在教育行政与管理领域引发的不良后果（博士学位不必然是校长才能的重要象征，但它是一个必要台阶或者说基准）。

在职业背景方面，5 所“理工主导型”大学的校长完全出自母校，他们的职业经历相当单一，其利弊本文前面已有分析，这里不赘述。

三、当前中国公立研究型大学校长的学术背景（二）：文理主导型大学

“理工主导型”大学的校长出自理工科很好理解，那么，“文理主导型”大学的校长的学术背景又如何呢？表 11-9 显示了中国 7 所研究型大学校长的学术背景。

表 11-9　中国 7 所研究型大学校长的学术背景：文理主导型

学校名称	校长姓名	上任年龄	任职时间	教育背景（年：专业或学位）	主要职业背景
1. 南京大学	蒋树声（1940— ）	57	1997 年至今	南京大学物理系（1963）	南京大学物理系主任（1993） 南京大学副校长（1996）
2. 复旦大学	王生洪（1942— ）	56	1998 年至今	上海科技大学工程力学系（1965）	上海科技大学常务副校长、上海市政府教卫办主任、市委统战部长（先后兼任上海大学校长、高教局局长、党组书记等）、上海市政协副主席、党组书记
3. 武汉大学	刘经南（1943— ）	60	2003 年至今	武汉测绘学院天文大地测量专业（1967） 武汉测绘学院天文大地测量系硕士（1982）	湖南煤田物探队技术员、助理工程师 湘潭矿业学院助教 武汉测绘科技大学地学测量工程学院院长、副校长 武汉大学副校长 中国工程院院士（1999）
4. 南开大学	侯自新（1941— ）	54	1995 年至今	南开大学数学系研究生	南开大学数学所所长助理 南开大学数学系主任、校长助理、副校长

续表

学校名称	校长姓名	上任年龄	任职时间	教育背景（年：专业或学位）	主要职业背景
5. 吉林大学	吴博达（1950—　）	52	2002年至今	吉林工业大学机械系硕士（1984） 中共中央党校中青班（1997～1998）	吉林工业大学机械系助教、讲师、系副主任、副教授 吉林工业大学副校长（1991）、教授（1992）、博导（1994） 吉林工业大学校长（1996） 吉林大学党委书记（2000）
6. 中山大学	黄达人（1945—　）	54	1999年至今	浙江大学数学系（1962～1968） 浙江大学数学系研究生（1978～1981）	浙江大学数学系副主任、教务处长、副教务长、教授（1988） 浙江大学副校长（1992） 中山大学常务副校长（1998）、校长（1999）
7. 厦门大学	朱崇实（1954—　）	49	2003年至今	厦门大学（1983） 南斯拉夫贝尔格莱德大学国际经济博士（1990）	厦门大学副校长（1995）

资料来源：依据各大学网站有关资料补充整理。

表 11-9 结果表明，中国 7 所“文理主导型”研究型大学校长在 55 岁左右当选校长，这比北大校长平均上任年龄 58.75 岁小了 4 岁。

在教育背景方面，这 7 所“文理主导型”大学的校长有 5 位校长毕业并工作于母校，这表明他们均是当年的留校学生（其余 2 位校长中也有 1 位毕业并工作于母校，后调任他校校长。只有 1 位校长主要来自行政部门）。这与前述北大清华校长来源一样，校长基本来自本单位。

在学科偏向上，7 所“文理主导型”大学的校长与北京大学校长的学科偏向完全一样，即基本上是理工科出身。7 位校长中仅有 1 人（14%）来自文科——经济学，其余校长均来自理工科。

值得注意的是，具有理工科背景的校长的学科偏向似乎还可以进一步分解。没有进行强强联合的“文理主导型”大学（如南京大学、南开大学）的校长的学科偏向更多倾向传统强势的基础学科（狭义的理科），而合并了工科强校的高校（如武汉大学、吉林大学）的校长的学科偏向似乎发生了一些微妙的变化——工科出身的校长挤入了狭义的“文理主导型”高校。这显示中国大学“内部晋升模式”的校长选拔有可能受到学校强势学科（如学科内是否具有院士称号者）的影响，院校内部可能既存在“行政权力”的竞争，也存在“学术权力”的竞争，且两种竞争交互为用。在学位层次方面，7 所“文理主导型”大学的校长中仅有 1 位具有博士学位，同样体现了中国社会的非正常发展在教育行政与管理领域引发的不良后果。

需要指出的是，中国的大学校长一直处在不断调整过程中，近年大学校长的来源开始趋向多样化，既具有海外经历（留学或访学）又具有博士学位的校长正不断增加。但是，多数研究型大学校长的学科偏向至今没有改变，或许这是目前中国的国情使然。

第四节　综合比较及其分析

任何比较都是相对的比较。美国作为世界上最发达的国家与中国作为世界上最大的发展中国家，它们发展的历史与现状差异巨大，的确存在很多不可比的因素，具体到本研究同样如此。但是，既然都是研究型大学的校长，他们的角色与工作性质虽有差异，但是又存在很多相同或相似的领域，这样也存在不少可以比较的方面。这里对中美两国研究型大学校长的学术背景进行综合比较并作简要分析。表 11-10 比较了中美五所顶尖大学校长的学术背景。鉴于对顶尖大学校长的学术背景考察并不能完全代替对其他研究型大学校长学术背景的分析。因此，表 11-11 进一步总结了中美两国研究型大学校长学术背景之差异。

表 11-10　中美五所著名大学校长学术背景之比较

项目/内容 大学名称	平均上任年龄（岁）	平均任期（年）	教育背景（学校、学位、年等）	职业背景
哈佛大学（美国最著名的私立综合大学）	45.43	22	哈佛大学校长至少必须有一个哈佛大学学位（近五十年基本上均有名校博士学位）；哈佛大学校长20世纪早期以理科学者为主，但近五十年全部为文科出身。总体而言，哈佛大学校长以文科学者为主。	71%的校长来自学术界（以早期为主），29%的校长来自校外的基金会或者政府部门（以近期为主）；无论哈佛大学校长来自校外，还是校内，学术工作都是必不可少的前提。
麻省理工学院（美国最著名的私立理工科大学）	50.50	9.57	几乎所有的校长都出身理科，且多具有名牌大学理学博士或哲学博士（占62.5%）学位。 只有37.5%的麻省理工学院校长拥有MIT学位，且有同样比例的MIT校长的本科学位并非出自名校。	麻省理工学院的校长有62.5%任职前曾经工作于MIT，他们大多具有担任教授、院长、副校长或代理校长的职业历程。 几乎所有的麻省理工学院校长均从事有关理工科方面的工作。
加州大学伯克利分校（美国最著名的公立综合大学）	—	6.43	加州大学伯克利分校校长几乎都有名校博士学位；8位校长中62.5%具有“本校色彩”，但真正毕业于加州大学伯克利分校的校长只占四分之一；出自文科与理科的校长人数大致相当。	加州大学伯克利分校校长几乎都有多个单位工作经历；几乎都是知名学者；多来自本校或外校的副校长或校长，人数大致各占一半。

续表

项目 / 内容 / 大学名称	平均上任年龄（岁）	平均任期（年）	教育背景（学校、学位、年等）	职业背景
北京大学（中国最著名的文理主导型公立综合大学）	58.75	5.57	北京大学校长大多非北京大学“出身”；但其校长基本来自北京大学教师，属于“内部晋升模式”；北京大学校长的教育偏向理工科。北京大学校长具有博士学位的人数不到一半，且这 3 位校长的博士学位均是解放前获得的美国博士学位。	“破旧立新期”的北京大学校长的职业经历丰富多彩，“重建新建期”的北京大学校长的职业经历显现单一化——他们的主要工作单位通常不超过 2 个。
清华大学（中国最著名的理工主导型公立综合大学）	56.17	7.80	清华大学校长大多“出身”母校，且多来自本校教师，属于“内部晋升模式”；清华大学校长的教育偏向基本属于理工科；清华大学校长中具有博士学位的人数不到一半，且没有一个美国博士学位。	“破旧立新期”的清华大学校长的“职业经历”丰富多彩，“重建新建期”清华大学校长的职业经历显现单一化——他们的主要工作单位通常不超过 2 个。

续表

项目 内容 / 大学名称	平均上任年龄（岁）	平均任期（年）	教育背景（学校、学位、年等）	职业背景
简要比较	北京大学、清华大学校长比哈佛大学校长平均上任年龄分别晚13.32年、10.74年，清华大学校长比麻省理工学院校长平均上任年龄大5.67岁。	美国顶尖私立大学校长任期较长，中美顶尖公立大学校长任期相似，都比较短。	在美国，最著名的私立综合大学校长以文科学者为主，最著名的私立理工科大学几乎所有的校长都出身理科，最著名的公立综合大学校长出自文科与理科的校长人数大致相当。在中国，无论“文理主导型”还是“理工主导型”的公立综合大学，最著名的大学校长均以理科学者为主。 美国顶尖大学校长几乎都有名校博士学位，而中国顶尖大学校长具有博士学位的人数不到一半且来源有异。 中国顶尖大学校长的选择模式主要体现为“内部选拔模式”，而美国顶尖大学校长20世纪90年代前期的选择模式与中国类似，20世纪90年代后期则主要体现为“外部选拔模式”——这在公立顶尖大学尤其如此。	中美顶尖大学校长几乎均为著名学者，他们可能来自校内教授，也可能来自校外的基金会或者政府部门——这一点在中国主要是改革开放以后的事情。 中美顶尖大学校长几乎全部为逐级升上或“平调”到校长位置的，大多具有担任教授、院长、副校长或代理校长的职业历程。 “破旧立新期”的中国顶尖大学校长的“职业经历”是丰富多彩的，“重建新建期”的中国顶尖大学校长的职业经历显现单一化。美国公立顶尖大学几乎都有多个单位工作经历，而私立顶尖大学校长则很难一概而论。

表 11-11　中美两国研究型大学校长学术背景之比较

项目 / 内容 / 大学名称	教育背景（学校、学位、年等）	职业背景
美国研究型大学	1. 美国私立研究型大学校长由文科人才主导（“理工主导型”大学除外），而美国公立研究型大学校长的学科（文理）偏向不显著。 2. 多数研究型大学（极个别例外）在所选择校长的“教育背景”方面“母校色彩”已经趋于平淡。 3. 几乎所有研究型大学校长都有名校高级学位，但也有部分校长曾经就读名不见经传的大学。	1. 校长是否具有任职学校的“教育背景”或“职业背景”是能否任职私立研究型大学的一个重要考量。但校长选拔时唯才是举成为主流趋势。 2. 绝大多数公立研究型大学校长都有其他学校的求学经历或职业经历。
中国研究性大学	1. “理工主导型”大学校长均是理工科出身，且“文理主导型”大学校长的学科偏向主要也是理工科。 2. 校长选拔倾向于选拔母校毕业生（个别学校例外）。 3. 具有博士学位的比例不高。	1. 大学校长基本来自母校。 2. 职业历程以内部流动为主，经历比较单一（通常不超过两个单位）。

由表11-10、表11-11可以看出，以哈佛大学、MIT、加州大学伯克利分校、北京大学、清华大学五校校长为代表的中美公私立大学校长的学术背景既存在相同方面，更存在不同之点。特别引人注目的是，为什么中国存在其研究型大学校长大多来自“理科”的“重理轻文”现象？

毫无疑问，中国研究型大学校长大多来自“理科”这一现象产生的原因相当复杂。这一现象的产生不仅在于人们的学科观念（如认为学数学的人聪明，而主攻哲学等文科则主要在于记忆等）与国外差别较大，还在于人文社会学科受社会政治影响波动很大，学术研究累积时间不长（中国大陆的多数社会科学研究几乎在改革开放以后重新开始），加之学术风气不良、研究质量的“测不准”及研究质量重复低下（文科学术期刊在学术规范如研究方法、注释与参考文献、发表版面限制等方面均存在相当多的问题），从而导致文科发展的恶性循环。不可否认，中国科学院与工程院的院士一直占据中国院士数量的绝对优势，哲学社会科学的院士不仅数量极少，而且已经多年取消了文科院士评定，这样，以学术层级为划分标准的习惯，也无形中把人文社会科学学者排除在研究型大学校长位置之外（少量几乎纯文科的院校如中国人民大学等校属于例外）。

至于中国研究型大学校长具有博士学位的人数偏低则不是主要问题。随着中国毕业的博士增多与海外博士的回归，博士学位获得者成为校长的比例很可能增加，但至今为止海外回国的博士在这方面并未表现出明显的竞争优势，值得反思。

与中国的情况不同，美国私立研究型大学校长由文科人才主导（“理工主导型”大学除外——其在研究型大学中不占主要比例），而美国公立研究型大学校长的学科（文理）偏向不显著，这同样有其根深蒂固的文化与社会背景。一个可能的原因在于美国私立研究型大学多数都是综合性大学，其诞生之初即有宗教传统，而宗教无疑属于“文科”范畴。这样的传统延续下来就影响了校长选拔中的学科偏向。相反地，加州大学伯克利分校等不少美国公立研究型大学属于“赠地学院”，虽然也具有类似私立研究型大学的宗教传统，但它受州政府影响很大，不能不在文理科之间保持必要的平衡。其校长的文理学科偏向不显著就是这种平衡的反映。至于每个大学校长学术偏向的选择无疑都有其具体的历史与现实考量，这里不赘述。

需要指出的是，笔者仅仅考察政治文化差异巨大的中美两国大学校长选拔背景情况，进一步的研究可以着重考察美国著名公立大学校长的选拔机制，同时也可以考察其他发达国家的类似情况。经验告诉我们，追随某一阶段最发达的国家也可能带来沉重的教训。所以，我们在注意美国校长选拔机制的同时，也需注意英、法、德、日等发达国家乃至某些发展中国家及地区的经验。换言之，适宜的做法是全面考察世界各国的大学校长选聘情况并结合中国大学实际需要，“取法乎上，得乎其中”，这样往往更为明智和有效。

第五节　结论与建议

中美两国研究型大学校长学术背景方面固然存在相同之点，更存在显著差异，这是由于中美不同的历史与文化环境在教育（高等教育）领域的反映。最后，笔者得到如下四点基本结论。

结论 1：在美国，著名的私立“文理主导型”大学校长以文科学者为主，著名的私立“理工主导型”大学校长以出身理（工）科为多，著名的公立综合大学校长出自文科与理科的校长人数大致相当。这与中国无论学校学科构成如何，其研究型大学校长均以理（工）科学者出身为主的情况完全不同。

结论 2：美国多数研究型大学（极个别例外）在所选择校长的教育背景方面母校色彩已经趋于平淡，但校长是否具有任职学校的教育背景或职业背景是能否任职该大学的一个重要考量。中国研究型大学校长选拔倾向于选拔母校毕业生或本校教师（个别学校例外）。总体而言，美国研究型大学校长倾向于“外部选拔模式”，而中国研究型大学校长倾向于“内部选拔模式”。

结论 3：美国研究型大学校长几乎都有名校博士学位，而中国研究型大学校长具有博士学位的人数不到一半且博士学位来源参差不齐。

结论 4：美国公立顶尖大学校长几乎都有多个单位工作经历，私立顶尖大学校长很难一概而论，而当前中国顶尖大学校长的职业经历则显现单一化。

在上述研究的基础上，笔者仅就大学校长遴选的学术背景提出如下三点建议。

建议 1：目前中国研究型大学校长的选拔可以兼采“内部选拔模式”与“外部选拔模式”。至于各校究竟采纳何种模式，则由校长遴选委员会（校内外行政人员、教研人员、毕业与在校学生代表均占一定比例人选）决定。总的说来，必须改变目前比例过高的“内部选拔模式”，适当增加面向全球中国学者及少量外籍人士的“外部选拔模式”（重点大学的副校长可以由国外学者担任）。

建议 2：中国研究型大学校长的选拔人选必须兼顾文理学科背景、博士学位获得者的海内外组合等背景因素。

建议 3：中国研究型大学校长的上任年龄可以在保证合适人选的基础上降低年龄限制（如 55 岁以下），并适当延长任期。

第十二章　大学评价之再评价

——《美国新闻与世界报道》大学排行榜述评①

第一节　引言

究竟什么是世界一流大学（或世界知名的高水平大学）？世界一流大学的评价标准是什么？我国主要大学与世界一流大学的差距何在？如何缩小这方面的差距？这是志在攀登世界一流高峰的我国大学极其关注的问题。当今美国一枝独秀，成为唯一的超级大国。而作为东方古国的中国近二十年来社会经济也取得了长足的进步。不过，要真正实现"东方的复兴"，仍然需要我们做大量的实际工作，对于我国重点大学尤其如此。一般认为，美国的高等教育是世界上最为成功的，而《美国新闻与世界报道》（以下简称《美新》）所作有关大学排行榜在国际上又最为有名、影响也最大，② 因此我们试图结合近年《美新》大学排行的最新资料（本章主要以 2001 年《美新》大学排行资料为依据进行述评），谈谈我国大学排行与建设世界一流大学过程中应该注意的若干问题。

---

① 本章为作者与中山大学李微合作完成。

② 近年推出的"世界大学排行榜"实际上多是"世界大学学术排行榜"，因为所谓"客观指标"基本上都在学术层面，固然有相当的参考价值，但大学的"人才培养"部分大多略而不评，而若包括了这部分则必然"主观指标"所占权重大，故争议颇多。

第二节 《美国新闻与世界报道》大学排行的方法

大学经历是由许多并不能转化为纯粹数字的无形的东西构成的。但是，《美新》的大学排行榜认为，依据一个关键属性——学术卓越——从而客观比较各个学校是可能的。其所作排行有助于社会各界权衡大学的某些相对优势与不足。

一、《美国新闻与世界报道》大学排行的目的和基础

大学排行榜的最佳用途是为了在同类院校范围之内比较各个大学。实际上，由于《美新》可能每年改变其有关大学的评价方法，所以这并不意味着社会也来追踪大学在排行榜上的年度变化。例如，2001 年《美新》对大学评价的方法又作了一个精心的改进——评价方法应该有助于国家重点大学所提供的本科教育之间的比较。这一改进是由《美新》的大学顾问委员会成员提出的。一些院校研究人员评价说，作为 16 个学术质量的测量指标之一，这一改进正发挥着与其比例不大相称的巨大影响力。顾问们的评论也指引《美新》如何对待学校花在每个学生身上的教育经费问题。2000 年，《美新》在协调大学评价方法与标准统计程序的时候，对通常院校花费的巨大差异进行了充分权衡，并就此作了更改。

但是，正如《美新》顾问所注意到的，《美新》的新方法并未考虑到“经费如何影响本科教育”的一些重要因素。首先，虽然拥有大量研究项目的巨型大学花费最大，但这些基金很大一部分用于研究生，而不是本科生。其次，拥有昂贵医学院与工程学院的大学很大程度上倾向投资于医学与研究生。《美新》的顾问还指出，这样的花费上不封顶，而《美新》的评价体系正对其中的最大花费者给予最高得分。那就忽视了一种可能：在超出一定水准之后，所花

费的经费对教育质量的提高将不再具有同样大的影响力。

《美新》非常关注自己的评论，而且2001年该刊就按照本科生与研究生的比例对学校的研究经费进行了调整。为了处理那些宣称生均花费成本异常之高的学校——所谓统计上的“局外人”——《美新》对所有的花费值进行了对数校正。结果显示，一小部分院校在科学上颇有实力，它们在2000年的排行榜上得到重大提升，包括曾经下滑的加州理工学院和约翰·霍普金斯大学。

《美新》的整个大学排行榜系统依赖两大支柱：其一是客观——它依赖于教育专家提出的作为教育质量可靠指标的定量测量。其二是公正——排行榜依赖于《美新》不受教育界任何派别的影响或控制的观念。当然，大学排行榜应该只是社会深思熟虑的一个参考。研究这些无形的东西，同时仔细考虑自己的需要才是选择大学过程中很重要的方面。中学生如何选择大学的有限研究表明，他们明智地使用大学排行榜，即作为一种发展与考察一个合适的院校的途径，而不是作为最终选择的方法。

《美新》用来对学院与大学进行排行的程序（方法）由三个基本阶段组成。院校是按其使命与地区进行分类的，《美新》按照学术卓越的16个指标收集数据。每一要素按照其反映所测量事物的判断指定权重。最后，根据各个类型的院校的综合积分并比照其同行进行排序。

大多数数据都来自各个院校——当然《美新》尽力保证它们的精确性。2001年，94%的学校都返回了调查表。《美新》对这些数据进行估价，并从诸如美国大学教授联合会、国家大学体育联合会等来源获得未得到的数据。脚注标出往年调查的数据。

卡内基教学促进基金会按照院校使命对大学进行分类，被指定院校的类型就是由该基金会在1994年进行团体更改的。228所“国家性大学”（national university）提供一系列的本科专业，以及硕士与博士学位，并强调学术研究。

162 所“国家文科学院”（national liberal arts colleges）几乎全部集中在本科教育阶段。它们授予了至少 40%的大学文科学位。为了更好地服务于对这些院校感兴趣的学生，2001 年《美新》列出了 50 所院校的排行榜（而不是 40 所院校）。

505 所“地方大学”（regional universities）提供了一系列的本科课程和部分硕士学位，但很少提供博士课程。与国家文科学院相似，428 所“地方文科学院”（regional liberal arts colleges）也集中在本科教育阶段。但它们通常更少具有选择性，且授予不到 40%的大学文科学位。

地方院校按北部、南部、中西部和西部进行细分。

二、《美国新闻与世界报道》大学排行的指标和权重

《美新》用来表明学术质量的指标分成 7 类：学术声望、学生保持率、师资、招生选拔、财力、校友捐赠以及预期与实际学生毕业存在差异的“学生毕业率”(对国家大学与文科学院而言)。这些指标包括反映学校学生、教师以及财力的“投入”测量和反映学校学生教育工作状况的成果“产出”测量。

1. 学术声望 《美新》的排行规则给学术声誉予最大权重(25%)，这是因为从杰出院校取得学位将明显有助于毕业生获得好工作或得到顶尖研究生计划入学许可。声誉调查还认为顶尖的学术说明了诸如教师对教学的奉献等无形的东西。学校的声誉是由对同类院校的校长、院长、招办主任的调查决定的。他们每个人都被要求按照从 1（及格）到 5（优秀）的标度尺对同类院校的学术项目进行评价。为公正地评价一所学校，那些对该校缺乏充分了解的人则要求标明“不知道”。坐落在芝加哥附近的一个民意调查公司——市场事实公司（Market Facts Inc.）收集有关的声誉数据，3 969 人中的 67%对所发出的问卷调查作了回答。

2. 学生保持率 在下一年度回到校园与最终毕业的比例越高，

学校提供的课程和学生需要的成功服务可能越好。本部分测量包括两个部分：6 年毕业率（占保持率分数的 80%）和新生保持率（占保持率分数的 20%）。毕业率表明在 6 年或更短时间内得到学位占毕业班的平均比例，我们考虑了 1990～1993 年开始的新生班级。新生保持率表明在 1995～1998 年之间入学新生在下一年度秋季返回学校平均比例。

3. 师资 研究表明教授与学生联系越多，学生越满意；他们学习更好，毕业率更高。《美新》通过 1999～2000 学年的 6 个要素来评价学校的教学状况。班级规模包括两个部分：一个表示少于 20 名学生的班级比例（占师资得分的 30%）；另一个表示 50 或 50 名学生以上班级的比例（占得分的 10%）。教师薪水（占 35%）是指 1998～1999 学年和 1999～2000 学年期间教师平均工资，加上津贴。这是按照地区生活成本差异进行调整后的结果（采用来自 Runzheimer 国际公司的指标）。《美新》还在“教师在其领域获得最高学位的比例”（占得分的 15%）、生师比（占 5%）和全职教师比例（5%）三个方面赋予权重。

4. 招生选拔 一所学校的学术气氛部分是由学生群体的能力和抱负决定的。因此《美新》重视学生在 SAT 或 ACT 入学考试中的得分（占该项得分 40%）；入学新生毕业于公立院校班级前 10%和地区学校前 25%的比例（占 35%）；接受率，或者说申请者录取率（占 15%）；录取后报到率（10%）。数据来自 1999 年秋季入学班级。

5. 财力 对每个学生的教育投资越多表明学校能够提供的课程与服务越全面。《美新》考察了 1998～1999 年财政年度花在每个学生身上的平均经费，这包括在教学、研究、学生服务和相关教育支出方面的投资。

6. 学生毕业率 增加这一“附加值”（added value）是为了反映在控制经费与学生才能之后学校的教学效果和学生毕业率的政

策。《美新》测查了1993年入学班级6年来的实际毕业率与班级预测毕业率之间的差距。预测毕业率把标准测验得分视作新生质量和中学在学生身上的支出。如果实际毕业率高于预测毕业率，则大学提高了它们的成就。

7. 校友捐赠率 1998～1999学年间校友捐赠的比率是测查校友满意率的一项直接指标。

为了完成大学排行榜，《美新》首先计算了各个标准分加权后的总和，然后排出最终得分。顶尖学校赋值100，其他院校按照最高分数的折算比计算出其加权分。各排行院校最终得分依最近分数依次排列并逐步向下列出。

根据社会需求，《美新》的本科商业与工程项目排行榜将推后。与上面讨论的排行榜有一个根本的不同——它们是唯一根据收集自项目主任与高级教师的声誉数据进行排列的。

表12-1是《美新》2001年所作美国大学本科排行的标准与权重。

表12-1 《美新》对美国大学本科排行的标准与权重（2001年）

排行类目	国家性大学和文科学院类目权重	地方性大学和地方文科学院类目权重	次要素	国家性大学和文科学院次要素	地方性大学和地方文科学院次要素
学术声誉	25%	25%	学术声誉调查	100%	100%
学生选择性(99秋季入学班)	15%	15%	申请者录取率	15%	15%
			录取后报到率	10%	10%
			中学班级排名前10%	35%	0%
			中学班级排名前25%	0%	35%
			SAT/ACT分数	40%	40%

续表

排行类目	国家性大学和文科学院类目权重	地方性大学和地方文科学院类目权重	次要素	国家性大学和文科学院次要素	地方性大学和地方文科学院次要素
师资	20%	20%	教职员报酬	35%	35%
			教职员拥有最高学历百分比	15%	15%
			全职教职员百分比	5%	5%
			学生/教职员比率	5%	5%
			班级规模1～19学生	30%	30%
			班级规模50+学生	10%	10%
毕业和保持率	20%	25%	平均毕业率	80%	80%
			平均新生保持率	20%	20%
财力	10%	10%	学生平均教育经费	100%	100%
校友捐款	5%	5%	校友平均捐赠率	100%	100%
毕业率成就	5%	0%	毕业率成就	100%	0%
总计	100%	100%	—	100%	100%

图 12-1 与图 12-2 分别显示了赋予国家性大学和国家文科学院与赋予地方性大学和学院的权重。

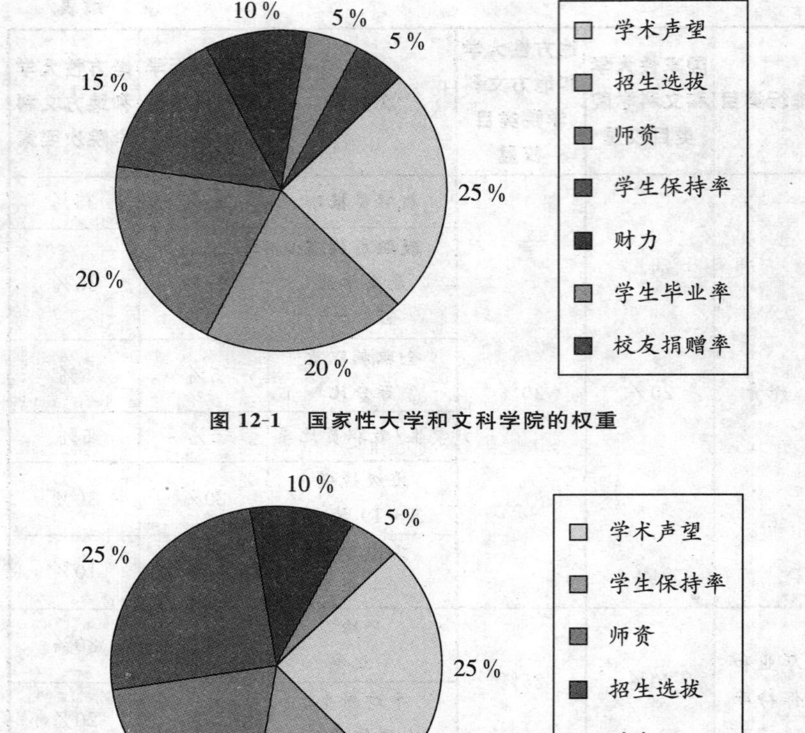

图 12-1　国家性大学和文科学院的权重

图 12-2　地方性大学和学院的权重

需要说明的是，图 12-2 显示赋予地方性大学和文科学院排行要素的权重。由于毕业率成就不用于该组排行，学术声望被赋予较高的权重。

第三节　《美国新闻与世界报道》大学排行的原因

《美新》大学排行的主要目的是为了帮助学生作出决定。因为《美新》认为，大学教育投资将显著地影响一个人的职业机会、福利待遇和生活质量。

图 12-3 采用的数据来自美国人口普查局，它显示两种类型家庭——家庭成员拥有的最高文凭为高中的家庭与家庭成员拥有的最高文凭为学士的家庭——的平均家庭收入情况。数据是美元常数（通货膨胀校正值），因此能够对它们进行直接比较。值得注意的是，从 1973～1996 年，具有高中文凭家庭的工资收入是下降的，而拥有大学文凭的人其间则有更高的收入，并且收入是增长的。选择合适的大学是获得大学文凭的第一步。

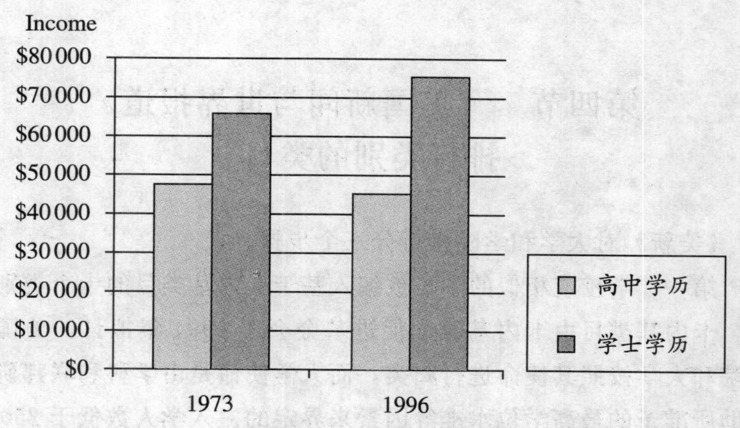

图 12-3　中学文凭与大学文凭的收入存在明显差距

为了正确地选择大学，社会需要可靠而稳定的信息来源，以便能够对大学进行比较，发现大学之间的差异。这就是《美新》进行大学排行的初衷。《美新》认为，其排行既注重质量，也注重效益的最大化。如果不能肯定对自己的预算是最佳的，那么人们就不会出去买一台 CD 机或者一辆小汽车。同样道理也适用于选择大学——何况大学四年将花费学生 100 000 美元，更不必说住房、饮食和书籍了。

大多数人一生只有一次选择大学的机会，因此没有太多的机会尝试错误。因此一开始就需要足够的信息。出版或在线的《美国最好大学》能够做到这一点，由此将更容易对 1 400 多所被认可的美国学院和大学的数据作出评审。《美新》认为，排行榜可以作为选择与比较各院校的工具，但又不能仅仅依靠排行榜选择院校，对院校事务要舍得花费时间仔细选择。《美新》还认为，未来的学生在选择一所学校时应该考虑他们的学术与专业目标、财政资源、教育履历和特殊需要。学生应该通过与父母、中学辅导员和其他顾问的交谈；从大学年鉴、概观与网址；从访问大学获得的第一印象等许多途径获取信息。

第四节 《美国新闻与世界报道》排行类别的类目

《美新》对大学和学院排行分三个步骤。

第一，学校或相似的学校被编入基于卡内基类目的十个类别之中。卡内基类目由卡内基教学促进基金会于 1994 年拟订。美国的学院和大学按照其使命进行归类，而大学使命是由学科和联邦研究资助所准予的最高学位水准等因素来界定的。入学人数低于 250 的专业院校不在排行之列。该系统是高等教育普遍接受的分类体系。《美新》将类目中的八类分解为四类：国家性大学、国家文科学院、地方性大学、地方性文科学院。地方性院校分布在四个地区：北部、南部、中西部和西部（图 12-4）。

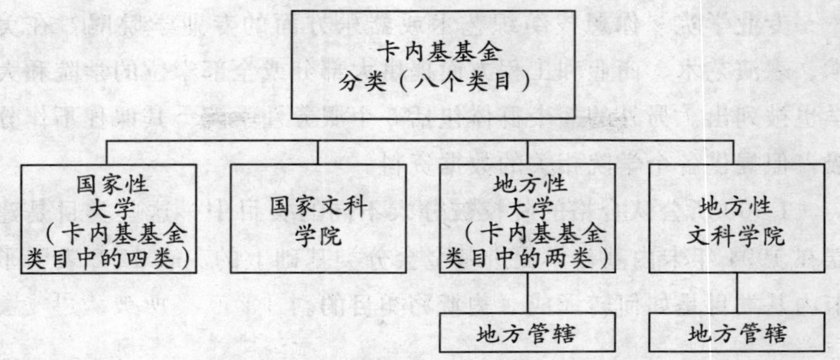

图 12-4　卡内基院校类目与《美新》院校类目的对应关系

第二，多达 16 项的学术质量指标数据从各所院校汇集而来并被列成表格。

第三，学院以其总权重分值分级排行。以下是《美新》的大学排行类别。

国家性大学　美国有 228 所国家性大学（147 所公立，81 所私立）建立在卡内基教学促进基金会提出的编目基础之上。大学提供各类的本科专业，以及硕士和博士学位，许多学科非常重视研究。

国家文科学院　162 所国家文科学院强调本科的教育，并授予至少 40%的文科学位。

地方性大学　像国家性大学一样，地方性大学（按卡内基基金会定义）提供各类的本科和硕士课程，它们只提供很少的博士课程。504 所地方性的本科大学在四个地区内进行排行：北部、南部、中西部和西部。

地方性文科学院　正如国家性文科学院的做法一样，这些学院主要将重点放在本科教育上，但它们授予不到 40%的文科学位。它们也更少地提供给学生选择机会。429 所地方性文科学院在四个地区内进行排行：北部、南部、中西部和西部。像所有的《美新》类目一样，这些地方性文科学院源于卡内基教学促进基金会建立的分类。

专业学院　你想找纺织艺术或器乐方面的专业学院吗？在美术、表演艺术、商业和工程方面提供大部分或全部学位的学院和大学也被列出。另外的一个群体包括 5 个服务性学院。其课程不作分级，但提供各个学院相关的数据资料。

1 400 所公认合格的院校被分入不同的类目中，这些类目是建立在 1994 年卡内基教学促进基金会分类基础上的。表 12-2 表明了卡内基类目是如何转译成《美新》类目的。

表 12-2　卡内基类目与译成《美新》类目的转换

卡内基类目	《美新》类目
研究型大学Ⅰ	国家性大学
研究型大学Ⅱ	国家性大学
允许授予博士学位的大学Ⅰ	国家性大学
允许授予博士学位的大学Ⅱ	国家性大学
硕士（综合型）学院及大学Ⅰ、Ⅱ	地方性大学
学士学位（文科）学院Ⅰ	国家性文科大学
学士学位（文科）学院Ⅱ	地方性文科大学

类目	院校数目(所)	私立院校数目(所)	公立院校数目(所)
被排行的学院			
1. 国家性文科大学	162	156	6
2. 国家性大学	228	81	147
3. 地方性大学—南部	123	46	77
4. 地方性大学—北部	146	81	65
5. 地方性大学—西部	112	53	59

续表

被排行的学院			
6. 地方性大学—中西部	123	64	59
7. 地方性文科大学—南部	131	112	19
8. 地方性文科大学—北部	98	80	18
9. 地方性文科大学—西部	61	45	16
10. 地方性文科大学—中西部	139	125	14
被排行的本科商业和工程学院			
11. 本科商业课程	327	N/A	N/A
12. 在最高学位为博士的院校的本科工程课程	182	N/A	N/A
13. 在最高学位为学士或硕士的院校的本科工程课程	132	N/A	N/A
不被排行的学院			
14. 美术和表演艺术专业	43	40	3
15. 商业专业	33	32	1
16. 工程专业	14	9	5
17. 服务性学术团体	5	0	5
合计	1 418	924	494

第五节　对《美国新闻与世界报道》大学排行的评价

《美新》的大学排行榜是世界上最有名的大学排行榜之一。为了使国内读者了解最新的美国大学排行情况，我们对此作了较为详细的介绍。应该说，大学排行榜我们已经比较熟悉，同时大学排行本身是不断修正的。通过分析《美新》的大学排行榜，我们得到如下几点认识。

其一，对大学排行而言，客观、公正、系统是基本的指导原则。欧洲研究型大学联盟（LERU）认为，排除教学，确定单一目标维度的指标来衡量所有人文社会科学、科学和工程及医学等学科是不可能的。为了避免对苹果和橙子进行比较，应该以多维度的方法进行，从而反映不同高校任务和使命的差异。① 《美新》对学院与大学进行排行是按大学不同的类型分别进行的，而且经费等多方面的情况也需考虑各个地区的差异，从而进行必要的校正或调整（而不是简单加权）。按照《美新》所做大学排行榜的标准，不同院校按其使命与地区进行分类。另外，大学排行具体指标体系必须不断根据实际加以改进。2001 年的《美新》所作大学排行在具体指标上就有改进。如把"教师中拥有博士学位的比例"调整为"教师在其领域获得最高学位的比例"，这显然比原来的指标设计更加合理，原因在于有些学科是没有博士学位的。总之，失去了客观、公正与系统，大学排行也就失去了科学基础。

其二，对志在世界一流的大学而言，其最重要的评价标准是学术卓越程度。学术卓越在《美新》占有最大比例的权重。竞争是美国大学运行的基本原则，美国大学尤其是其研究型大学在获取政府各部门经费方面占有极大优势，从而极大地提高了大学的学术水准。虽然 MIT 与斯坦福大学属于私立大学，但这些 20 世纪的新兴大学同样是借助国家经费支持，才能超越包括常青藤盟校在内的老牌名校。时至今日，美国研究型大学仍然占有政府各部与国内外企业的大部分科研经费。

其三，学生对母校的满意率是衡量一所大学质量的重要标准。重视科学研究并不能忽视人才培养。人才培养质量谁说了算？校友

---

① LERU stance on rankings. www. LERU. ORG.

或许最有资格。美国大学排行榜通过“校友捐赠率”来测查校友满意率极富启发意义。校友捐赠与其说对改善学校财政大有裨益，不如说反映了学校办学过程中真正的学生中心思想。在我国，无论大学本身，还是所作大学排行榜对此显然都缺乏足够的重视（资料缺乏是另一个原因）。《美新》的资料显示，美国一流大学的校友捐赠率甚至达到60%以上。在笔者看来，中国大陆高校校友很少回馈母校，其原因既在于民众缺乏广泛的博爱基础，也在于缺乏激励与捐赠的机制（如民间组织、民间基金会均不发达）。相反地，经济状况则不是主要原因。

其四，大学排名只是决策的一个参考，并不能代替对具体学科的考察。只要排行榜的指标与权重作出调整，排行结果就将出现差异；反之，使用同一排行的指标与权重，则短期内各大学位置通常变化不大。这一方面说明各大学的位置短期内难有大变化，大多基本稳定，另一方面也说明位次接近的大学互相之间的差异并不显著，所以在关注各大学排行次序的同时，更要关注具体学科的排行情况，这一点甚至比大学本身的位次还重要。即使是最知名的大学，也不可能面面俱到。哈佛大学文理医等基础学科实力雄厚，同在波士顿的MIT工学顶尖，但没有医学院。斯坦福大学工科实力几乎与MIT相当，加州理工学院则以理科为主。正如圣路易斯华盛顿大学校长马克·赖顿（Mark Wrighton）所言，排行是不可避免的，但随着突出重点，排名已经开始变得不那么重要了。从《美新》的排名看，无论一所大学的具体排名如何，它也仅是我们决策的一个参考。无论大学，还是我们自己，重要的是在各自选择的领域追求卓越。

其五，《美新》大学排行榜测查“学生保持率”与“学生毕业率”的做法对中国缺乏借鉴意义。建立淘汰机制一直是我们大学教育追求的目标之一，但实际运作中往往困难重重，其原因可能是我国学生重新选择大学与转换专业的可能还很小（选择的成本太高），这样一旦学生被淘汰，学生乃至学校本身在情感上与在实际运作中都容易陷入困境。由于美国大学在这些方面与我国明显不同，所以《美新》大学排行榜测查“学生保持率”与“学生毕业率”的做法对我国缺乏借鉴意义。因为我国大学在这方面的问题往往不是学生保持率与学生毕业率太低的问题，而是恰恰相反。

此外，其他一些国家的大学排行榜如《2000 年英国大学排行榜》的评估指标与《美新》的指标有所不同。英国的排行指标包括教学评估（T）、研究评估（R）、入学标准（As）、学生—教师比例（St）、图书馆—计算机花费（L）、设备花费（Fac）、一个或更多第二学位（Deg）、毕业去向（Des）、完善性（Com）共 9 个方面。显然，其中存在与《美新》排行榜的指标相同与不同的方面。不过，一种评价指标是否合理还取决于其评价的目的。《美新》大学排行榜的目的相当明确，主要就是为学生（尤其是中学生）或学生的家长提供大学的详细资料，以作进一步升学的参考。从这一点来说，《美新》排行榜的价值正如《美新》的建议所说的：“读者应该把这个排行榜作为院校选择的一个工具”。换言之，对大学的评价仅靠一个排行榜是远远不够的，还需其他多种手段与工具。

美国最好的 50 所国家级大学（2001 年）

排名	学校	总计	学术声誉	毕业率排序	新生保持率%	预期毕业率%	实际毕业率%	师资排序	<20人小班%	≥50人大班%	生师比	全职教师比%	学生选择率	新生SAT/ACT成绩	高中班级前10名%	新生录取率	财力排序	校友捐赠排序
1	普林斯顿大学	100	4.9	2	99	92	96	5	71	13	6∶1	92	3	1360～1540	92	11	14	1
2	哈佛大学	99	4.9	1	96	94	97	6	70	14	8∶1	90	1	1400～1590	90	11	8	5
3	耶鲁大学	99	4.9	3	98	93	94	10	78	9	7∶1	90	2	1380～1550	95	16	4	3
4	加州理工学院	97	4.7	27	92	96	82	1	78	6	3∶1	96	4	1450～1580	100	18	1	9
5	麻省理工学院	96	4.9	10	97	94	91	13	70	12	7∶1	90	6	1390～1560	94	19	3	7
6	斯坦福大学	94	4.9	6	98	91	90	19	69	13	8∶1	79	5	1360～1550	88	15	9	16
6	宾夕法尼亚大学	94	4.5	13	96	87	90	3	69	7	7∶1	90	9	1310～1490	91	26	7	10
8	杜克大学	93	4.6	7	97	89	92	7	68	7	8∶1	98	13	1300～1500	88	28	11	6
9	达特茅茨学院	91	4.4	5	96	90	94	20	58	9	9∶1	86	10	1350～1530	87	21	10	2
10	哥伦比亚大学	90	4.7	14	97	89	91	16	67	9	7∶1	94	7	1300～1500	87	14	15	22

续表

排名	学校	总计	学术声誉	毕业率排序	新生保持率%	预期毕业率%	实际毕业率%	师资排序	<20人小班%	≥50人大班%	生师比	全职教师比%	学生选择率	新生SAT/ACT成绩	高中班级前10名%	新生录取率	财力排序	校友捐赠排序
10	康奈尔大学	90	4.6	12	96	87	91	14	73	11	13∶1	98	18	1270～1460	80	33	16	17
10	芝加哥大学	90	4.7	25	94	89	81	2	69	3	4∶1	95	24	1290～1490	79	48	13	20
13	西北大学	88	4.4	10	96	85	92	12	68	9	7∶1	94	17	1300～1470	83	32	18	30
13	莱斯大学	88	4.2	16	95	91	88	4	66	8	8∶1	91	11	1310～1520	86	27	24	11
15	布朗大学	87	4.4	7	97	87	93	30	59	13	11∶1	94	8	1290～1490	86	17	28	8
15	霍普金斯大学	87	4.6	18	95	89	87	37	50	18	9∶1	91	23	1280～1490	73	33	2	36
15	华盛顿大学（圣路易斯）	87	4.1	20	96	83	86	11	72	9	7∶1	90	22	1270～1440	79	34	5	15
18	艾莫利大学	86	4.0	21	92	83	86	9	68	7	6∶1	94	20	1280～1430	90	42	12	12
19	圣母大学	85	3.9	4	98	80	95	17	54	11	13∶1	89	15	1260～1430	83	35	51	4
20	加州大学伯克利分校	83	4.8	29	95	81	82	35	58	16	17∶1	92	12	1200～1430	98	27	42	86
20	弗吉尼亚大学*	83	4.4	9	97	80	91	28	50	14	16∶1	95	19	1210～1410	82	34	64	31

续表

排名	学校	总计	学术声誉	毕业率排序	新生保持率%	预期毕业率%	实际毕业率%	师资排序	<20人小班%	≥50人大班%	生师比	全职教师比%	学生选择率	新生SAT/ACT成绩	高中班级前10名%	新生录取率	财力排序	校友捐赠排序
22	范得比尔特大学	82	4.1	31	91	81	81	8	69	5	9：1	93	37	1220～1400	66	61	19	26
23	卡内基—梅隆大学	80	4.2	41	91	83	78	15	67	10	10：1	95	27	1270～1460	71	38	21	37
23	乔治敦大学	80	3.9	15	96	83	90	63	54	13	12：1	83	14	1250～1450	78	23	21	23
25	加州大学洛杉矶分校＊	78	4.3	30	96	74	80	69	43	28	18：1	90	16	1170～1400	97	29	27	137
25	密歇根大学（安阿伯）＊	78	4.5	24	95	77	82	45	51	16	16：1	92	34	26～30	63	64	41	134
25	北卡罗来纳大学（教堂山）＊	78	4.2	28	95	72	80	57	42	12	14：1	97	29	1140～1360	68	39	31	41
28	福瑞斯特大学	77	3.4	23	93	85	86	31	60	2	11：1	93	32	1210～1390	66	49	6	13
29	塔夫茨大学	76	3.6	19	96	83	86	27	69	7	8：1	88	25	1250～1430	70	32	39	27
30	威廉与玛丽学院＊	75	3.8	17	96	80	88	34	45	10	12：1	93	26	1230～1410	74	45	136	33
31	布兰德斯大学	73	3.6	33	91	81	81	32	71	7	9：1	87	35	1220～1420	65	52	37	19
31	加州大学圣地亚哥分校＊	73	3.8	35	94	74	79	60	48	27	19：1	94	21	1160～1360	99	41	23	200

续表

排名	学校	总计	学术声誉	毕业率排序	新生保持率%	预期毕业率%	实际毕业率%	师资排序	<20人小班%	≥50人大班%	生师比	全职教师比%	学生选择率	新生SAT/ACT成绩	高中班级前10名%	新生录取率	财力排序	校友捐赠排序
33	纽约大学	72	3.7	53	89	75	72	18	64	10	12∶1	75	28	1230～1420	61	32	38	105
33	罗切斯特大学	72	3.4	37	93	75	74	21	64	10	12∶1	94	49	1230～1410	57	66	17	58
35	佐治亚理工学院＊	71	4.1	71	86	83	69	84	26	16	13∶1	10	38	1220～1415	60	69	35	21
35	南加州大学	71	3.8	54	93	68	70	58	54	16	11∶1	86	31	1160～1370	70	37	44	44
35	威斯康星大学（麦迪逊）＊	71	4.3	44	91	69	75	95	37	20	13∶1	91	48	25～29	46	74	56	133
38	波士顿学院	70	3.5	22	94	78	87	82	39	10	13∶1	80	3	1200～1370	62	35	99	32
38	恺撒西部储备大学＊	70	3.6	45	91	82	73	37	50	15	8∶1	97	41	1220～1440	67	71	25	25
38	李海大学	70	3.2	26	93	74	80	29	51	6	12∶1	94	50	1156～1341	56	48	53	14
41	加州大学戴维斯分校＊	69	3.8	40	91	66	76	106	32	28	19∶1	95	42	1060～1280	95	63	40	152
41	加州大学欧文分校＊	69	3.6	42	92	61	74	52	41	23	18∶1	91	43	1035～1255	95	61	47	188
41	伊利诺伊（香宾）大学＊	69	4.2	38	92	73	75	157	29	18	16∶1	94	46	25～28	51	71	62	118

续表

排名	学校	总计	学术声誉	毕业率排序	新生保持率%	预期毕业率%	实际毕业率%	师资排序	<20人小班%	≥50人大班%	生师比	全职教师比%	学生选择率	新生SAT/ACT成绩	高中班级前10名%	新生录取率	财力排序	校友捐赠排序
44	宾州州立大学(Park)*	68	3.9	32	93	66	80	163	32	20	18:1	95	64	1080～1300	42	49	89	68
45	杜兰大学	66	3.5	52	86	76	72	41	52	9	9:1	81	61	1191～1393	52	78	46	67
45	加州大学圣巴巴拉分校*	66	3.5	61	88	56	67	51	43	21	20:1	94	36	1080～1290	95	53	127	120
45	西雅图华盛顿大学*	66	4.0	55	90	64	72	158	38	16	11:1	93	97	1040～1280	39	77	42	122
45	那什瓦大学	66	2.9	42	83	79	92	22	67	2	15:1	91	92	1080～1300	N/A	79	20	62
49	佩培丁大学	65	3.0	58	85	69	72	24	70	1	13:1	76	44	1150～1350	64	35	57	83
49	伦斯莱尔工艺学院	65	3.6	49	90	79	73	86	35	16	18:1	92	59	1180～1370	54	78	74	61
49	得克萨斯大学(奥斯丁)	65	4.1	81	88	67	66	75	40	18	19:1	97	55	1080～1300	48	63	147	146

说明：* 表示公立大学。大学排行榜中的大学位置虽然每年都有所变化，但总体来说在短期内变化并不大。资料来源：http：//www. usnews. com/usnews/edu/college/rankings/natunivs/natu－a2. htm.

第四篇

大学、大师与大作

第十三章 大学发展的历史经验与现实观察

——世界一流大学散论

研究型大学有严格的定义，而世界一流大学至今没有一个公认的标准，且不同性质、不同层次的大学都可以追求世界一流①。我国高等教育提出的目标之一是建设若干所“世界一流大学”，本章也就以“世界一流大学”为主题，依据各国著名大学建设的历史和现实，对其发展的若干侧面进行简要论述。由于本章并非专题论文或研究报告，只是列举实际做法或经验，故以“散论”名之。

第一节 世界一流大学的空间分布

大学之存在，是以一定的空间位置为前提的。除了历史、文化地位，一所大学的空间分布对其地位往往也有直接的影响。这在中央集权制的大学管理模式中尤其明显，因为首都的变迁可以直接影响所在地区高校地位的高低。新中国成立前的大学中，南京中央大学的地位最高，这与当时定都南京有关。新中国成立后北大与清华之所以出类拔萃，也与定都北京不无关系。偏向中央集权制的其他国家也如此，巴黎大学、莫斯科大学、东京大学、首尔大学的两个共同特点是：都是各自国家最著名的大学，都在首都。但是几乎同样比例的反例也存在。由于目前世界上最好的大学差不多有一半在

① 本章所谓“世界一流大学”主要是指研究型大学。

美国，因此美国大学的空间分布尤其值得我们注意。以下是笔者勾勒的美国大学空间分布：①

如果把美国的著名大学用线连接起来的话，那么大致有从北往南的三条线索：东线（大西洋沿岸）的哈佛大学、麻省理工学院、布朗大学、耶鲁大学、哥伦比亚大学、普林斯顿大学、宾夕法尼亚大学、霍普金斯大学、弗吉尼亚大学、杜克大学；中线（五大湖附近）的威斯康星大学（麦迪逊）、西北大学、芝加哥大学、普渡大学、华盛顿大学（圣路易斯）②；西线（太平洋沿岸）的加州大学伯克利分校、斯坦福大学、加州理工学院、加州大学洛杉矶分校。在东线西北还有西点军校、康奈尔大学、卡内基—梅隆大学、匹兹堡大学、密歇根大学（安阿伯）等。

由上可见，美国著名大学的空间分布主要受历史、经济与文化的影响，与是否在首都没有直接关系。英国、加拿大、澳大利亚最著名的大学分布也与美国类似。在四国首都中，除了伦敦属于古老的都城外，华盛顿、渥太华、堪培拉几乎都属于新城，被定位为新兴的政治中心，而不是经济中心或文化中心，因此四国各自最著名大学不在首都就很自然了。不过，我们也不能忽视这样一个事实：最著名大学即使不在首都，但往往离首都或经济、文化中心城市不远。因为现代大学的发展离不开强大的经济、政治支持。而和中心城市拉开一定距离，除了环境的考虑，实际上也意味着和政治（权力）、经济（金钱）拉开一定距离，这是由大学的学术特性决定的。相反地，距离城市尤其是首都太近，反而有可能受到过分的权力与金钱伤害。这正是后文论及的“身居首都不完全是福”。总之，世

① 蓝劲松：《耶鲁大学》，《知识就是力量》，2000 年第 11 期。

② 同名的“华盛顿大学”至少有三所，分别是：位于美国东部首都华盛顿的乔治·华盛顿大学（George Washington University）；位于美国中部密苏里州的圣路易斯华盛顿大学（Washington University in St. Louis）；位于美国西部华盛顿州西雅图市的华盛顿大学（University of Washington）。

界一流大学的空间分布未必一定要建立在中心城市，与包括首都在内的中心城市拉开一定距离有可能更有利于学术的独立与繁荣。

第二节 世界一流大学的用人标准

大学校长的工作千头万绪，但最主要的工作有两个——“抓人”与“抓钱”。“抓人”，指的是维持师资的卓越，其重要性在大学发展中的地位与作用是无可比拟的。选人、识人、用人、吸引并留住人才是现代大学人力资源开发与管理的重要内容。当然，不论是为了防止人才外流，还是从外校聘请教师，先决条件就是提高教师待遇与办学条件。除此之外，世界知名学府还遵循大致相同的标准。

一、本校需要

对一所大学而言，最重要的人物自然是校长。所以，世界各国对于校长的遴选都慎之又慎。世界一流大学的校长选拔尤其如此。美国加利福尼亚大学理事会是其学校的最高权力机构，其主要工作就是决定聘请和解雇校长。① 日本是一个相当重视人才的国度。大阪大学认为，无论科学技术如何发展，都不可能取代人在教学与科研中的核心作用。人与人的接触——友情、协作、讨论、竞争等是推动教学和科研的主要动力。因此，大阪大学在大学教师队伍的建设和人才的选拔上，所遵循的原则不是“本校出身”，而是“本校需要”。应该建设一支既能从事教学，又能从事科研的富有创造性

---

① 李信麟：《美国公立大学体系中理事会的角色和职能及其与大学管理的关系》。参见教育部中外大学校长论坛领导小组编：《中外大学校长论坛文集》，高等教育出版社 2002 年版，第 218～219 页。

的教师队伍。①

曾任加州理工学院院长的汤姆·埃弗哈特（Tom Everhart）强调指出："一位真正卓越的科学家比一千位很好的科学家更有价值。"② 对于世界一流大学而言，直接引进大师或造就自己的大师就是最大的"本校需要"。前者可以哈佛大学或斯坦福大学为代表，后者则以加州理工学院为典型。因此，只要是真正需要的人才，学校总是千方百计去争取。一时没有，宁可等待，决不滥竽充数。

二、面向现实

"面向现实"有多方面的含义，其主旨在于：围绕所在社区到国家到国际的时代中心任务展开人才的选拔和使用。奥地利教育部长图恩有一句名言："只有让最杰出的伟人都成为维也纳人，才能使维也纳成为世界第一流的城市。"如何提高年轻的科学接班人的业务水平是大学非常重要的问题。维也纳大学采取的重要措施之一就是让青年教师接触实际，到经济界和管理部门去工作1～2年，这就是"助教面向经济"方案。助教在社会上工作一段时间后返校或者继续留下工作。③ 维也纳大学认为，到国外留学不是什么高级享受，而是现代培养尖子人才的需要。因此，国家和学校都鼓励年轻人出国留学，学成报效祖国。

希伯来大学毕业生的一个显著特点是：他们比任何一个国家的大学生同社会的联系都紧密，这就是由以色列特殊的国内外环境和发展道路决定的。这一传统使得高等教育遍及以色列社会的各个阶层，使建校时为数不多的精英队伍变成现在庞大的科技大军。④ 按

① 李守福编著：《大阪大学》，湖南教育出版社1991年版，第120页。

② Charles M. Vest. *Pursuing the Endless Frontier*. The MIT Press, 2005, p. 256。

③ 丁安新编著：《维也纳大学》，湖南教育出版社1989年版，第172页。

④ 刘向华编著：《希伯来大学》，湖南教育出版社1994年版，第5页。

照一些对精英人物进行研究的理论家的看法，精英的职业选择通常是"由社会面临的问题类型决定的"，而且是由解决那些问题需要的技能决定的。① 由此不难理解，一国精英将主要来自何种层次与性质的大学——虽然存在一些例外情况。

三、兼容并包

学术的兴盛与大学对人才的宽容不可分离。世界大学发展的历史表明，一流大学对学术人才是十分宽容的。在美国，既有"上课时不用讲稿，但讲得条理清楚，从容不迫，颇有大师风度"的耶鲁教授②，也有"蓄山羊胡须，身材矮胖，为力图弥补近视而头向后微仰，甚至具有一些怪癖"的麻省理工学院教授——控制论创始人维纳（Norbert Wiener）。在德国，哥廷根大学既有"写上黑板的东西从来不在当堂课上擦掉"，"即使女儿来找他也得事先预约"的德国数学领袖克莱因，也有"相当活跃，喜欢和年轻人来往，喜欢跳舞，还喜欢流行歌曲"，无论对人事还是在教学上都要'走自己的路'，是世界上最不易相处的人——大数学家希尔伯特。这两位学者在数学事业上却建立了深厚的情谊。

复旦大学前校长杨福家在不同场合讲过普林斯顿大学的两个故事：一个是一位教授迷上了费马大定理，8 年之间不担任教学，也不搞其他科研，一心钻研费马大定理，最后终于解决了这个难题，

---

① Gaetano Mosca, *The Ruling Class* (New York: Mcgraw-Hill, 1939)。原文为：According to some theorists in studies of elites, the occupational selection of elites is generally "determined by the type of problems confronting a society" and by the skills needed to solve those problems. 转自 Li Cheng, Jiang Zemin's Successors: The Rise of the Fourth Generation of Leaders in the PRC, *The China Quarterly*, 161 March 2000, p. 40.

② 耶鲁大学认为，衡量教师水平主要凭借著作的学术价值而不是教学水平。

为数学作出了重大贡献。另一个故事更有名，后来被改编成电影《美丽心灵》，其原型是普林斯顿大学一位教授纳什（John Nash），因为精神受刺激而疯癫，但学校 30 年间一直容忍他的存在，关怀他，后来这位教授获得了诺贝尔经济学奖，他和普林斯顿大学的故事感动了全世界。这既体现了普林斯顿大学的人文关怀，也表明了其兼容并包的学术精神。

四、唯才是举

芝加哥大学第五任大学校长哈钦斯（Robert Maynard Hutchins）曾经说过，教授的私生活、政治观点、社会态度、经济理念等都不关学校的事；对学校来说，教授是否胜任他们的工作是决定他们去留的唯一前提。董事会主席提醒哈钦斯说，芝加哥大学以前曾因道德问题将教授解雇。哈钦斯斩钉截铁地回答说，只要我当校长，解雇教授的理由只能是不称职。① 千叶大学的原则是："不管官办民办，只要是真正的优秀人才，我们都录用。"②

中国是一个伦理导向的国家，孔子等中国思想家提出了"学无止境"的"君子"风范，这对于提高人们的精神素养确实大有裨益，但常人又通常难以企及。若借口此种思想而对人求全责备，也往往欠妥。但各国不时出现的品行不端行为又迫使学校要求加强制度建设。在重视"才"的同时，决不能无视"德"。有才无德被视为"危险品"，不能不给予相当的关注，否则就会给大学带来难堪与遗憾。

五、综合评估

多伦多大学每年对教师教学、科研和为学校服务三方面工作作

① 舸昕编著：《从哈佛到斯坦福》，东方出版社 1999 年版，第 474 页。

② 据 1992 年 4 月 16 日日本《东京新闻》（李响编译）。

全面的评定。① 教学工作指讲课、研讨、辅导、答疑、小组讨论、实验教学以及其他教育活动。评定教学效果主要看教师启发学生智力的程度、本人专业知识水平、辅导学生的情况等；科研成果主要指科研工作的进展报告、发表的著作和创造性的作品等；为学校服务主要指参加学校行政管理和大学各理事会或委员会的工作，以及校外的有利于加强学校学术和教学的活动，如参与所在学科的学术机构、组织和政府机构的工作等。

哈佛商学院对教授进行定期考核。每月发给学生一个表格，由学生给教授打分鉴定。如果多数学生认为不及格者，即可能被学院辞退。也有些副教授、助理教授，自己认为没有机会晋升教授，而自动辞职不干。因此，哈佛商学院的教授之间竞争是很激烈的，流动性也较大。当然，这种方式对于应用性学科比较适宜，但对于基础学科建设则有可能带来伤害，因此不能不顾学科差异生搬硬套。

六、研究优先

作为芝加哥大学的首任校长，哈珀（William Rainey Harper）在建校初期的主要工作就是在美国乃至全世界范围内物色一批一流的专家、学者。在人才的选拔上，以其名字命名的“哈珀计划”倡导的是“以调查研究为主，以教学工作为辅”的选才原则：首先看重的是他的研究成果，而不是教学经验——尽管教学的成效也是衡量一个学者合格与否的不可忽视的因素。

希伯来大学在创办之初通过讨论后认为，为了使希伯来大学有一个坚实而高效的教学基础，先抓科研至关重要，教学工作则随着学校的发展及其各领域的研究水平的提高逐步进行。正是这一主张决定了希伯来大学最初的方向，并对它后来的几十年中形成重视科

① 朱维信、卜英勇编著：《多伦多大学》，湖南教育出版社 1989 年版，第 93～94 页。

研的传统产生了重要的影响。① 尽管人才选拔上科研先于教学，但科研与教学在总体上并不矛盾，而是互相促进的。为了保证教学质量，世界一流学府往往有包括诺贝尔奖获得者在内的著名教授执教本科生的传统，从而使得低年级学生也能得到最知名学者思想、智慧与学术精神的熏陶。

1921 年 11 月 29 日，加州理工学院董事会把该校的目标定为追求最重要的科学研究，同时“继续工程与纯科学的教学，并使之建立在数学、物理和化学这些基础学科的坚实研究基础上；扩充且丰富英语、历史和经济学课程；用研究精神激发学院的所有工作。”② 加州理工学院利用包括世界上最主要的研究机构之一的 JPL 来进行本科生和研究生的教学。这一机构的使命是：通过建立相对小的学生群体（约 900 名本科生和 1 100 名研究生）与相对大的教师群体（约 280 名教授，130 名研究员和 400 名博士后）之间的密切联系，在研究气氛中进行教学来培养创造性的科学家和工程师。研究生约占加州理工学院学生总数的 55%。他们都参与了教师的研究课题，使得智力开发与创造活动充满整个校园。这不仅是因为研究工作有利于促进科学进步，从而增加人类的物质与精神财富，而且还因为研究工作提升了加州理工学院的教学水准。

第三节　世界一流大学的筹资战略

对一位大学校长而言，除了引入世界著名的学术大师，其最重要也最令人高兴的另一事项莫过于筹集到一大笔资金了。由于世界

① 刘向华编著：《希伯来大学》，湖南教育出版社 1994 年版，第 13 页。

② Caltech：Historical Sketch. http：//www. caltech. edu/catalog/gen-info/history. html.

一流大学的类型各异，它们的经费来源不尽一致，因此筹集教育资金的战略与策略也各不相同。一般说来，大学的资金来源包括政府拨款、研究基金、社会服务、学生学费及各种捐赠等。尽管经费来源似乎很多，但大学对资金的需求总是多多益善。不同大学针对不同的对象采取不同的筹款战略与策略，但也不乏相似之处。

一、阐明捐款意义

曾任麻省理工学院院长的麦克劳林（Richard Cockburn Maclaurin）从不放过在各种活动中向校友们求援的机会。MIT 要找一块地作新校址，土地要钱，新房子也要钱。他在宴会上慷慨陈词："我们的学院肯定不会倒退，它已经成为国宝，将来也还是这样，而且会成为更大的国宝。"他指出捐款的意义在于："这笔钱对全国都将产生影响，因为它是把整个美国的工业建立在牢固的科学基础上的，从而使其从根本上得以加强。"①

作为一所私立大学，来自校友的捐赠，往往是这些大学的主要经费来源，因此，通常私立大学更加注重维护校友权益。哈德利（Arthur Twining Hadley）校长曾将校友会比做"扩大的耶鲁"，可见耶鲁对校友会非常重视。耶鲁校友对母校也颇有感情，1993～1994 学年度的 109 784 名校友中，有 44 177 名捐献者，占校友人数的 40%；到 1998～1999 学年，114 642 名校友中，有 50 314 名捐献者，占校友人数的 44%。从 1993 年到 1999 年，耶鲁校友捐献人数都在 40%以上（最高比例为 1996～1997 学年度，捐献人数达到 47%）。② 至于美国常青藤联盟"三大家"（Big Three）之一的普林斯顿大学，其校友更是对母校情有独钟。尽管该校没有医、

① 郜承远、刘玲编著：《麻省理工学院》，湖南教育出版社 1992 年版，第 46～53 页。

② 参见 http：//www. yale. edu/oir/factsheet. html.

商、法三大赚钱学院，但其校友的捐赠率往往排名美国大学第一(1998 年该校的校友捐赠率为 65%，2001 年该校的校友捐赠率为 66%。同期哈佛大学、耶鲁大学的捐赠率均不足 50%)。① 有识者指出，如果你“不幸”成为一所美国私立名牌大学校友，那就意味着你必须终身为之捐款；反过来大学不得不更好地为学生、为校友、为国家多作贡献——这就叫良性互动！

二、制定筹款计划

美国大学的筹款经验表明，成功的筹款活动应与有意义的学术计划相联系，并制定出战略步骤，在筹款时提出具体的项目。事实上，弗吉尼亚大学筹得款项的 90%都有指定用途。可通过校友会邀请校友及学生家长参加学术活动、体育比赛等开展募捐。体育场馆也是良好的筹款项目，如弗吉尼亚大学就曾成功地为建篮球场筹款一亿美元。另据不完全统计，自 1992 年至 1998 年，北京大学已成功地筹到近五千万美元，用于图书馆、大讲堂、光华管理学院、理科楼群等的建设，并设立了大批奖学金、助学金和奖教金等。有经验的捐助者如洛克菲勒（John D. Rockefeller）等——往往指定大学把捐款用于一定具体项目，并要求大学尽可能筹集部分配套资金，以增强大学对捐赠款项的珍视。② 一个基本的假设在于：如果要求一位已经工作的中国大学毕业生为自己的母校捐款，他们捐款的潜力是巨大的——即使每位校友每年为母校捐款 50 元，一所有 10 万校友的大学每年就有 500 万校友赠款，而实际的得款数显然不会如此之少（当然，募捐得来的款项

---

① 2001 College Rankings/National University/Top 50.

参见 http：//www. usnews. com/usnews/edu/college/rankings/natunivs/natu-a2. htm.

② Introduction 参见 http：//www. lib. uchicago. edu/projects/centcat/centcats/pres/presch10 _ 03. html.

如何使用是另一个问题)。目前我国一般的社会募捐结果多无反馈(几乎没有记录及必要的公布),这既是对募捐者的不尊敬,而且也影响了下一步的募捐。

三、总结筹款经验

筹款战略是一门"要钱"的学问,同样需要研究和总结。康奈尔大学校长罗兹(Frank H. T. Rhodes)1990 年开始了当时美国大学目标最大的募捐大战:要在五年内募集 12.5 亿美元。这一"大战"以超过目标 20%获得完全胜利,罗兹也被冠以"募捐大师"的称号。大师不仅是实干家,还把募捐理论化、科学化。他在退休两年后主编了一本书,书名就叫《为高等教育成功地集资》。他总结出使捐赠者产生 5 种情感,从而达到大学筹资目标的策略。①

1. 紧迫感:要确定优先项目,也就是要明确募集到的钱首先要用在什么地方,好使捐赠者产生紧迫感。

2. 认同感:要不厌其烦地对捐赠者解释为什么需要这笔钱,使他们产生认同感。

3. 责任感:要鼓励施主的兴趣和募捐的直接参与,使他们产生责任感。

4. 自豪感:从校长到院长全员动员,人人参战,对"大款"、"大腕",更要采取人盯人战术,使其产生自豪感。

5. 被依赖感:要保证与捐赠者的友谊和联系是长期的、稳定的,使他们产生被依赖感。

以上五种情感及对应的筹款战略可谓经验之谈。

---

① 舸昕编著:《从哈佛到斯坦福》,东方出版社 1999 年版,第 308 页。

四、权威重点抓管

这里的“权威”既可以是为学校办事的校内外行政主管，也可以是学术权威、文体明星、企业巨子等。没有钱，名教授留不住，好学生招不来，因此对现在的美国大学校长来说，其主要任务就是为学校筹钱。哈佛大学校长尼尔·鲁登斯坦（Neil L. Rudenstine）是一位罕见的“募款大王”：他在6年之内向17.5万人募到了26亿美元，平均一天100万美元，创下了美国高等教育史上的新纪录。①

加州大学伯克利分校校长田长霖也是一位著名的募款家。在他六年的任期（1989年2月～1996年7月）内，虽然联邦预算大幅减少，但加州大学伯克利分校自校外争取的研究经费却上升了35%，达到3.18亿美元。同时，打破私人捐助公立大学的所有纪录，6年中加州大学伯克利分校共募到7.8亿美元，其中有3.3亿美元是过去两年中募集到的。在1996年9月加州大学宣布募款竞赛以来，加州大学伯克利分校已经顺利达到一亿美元的目标。② 哥本哈根大学著名科学家尼尔斯·玻尔（Niels Bohr）则通过自己的威望筹款。除了教学科研不同凡响，作为一个善于筹集资金的人，玻尔运用自己的崇高威望，从本国和国际上取得许多经济支持。剑桥大学的经验表明，如果要到社会上去发动大规模的募捐活动，就得要求大学领导机构能在与外界单位打交道时反应灵活。

五、机构专门负责

步入哈佛广场附近的一栋乔治风格的大楼，只见在全部透明隔断的办公室里，两百多名职员都是职业装束，繁忙地工作着。这就

① 小舟编译：《哈佛校长太累了!》，《科学时报》，2000年9月29日。

② 刘晓莉著：《田长霖的伯克利之路》，北京大学出版社1999年版，第112页。

是著名的哈佛基金会。以第一位捐赠者名字命名的哈佛大学（美国许多私立大学及其下属单位都以募捐者的名字命名），最近五年中平均每月筹款四千多万美元，50％的哈佛毕业生都为母校提供捐赠。而在惊人的筹款业绩背后，则是这样一个规模庞大、高效运转的机构。

与哈佛大学的情况类似，悉尼大学除了设立“毕业生与社会关系处”，还成立有商业联络办公室与“工商管理革新中心”，加强与工商业界联系，开展有偿服务，如为工商界高级管理人员开设课程，提供产品信息，推动研究成果的有偿转让等。在此基础上，悉尼大学又相继与各级政府、工商业界和社会团体建立了三十多个基金会，筹集资金，增加教学和科研经费。通过以上活动，大学一方面吸收了资金，增加了教研经费，另一方面使教学、研究与实际应用相结合，既丰富了学术人员的知识，提高了教学质量，又为社会作出了贡献。① 有资料显示，我国清华大学等部分著名大学已经设立了专门的基金会，有专门机构和专业人员负责学校发展基金的运作。可以相信，谁更好地利用了市场机制，谁就能够取得更大的经济与社会效益——在大学筹款上同样如此。

六、政府政策引导

除了大学要对募捐者负责，政府也要积极引导包括募捐在内的一切有利于国家与人类发展的事业。对此，美国对募捐者的做法可供参照。凡是捐赠，国家可以在税收上给予优惠。一旦这种政策深入人心，社会就会形成帮助非营利性机构的传统。真正的企业家与其说是对钱感兴趣，不如说是通过对钱的“征服”来证明自己的价值和潜能。一旦他们完成了对钱的“初步征服”，那么在合理的政

---

① 左庆润等编著：《世界名牌大学》，人民邮电出版社 1989 年版，第 153～154 页。

策引导下，尽可能给国家和社会捐款未尝不是维持和发展自己事业的最佳选择。如果因为自己的捐款而使自己与一所著名大学“名垂青史”，又有谁不像洛克菲勒一样说创办芝加哥大学是其“一生最佳的投资”呢？政策制定的目的就是引导这种既有利于社会又有利于个人的投资行为。我们国家在民办大学的发展上显然也有必要制定相关的法律政策。

第四节 世界一流大学的运作机制

发达国家的大学发展状况给人的印象是各不相同的。法国是单兵独斗（巴黎大学），英国是双兵合击（牛津大学与剑桥大学），德国是小团体分头作战（柏林大学、海德堡大学、莱比锡大学、慕尼黑大学、哥廷根大学等），美国是梯队攻击（研究型大学、授予博士学位大学、授予硕士学位大学、社区学院）。但是在这些表象后面，世界一流大学在运作机制上存在不少共性——正是依靠机制的有效运作保证了大学的不断超越与顽强进取。世界一流大学有了“地”、“人”和“钱”，如何把这些资源用好，大学的运行机制就是最值得关注的问题。笔者曾经指出，如果大学迟迟不能建构自己的办学理念和运行机制，仅仅加大投入并不能解决世界一流大学建设中的主要问题。① 所以世界一流大学的运作机制需要引起我们特别的重视，因为这才是大学管理的灵魂之所在。以下就是大学运作机制的一些具体体现。

---

① 蓝劲松：《办学理念与运作机制：世界一流大学建设的关键》，《高等教育研究》，2001 年第 5 期。

一、有序竞争

正如企业不能垄断一样，国家也不能让大学一枝独秀。外山说："不管什么事业，如果没有竞争对手，就可能陷入腐败。大学事业也是如此。"东京大学是日本高等教育史上的第一所高等学府，在社会上有特殊的地位。尽管如此，仅在东京大学成立（1877 年）后 20 年的 1897 年，日本又建立了另一所国立大学——京都大学。正如人们所知道的，尽管东京大学名声在外，但京都大学在自然科学方面却取得比东京大学更加骄人的成绩。而作为私立大学的早稻田大学（1882 年建立）则力求在培养地方领导人方面寻求突破，培养出竹下登这样的国家元首。21 世纪以来，日本推行"国立大学的独立行政法人化"①，其改革动机之一就是试图由此促进大学之间的相互竞争。

竞争是美国大学最基本的特征之一。曾任美国总统的普林斯顿大学校长伍德罗·威尔逊（Woodrow Wilson）在哈佛大学的一次讲话中也说过类似的话："普林斯顿不像哈佛，也不希望变成哈佛那样；反之，也不希望哈佛变成普林斯顿大学。我们相信民主的活力在于多样化，在于各种思想的相互补充，相互竞争。"② 普林斯顿之所以能够从一间小小的乡间学馆发展成为世界知名学府，很重要的一个原因是坚持独立自主的办学思想，走自己的道路，不盲从权威。英国的一流大学之所以显得相对落后，亨利·罗索夫斯基认为："没有竞争的压迫感和竞争的机会，这可能正是英国的大学在

---

① 日本 2004 年 4 月开始的"国立大学的独立行政法人化"是指"作为大学的独立法人由以往的政府经营转向自律型经营的模式。"参见教育部中外大学校长论坛领导小组编：《中外大学校长论坛文集》（第二辑），中国人民大学出版社 2004 年版，第 65 页。

② 肖木、丽日编著：《普林斯顿大学》，湖南教育出版社 1992 年版，第 125 页。

第二次世界大战后相对衰落的诸多原因中的一个。”①

世界银行、联合国教科文组织高等教育与社会特别工作组报告认为，竞争通常“能够促进有益的革新和整个系统的质量提高，但在中央控制之下是不会竞争的。”② 或许由于有序竞争不足，所以近期我国香港特别行政区大学在内地招生，已经对中国内地大学形成了相当的冲击。可以预想，未来一旦台湾地区也开放赴大陆招生，那么将对我国内地高校形成进一步的冲击。当然，一旦相互开放的话，大陆也将对港台地区大学造成冲击。应该说，这对整个华人高等教育质量的提升极为有益，需要及时而稳定地推动。实际上，国际人才竞争早已展开，又何惧华人地区（包括新加坡）教育之间的竞争呢？③

二、效法企业

此点实际上是上面第一点的逻辑延伸或进一步展开。大学是培养层次较高的人才的场所，大学（尤其是研究型大学）的理想与企业的追求往往很不相同，因此，“大学企业化”的观点常常不为人认同（营利性大学例外）。然而大学像企业一样运作却是不少著名大学的基本做法。巴黎高等师范学校校长于杰（Gabriel Ruget）指出：“高等师范学校，也和其他大学一样，是一个企业，这意味着

① ［美］亨利·罗索夫斯基著，谢宗仙等译：《美国校园文化》，山东人民出版社 1996 年版，第 201 页。

② 世界银行、联合国教科文组织高等教育与社会特别工作组编著，蒋凯主译：《发展中国家的高等教育：危机与出路》，教育科学出版社 2001 年版，第 42 页。

③ 由于种种原因，目前台湾既未承认大陆学历，也未开放赴大陆招生。笔者以为，台湾地区如果担心内地生源的冲击，不妨效法美国或中国香港特别行政区在内地有选择地招生的经验，这样不但有利于华人地区人才培养，也有利于整个台湾地区大学质量的提升。

它有自己的客户，需要向它们提供产品。高等师范学校最耀眼的产品，比它自身所进行的诸多研究活动更为活跃、影响力更为广泛多样的，就是它所培养的毕业生。”① 笔者并不认可“大学是企业”的说法，因为大学与企业的追求存在极大的差异。② 但大学（特别是其中应用部分）借鉴企业的某些运作机制是必要的，企业的市场思想、竞争观念及品牌意识尤其值得学校借鉴。

虽然大学不是企业，但大学借鉴企业的做法实际上较为寻常。无论哈佛大学还是哥伦比亚大学，其经营的资产非常可观。因此这些学府不仅是一所大学校，也是一个“大企业”。它除了治学育人之外，还买卖地产、出租房舍、经营股票、投资海外。它每年的工作报告，往往先谈财政收入，其次才是校务施政和科研成果等。这些知名学府总是不停地筹集资金（美国大学校长往往把其发起的募捐运动称为“战役”），不断掀起发展与建设的热潮不仅指建筑设施的完善。“企业家精神”也日益成为大学领导必备的重要素质之一。

三、宏观调控

市场经济的调控原则是“尽可能市场，必要时政府”。“合理竞争”与“效法企业”都是市场机制的具体表现，但市场并非万能，“过度的竞争可能导致过度的流动，使教员缺乏对学校的忠诚”。为了防范“市场失灵”，最重要的矫正举措就是宏观调控——政府与社会中介组织（如各种专业委员会）对大学的理性管控。

宏观调控的举措是各不相同的。英国政府促进高等教育竞争的

① 教育部中外大学校长论坛领导小组编：《中外大学校长论坛文集》，高等教育出版社 2002 年版，第 145 页。

② 无独有偶，伦敦政治经济学院院长戴维斯（Howard Davies）认为：“大学不是公司，要绝对重视这条底线，否则它就会反过来咬你。……大学应该从事非经济事务。”参见教育部中外大学校长论坛领导小组编：《中外大学校长论坛文集》（第二辑），中国人民大学出版社 2004 年版，第 168 页。

主要工具是财政，通过财政支持办法来促进竞争和有效使用经费，并引导大学发展的方向。① 而对欧洲小国奥地利来说，宏观调控另有举措：国家元首亲自到维也纳大学主持博士学位授予仪式。美国政府对大学干预的一大特点则是在国家处于“危机”时加强干预。其《莫雷尔法》与《军人权利法案》等系列法律在美国高等教育发展史上具有重要地位，显示了宏观调控在高等教育发展中的重大作用。

各国大学情况不同，在宏观调控上的做法也很不相同。如前所述，宏观调控是建立在“尽可能市场”的基础上的，市场能够解决的问题政府就应该不管，政府只解决市场不能解决的问题。政府尤其不能越俎代庖，使大学政府化。这一点我们有过极为深刻的教训（如多次重大政治运动首先从大学开始），即使今天政府与大学的关系也需要进一步厘清。至于大学自身成员也必须认识到：“我们是接受政府拨款的大学，但我们不是政府部门”（英国华威大学校长 David Vandelinde 语），且“大学不能因为受政府资助就受政府安排”。（牛津大学第一副校长 William D. Macmillan 语）无论如何，政府对大学的调控，通过正式的法制建设与财政政策引导才是最基本的。

四、进取精神

亨利·罗索夫斯基曾经说：“在高等学校的生活中，不进则退的力量是巨大的。”② 如果说市场竞争和宏观调控更多反映了来自经济与政治层面的外部动力，那么，进取精神则是大学在外部压力

① Rosalind M. O. Pritchard. Government Power in British Higher Education. *Studies in Higher Education*, 1994, 19 (3).

② ［美］亨利·罗索夫斯基著，谢宗仙等译：《美国校园文化》，山东教育出版社 1996 年版，第 135 页。

下催生出来的内部发展动力（大学内部也存在发展的需求与冲动）。

当东部大学校园里的常青藤早已枝繁叶茂时，斯坦福大学在美国西部大开发的热潮中诞生。首任校长乔丹的就职演说是激动人心的："我们的大学虽是最年轻的一所，但它是人类智慧的继承者。凭着这个继承权，就不愁没有迅猛而茁壮的成长。"他宣布："我们师生在这第一个学年的任务，是为一所将与人类文明共存的学校奠定基础。这所学校不因袭任何传统，无论何人都无法阻挡它的去路，它的路标全部是指向前方的。"① 后发制胜的斯坦福大学内在的进取精神显然是其成功的奥秘之一。老牌大学可以其悠久的历史和传统而自豪，新办大学也可以没有历史包袱为骄傲，这种寻求各自比较优势的思路与做法无疑值得深思。

五、有所不为

进取精神的反向表述就是有所不为。换言之，对于世界一流大学而言，要么不做，要做就做最好的。如何产生有创造性的研究？经验表明，未解决的问题是无穷无尽的，重要的是不做什么。不应该立刻去做随便想出的问题，而需要严肃地考虑所选择的课题是否有利于扩展该领域根本性的变革。就如澳大利亚国立大学校训所言："重要的是弄清事物的本质。"再者，当限定研究领域时，就会出现很多很有意义的问题，所以进行某种程度的选择后就应该限定探求领域。

个人要有所不为，大学也如此。耶鲁大学分配资源的指导原则有两条：择优（selective excellence，也可译为"选择性卓越"）和互联性（interconnectedness）。前者就是在选定耶鲁的研究项目时，应以力求优秀为着眼点，而不是要求面面俱到；后者则是认识

① 周少南编著：《斯坦福大学》，湖南教育出版社 1991 年版，第 8 页 。

并利用各院系项目之间的牢固联系。① 当然无论师资还是学科建设，前提是大学办学必须具有必要的自主权。

第五节 世界一流大学的教学方法

大学管理应该为大学教学服务，所以与行政机关不同，世界一流大学应该是学术主导而不是行政本位。方法随目标不同而转移，多层次多样化的人才培养目标需要多样化的课程设置与相应的教学方法。哈佛大学商学院的案例教学法在培养工商管理人才方面的作用早已众所周知。然而，其他世界一流大学也有自己的“法宝”，它们在实现自己的教育目标方面同样发挥了各自的重要作用。下面主要介绍与相应的人才目标和课程设置相适应的六种教学方法。

一、案例分析法

此法 1924 年由哈佛大学首创，它促使学生像主管经理一样去思考，为其最后进入领导层打下坚实的基础。案例分析法强调案例分析和决策理论，哈佛大学把它作为主要的教学方法，广泛应用于各种专业的各门课程。教授负责选编真实公司的案例，印发给学生，让学生在课前充分预习，就如何制定或改进企业的经营战略、日常管理及营销策略等提出自己的看法。教授在课堂上不讲课，只

① Richard C. Levin, *The Work of the University*. Yale University Press, 2003, pp. 169～170。

简单介绍情况，主要让学生发言讨论。① 教授对学生发言的见解、风度、能力等作记分考核。

该法重视的是得出结论的思考过程与内容质量，而不重视是否得出正确答案。讨论案例时，有关实际部门也派代表参加，由此可以达到三个目的：一是介绍本部门情况，等于为本部门做宣传，扩大影响；二是从学生中发现、了解人才、为本部门物色有才干的管理人员；三是从讨论中吸取一些有用的意见，参加的代表本身也进行了学习。研究生在两年学习期间，大约要讨论 1 000 个案例。

二、实地考察法

这是一种通过做咨询进行考察的办法。既教学，又赚钱，可谓一举两得。通常大学、学院设有专管联系、接受咨询的机构。国内外的政府及一些公司，每年都要请学院做咨询。每做一项咨询，由一名教授领导，几名学生参加，到现场实地考察，提出研究报告。对方给学院支付咨询费，学生参加考察也拿学分，所需费用由学院负担。这种做咨询、实地考察的教学方法，对学生未来的工作很有帮助，学院也可获得一大笔收入。哈佛商学院的经费，有 20%左右来自咨询。在京都大学扎实发展时代的 1955 年，该校派出以农学部教授木原均为队长的庞大海外学术探险队。② 自此以后，类似的学术探险活动，在京都大学就屡见不鲜了。

---

① 在哈佛大学的案例教学中，有的教授在课堂上讲话是很少的，80 分钟的时间里加起来也就 10 分钟，他们走上讲台后一般只说两句话，第一句是“Good Morning”（早上好）；第二句是“Mr. ××，Please open the case”（××先生，请分析案例）。之后便主要是学生们在教授的引导下发言讨论了。“Cold Call”是教授随意点名发言的做法，意即冷不防地提问。

② 李永连编著：《京都大学》，湖南教育出版社 1993 年版，第 59 页。

三、模拟训练法

模拟训练并不新鲜。据说牛津大学的学生辩论会几乎就是英国议会的学生版。有人总结了牛津大学学术讲座的程序："第一，事实情况是如此……第二，多数人的观点是如此……第三，还有少数人对此持有这样的看法……第四，我本人的研究结论……最后，还有以下几个问题有待研究……"上述程序将牛津学派的学术风格表现得淋漓尽致，从中我们看到了牛津大学的学术良心。

普林斯顿大学国际关系学院的模拟训练课程也是一种现实模拟教学法。这种方法从 20 世纪 30 年代起就开始了。它通过模拟现实政治中各类问题的解决方式，使学生学到书本上不易学到或根本学不到的技能。① 通过这种演习，学生们能够学会如何将那些似乎大得无边的问题分成可以处理的小问题，如何分别处理后再将其重新组合起来。通过这种演习，学生们可以直接感受世界的复杂性，弄清理论与实践的差别，懂得学者的弱点，增长实干家的才能。模拟训练法虽然古老，但"普林斯顿大学不讲究变革，仅是经常引入新的传统而已。"

不同学校的模拟训练方式不同。对于经过严格选拔进入西点军校的学生而言，第一学年就需要经受一系列的体力、智力和情感的严酷考验，要么奋勇过关，要么被无情淘汰。到了第二年则进入炼狱般的"野兽营"：野外巡逻、兵器射击、格斗、翻山越岭、野外求生……连续 8 周筋疲力尽的"魔鬼训练"，使学生对军队的职业主义有深切的感受。② 如今各国军校、商学院、管理学院大多通过模拟教学培养学生素质，目的就是培养其实战能力。

---

① 肖木、丽日编著：《普林斯顿大学》，湖南教育出版社 1992 年版，第 74 页。

② ［美］大卫·利普斯基著，韩旭东、王刚主译：《西点制造——精英是这样练成的》，新华出版社 2005 年版，第 93 页。

四、观点烹调法

观点和学者团体是芝加哥大学的两大特征。为何学者团体如此重要？原因之一就在于交流观点和开展评论能够丰富知识。所谓“烹调法”就是要求学者们在知识的大锅中紧密合作，从而使这一“大锅”不断升温——虽然这种升高的热度（合作的程度）有时达到令人不适的状态。但观点在这一温度下可以得到充分交流，它能接受公众的考验，比我们单独提出的观点具有更强的影响力和生命力。① 可见，烹调法的实质就在于利用知识团体的洞察力和见解促进新观点的产生和进化。

传记作家穆尔（R. Moore）认为尼尔斯·玻尔倡导的“哥本哈根精神”是“高度的智力活动、大胆的涉险精神、深奥的研究内容与快活的乐天主义的混合物”。杨福家认为，哥本哈根精神的核心就是在玻尔创导下形成的“平等、自由地讨论和相互紧密地合作的浓厚的学术气氛”。② 这实际上也是一种有形与无形结合的教研方法。玻尔研究所的“午餐讨论会”有时从中午一直持续到晚上，这种物质与思想的双重“烹调”使得这里的餐厅闻名于世界科学界。

五、演习教学法

观点“烹调”主要是在学者们之间进行的，演习教学法很大程度上则是在学生们之间进行。作为京都大学经济学部的一个传统教学科目，演习教学法的具体做法是：在大学 3～4 年期间，由 10 名左右的学生组成小组，在指定教授的指导下，让学生按特定题目各抒己见，然后展开讨论，互相切磋。这样就为学生们提供了在教室中难以得到的自我表现机会。正如有的学生所说：“讨论是非常认

① 雨果·宗南沙因（Hugo Sonnenschein）：《就职演说》，转引自张敏、杨援编著：《芝加哥大学》，湖南教育出版社 1994 年版，第 2 页。

② 杨福家著：《追求卓越》，复旦大学出版社 1995 年版，第 4 页。

真的，如果说讲得没有根据或者词不达意的话，老师一定会抓住不放的，会用‘作为一名学者是不够的’、‘这种论调已经老掉牙了’等语言去批评你。”这种真刀真枪的演习一般从下午两点开始，一直进行到晚上七点，然后在京都大学会馆一道进餐，并继续进行各种讨论和交流。① 这与玻尔研究所的“午餐会”、牛津—剑桥的“下午茶”有异曲同工之妙。

六、精品觅食法

培养出海涅、希尔伯特等知名人士的哥廷根大学的教学方法是“觅食”型的，侧重“育才”（才能的培养）。学生知识的主要部分不是从教师那里得到，图书馆和实验室才是知识的主要来源地。无独有偶，德国的另一所著名的学府——海德堡大学既重视知识传授，更重视独立工作能力的培养。学生们无论是上讲演课，还是讨论课，都必须根据教授开的必读书目进行阅读。学生要根据自己所选的学术报告广泛收集和整理资料。他们吸收和消化知识的过程，同时也是提高独立工作能力的过程。马克斯·韦伯（Max Weber）倡导的“海德堡精神”体现这样一种思想：反对平庸和陈旧的习惯势力，对新事物表现出浓厚的兴趣；反对狭隘的民族主义和盲目自大，主张社会要向世界开放。② 或许这是德国思想家辈出的原因之一吧！与“觅食法”类似，美国芝加哥大学的人文科学家提倡“评论分析法”，强调反复精读原著并领会其写作方法，从而加深对作品的理解。

七、综合考试法

哈佛商学院每年举行两次考试（形成制度）。每次 10 门课，全

① 李永连编著：《京都大学》，湖南教育出版社 1993 年版，第 101 页。
② 杨荫恩编著：《海德堡大学》，湖南教育出版社 1991 年版，第 66 页。

是以案例分析方式进行。教授将案例发给学生，学生提出自己的意见。除信息管理课为口头报告外，其他各门均为笔试。学生在第一年，如有 3 门以上课程不及格，就被认为不可能继续学下去，而令其退学。第二年如有 3 门以上课程不及格，则只准其毕业，而不给学位。考试成绩在学生总成绩比例中占 40%，平时课堂讨论发言占 40%。此外，两年学习期间，要写 4 篇调查报告，占 20%，评分采取比例制，每班（约 90～100 人）中，前 5 名为优，后 5 名为不及格，中间皆为及格而不再细分。这种评分法的目的在于刺激学生相互竞争。哈佛商学院的考试制度我们不一定照搬，但其通过综合而定量评价学生的做法则是颇有参考价值的。

在此，不妨对上述教研方法进行简要的总结：案例研究法、实地考察法与模拟训练法主要适用于培养实战型人才；观点烹调法、演习教学法、精品觅食法则主要适用于培养学术型（理论型）人才；综合考试法则是把各种教学方法综合化，通过建立定量化的制度以保障有序竞争，努力进取。显然，一个学生最好经过各种方法的训练，以适应变革社会的多方面要求。对一个大学及其教师而言，也有必要用不同的方法训练学生。

第六节　世界一流大学的美中不足

在世界一流大学排行榜上，哈佛大学、牛津大学、剑桥大学、斯坦福大学、耶鲁大学、东京大学……这些大名鼎鼎的学府总是名列前茅。在世人看来，这些大学在师资、经费、图书、实验设备等诸多方面都无与伦比，近乎完美无缺。然而，正如世间没有绝对完美的事物一样，举世公认的著名学府也存在一些人们容易忽视的问题。

一、重研轻教

长期以来，人们大多认为研究与教学是相互促进的，世界一流大学确实也在这方面付出了不懈努力，取得了相当成效。前已述及，普林斯顿大学在本科阶段就引入了独立研究制度；加州理工学院认为研究工作不仅有利于促进科学进步，增加人类的物质与精神财富，而且还能提升学校的教学水准。这些大多已成为人们的共识。

共识的存在并不意味着研究与教学之间的矛盾就解决了。大多数大学，尤其是一流的研究型大学，其教师面临“不发表就完蛋”（Publish or Perish）的铁律，且今日大学教师职称晋升和薪水高低正日益取决于其获得资助的本领，也即教师为其研究项目吸引资金的能力。这样，即使学校制定了教学与科研并重的策略，但教师的时间与精力有限，重研轻教的现象也就难以避免，且教学与科研互相泾渭分明，互不贯通，多数学生难以了解学科前沿和发展方向。彼得·德鲁克（Peter Drucker）曾代表许多领导人指出：“我认为在过去四十年中美国研究型大学是一个失败。未来对于教育的需求不在研究这方面，而在学习这方面。”① 这表明美国研究型大学在如何处理科研和教学的关系方面也存在不少问题。相应地，其经验也更值得引起注意。

二、校外活动过多

曾任哈佛大学校长的德里克·博克（1930）指出：② 哈佛的教师在为发展自己的系和保持自己的研究中心而奋斗时，也越来越深

---

① Peter F. Drucker, Interview, *Science*, July 18, 1997. 转引自［美］詹姆斯·杜德斯达著，刘彤主译：《21世纪的大学》，北京大学出版社2005年版，第99页。

② 德里克·博克（Derek Bok）：《哈佛350周年校庆讲话》，转引自姜文闵编著：《哈佛大学》，湖南教育出版社1988年版，第1～13页。

地卷入了筹措资金和行政事务的苦役。但对很多教授来说，更加束缚他们的是由于社会对专业知识的急需而出现在他们面前的各种机会：提供咨询服务，为政府服务，为大会作报告，为感兴趣的公众介绍某一个知识领域，等等。这些机会对于专业学院如文理学院的教师来说都是大量存在的。逐渐地，这些活动成了许多教授寻求刺激与变化，提高校外地位和金钱收入的最大来源。这些活动当然不是完全有害的，教授们与他们感兴趣的人和事接触可以解决一些有价值的实际问题；否则他们可能只是纸上谈兵。但这些活动终究占去了为实现学校更为重要的目的的时间——而时间却是影响学校的关键要素。

三、学生缺乏远大志向

说一流大学的学生目光短浅可能言过其实，然而一流大学的某些学生缺乏远大志向却是不争的事实。英国就有人感叹现在的剑桥学生不像 20 世纪二三十年代时那样有理想、有抱负，想对国家有所贡献，而是讲求实际、想赚钱。前辈们抱怨说许多剑桥学生不像是目光远大的未来国家领导人，而只求得个不错的成绩，到伦敦金融街找个好工作，像是一些受过良好教育的投机商。现在在剑桥，许多人愿意到高技术公司而不愿做学问。学生进入商业、咨询部门的人数大大增加，多数是去拿高薪的美国公司工作。①

不少美国学生更是实用主义者，他们大多不愿从事艰辛的研究，努力挣钱及时行乐成为基本取向。或许这也没有什么过错，尤其“9·11 事件”更是见证了人生的无常。但即使如此，我们也必须看到世界的贫困、环境、人口等问题还远远没有解决，但这些与挣钱享乐实在相去甚远。没有崇高的理想与信念，没有为人类事业

---

① 梁丽娟编著：《剑桥大学》，湖南教育出版社 1990 年版，第 156～157 页。

奋斗的献身精神，也就不会有切实的行动。

四、基础研究受市场冲击

这种情况比较容易出现在市场经济社会。例如，人文学科主要从事文、史、哲等基础学科的研究，由于其与社会的直接利益联系不大，又因为是古老的学科不容易出突破性成果而容易遭到研究资助者与市场的双重拒绝。历史资料显示，人文学科的研究即使在培养多位美国总统的母校——耶鲁大学这类常青藤大学也面临着严峻的形势。① 剑桥大学则为保持自己主要是“理科大学”的特色而在制定计划和采取措施，使文科生与理科生的人数比例控制在50∶50或 48∶52 这个较为理想的结构比例。②

当然，如果一所大学有坚定的理念与足够的财政支持，那么，这所大学完全可以在法定的程序内走自己的道路。例如，普林斯顿大学堪称美国老牌名校，但其学生维持在 6 000 人左右，研究生也就 1 500 多人。该大学不设社会上最热门的法学、商学、医学三大学院。麻省理工学院与加州理工学院也不设医学院，而是在所选择的有限领域追求顶尖水准。

五、身居首都不完全是福

东京大学在日本诸多大学中的地位是无与伦比的。然而，就是这样一所出类拔萃的大学，在自然科学研究方面的成就往往落后于京都大学。截至 2006 年，日本获得了 12 个诺贝尔奖，其中东京大学与京都大学毕业生各获得 5 个诺贝尔奖。京都大学获得的 5 个诺贝尔奖皆为理科领域（2 个物理奖，2 个化学奖，1 个生物医学奖），而东京大学毕业生获得的 5 个诺贝尔奖中只有 2 个理科奖，

① 陈宏薇编著：《耶鲁大学》，湖南教育出版社 1990 版，第 102 页。

② 梁丽娟编著：《剑桥大学》，湖南教育出版社 1990 版，第 111 页。

其余为 2 个文学奖、1 个和平奖。①

人们对东京大学为什么至今只出两位自然科学领域的诺贝尔奖得主众说纷纭。归结起来，主要有以下两点原因：一是东京大学离中央政府近，学术气氛不够活跃，教师经常接受政府委托的名目繁多的科研任务、行政事务等方面的工作，使教师很难安下心来专门搞科研；二是东京大学牌子硬，名声大，毕业生往往容易拿到名牌大学的文凭后安于现状。京都大学却有“来自在野精神的自由活跃的学术气氛”、“不拘泥于官衔”、“集中精力搞各自的研究”，因而京都大学理学部以世界性的英才辈出而著称。② 看来，大学不在首都反而有可能“因祸得福”。同样道理，世界上最有名的大学，如不少美国一流大学——常青藤盟校、麻省理工学院、斯坦福大学，英国的剑桥大学、牛津大学及不少德国名校多不在大城市。即使在大城市，也选择城市的边沿或郊区——只是城市的发展有可能使得早期的郊区也成为城市的一部分。

六、顶尖人物不一定出自一流大学

东京大学以培养国家领导人和社会各界中坚力量著称。二战以前，以东京大学为中心的国立帝国大学的毕业生发挥着普及和提高文化的作用。至于中国大陆，著名的政治家固然越来越多地出自著名学府，但其中仍然有相当多来自不那么知名的学校。毛泽东出自湖南第一师范学校，其学历只是相当于今日之“中专”。邓小平则是赴法勤工俭学的学生，真正在学校度过的时光并不多。

政治人物如此，学术人物也是这样。众所诸知，爱因斯坦等不

① Kyoto University，Japanese Nobel Laureates. http：//www. kyoto-u. ac. jp/english/euni _ int/e01 _ eiyo/nobel. html.

② 金龙哲、王东杰编著：《东京大学》，湖南教育出版社 1992 年版，第 166 页。

少知名科学家不仅不是出自最好的大学，甚至连大学都好不容易才考取。中国一些顶尖文史学者更是自学成才的，他们的事迹至今传扬于社会。当然，这样丝毫不能否认知名学府能出更多的顶尖人物（理工领域靠自学成才更不容易，人文领域的自学成才通常也需较好的家庭—社会背景）。况且，一个知名人士完全可能就读于多所大学——其中既有知名学府，也有很一般的大学。

第十四章　论大师与大作

大师，或称学术领域的导师，或为艺术领域的灵魂，或为管理的标杆。1931 年 12 月 4 日，梅贻琦在担任清华校长的就职演说中指出："大学者，非谓有大楼之谓也，有大师之谓也"。① 在追求卓越的各级学校与研究机构，尤其在争取成为世界一流大学的高校与政府管理部门看来，引进与造就"大师"甚至是成就一流大学目标的不二法门。在第三届中外大学校长论坛总结讲话中，教育部长周济指出："人才问题始终是高等学校改革与发展的头等大事，是学校一切问题的核心"，而衡量一流与高水平大学的标准之一就是能否"涌现新的大师"②。大学与社会对大师可谓期望甚殷，但是学界对于"大师"内涵与外延并无定论，以至一时"无法说清楚什么样的人才可以称大师"。这就构成了一个很可以研究的问题③。鉴于大师及其成就对于社会发展、人类进步及大学建设的重要意义，笔者试图以学术领域的大师为重点，在归纳以往有关大师的若干见

---

① 梅贻琦：就职演说，原载：《校刊》第 341 号，1931 年 12 月 4 日。转引自刘述礼、黄延复编：《梅贻琦教育论著选》，人民教育出版社 1993 年版，第 10～11 页。与梅贻琦类似的说法是哈佛大学校长科南特（James Bryant Conant，1933～1953 年在位）的名言："大学的荣誉不在于它的校舍和人数，而在于它一代一代的教师质量。"

② 周济：《谋划改革的新突破，实现发展的新跨越》，参见教育部中外大学校长论坛领导小组编：《中外大学校长论坛文集》（第二辑），中国人民大学出版社 2004 年版，第 20～21 页。

③ 参见金耀基在台湾大学《我的学思历程》演讲时答学生问。

解基础上提出自己的“大师论”，既探讨大师之为大师的贡献之所在，也分析成就大师的外在条件与内在精神支柱问题，同时检视大作的本质特征及其误区问题，以为中国 21 世纪的学术复兴提供多样化参照及启示。

第一节　大师：本质与类型

以下几种有关大师的说辞并非来自已有的定见，而是出自笔者的概括。就笔者所见，有关大师的概念界定及其本质特征的论述主要有如下四种，在此也补充我们对大师的看法。

一、双馨说

“双馨说”通常见于一般辞书对大师的界说。《现代汉语词典》关于大师的界说有三：(1)“在学问或艺术上有很深的造诣，为大家所尊敬的人：艺术大师。(2) 某些棋类运动的等级称号：国际象棋特级大师。(3) 对和尚的尊称。”① 后两个均为特指，故一般不纳入讨论。② 在第一个界定中，既强调大师“在学问或艺术上有很深的造诣”，又强调“为大家所尊敬”。若借用“德艺双馨”一词，

---

① 中国社会科学院语言研究所词典编辑室编：《现代汉语词典》，商务印书馆 2000 年版，第 236 页。

② 此处不涉及对佛教徒——“和尚”的讨论，但“和尚”与不同领域的大师并非毫无“纠葛”。从宗教情怀来说，佛教徒与基督教教徒之间的确存在很多相似之处，甚至“苦行僧”与“清教徒”两个称谓之间也有某种神似——要达致某种境界都必须付出辛劳，但他们之间的宗教理念与具体追求几乎完全相反，即佛教徒是通过“出世”来摆脱尘世的痛苦，清教徒是通过“入世”来证明上帝的伟大。佛学的转型之一就是吸收儒学思想与基督精神，“以出世情怀，做入世事业”。换言之，两者都追求某种理想与现实的平衡，但前者强调降低需求与“无为”，后者强调提升需求与“有为”。

此说可谓“双馨说”。

“双馨说”看似考虑全面，但其内涵却大有讨论的必要。首先，大师不一定局限于学问或艺术领域，任何人类理论与实践的重要领域都有大师的足迹。所以除了学术大师、艺术大师之外，还有管理大师、工程大师等，而后者的重要性并不亚于前者。其次，“为大家所尊敬”也是有时空限制的。真理开始时往往掌握在少数人手里，这有利于突破传统的科层结构与利益格局。虽说高处不胜寒，但真正达到学术高峰并不容易。“天才是独立于环境的。……没有一个天才是在原有的领域完成任务的。他开辟了新的领域。”① 既然是独立的新领域，其同行理解尚不容易，更遑论普通大众。例如尼采——其思想偏激与真知交融——是19世纪同黑格尔、马克思、克尔恺郭尔、叔本华齐名的少数几个大思想家之一。尼采指出：“千万不要忘记：我们飞翔得越高，我们在那些不能飞翔的人眼中的形象就越渺小。”② 约翰·杜威是远比尼采幸运得多的哲学家，在学术发展的早期即受到詹姆士（William James）等人的赏识，成为美国哲学界的风云人物，甚至被誉为“美国人民的顾问、导师和良心”、“美国哲学家中最杰出的人物”。但在《从绝对主义到实验主义》一文中，杜威却说其学术思想发展的第二个特点是“在我的研究和思想有所进展时，由于一些人在学术上对我恶意诽谤，使我变得越来越忧虑”。③

社会规则不易辨识尚易理解，自然科学的探索也非一帆风顺。“赫姆霍兹提出能量守恒定律时，被内行指责为‘疯子’。巴斯德提

① ［美］亚伯拉罕·弗莱克斯纳著，徐辉、陈晓菲译：《现代大学论——英美德大学研究》，浙江教育出版社2001年版，第309页。

② ［德］尼采著，田立年译：《曙光》，漓江出版社2000年版，第574页。

③ ［美］杜威著，单中惠译：《杜威传》，安徽教育出版社1987年版，第67页。

出细菌理论时遭到医学界同行们的围攻。沃特斯顿提出气体分子理论时，皇家学会的审稿人，竟然说他的论文‘除了胡扯八道之外，什么也没有’。”① 由于大师的创造性突破，不可避免地“威胁”传统的“权威”，这时后者有意无意地排挤与打击前者就有可能出现。正如贝弗里奇（W. I. B. Beveridge）所说：“伟大的发现家之所以遭到迫害，部分是由于这种对新设想的抗拒心理，部分是由于冒犯了权威，侵犯了精神上和物质上的既得利益。有时，发现者不谙人情世故也使事情恶化。”② 所以现代社会总是通过国内外同行的集体评审来避免对先知先觉者的打压。

是否“为大家所尊敬”还取决于大师的气质与性格。费希特说：“人注定要过社会生活的；他应该过社会生活；如果他与世隔绝，离群索居，他就不是一个完整的、完善的人，而且会自相矛盾。”③ 不幸的是，由于前沿探索的特点，大师们常常不得不独自探索，这在普通人看来往往有些不正常。伊沃·弗伦策尔（Ivo Frenzel）指出：“尼采的生活几乎没有意义：几十年的学者生活，这种生活一开始就包含着某种怪癖的东西，具有孤独和不被人理解的特色。”④ 但尼采之为尼采自有其合理性，他说：“哲学家不是生来就是为了相互爱戴的，鹰从不结伴飞行，山鹑和椋鸟才这样。在高空翱翔、张牙舞爪，这才是伟大天才的一生。”⑤ 尽管“孤独是

① 赵红州、蒋国华著：《在科学的交叉处探索科学》，红旗出版社 2002 年版，第 664 页。

② ［英］W. I. B. 贝弗里奇著，陈捷译：《科学研究的艺术》，科学出版社 1979 年版，第 124 页。

③ ［德］费希特著，梁志学、沈真译：《论学者的使命》，商务印书馆 1980 年版，第 16～17 页。

④ ［德］伊沃·弗伦策尔著，张载扬译：《尼采传》，商务印书馆 1988 年版，第 1 页。

⑤ ［德］尼采著，贺骥译：《权力意志》，漓江出版社 2000 年版，第 8 页。

精神卓越之士的注定命运：对这一命运他们有时会嘘唏不已，但是他们总是两害相权取其轻地选择了孤独”。① 至于詹姆士，人们一般认为他是美国实用主义的真正奠基者，然而就是这样一位“能用烙上民族印记的声音向世界发言的世界性美国人”，心理学的分析却表明：为了形成个性和寻找合适的职业，詹姆士的奋争是激烈的；他成为伟人的过程是飘忽不定的、痛苦的、心力交瘁的、沮丧的和苦恼的。②

由于竞争剧烈，加之大师追求的目标聚集，所以他们就不可避免地忽视各种琐事。哈佛大学文理学院院长亨利·罗索夫斯基（Henry Rosousky）指出：“在我们选区内居住着非常有才干的学者，其中包括某些赫赫有名的天才。他们大部分具有固执和傻气的个性（请记住，任职时这种气质往往被忽略）。根据我的体会，伟大的学术成就，甚至伟大的学说，常常与怪癖的性格有联系。”③由此不难理解，相当一批大师虽然“在学问或艺术上有很深的造诣”，但在他生活的时代甚至其后相当长的一段时间很难“为大家所尊敬”。为了减少学术研究的孤寂性，现代学术社会总是通过各种交流与休假等制度加以化解。只是山头主义、学术霸权等陋俗在学术领域的延伸使得相关措施存在或多或少的折扣。

当然，大师是否“为大家所尊敬”也可能来源于其独特的追求。一般地，“杰出人物是高智力的、教养很好且知识渊博、刻苦

① ［德］阿·叔本华著，韦启昌译：《人生的智慧》，上海人民出版社2001年版，第156～157页。

② ［美］罗伯特·S. 艾伯特主编，方展画、顾建民译：《创造性及非凡成就社会心理学》，浙江人民出版社1988年版，第513页。

③ ［美］亨利·罗索夫斯基著，谢宗仙等译：《美国校园文化》，山东人民出版社1996年版，第215页。

工作的，为了独立和判断甘愿冒险犯错误和（或）表现优异”。① 在不同学科的发展史上，既有像冯特（Wilhelm Wundt）一样“宁愿平凡而不犯错误”的大师，也有像霍尔（G. S. Hall）一样“宁愿犯显著的错误，而不愿庸碌无为”的学者。总的说来，大师无论对自己还是对自己的学生都有超出一般学者的高要求。因此，很难用一般人的观点去要求他们。大学校长等各级行政人员若不理解学者及其探索的特点，就不可能把其大学导向一流。最好的做法或许正如香港科大所做的——“延聘第一流的人才并使他们愉快”②，或如剑桥大学桑格斯所说的——“把最好的人请来，随他们做什么事情”。这一点至少在文理基础研究领域应该如此。

总之，由于真理发现的超前性，加之大师往往都有自己独特的个性、追求与风格（包括缺点），所以大师一时为时代所“误判”有时是难免的。但从长远来说科学社会总的来说是公正的，如果确“有很深的造诣”，那么真正的大师迟早总会成为“大家所尊敬的人”——虽然“埋没”或“沉默”的时间或长或短。由此说来，“双馨说”不大适宜大师的现实操作，但基本符合理想的大师设计。

二、超人说

世界上并不存在全知全能的人。尼采是超人学说的代表，他对大师的界定也具“超人”色彩。他认为：“我们什么时候行动起来既不出错，也不迟疑，我们什么时候就成了大师。”③ 由于此说非常人可及，故不妨称其为“超人说”。这一论说有两点值得注意。

其一，在大师的范围方面。与对大师之习见不同，尼采在这里

① ［美］罗伯特·S. 艾伯特主编，方展画、顾建民译：《创造性及非凡成就社会心理学》，浙江人民出版社 1988 年版，第 36 页。

② 孔宪铎著：《东西象牙塔》，北京大学出版社 2004 年版，第 149 页。

③ ［德］尼采著，田立年译：《曙光》，漓江出版社 2000 年版，第 311 页。

强调的是行动领域而非思想领域的大师。尼采说："行动，既是最先发生的，也是终极重要的！这也就是说，只要你放手行动、行动、再行动，有关的信仰很快就会尾随而至——对此你可以确信无疑！"① 前已述及，大师并非局限于学问与艺术领域，人类理论与实践领域的其他各个领域均存在大师。学术与艺术大师难得，管理、设计等实践或说行动领域的大师同样难得。我们不能因为强调一个领域的大师而排斥或忘记其他领域的大师。

其二，在大师的标准方面。尼采强调大师行动时要"既不出错，也不迟疑"。不出错已经很难，还要不迟疑，这就难上加难。这无疑与尼采的超人观念有关。在尼采心目中，"超人"就是能充分体现生命意义的人，具有旺盛创造力的人，是生活的强者。"超人的真正道德是军人和士兵的道德。其典型不是苦苦思索寻求认识的、孤独、交往不多的敏感的学者，而是既活跃又有节制的坚强人物。"② 从这个意义上说，尼采心目中的大师不是学者，而是实践家。

可见，尼采的"超人说"对大师要求极高，或许大多数行动领域的大师均不容易达到其标准。但既然称"大师"，那么要求甚严并不为过。对于管理与工程人员等实践领域的人来说，"超人说"更深层的启示或许在于：行动者一定要充分发挥自己的潜能，既有周密的思虑，又需灵活的计划，这样才能"既不出错，也不迟疑"。这正是各级领导、管理人员、工程人员甚至艺术工作者所应追求的目标与风格，"虽不能至，心向往之"。需要指出的是，尼采强调实践领域的大师显然是弥补了"双馨说"忽视实践领域大师的不足，但若因此而否认偏向理论的大师，则是我们所不能认同的。

---

① ［德］尼采著，田立年译：《曙光》，漓江出版社 2000 年版，第 17 页。

② ［德］伊沃·弗伦策尔著，张载扬译：《尼采传》，商务印书馆 1988 年版，第 84 页。

三、会通说

与“双馨说”、“超人说”不同，“会通说”主要是从大师的知识结构及其创造性突破与转化来界说的。钱穆认为：“就学术而论学术，一门学术之发皇滋长，固贵有专家，而尤贵有大师。大师者，仍是通方之学，超乎各种专门之上而会通全部之大义者是也。一部门学术之有大师，如网之在纲，裘之有领，一提挈而全体举。”① 这里强调的是学术大师，既没有涉及“双馨说”中社会伦理意义上的“为大家所尊敬”，与尼采所论“行动大师”显然也不相同。其关注的重点在于两方面。

其一，大师要“超乎各种专门之上”。学术是分门别类的，单一学术的发展似乎只要深耕即可，但实际上并不完全如此。世界是统一的，学术的分野固然有利于分析的深入，但也在各专门领域之间留下大量的知识空白。视野单一的专业人才只能就事论事，缺乏触类旁通的本领，更谈不上实现学术突破。可见，求学者固然需要专精一门，但又决不能局限于此，还要经常浏览周围各专门领域的进展。维纳（Norbert Wiener）与罗森勃吕特（Rosenblueth）所倡导的思想即体现了这一点：“在科学上可以得到最大收获的领域是各种已经建立起来的部门之间的被忽视的无人区。……到科学地图上的这些空白地区去作适当的查勘工作，只能由这样一群科学家来担任，他们每人都是自己领域中的专家，但是每人对他的邻近的领域都有十分正确和熟练的知识；大家都习于共同工作，互相熟悉对方的思想习惯，并且能在同事们还没有以完整的形式表达出自己的新想法的时候就理解这种新想法的意义。”② 赫伯特·A. 西蒙

---

① 钱穆：《改革大学制度议》，1940年3月1日《大公报》星期论文，载钱穆著：《文化与教育》，台北东大图书出版公司1976年版，第65页。

② ［美］N. 维纳著，郝季仁译：《控制论》，科学出版社1985年版，第2～3页。

也认为“这个世界非常需要超越国界的和跨学科的旅行者将新知识从一个飞地带到另一个飞地”①。所有这些都说明学问之道，既在于“进入专门”，又在于“超乎专门”。清华大学热能系一位研究生的说法是：“大师应该具备渊博的知识和超凡的见解，这是大师区别于凡夫俗子的根本区别。……对于知识的融会贯通，对于学术前沿的非凡预见和敏锐觉察才是大师的根本特征。”②

其二，大师需“会通全部之大义”。大师不仅要超越单一学术门类的限制，还要统揽全局，触类旁通，进而做到融会贯通。随着知识的爆炸性增长，要精通一门尚不容易，还要“会通全部之大义”似乎不可能，但却是似是而非。因为知识在增长，研究问题的方法与思路并不随着知识的增长而加速。即使就知识增长而言，科学研究纲领的“保护带”固然在不断延伸，但其“硬核”变化通常并不大，只要理解这一点，那么跟踪把握各保护带的进展并不太难。大师之所以为大师，就在于能够统揽全局，进而实现学术的重大突破。

需要指出的是，大师不是万金油。“会通说”强调大师对于学术增长的重要性，并不是要否定专家存在的必要性。大师首先必须是专家，因而有其学术重心，但他与专家的不同之处就在于对包括自身学术重心之外其他各专门领域也能融会贯通并实现突破。

四、领头说

在教育部举办的中外大学校长论坛活动中，有论者从学术管理的角度提出：“在一级学科领域里开出一片天地，并产生跨学科影

① ［美］赫尔伯特·A. 西蒙著，曹南燕、秦裕林译：《我生活的种种模式》，东方出版中心 1998 年版，第 463 页。

② 王大中主编：《世纪的呼唤——清华大学教育思想讨论的启示》，清华大学出版社 1999 年版，第 74 页。

响的，便是大师”。具体说来，大师的标准在于：他们是学科带头人；他们培养了一支薪火相传的队伍；具有跨学科的影响力。① 由于此说着重从学科建设的角度进行界定，故可称其为“领头说”。“领头说”限于学术领域的大师，其明显的优点是具有可操作性，方便识别大师、引进大师、激励大师乃至培养大师。但是此说对于大师“开出一片天地”没有进行直接的界说，人们无法判断这片“天地”究竟多宽与多深。大师固然学有专攻，却又往往在多方面著书立说，以致人们难以对其进行明确归类，判断其主攻领域，例如杜威在教育学领域与哲学领域同样有名。此说具体的操作标准则有可以讨论之处。

首先，大师不一定是学科带头人，因为这取决于学科带头人的形式与内涵。学科带头人如果得到学界的公认自然令人心服口服，但若来自行政安排，那么此带头人可能只是行政主管而非学术领导。换言之，若学科带头人缺乏足够的学术造诣，那么即使有学科带头人的头衔，其公信力仍然属于存疑之列。退而言之，即使是公认的学科带头人，也要看“公认”的范围大小。公认的范围越小，大师的范围也越有限。严格说来，一国之内的大师只能说是准大师。科学家有祖国，学术则无国界。所以，即使在一国之内学术得到相当承认，但若得不到国际认可，其大师的可信度也相对有限。

其次，“培养了一支薪火相传的队伍”对大学系统内部的大师较有意义，但却不利于出自研究院所、政府或企业部门，尤其是独自探索的大师。大师出自大学的比例固然不小，但是来自研究院所、政府或企业研发部门的大师也不少。他们不招研究生，即使招生通常也没有学校招得多。当然，培养的队伍不一定是学生，其下属人员也属于培养的队伍。但即使如此，一些大师仍然不能纳入该

① 徐显明：《我的大学理念》，参见教育部中外大学校长论坛领导小组编：《大学校长中的大学教育》，中国人民大学出版社 2004 年版，第 386 页。

范围，因为大师之所以为大师，主要不在于直接培养人才，而在于其学术影响力与公信度。类似尼采、牛顿、爱因斯坦等学术大师固然有许多学术追随者，但这些大师的独立性往往很强，在培养“薪火相传的队伍”方面不说空白，至少也是相当有限的。叔本华指出：“一个人越属于他的后世，亦即属于整个人类大众，那他就越不为自己的时代所了解，因为他的贡献对象不仅是他的时代，他为之奉献的是整个人类。”① 由于“大多数伟大的先驱者都必须独立构思自己的设想”，② 故不为时代所了解的大师并非鲜见。若要求他们“培养一支薪火相传的队伍”就不免强人所难。当然，一些著名大学及实验室的大师确实在做出重大创新的同时也以培养人才著称。

五、超越说

毫无疑问，无论“双馨说”、“超人说”，还是“会通说”、“领头说”，这些对大师内涵的探索均促进了人们对大师的多角度理解。大师就像一座大山，人们就不同角度观察都可能得到不同的印象。最好的做法或许是对人类历史上所有大师的人生及其创造作一全景式扫描，从而获得较为完整的大师“面目”。这里也提出笔者对大师的理解。由于本说法强调大师的“超越性”，为了与上述其他数说相对照，故不妨把本说称做大师的“超越说”。

大师的“超越说”认为，大师之义，不仅在于“师”，更在于“大”，且来自两者的有机结合。大师之“师”，主要不在于直接培养的人才情况，而在于通过大师的创造性成就，导致世界因之发

① ［德］阿·叔本华著，韦启昌译：《人生的智慧》，上海人民出版社2001年版，第103页。

② ［英］W. I. B. 贝弗里奇著，陈捷译：《科学研究的艺术》，科学出版社1979年版，第161页。

展，思想为之变革，进而激发系列的追随者和探索者，所以大师之“师”，是超越时代与地域的导师。大师之“大”，不在于知识驳杂，也不在于著述众多，而在于是否在科学、艺术、管理或其他人类理论与实践领域重大问题上取得重大突破，而其唯一评价标准就是经过科学、艺术、管理等领域长期考验之后能否得到世界公认。从狭义上讲，大师是指在学问或艺术上取得超越时代与区域性重大成就的人；从广义上讲，大师还包括除此之外各实践领域取得超越时代与区域性重大成就的人。概言之，所谓大师，就是在理论与实践领域取得超越时代与区域性重大成就的人。

此说对大师界定的特色在于强调超越性。这种“超越”，首先是“大师”外延的突破，既包括但又不限于学问或艺术领域（这些领域的大师可以视为“狭义的大师”），也不限于尼采强调的行动领域，而是把理论与实践的各个领域均纳入大师的考察范围（可以视为“广义的大师”），从而突破了有关大师的传统看法。显然，这是在吸收前面数种大师见解基础上形成的。其次，大师的“超越说”强调的是大师取得了科学、艺术或管理等领域的重大成就。既然是“重大的成就”，就意味着它不是一般的改进或改良，而是革命或创新性的变革。显然，这是建立在人类已有探索基础之上的质的跃迁，从而在一定意义上开辟了一个以大师为代表的时代。其次，大师的“超越”具有时空超越性。换言之，大师的成就必须具有普适性，既不能随着岁月流逝而减弱其智慧的光芒，也不应随着地域的转换而改变其意义。大师的成就可能带来即时的轰动，但更主要的还在于其重大突破吸引了一批又一批不同时代与地域的追随者。所以即使大师早已远去，一代又一代的人们仍然不得不回望大师的身影，在追随其足迹的同时超越大师。大师的“超越说”没有突出“大家所尊敬”并不是要否定这一方面，而是因为大师并非道德完人，也与历史事实不完全相符，刻意强调此点反为不美。

需要指出的是，大师之路虽说具有一定的危险性，但决非只有痛苦。“我们不能断言最伟大的工作肯定会使一个人快乐，我们只能断定它肯定会减少一个人的不快乐。”① 在一个开明而公正的社会里，真正的大师总是能够得到一些意外的惊喜。退而言之，既然选择了创造与探险的人生，那么没有得到承认的宁静淡泊的生活实际上也是一种快乐的人生——而这却是伟人生活的基本特征。

第二节　大师之贡献

前已述及，大师通常存在于学问或艺术领域，但也不尽然。管理大师就是行动领域大师的重要组成部分。哈金斯基指出：“自19世纪之交以来，管理大师们在管理学知识的创造、传播和应用中扮演了核心角色。要解释他们的影响，必须了解管理工作的性质以及它对占据管理职位者的要求，那些满足他们需要的观点通常是最受喜爱的。而且，管理自身的性质使这一职业的人极容易以管理大师们为指导，因为这些大师们建立并代表了其观点，同时他们还是自己的观点应用于组织中的渠道。”就此，马尔科姆·沃纳（Malcolm Warner）在其主编的《管理大师手册》中提出管理大师的贡献主要体现在概念化、术语、方法论和实践四个方面。② 只是概念与术语难以分界，两者皆为理论基石，故不作区分。而阿·迈纳（Albert Menne）认为科学研究的成果还包括形成规则，构造标记、模型等。不同领域大师贡献的史实与方法思考有利于阐明这一点。

---

① ［英］伯特兰·罗素：《快乐哲学》，参见王正平主编：《罗素文集》，改革出版社1996年版，第386页。

② ［英］马尔科姆·沃纳主编，清华大学经济管理学院编译：《管理大师手册》，辽宁教育出版社2000年版，引言第1页。

以下三点，笔者以为就是大师贡献之所在。①

一、理论贡献

理论是命题之有机组合，而命题又是概念之有机组合。从概念到命题再到理论，构成了研究深化的逻辑进程。相应地，大师的理论贡献就包括建构概念、确立命题或创立理论等几个方面。其中，前者往往是后者的基础，后者则是前者的深化。社会的改变往往从理论观念的改变开始，只有接受了一定的思想观念，人们才会按照这种思想观念调整自己的行动。思想观念的系统表现就构成各种理论或主义。

大师往往是概念、命题或理论的化身。先说概念。观诸哲学史，说到"证伪"，波普尔不能不了解；采用"范式"，库恩不能不涉及；探讨"交往行为"，必然想到哈贝马斯；辩论"语言游戏"，自然念及维特根斯坦②。道理很简单，新概念是大师们提出、阐发并以之影响社会的。提出一个概念并不太难，难的是得到世人认可。再以管理学为例，冯·贝塔朗菲在"系统思维"方面作出了重要的概念性突破；赫伯特·西蒙使我们加深了对"程序化和非程序化"决策的认识；马奇（J. G. March）和西尔特（R. M. Cyert）在"公司行为理论"概念化方面的深刻见解为管理思想作出了极其重要的贡献。

次说命题。命题有多种表现形式，可以是假说、公式、模型

---

① 非常有趣的是，无论学术奖励，还是职称评审，学术成果的量化往往是中国教育—学术界的最重要指标，就此业内已多有批评。质量兼顾显然是必要的，就此可以考虑一种改进办法：提交一定数量的代表作（论文或著作）。

② 维特根斯坦写作《逻辑哲学论》（1922）时认为哲学能清楚表述出来的只能是科学话语的逻辑前提，但后期写作《哲学研究》（1953）时却认为"语言游戏"和"人的生活形式"才是语言意义和哲学问题的真实来源。

（模式）、定律、预言、规则等，但常见的命题表现为一个判断或一组陈述。大师的理论精华有时就表达为几个有限命题。泰勒斯说："水是最好的"，此命题表达出他试图从大千世界中去寻求一个统一的物质基础；培根认为"知识就是力量"，该命题对于人们探求知识，开拓世界至今仍然具有激励作用；黑格尔提出"凡是合理的都是现实的，凡是现实的都是合理的"，这蕴涵着新事物必然产生，旧事物必然灭亡的辩证思想；马克思说："哲学家只是用不同的方式解释世界，而问题在于改变世界"，其中心思想在于宣示马克思主义与各种旧哲学的根本差异。诸如此类的命题在不同学科中都有所表现。

再说理论与主义。若说概念是学科之"细胞"，命题是学科之"组织"，那么理论就是学科之"系统"，主义更是多种理论思潮的共同倾向。作为对客观世界、社会生活以及学术问题等所持有的系统的理论和主张，主义对国人而言可谓耳熟能详，又多存敬畏之心，故很难见到国人的姓名出现于各种主义的定语当中。一部思想史，几乎就是一部主义史。大师往往与主义相连。部分大师难以纳入某一主义，但多数大师仍然是主义的代表，如叔本华、尼采与唯意志主义，孔德、斯宾塞与实证主义，詹姆士、杜威与实用主义，海德格尔、萨特与存在主义，乔姆斯基、莱维—施特劳斯、皮亚杰与结构主义，等等。一些主义甚至直接以其代表人物命名，如马克思主义、弗洛伊德主义、马赫主义等。当然，大师的理论贡献并不一定用主义来命名，使用"思潮"、"思想"、"理论"、"××学"等也是常见的，但其内涵并无严格区别。

总之，无论哪门学科，举凡大师，在概念、命题与理论（或主义）的建构上必有创新。需要指出的是，这里说及概念、命题、理论或主义的重要性，并不是说它们可以依赖个人强力为之。因为只有在一定环境下通过"准大师"们对人生与世界的不懈探索，才有可能成就各种主义。① 即使一个概念要得到确立，也是一件很不容易的事情。一国学术的累积，正是从各门学科基本概念的创新开始的。新兴交叉学科要得到承认，概念的拓展是绕不过去的工作。就此，为学者不能不加以明察。②

二、方法贡献

任何一个概念（尤其是一个重要却遭到忽视的概念或现象）如果用放大镜加以“放大”或用显微镜加以“显微”，常常能“见人之未见”，从而“言人所未言”——这是研究成功的秘诀之一。所谓的“放大镜”或“显微镜”自然包括引入新方法与新思路。学习并分析各种先进理论或主义固然是重要的，但更重要的是了解并把握它们分析与解决问题的思路或方法。若视方法与思路于不顾，则为“授人以鱼”，而不是“授人以渔”，但后者偏偏易为我们所忽略。师资、生源、期刊乃至官员的水准有所不足，解决之道与其说扩充其知识容积，不如提高其思路方法。一般地，方法包括方法论与具体方法两方面。前者之提升主要来自哲学探索，此处略而不论，且看看不同学科的大师在具体方法方面是如何作出贡献的。

方法贡献往往是理论贡献之先导。在管理学科中，设计调查的新方法（即如何考察某个管理问题）就很重要，如霍桑实验与梅奥

① 根据美国哲学的传统，只有一种检验标准，可以用来衡量哲学研究的成功与否。这是一种经验的检验标准，提出的问题很简单：“当结论又回到日常生活经验时，哲学是否以这些结论为结果，以便日常经验变得更为有意义，使我们对它们的处理变得更有成果？或者，它最终将日常经验变得更为晦暗？”参见［美］保罗·奈格（Paul Nagy）：《美国哲学的本土起源》，《江海学刊》，2004 年第 4 期。

② 中国传统学术不讲“逻辑”和“科学”，但仍然形成了诸多概念。结合西方学术思想与方法对这些概念进行整理汇总，形成儒学、道学、兵学、佛学（释学）、阴阳学等乃是“传统文化的现代转化”的重要途径。

的论著就带来了群体行为上的进步；一些管理思想家［如阿斯顿集团（Aston Group）在其组织结构研究中］发展出新型的研究途径；劳勒（Edward Lawler）在其专长的领域中发明了报酬系统研究的新型工具；菲德勒（Fred E. Fiedler）则在领导领域中作出了相似的贡献。

一门学科能否产生甚至主要取决于其在方法上是否具有独立性。心理学就是如此。如众所知，心理学独立是以冯特 1879 年在莱比锡大学建立世界上第一个心理学实验室为标志的。艾宾浩斯的名字同样使人想起关于记忆的实验；创立优生学的高尔顿则以其在家谱调查、人类学测量及统计方法的创造而著称。类似事例不胜枚举。

方法不仅存在“软方法”，也存在“硬手段”，后者就是各种研究工具或仪器的改进。从福尔摩斯手拿放大镜细查可疑足迹，到马丁·瑞尔爵士通过射电望远镜研究遥远的星系，两者之间一脉相承，但后者所见事物显然是前者难以企及的（当然目的也不同）。工具或仪器改进之所以重要，就在于它们可以克服观察者的偏见，因此发明更加高级尖端的工具或仪器，同样构成了大师方法贡献的有机组成部分。

概言之，没有选题创新与方法改进的结合，大师的成就将无从谈起。科学史不仅是概念与理论不断突破的历史，也是方法不断创新的历史。造就学术大师，就要从这两方面进行努力。

三、实践贡献

大师存在于不同领域，传统学问或艺术领域的大师需要造就，实践领域的大师同样不能忽视。伟大的政治家、军事家、外交家对国家民族的意义向来为我国所重视，但对创立“百年老店”的企业家的重视则还远远不够。所谓企业家是指那些寻求机会，通过创新满足顾客的需要和愿望，而不顾手中现有资源的人。其特征有三，即对成就的高度期望，对把握自己命运的强烈自信以及对冒险的适度节制。从日本的松下、索尼，美国的福特、微软，到德国的宝马、奔驰，著名企业的背后都有合理机制下的著名企业家集团在长期支持。由于现代中国较为稳定的持续发展只有短暂的二十多年，所以在政治、经济、文化领域的管理大师都还远远不足。

马尔科姆·沃纳等人认为，增添新的实践是管理大师的重要表现之一。有些人从根本上就是实践者，但作为管理大师，还需要他们自身对自己如何改进实践进行反思并将其形成文字。如美国福特、斯隆，日本的松下幸之助、盛田昭夫等企业家就能够做到这一点。克拉克指出，随着时间的推移，实践家兼理论家的作用逐渐减弱，而专业人员和咨询人员越来越起到主导作用。那些管理大师往往是大学商学院中的企业管理学者，他们往往成为企业的“巫医”。①

造就教育管理大师是另一值得引起注意的方面。正如识者所云，今日中国大学不仅面临科技革命、知识经济、网络科技、大众文化等强烈挑战，也面临市场经济、人口激增、资源危机、劳动就业、腐败风气等社会转型时期各种矛盾的压力与冲击，面临如此复杂的局面，谙熟作为专业组织的大学发展规律，又掌握管理规律的教育管理大师——杰出的大学校长就呼之欲出了。与造就企业管理大师类似，我们可以说，教育管理领域的大师在致力于管理实务的同时，同样需要他们及时的总结反思并形成文字。

由此看来，管理大师致力于实践领域并取得重大成就，他们必然有一套自己的管理思想与方法，并把这些思想方法进行提炼。即使他们分身乏术，那么支撑其实践的思想方法也需由相关人员加以完成。可见实践领域的大师与学问或艺术领域的大师在这方面形成

① ［英］马尔科姆·沃纳主编，清华大学经济管理学院编译：《管理大师手册》，辽宁教育出版社 2000 年版，引言第 5 页。

了“交集”。推而广之，政治、军事、外交等其他实践领域的大师均存在同样的使命。固然他们专精于实践或应用，但是作为实践领域的大师，他们自己或相关专业人员需要就此进行必要的总结分析，形成较为系统的思想体系，如此才能构造文化、传统、制度、故事与神话，而后来者也可以追随他们的足迹，在开拓未来的道路上继续前行。

第三节　成就大师之外在条件

国家以大师辈出为幸，大学以拥有大师自豪。如果说探讨“大师之贡献”有利于引导社会（包括政府、组织、家庭和个人）努力的方向，那么“大师之必要条件”的分析则有利于引导社会去创造条件。那么，大师诞生需要什么样的基本条件？毫无疑问，基本的身心素质乃是成才的前提，政治清明、经济繁荣、文化昌盛也有利于人才的产出。但就大师而言，还需要什么条件呢？分析大师的人生历程，身体残疾可以补偿、经济困难可以克服、社会偏见可以忍受，甚至极端的政治迫害也可在所不惜。但是，有四个基本的外在条件必不可少，这就是自由、时空①、信息与宁静——它们之间存在一定程度的交叉，但并不能相互取代。鉴于“自由”的意义学界多有论述，这里不再赘述。我们着重谈谈其他三个基本条件。

一、时空

做任何事都不能没有一定的时间和空间，反之，要破坏一个人的事业，破坏其时空安排即可。时间的重要性古人多有告诫，问题是如何管理时间。哈佛大学校长德里克·博克指出：“金钱虽然十

① 时间与空间就是“时空”，本来是两个条件，这里合在一起讨论。

分重要，但影响学校的关键要素将是时间。”① 一个学者一旦有了一定成就，行政工作、咨询工作、题词约稿等就可能排山倒海而来，这会造成巨大的压力，从而妨碍做出新的学术成就。重大措施的好坏，与其思考所用时间的多少往往有直接的联系。所以无论大师、大学还是国家，若想大有作为，那么如何进行时间管理就是极其关键的了。

空间同样重要。若说人生如戏，那么空间就是舞台。对美国诺贝尔奖获得者的调查表明，不仅“获奖人在比较年轻的时候往往不惜花费很大气力设法跟随那些被他们认为是他们所从事的领域中最优秀的人物去工作”，而且“杰出的科学家似乎涌向有其他杰出科学家在那儿工作的少数几个地方”。② 赫伯特·A. 西蒙不是经济学出身，但却赢得了 1978 年诺贝尔经济学奖。他虽然说“我从来不相信我必须在哈佛大学、斯坦福大学或麻省理工学院赢得学术比赛”，但他同时指出，在 1954 年的计量经济学会荣誉会员名单中，“几乎一半人都与我有私交，这些朋友和熟人几乎囊括了我以前的全部诺贝尔经济学奖”。③ 可见这里的“空间”不仅指物理空间，还指社会空间，即“无形学院”或说“学术圈子”。当然，大师出自不同的领域，各国文化传统与社会体制也存在差异。因此，学术大师与政治、经济或者艺术大师的时空观均有差异，并没有完全一致的规则。这里提供了学术大师的道路选择，并不意味着其他领域的大师也必须走同样的路子。即使在学术领域，文理基础学科与应用学科的“大师之道”也不一样。但任何领域的大师，都必须寻找

---

① [美] 德里克·博克：《1986 年在该校 350 周年校庆讲话》，参见姜文闵编著：《哈佛大学》，湖南教育出版社 1988 年版，第 1～13 页。

② [美] 哈里特·朱克曼著，周叶谦、冯世则译：《科学界的精英：美国的诺贝尔奖金获得者》，商务印书馆 1979 年版，第 150～158 页。

③ [美] 赫伯特·A. 西蒙著，曹南燕、秦裕林译：《我生活的种种模式》，东方出版中心 1998 年版，第 150、421～422 页。

适合自己发展的时间与空间。

二、宁静

无论东方还是西方，不少思想大家都对宁静欣赏有加。柏拉图和绝大多数的希腊哲学家相同，认为闲暇乃是智慧的主要条件。① 文艺复兴时期法兰西著名思想家和散文家蒙田（Montaigne）的书房中也写着一副字："自由、安宁、闲暇"，体现了其对宁静生活的追求。蒙哥马利（Montgomery）发现的一个有趣事实是：三大宗教创始人基督、穆罕默德和释迦牟尼（佛陀）在其生涯的某一个时期都曾销声匿迹——或许他们是在为下一步行动作准备。② 取法乎上，得乎其中。难以决策之时，大师的选择何尝不是我们的效法捷径？

与西方哲人类似，中国先哲同样重视宁静。"淡泊以明志，宁静以致远"推崇宁静对于修身的价值；"非学无以广才，非静无以成学"强调宁静对于学问的意义。没有外在的宁静就难有内在的宁静，终日俗务缠身就难以周密思考。爱德华·玛彻特指出："工作宁静的固有价值就在于它使得一个人能够清晰地认识到他必须做什么和怎样做才能有助于解决复杂的问题或扩展创造活动的前沿。……宁静越是真实和广泛，那么收获也就会越大。"③ 现代心理学业已证明，简单的体力操作不怕人多口杂，复杂的脑力探索则应该安静为之。从这个角度看，过多的喧嚣与造就学术大师背道而驰。清晨与夜晚往往是思考的最佳时间，因为此刻的宁静有利于进

---

① ［英］伯特兰·罗素著，何兆武、李约瑟译：《西方哲学史》（上卷），商务印书馆 1963 年版，第 145 页。

② ［英］伯纳德·劳·蒙哥马利著，刘文涛等译：《领导艺术之路》，世界知识出版社 1992 年版，第 7 页。

③ ［美］爱德华·玛彻特，吴永保译：《通向天才的思考水平的阶梯》，《世界发明》，1987 年第 3 期。

行长时间反复的思考。这也就不难理解，为什么大师的重大突破基本不出现于热闹时分，而大多诞生于无人关注的宁静时刻。当然，宁静有时也意味着孤独、寂寞、不为人理解，所以有选择的活动（如学术交流、文体活动等）对于调节身心也是必不可少的。

无论如何，大师不能没有宁静的心态，大学也不能缺乏宁静的环境。即使超出大学以外的其他领域，也离不开宁静沉潜的时刻。曾国藩就此告诫说："凡人我之际，须看得平；功名之际，须看得淡，庶几胸怀日阔。"又说："破天下之至巧者以拙，驭天下之至纷者为静。"平常人修养尚如此，要造就大师更须如此。

三、信息

信息是我们适应外部世界，并且使这种适应为外部世界所感知的过程中，同外部世界进行交换的内容的总称。① 有了时间、空间与宁静，还要有思考内容或说思维载体，这就是信息。毛泽东指出："指挥员的正确的部署来源于正确的决心，正确的决心来源于正确的判断，正确的判断来源于周到的和必要的侦察，和对于各种侦察材料的连贯起来的思索。指挥员使用一切可能的和必要的侦察手段，将侦察得来的敌方情况的各种材料加以去粗取精、去伪存真、由此及彼、由表及里的思索，然后将自己方面的情况加上去，研究双方的对比和相互的关系，因而构成判断，定下决心，作出计划——这是军事家在作出每一个战略、战役或战斗的计划之前的一个整个的认识情况的过程。"② 这里的材料就是信息。外来的信息可以分为自求信息（自己有目的的寻找或请教他人）和非自求信息

---

① ［美］诺伯特·维纳著，钟韧译：《维纳著作选》，上海译文出版社1978年版，第4页。

② 《毛泽东选集》（合订一卷本），人民出版社1964年版，第163～164页。

(非主动寻找，无意中得到)。善于寻求和利用各种外部信息是实现理想目标的重要条件。系川英夫认为，多看看报刊杂志，使自己习惯于从世界各个角度去分析日本，这一点至关重要。并且，它还将有助于产生前所未有的思想。① 实际上，读书、谈话，乃至野外沉思都有可能启示未来。良好的决断必须建立在知己知彼——洞察国内外信息的基础之上，大师的成就更是如此。因此，大师需要必要的时空与宁静，但直接间接的同行交流也必不可少——尤其在今日职业化的背景下。

第四节　大师之精神支柱

大师之所以成为大师固然需要基本的外在条件，更不能缺少内在依据。人们从事自己的工作都有自己的研究动机。爱因斯坦认为研究人员分为三种：一种人从事科学工作是因为科学工作给他们提供了施展他们特殊才能的机会，他们之喜好科学正如运动员喜好表现自己的技艺一样；一种人把科学看成是谋生的工具，如非机遇也可能成为成功的生意人；第三种人是真正的献身者，这种人为数不多，但对科学知识所做的贡献却极大。② 亨利·罗索夫斯基则指出，促使教授们进行科学研究的因素主要有两个：首先是热爱学习；其次是专业上进步的要求。提升、任期、薪金以及在大学里受到的尊重，这一切无不与研究和发表著作密切相关。③ 大师或许生

---

① ［日］系川英夫著，王泰平等译：《一位开拓者的思考》，世界知识出版社 1985 年版，第 83 页。

② ［英］W. I. B. 贝弗里奇著，陈捷译：《科学研究的艺术》，科学出版社 1979 年版，第 146 页。

③ ［美］亨利·罗索夫斯基著，谢宗仙等译：《美国校园文化》，山东教育出版社 1996 年版，第 74 页。

活在象牙塔内，或许游离于象牙塔外。这样他们可能具有一般研究人员进行研究的动力，但又不局限于此。大师之路是开辟之路、探索之路，一定意义上也是危险之路。那么支撑大师们前赴后继进行冒险的精神支柱主要是什么？拙见以为，大师的精神支柱就是献身精神及其延伸——自我实现与社会实现。

一、献身精神

众所周知，大英帝国早已相对没落，但在历年累积的诺贝尔奖排行榜上，剑桥大学仍然雄居榜首。究其原因，优美的校园、悠久的历史、独特的学院制与导师制，以及在国际教育领域的崇高地位均是不可忽略的，但若因此而对剑桥文化的精神—思想内核视而不见则是本末倒置。任何物质与制度均建立在一定的精神—思想设计基础上，而“大学最需要的是思想”。①

这一论断建立在神学、哲学与科学三者关系的历史分析上。它们的发展逻辑在于：一方面，“哲学是神学的后裔”；② 另一方面，“科学的每个领域都开始于哲学的探索”。③ 从认识论的角度看，西方中世纪大学是由神学来统治的，所有其他学科只能从属于神学，神学将这些学科在道德和精神方面统一起来。④ “上帝锻造万物”，科学与宗教的冲突一再表明早期基督教的言论表现出与探询精神的

① ［美］艾伦·布鲁姆著，缪青、宋丽娜译：《走向封闭的美国精神》，中国社会科学出版社 1994 年版，第 335 页。

② ［英］伯特兰·罗素著，张金言译：《人类的知识——其范围与限度》，商务印书馆 1983 年版，第 239 页。

③ ［英］伯特兰·罗素著，马家驹、贺霖译：《西方的智慧——西方哲学在它的社会和政治背景中的历史考察》，世界知识出版社 1992 年版，第 3 页。

④ ［加］许美德：《中国学术传统的特点与价值》，参见许美德、潘乃容主编：《东西方文化传统与高等教育》，南京师范大学出版社 2003 年版，第 385 页。

对立，但科学犹如东升的太阳，总是能够透过层层乌云撒下万道霞光。

有趣的是，“赞颂上帝”是一个有弹性的概念，到了清教徒手里“赞颂上帝”就成了“多出科学成果”。① 正如新教伦理孕育了“近代经济人”，② 宗教土壤同样不可思议地蕴涵了科学及传播科学的大学的种子。林德·贝弗里奇指出，在剑桥，一个重要的创新来源就是科学研究本身。这要追溯到 18 世纪盛行的清教徒文化。清教徒文化的中心思想认为只有经过一个长期的、艰难的过程人才能够解救自己的灵魂；在这个过程中，人要过着一种节制的、艰苦的、谦卑的生活，同时还要乐于接受同辈人的批评。这是剑桥文化的精髓部分，剑桥人从来没有放弃过这种文化。③

中国人传统的信仰是非常现实而功利的，④ 且“宗教情绪不强烈”⑤。实证分析表明，无论教师还是学生，中国（汉族）人的宗教信念普遍得分很低。⑥ 人们或许以为宗教总是排斥智慧的，实际上并非如此。《旧约全书》“箴言”开篇即明示：“要使人晓得智慧

---

① ［美］R. K. 默顿著，鲁旭东、林聚任译：《科学社会学》，商务印书馆 2003 年版，第 316 页。

② 马克斯·韦伯指出，在新教所影响的范围内，在任何情况下新教的世界观都有利于一种重要的资本主义经济生活的发展（这点当然比仅仅鼓励资本积累重要得多）。它在这种生活的发展中是最重要的，而且首先是唯一始终一致的影响。它哺育了近代经济人。参见［德］马克斯·韦伯著，于晓等译：《新教伦理与资本主义精神》，陕西师范大学出版社 2006 年版，第 100 页。

③ ［美］Jeff Saperstein Dr. Daniel Rouach 著，金马工作室译：《区域财富——世界九大高科技园区的经验》，清华大学出版社 2003 年版，第 252 页。

④ 李亦园著：《文化与修养》，广西师范大学出版社 2004 年版，第 155 页。

⑤ 韦政通著：《中国文化概论》，岳麓书社 2003 年版，第 68 页。

⑥ 彭凯平、陈仲庚：《北京大学学生价值观倾向的初步定量研究》，《心理学报》，1987 年第 2 期；蓝劲松：《中学教师的生活方式对其精神状况的影响》，《中国心理卫生杂志》，1993 年第 6 期。

和训诲，分辨通达的语言；使人处事，领受智慧、仁义、公正、正直的训诲；使愚人灵明；使少年人有知识和谋略；使智慧人听见，增长学问；使聪明人得着智谋；使人明白箴言和暂喻，懂得智慧人的言词和谜语。”撇开《圣经》中的各种“空幻虚假”，我们几乎感觉到这是一个智慧老人对年轻一代的谆谆教诲。

美丽的花朵盛开于肥沃的土地上，枝拂天堂的参天大树却生长在岩石缝中。正是这样一种追求智慧与神圣的精神，使得大师们在各种艰难困苦面前毫无惧色。费希特自豪地宣称：“我的使命就是论证真理；我的生命和我的命运都微不足道；但我的生命的影响却无限伟大。我是真理的献身者；我为它服务；我必须为它承做一切，敢说敢作，忍受痛苦。”① 罗素也说：“在与黑暗势力对抗中取得的胜利，是成为荣耀的英雄伙伴的真正洗礼，是人类生活支配美的真正开始。在灵魂与外在世界令人畏惧的冲突中，产生了忍让、智慧和博爱；并且由于它们的诞生，一种崭新的生活开始了。”② 无论古今中外，真正的大师在捍卫真理方面向来就如马寅初捍卫其“新人口论”一样，“虽年近八十，明知寡不敌众，自当单枪匹马，出来应战，决不向专以压制不以理说服的那种批判者们屈服”。③ 政治清明时，从事研究通常很少受到来自官方的打击，更为寻常的是来自研究本身的阻碍。“在优秀科学家的抽屉里中，装满了由于错误而未能发表的论文。”这种多次试验是非常重要的，不仅科学如此，其他领域也是如此。所以，对一位大师而言，向未知事物挑战的开放心胸也是其献身精神的重要组成部分。

正如同行所指出的，对中国学人而言，“清教徒精神”与文化

---

① ［德］费希特著，梁志学、沈真译：《论学者的使命》，商务印书馆 1980 年版，第 41 页。

② ［英］伯特兰·罗素：《东西方文明及其比较》，参见王正平主编：《罗素文集》，改革出版社 1996 年版，第 16 页。

③ 马寅初著：《新人口论》，北京出版社 1979 年版，第 54～56 页。

传统不大相容。因此，其相通的概念“献身精神”① ——为真理、为信念而奋斗的精神或许更为贴切。一定意义上说，“鞠躬尽瘁，死而后已”就是这种献身精神的写照。盖洛普（Gallup）测验表明，“推动一个人成功的最强大力量是意志”，“遇到艰巨的任务能够坚持到底是成功的关键”。这些也间接表明“献身精神”对于成就大师的重要性。

二、自我实现

献身精神既指向个人，也指向社会。当其指向个体人生时，自我实现就是其巅峰。艾赛亚·伯林（Isaiah Berlin）说：“每一个好的哲学家都是传统观念的挑战者。”② 在我看来，不仅好的哲学家如此，任何其他学科或实践领域的大师也如此。在《七十岁生日时的心情》一文中，爱因斯坦说：“我感到在我的工作中没有任何一个概念会很牢固地站得住的，我也不能肯定我所走的道路一般是正确的。”③ 科学无止境，这样正好激发大师们不断探索的激情与潜能。这种“想要变得越来越像人的本来样子、实现人的全部潜能的欲望”，就是马斯洛所说的“自我实现”。他就此描述道：“一个作曲家必须作曲，一个画家必须绘画，一位诗人必须写诗，否则他始终都无法安宁。一个人能够成为什么，他就必须成为什么，他必忠实于他自己的本性。这一需要我们就可以称为自我实现需要。”④

---

① 从字面意义上说，这种精神不仅包括“献身”，还包括“献心”，即全身心地投入。

② ［美］布莱恩·麦基编，周穗民等译：《思想家——当代哲学的创造者们》，三联书店 1989 年版，第 4 页。

③ ［德］爱因斯坦著，许良英、范岱年编译：《爱因斯坦文集》第一卷，商务印书馆 1976 年版，第 485 页。

④ ［美］马斯洛著，许金声等译：《动机与人格》，华夏出版社 1987 年版，第 53 页。

鉴于这个术语存在一些意想不到的缺点，所以马斯洛特别强调自我实现的人是利他的、献身的、超越自我的、社会性的人。① 古联云："大本领人，当时不见有奇异处；敏学问者，终身无所谓满足时。"自我实现是一种无止境的境界，而大师们正是在这种无穷的探索中体会到人生的快乐与价值。

三、社会实现

献身精神指向社会时，就是社会实现。若说自我实现具备西方文化特色，那么社会实现则更多中国文化精神。虽然马斯洛特别强调自我实现的人是利他的、献身的、超越自我的、社会性的人，但它毕竟侧重"自我"。为此，社会实现就应运而生了。② 社会实现有多种形式，深刻认识到所从事事业（如科学）的社会价值就是社会实现之一。美国化学家哈罗德·尤里（Harold Urey）指出："我相信，我所说的是代表全体科学家中很大一部分人的。我们的目的不是为了谋生和赚钱。这些只是达到目的的手段，仅仅是附带产生的。我们希望消除人们生活中的单调乏味的工作、痛苦和贫困，带给他们欢乐、舒适和美。我们常常受挫，但最后我们会成功。"③ 研制"两弹一星"的中国科学家之所以抛弃国外的舒适生活，原因之一也在于他们的目的就是为了中国的崛起——即国家层面的"社会实现"。正是由于大师们深刻认识到科学的社会意义，所以即使

---

① ［美］马斯洛著，李文湉译：《存在心理学探索》，云南人民出版社1987年版，第10页。

② 潘菽集中论述过"社会实现"问题。他认为，"社会实现就是要实现最适合于人类生活及其发展的社会"。参见潘菽：《论个人实现与社会实现的心理学问题——兼评"自我实现"的心理学说》，《中国社会科学》，1988年第6期。

③ ［美］莫里斯·戈兰著，王德禄、王鲁平等译：《科学与反科学》，中国国际广播出版社1988年版，第100页。

征程漫漫，也仍然不会停下探索的脚步。

第五节　大作之是

凡是大师，必有大作。一部中外学术史，几乎就是一部大师创作史。一国学术星空有时阴云密布，群星隐逸，大众生活愚昧而不自知，精神颓废而不自觉；有时则春光明媚，众星闪烁，社会思潮为之剧变，民众精神为之簇新。社会缺乏思想之光，容易陷入惰性与颓废；人生没有智慧引导，可能沦于黑暗与无情。思想大师即如闪烁的巨星，其思想的锐利光芒与道德勇气总是透过其作品照耀着大众，如耶鲁大学座右铭"光明和真理"所昭示的——为人类引来光明，为社会引向真理。"汗牛充栋"、"车载斗量"已经不足以概括人类的创作。那么，何谓大作？其特征何在？下面我们从"大作之是"与"大作之非"两个角度来观照这些问题。

所谓"大作"，乃是伟大之作，即在重大问题上取得突破并能够经受时空考验的作品。具体说来，大作具有以下三个特点。

一、大作必定在重大问题的解决上取得重大突破

这里的重大问题，既可以是重大的全球社会问题，也可以是重大的学术问题，且两者有时难以区分。长期悬而未决的重大问题，往往需要国际社会及学术界的长期探索。囿于常规学术训练，多数学人往往难以进行创造性突破，其研究多为发展性研究而非开辟新领域的探索性研究。有史以来，人类对于诸如"生命是如何进化的"、"社会是如何运转的"、"宇宙是如何演化的"、"怎样建构理想世界"之类问题充满迷惑与好奇，但对其解答却往往真理与谬误同在。对这些人类社会共同问题的回答往往蕴涵大作的种子，一旦取得突破即往往具有惊人的效果。《国富论》、《资本论》如此，《天体

运行论》、《物种起源》、《相对论》也如此。

奥斯卡·汉德林（Oscar Handlin）指出："一个困惑不安的世界不再能够负担象牙塔里搞研究的奢华。学术的价值不是取决于学术自身的名词术语，而是取决于它对国家和世界的服务。"① 笔者虽然同意这是一个科研现实，但并不完全赞同其观点，因为现实的不一定是合理的——对于一个国家及其大学系统而言，更好的做法或许是依据象牙塔内外的形势有所侧重并在"认识论"和"政治论"之间保持动态的平衡。单一或极端的科学政策对于中国这样的发展中大国来说是不适宜的——没有一个大国会为另一个作为竞争对手的大国轻易买单，即使20世纪50年代中苏兄弟般的和平友好阶段也不例外。

就学者个人而言，也应根据学术动向与自身状况进行必要的选择。真理开始时往往在少数人手里。"真正重要的思想和目前流行的思想之间，往往没有多少关系。"② 爱因斯坦最有创造性的时候不是在环境优美的普林斯顿大学，而是在伯尔尼专利局职员的岗位上。他说："每一个伟大的事业，开头总是为少数有闯劲的人所信奉。"③ 他工作的特点是深入、广阔、丰富和坚持不懈。他寻找"物理学基本原理"的目标稳定而持久，研究工作中非常独立和执著。

翁征宇认为，人世间的事物都是辩证的，它常常使追逐名利者有瞬间的满足，而带来永久的遗憾；使志向远大者蒙受时时的打击，而最终结伴永恒。一个优秀的人，一个成功的人，他只能在他所倾注心血的领域取得成功，在他所全力以赴的领域是优秀的，而不可能方方面面都是优秀的。对于每一位从事科研的人员来说，要

① [美] 欧内斯特·L. 博耶著，涂艳国、方彤译：《关于美国高等教育改革的演讲》，教育科学出版社2002年版，第91～92页。

② [美] 亨利·罗索夫斯基著，谢宗仙等译：《美国校园文化》，山东教育出版社1996年版，第206页。

③ [德] 爱因斯坦著，许良英、范岱年编译：《爱因斯坦文集》（第三卷），商务印书馆1976年版，第68页。

搞清楚什么是自己最想追求的。邱成桐也指出："中国产生世界级大师，必须探求自己的研究方向，走出自己的道路。"① 他告诫基础研究者要勇闯新天地，一旦决定研究的方向，便一往无前，不管是否能够发表大量论文。大师之路是冒险之路。一定意义上说，学术具有赌博的特性，要有大的收获，就要有大的投入，只是这里投入的是一个人的天资、精力、时间等。

二、大作能够突破空间限制

阿尔特巴赫把大学教授分为两大类：地方性教授（local professor）和世界性教授（cosmopolitan professor）。地方性教授一般只在一所学校工作、生活，较少流动。世界性教授则不固定在某一学校、某一地区、甚至某一国家工作。他们主要是以科研为主的教授，而世界科学的发展特别有赖于世界性教授。② 大师并不一定是教授，但其代表性作品大作必定是具有世界意义的。按照默顿（Robert King Merton）的说法，科学精神最显著的特征在于它的普遍性，大作能够突破空间限制就反映了这种普遍性。

如何判断一个研究者是否成为大师？标准之一就是其作品不断被翻译成世界各国的社会语言与课堂语言，或者不断为各国学术前沿的同行所参考或引证。《园丁集》英文版出版以前，泰戈尔的名字除了印度之外鲜为人知。泰戈尔的著作多由泰戈尔本人译为英文，《园丁集》英文版一出，凡是说英语的民族与懂得英语的人们，无不大为惊叹。自此以后，这位白衣的和平天使立刻声名远播。瑞典的

---

① 刘恕：《走自己的路，不盲从国外——邱成桐谈国内外基础研究》，《国际人才交流》，2004 年第 6 期。

② ［美］P. G. 阿尔特巴赫：《学术性职业的比较》，《外国高等教育资料》，1992 年第 3 期。

文学会也立刻把1913年的诺贝尔文学奖置于他的座前。① 有研究指出，要让西方了解中国的哲学和思想，是要中国人自己做介绍的。对于许多西方至上的外国学者来说，他们是不屑研究非英语文献的。② 相较英语国家来说，目前我国民众确实在英语学习上不得不付出相当的学费与精力，这是弱国崛起过程中不得不付出的代价。语言的地位是与所在国家或地区的地位同步的。在可见的未来，中英双语并重对于提高我国民众的国际竞争力仍然是必须的。

三、大作能够经受时代的考验

永恒即价值。真正的大作也必能经受时代的洗礼——不仅要经受历史的考察，还要面临未来的检验，因为“不存在终极的知识泉源。每个泉源、每个提示都是值得欢迎的；每个泉源、每个提示都有待于批判考察”。③ 维特根斯坦认为：“假如某人仅仅领先于他的时代，有一天时代会赶上他。”④ 叔本华也说：“只有真正的杰作，那是从自然，从生活中直接汲取来的，才能和自然本身一样永垂不朽，而常保有其原始的感动力。因为这些作品并不属于任何时代，而属于整个人类。”⑤ 经过历史的大浪淘沙，数十年乃至数百年上千年前的大作至今仍然为世人传诵，这显示大作蕴涵着跨时代的重

---

① ［印度］泰戈尔著，郑振铎译：《飞鸟集》，香港中流出版社1974年版，第VIII页。

② 李创同、梁燕成：《当代科学的新图景——关于科学哲学等问题的对话》，《文化中国》，2004年第1期。

③ ［英］卡尔·波普尔著，傅季重等译：《猜想与反驳——科学知识的增长》，上海译文出版社1986年版，第39页。

④ ［奥］维特根斯坦著，许志强译：《文化与价值》，浙江文艺出版社2002年版，第19页。

⑤ ［德］叔本华著，石冲白译：《作为意志和表象的世界》，青海人民出版社1996年版，第218页。

大意义。诺贝尔奖基本限于物理学等基础研究领域，① 部分原因就在于基础领域的重大突破具有更大的普适性与超越性，而应用研究则易受时空限制，相应地，其重要性也受制于时空——虽然应用研究能够给区域发展带来更多的实用价值。

人文社会科学也需要注意基本原理上的突破。阿隆（Raymont Aron）在分析了自己与萨特的创作道路之后认为，萨特“之所以比我更能代表时代，这首先是由于他的著作广泛涉及小说、戏剧、哲学、政治，远比我丰富得多；其次是由于我所做的事情有一部分时过境迁会被人遗忘”。有人根据阿隆的天资与勤奋评价说，如果阿隆愿意与现实拉开一定距离的话，他也许会成为我们时代的孟德斯鸠。不管是萨特、杜威，还是皮亚杰、弗洛伊德，他们的研究虽广，著述虽多，却均有一个“运作中心”，即首先建构并完善具有自身特色的哲学体系，进而向周围各领域加以推广与延伸。文化的精华在于哲学。我国学者要在国际上真正回应西方文化的挑战，就必须在哲学上首先突破。重建具世界意义的中国学派，创立人类和平共处的世界文化，这应该成为我国学术精英的必要选择。

由于基础研究上的突破往往更能经受时间的考验，这样大学设置不同的科类一定意义上预示了其所要努力的方向与重点。显然，“基础主导型”（文理主导型）大学的突破更有可能产生大作，因此，国内外任何一所名牌大学都在文理学科布下重兵，并招收较大比例的研究生。但是，基础研究的突破又是困难而高风险的，且离市场效益甚为遥远，这一劣势恰恰是“职业主导型”型院校的优

① 诺贝尔奖的颁发有其自己的“游戏规则”：“尽管诺贝尔明确规定授奖范围应包括‘发明’及‘改进’，各委员会仍从最初起便优先注意基础科学。……对基础科学的偏重，还表现在对某些本来完全可以因其技术上的重要性而授奖的发现却强调其在科学上的意义”。参见［美］哈里特·朱克曼著，周叶谦、冯世则译：《科学界的精英：美国的诺贝尔奖金获得者》，商务印书馆 1979 年版，第 241～242 页。

势。因此，一国或一校的学科布局总是根据自己的比较优势加以合理搭配与适当定位。

1937 年，斯科特·布坎南（Scott Buchanan）提出了名著的五个标准。(1) 它拥有最多的读者……它历来都要比其他著作拥有更多的读者，并且“经受了时间的考验”；(2) 对于它的各种独立的和持续的解读最多；(3) 它提出了永远不能回答的问题；(4) 它必须是一件艺术品；(5) 它必须是一部人文科学的杰作。① 对照这五个标准，笔者提出的大作的三个特点显然与之有所相同，但更有差别。在第一个方面，大作不仅要经受“时间的考验”，还要能够“突破空间限制”；大作要“在重大问题的解决上取得重大突破”，这虽然并不意味着完全解答了所存在的重大问题，但并不意味着“提出了永远不能回答的问题”；大作可能是一件艺术品，但大作又不局限于艺术品——当然大作一定蕴涵着美学价值；大作可能是人文领域的杰作，但社会科学、自然科学同样存在大作或名著。

莫蒂默·J. 阿德勒（Mortimer J. Adler）也提出了他关于名著的五点看法：(1) 必须是明显可以讨论的书籍；(2) 名著不仅值得阅读几次，而且必须反复阅读才能完全理解；(3) 除了富有想象力的文学领域外，所有领域的名著一定是由一个博学者撰写的，且读者并非专业同行而是非专业人士；(4) 名著来源于各种富于想象力的和叙事性的文献，来源于人类所有的学术领域；(5) 不能因为作者的影响而将其著作列为名著。显然，这里除了第一点，其他多数观点与笔者提出的大作的三点特征并无矛盾。无论如何，不是所有的名著都明显可以讨论。相反地，明显可以讨论的书籍倒不见得是名著。

① ［美］罗伯特·M. 赫钦斯著，汪利兵译：《美国高等教育》，浙江教育出版社 2001 年版，第 171～172 页。

第六节　大作之非

通观中外学术史，缺乏深刻的学术价值或社会价值，而仅靠炒作一地、轰动一时之“大作”并不能长久。以下是有关大作的五个认识误区。

一、大作乃轰动之作

古人有立功、立德、立言“三不朽”之说。大作必然能够带来不朽的声誉，这也正是学者看重并追求大作的原因之一。但是大作必然具有轰动效应吗？

事实上并非完全如此。休谟的《人性论》不是一时轰动之作，弗洛伊德的《释梦》也不是。即使是轰动之作，也是厚积薄发的结果，因为大师对于呕心沥血的作品的发表往往十分慎重。达尔文在乘贝格尔号作环球科学航行归来后就深信物种进化思想，但是等了22年才向世界发表他的理论。原因既在于他极端谨慎和稳健的态度，同时还在于他具有在科学家中素来知道的个人雄心。① 克劳塞维茨（Carl von Clausewitz）在其生命的最后12年里，用尽全部精力完成了3 000多页手稿，但他生前却没有意思让它出版，而是常常对其妻子玛丽说：“应该由你来出版”，《战争论》就是该手稿的前三卷。② 维特根斯坦告诫说：“在哲学中，竞赛的获胜者是能够跑得最慢的人，或者最后到达的人”，“哲学家应该这样来相互致

① ［美］杜·舒尔茨著，杨立能等译：《现代心理学史》，人民教育出版社1981年版，第118～119页。

② ［德］克劳塞维茨著，中国人民解放军军事科学院译：《战争论》，商务印书馆1995年版，第5页。

意：'慢慢来'"。① 经济学家詹姆士·布坎南（James Buchanan）回忆厄尔·J. 汉密尔顿给他的关于在学术界取得成功的简单明了的忠告是"坐得住冷板凳"。②

过分匆忙地发表作品对于大师而言显然是不适宜的，因为"成熟的思想和作品都需要积年累月的酝酿。凡是一挥而就的，若不失之肤浅，最多不过是一时兴会"。经验表明，即使作品已经完成，晾一晾也是很有好处的。我们或许都有一种体会：完稿时认为不错的作品，晾一段时间后简直不忍目睹。至于以后正式发表的作品，与初稿相比更是面目全非。粗制滥造的文字除了留下浮躁空虚的证据，实在不能给社会带来什么效益，更违背了追求真理、伸张正义的学术良心。就此，政府、学校与社会都应该有所警惕。

二、大作需精密分析

叔本华说："天才人物不愿把注意力集中在根据律的内容上，这首先表现在存在根据方面对于数学的厌恶……经验也证明了艺术上的伟大天才对于数学并没有什么本领。从来没有一个人在这两种领域内是同样杰出的。"③ 这种说法或许有些过头。艺术家对数学不够专长，神学家更有过之而无不及。莫里斯·戈兰（Morris Goran）指出："科学家通常不祈求于超自然的、神秘的、非理性的东西，而神学家对于实验和定量的方法也从来不感兴趣。"④ 人

---

① ［奥地利］维特根斯坦著，许志强译：《文化与价值》，浙江文艺出版社 2002 年版，第 73、138 页。

② ［美］迈克尔·曾伯格编，侯玲等译：《经济学大师的人生哲学》，商务印书馆 2002 年版，第 4 页。

③ ［德］叔本华著，石冲白译：《作为意志和表象的世界》，青海人民出版社 1996 年版，第 158～159 页。

④ ［美］莫里斯·戈兰著，王德禄、王鲁平等译：《科学与反科学》，中国国际广播出版社 1988 年版，第 23 页。

们对于人文学科大多不考虑定量研究，但社会科学则如自然科学一样，非有精密的定量分析不可。众所周知，诺贝尔经济学奖中高等数学应用的比例越来越大，数理统计也逐渐成为社会学、心理学研究者的“饭碗”。日本有学者甚至认为高校只要开设两门课程——哲学与数学即可，笔者在台访问时看到有文章批评内地文科研究“心中无数”，显然这些都是值得重视的意见。

但若对数学或定量研究没有专长也无兴趣的人文社科工作者也大可不必因此感到心虚，因为任何研究总是“问题先于方法”，而“方法随问题不同而转移”。以心理学研究为例，心理学中著名的三大思潮中，由于研究对象的不同，各学派的研究途径与方法就很不一样。第二思潮（行为主义）偏向实验研究与统计分析，第一思潮（弗洛伊德主义）与第三思潮（马斯洛心理学）均偏向临床研究与案例分析，但后两者的影响并不亚于前者。《释梦》、《动机与人格》等都体现了这一点。

所以必要的态度应该是：适宜定量处理的问题就定量解决，否则就不要勉强定量化。虚假的定量化不仅是唬人的把戏，也是一种蒙人的骗术。不可忘记的是，科学研究需要“大胆假设”，也需要“小心求证”，合乎常识、事实与逻辑。至于是否定量化，则由所研究的问题来决定。

三、大作通过合作完成

科学研究大致分为基础研究、应用研究、开发研究三大类。对于必须保质保量按时完成任务的应用研究或开发研究而言，合作研究是必须的，也是必要而适宜的，① 但若把这一模式无限推广到文理基础研究领域则必然带来谬误和灾难。如果说应用研究强调规范，那么基础研究重在自由。自由有赖于经济的自立与思想的独立。这也就可以理解为何一些思想家选择“乡居”、“小木屋”与“林中路”了。

“真正的思想构建，不论在哪一科哪一门，都是靠孤独的灵魂锲而不舍地涵泳出来的。”② 自然科学研究的突破首先建立在个人创造性的基础上。在“21 世纪中国数学展望”学术讨论开幕式上的讲话中，数学家陈省身指出：“我个人觉得，数学还是一个个人的学问。交流固然重要，真正的创见还是出自一人。”在《怎样把中国建成数学大国》一文中，他又告诫说：“尽管大家鼓吹交流和合作，我相信数学研究主要靠个人。一个人的创见是努力和灵感的结晶，不是同一群人讨论的结论。数学是一个广泛而复杂的学问，自然需要吸收各方面的知识和观点，但更要紧的要有个人风格。”物理学家杨振宁也认为：“决定方向和目标，个人应有自主权；最

---

① 新中国取得的重大科学成就，如两弹一星、人工合成结晶牛胰岛素、神舟飞船发射成功等都是建立在以“科学规划”为前提、以“集团作战”为基础之上的，属于“大科学”成就。应该说，中国在短期内能够取得如此众多的“大科学”成就，体现了中国科研体制的某些优越性。但五十多年来中国本土至今尚无一人获得反映基础研究重大突破的诺贝尔奖，在哲学等人文社会科学基础研究领域也欠缺具国际影响的成就，这表明中国“大科学”体制同时也存在相当缺失。其原因在于这些领域的科学研究是无须规划的。相反地，一旦规划的话，那么“由常规科学规范织成的‘筛子’，足以把许多带有创建的基础科学项目淘汰掉……”。不要规划，并非科研无须资助，而是通过建立“小科学”体制加以解决。参见赵红州、蒋国华著：《在科学的交叉处探索科学》，红旗出版社 2002 年版，第 385～387 页。

② 杜维明：《以学术为市场的弊病》，参见郭齐勇、郑文龙编：《杜维明文集》，武汉出版社 2002 年版，第 52 页。

妙最尖端发明，大多出自散兵式。”① 美国一研究所所长在总结该所 47 年建所经验时指出：“凡是杰出的工作都来自科学家个人的创造性，而相当大部分的创造性来自年轻人。”② 此说可能稍显绝对，协同学创始人哈肯（Hermann Haken）的论述或许更为准确：“常常是那些个别的伟大发现者及自然研究者改变着我们的世界面貌。”③

人文社会科学的基础研究同样首先建立在个人创造性基础上。并非每个人都同意罗伯特·唐斯（Robert B. Downs）所列“影响世界历史的 16 本书”（见本章附录），但这 16 本书的影响确实非同寻常。无论这些作品的学科偏向如何，几乎没有一本论著是通过合作完成的，这显示了大师个人独创性对于社会与学界的极端重要性。可见，并非每一门学科、每一个专题都要合作，相反地，若进行过多过杂的合作研究，则有浑水摸鱼的嫌疑。

加州大学伯克利分校的成功经验之一就是坚持学术民主、不搞论资排辈，不用名人、权威压人。或许意识到不必要的合作可能带来的危害，该校要求新教师不与著名教授合作搞科研、写论文，鼓励年轻教师自己去开拓新领域。④ 这一做法显然是鼓励竞争，促使学术研究领域充满生机的明智之举。

需要指出的是，这里强调了基础研究中个人的主动性与独创性，并不是简单排斥交流与合作的意义。正如科学哲学家戴维·赫尔所说，科学上的成功是从科学家中既要合作又要竞争的需要之间

---

① 张劲夫主编：《海外学者论中国》，华夏出版社 1994 年版，第 11、27、78～79 页。

② 赵红洲著：《科学能力学引论》，科学出版社 1984 年版，第 26 页。

③ ［德］H. 哈肯著，戴鸣钟译：《协同学——自然成功的奥秘》，上海科学普及出版社 1988 年版，第 204 页。

④ 左庆润、孟庆芬、周玲玲编著：《世界名牌大学》，人民邮电出版社 1989 年版，第 31 页。

普遍存在的紧张中产生出来的。① 即使从诺贝尔奖颁发的情况看，“荣膺诺贝尔奖金的研究成果大都是通过合作获得的。”当然，“其中很大部分只包括二至三位合作者。……科学上卓越的贡献并不总是单独进行研究的科学家作出的。”② 可见，问题不在于合作或者单干，而在于是否有必要合作以及是否进行实质性的合作。

四、大作应该雅俗共赏

对不少大作来说，雅俗共赏是读者的理想而不是作品的现实。罗素说：“一切伟大的著作，总有枯燥无味的部分；一切伟大的人生，总含有平淡无奇的岁月。”③ 不错，不少大作（尤其是文学名著）是雅俗共赏的，但正如真正的哲人多为旷世奇才，真正的大作也属稀世珍品。一些学术大作的表达即使在其他大家看来也不敢恭维。威廉·詹姆士形象地描述道：“如果黑格尔的中心思想是容易抓住的话，他可怕的语言习惯使得他的思想中心在具体事物上的应用却异常难懂。……所有这一切使得现在读他的著作的人们急得拼命要扯自己的——或者黑格尔的——头发。”④ 李泽厚评价康德时说：“他单调的生活和极为刻板的生活给人们的主要印象，则正好像他的主要哲学著作——《纯粹理性批判》的文体那样：重复、冗长和干燥。”⑤ 事实上，同一评价也适宜于康德的其他两大批

---

① [美] 迈克尔·曾伯格编，侯玲等译：《经济学大师的人生哲学》，商务印书馆 2002 年版，第 3 页。

② [美] 哈里特·朱克曼著，周叶谦、冯世则译：《科学界的精英：美国的诺贝尔奖金获得者》，商务印书馆 1979 年版，第 243～245 页。

③ [英] 伯特兰·罗素：《快乐哲学》，参见王正平主编：《罗素文集》，改革出版社 1996 年版，第 301 页。

④ [美] 威廉·詹姆士著，吴棠译：《多元的宇宙》，商务印书馆 1999 年版，第 48 页。

⑤ 李泽厚著：《批判哲学的批判——康德述评》（修订本），人民出版社 1979 年版，第 13 页。

判——《实践理性批判》与《批判力批判》一样晦涩难懂。但这并不妨碍其在德国古典哲学中的重要地位。18 世纪末 19 世纪初德国古典哲学是马克思主义的三个来源之一，而康德正是德国古典哲学第一个著名的代表。无独有偶，《存在与时间》、《存在与虚无》等学术大著也以难读难译著称。高深学问与晦涩难懂、故弄玄虚并不等同，后者反映了作者思想的空虚与文体的衰弱，但我们也不能为了迎合读者的品位而损伤著作本身的“元气”。

五、大作当属鸿篇巨制

这一论断同样似是而非。克劳塞维茨《战争论》的中文译本长达三卷，无疑属于大作之列；维特根斯坦的名著《逻辑哲学论》中文版只有 11 万字，却对逻辑实证主义的形成起着决定性的作用。至于中国古典名著则太多以言简意赅著称。作为中国哲学史上第一部具有完整哲学体系的著作，《老子》一书只有五千言，但老子思想与孔子思想一道构成中国传统文化思想的主流。《孙子兵法》13 篇，也仅仅只有 5 000 多字，其给人们的启示远不止军事理论本身。西方军事家认为《孙子兵法》内容博大，论述精深，后世无出其右者。富有“侵略”特质的西方人或许可以无视老子与孔子，但却不能忽视孙子。时下畅销的西方《战略管理》、《竞争战略》等书几乎不可能避开《孙子》的巨大身影。当然，作为一位著作大家，更好的做法或许应如王力所说的“龙虫并雕”，既能写鸿篇巨制，也能做精品短论。

必须指出，大作甚至不一定大师亲为。《论语》就不是孔子本人所作，而是记录他与其弟子言论的著作。大师之作也非均为大作。固然大师必有大作，但大作通常只是大师占少数的代表作，其他作品不可能都是顶尖之论。

以上论述仅仅谈及大师与大作的某些方面，值得论述的方面仍然不少。人类在学术领域虽然取得了长足的进步，但学术的星空仍然一望无际。最后，我们引用恩格斯赞叹欧洲文艺复兴的名言结束本章："这是一次人类从来没有经历过的最伟大的、进步的变革，是一个需要巨人而且产生了巨人——在思维能力、热情和性格方面，在多才多艺和学识渊博方面——的时代。"

附录

罗伯特·唐斯：影响世界历史的16本书

作者	书名	作者	书名
[意]尼科洛·马基雅维利	《君王论》	[英]哈尔福德·麦金德	《世界历史的地理枢纽》
[美]托马斯·潘恩	《常识》	[德]阿道夫·希特勒	《我的奋斗》
[英]亚当·斯密	《国富论》	[波]尼古拉·哥白尼	《天体运行论》
[英]托马斯·马尔萨斯	《人口论》	[英]威廉·哈维	《血液循环论》
[美]亨利·大卫·索罗	《不服从论》	[英]伊萨克·牛顿	《自然哲学的数学原理》
[美]斯托夫人	《汤姆叔叔的小屋》	[英]查理·达尔文	《物种起源》
[德]卡尔·马克思	《资本论》	[奥地利]西格蒙斯·弗洛伊德	《释梦》(即《梦的解析》)
[美]阿弗雷德·马汉	《海军战略论》	[德]阿尔伯特·爱因斯坦	《相对论》

资料来源：[美]罗伯特·唐斯著，缨军编绎：《影响世界历史的16本书》，上海文化出版社1987年版。

后记

世界是由事实与可能构成的。如果未上大学，那我很可能躬耕高岭，间或打工异地，进而娶妻生子，终老故里；如果未能读研，那我很可能继续执教中学（地理），年年天南地北，日日神游天下……这些没有什么好，也没有什么不好，但它们都只是可能而非现实。现实蕴涵可能，可能又可以转化为现实。人活一口气。逐走南昌、奔长沙、赴上海、转北京。而今不觉在北京十年有余。其间无以成就，集腋成裘，乃有本书稿。虽不满意，却是岁月遗痕。

到京以来，我曾经独立或参与完成过包括全国哲学社会科学重大课题在内的十余项课题研究。参与虽多，但自忖成绩却极为有限。本书集中体现了近年我在负责完成全国教育科学“十五”规划课题（批准号：EIA010452）、教育部人文社会科学基金课题（批准号：02JA880023）及厦门大学国家“985工程”“中国特色高等教育体系”哲学社会科学创新基地课题（批准号：B2005302）当中的思考与探索。

开新忆往。自己能够走到目前这一步，实得益于众多师长、同学和朋友的支持。就此我要感谢吾师薛天祥先生及诸多学界前辈，感谢清华大学教育研究所的领导和同事。感谢为本书提供精美图片的北京大学钱民辉教授、中南大学庞青山教授、牛津大学钟周博士、哈佛大学博士生张弛、清华大学经济管理学院吴志明博士、清华大学教育研究所硕士生盛绮婷。感谢人民教育出版社吕达编审、魏运华总编辑助理、诸惠芳编审、刘立德主任和责任编辑赵云来同志等。他们为本书提出了很多建设性意见，感谢他们的辛苦劳动。最后要特别感谢我的父母和亲人，他们多年来一直支持我的学习和研究，可以说我的每一点进步都凝聚了他们的辛劳和汗水。总之，本书若有某些可读之处，那也是众人支持帮助的结果。虽然我没有在这里一一列举所有需要感谢的师长亲朋姓名，但我要向他们表示最衷心的感谢。

本书若有疏漏之处，我真诚欢迎各位读者提出意见和建议，以便加以改进。我的电子邮箱为：lanjs@mail. tsinghua. edu. cn。

蓝劲松

2008 年 11 月 10 日

于清华大学照澜院